Bausenwein / Kaiser / Siegler
1. FC NÜRNBERG
DIE LEGENDE VOM CLUB

Danksagung

Wir danken Axel Ballreich, Willy Billmann, Gustl Flachenecker, Herbert Liedel, Dieter Nüssing, Kurt Schmidtpeter, Claudine Stauber, Charlotte Voigtländer, Ferdinand Wenauer junior, dem Nürnberger Stadtarchiv, dem Archiv der *Nürnberger Nachrichten* und der Dokumentation des *Kicker-Sportmagazin* für ihre freundliche Unterstützung. Besonders danken wir Andreas Weiß, der das Archiv des 1. FCN vorbildlich führt und uns mit Rat und Tat zur Seite stand, sowie all unseren Interviewpartnern.

Christoph Bausenwein
Harald Kaiser · Bernd Siegler

1. FC Nürnberg

Die Legende vom Club

VERLAG DIE WERKSTATT

CIP-Titeleintrag der Deutschen Bibliothek

Bausenwein, Christoph:
1. FC Nürnberg : die Legende vom Club / Christoph Bausenwein ; Harald Kaiser ; Bernd Siegler. – Göttingen : Verl. Die Werkstatt, 1996
    ISBN 3-89533-163-5
NE: Kaiser, Harald:; Siegler, Bernd:; Bausenwein, Christoph: Erster FC Nürnberg; Kaiser, Harald: Erster FC Nürnberg; Siegler, Bernd: Erster FC Nürnberg

Der Verlag dankt allen, die das Erscheinen dieses Buches freundlicherweise mit einer Sponsorenanzeige unterstützt haben:
ARO, Nordbräu Ingolstadt GmbH, FCN-Fan-Shop, Radio Z, Stadtmagazin Plärrer, Franken Life, Franken Funk und Fernsehen, Lesezirkel Schmetterling, Europa-Service Wörner, Brüning KG, Sun-Only-Music, Dampfwachs-Autowaschstraße Müller sowie Jürgen Meinold & FCN-Fans aus Bamberg.

1 2 3   1998 1997 1996

Copyright © 1996 by Verlag Die Werkstatt
D-37083 Göttingen, Lotzestr. 24a
Alle Rechte vorbehalten.
Gesamtherstellung: Verlag die Werkstatt GmbH
ISBN 3-89533-163-5

Inhalt

Vorwort 7
Stimmen zum Club 9

Die Geschichte des Club

Das fränkische Wunder (1900-1920) 13
  ▷ Theo Haggenmiller: Ein Schulschwänzer in Prag 19
  ▷ Alfred Schaffer: Der Fußballkönig 33
  ▷ Heiner Stuhlfauth: Der Mann im grauen Wams 35

Die „goldenen" Zwanziger (1920-1930) 39
  ▷ Hans Kalb: „Ochs kein Kalb!" 50
  ▷ Jenö Konrad: Flucht eines Trainers 75

Der Club unter dem Hakenkreuz (1930-1945) 80
  ▷ Willy Billmann: „Die Kameradschaft war einmalig" 105

Der aufpolierte Glanz (1945-1963) 109
  ▷ Andreas Weiß: „Wir hätten gerne Ihren Buben" 134
  ▷ Gustl Flachenecker: Dynamit in den Beinen 140
  ▷ Max Morlock: „Jawohl, ich bin der Torwart" 152

Das letzte Hurra (1963-1969) 157
  ▷ Franz Brungs: Das Spiel der Spiele 167
  ▷ Ferdinand Wenauer: Ausgemerkelt! 173

Nur zweite Wahl (1969-1978) 177
  ▷ Dieter Nüssing: „Es hat halt leider nicht sollen sein" ... 193

Höher und tiefer (1978-1988) 197
  ▷ Reinhold Hintermaier: „Ich weiß noch jeden Ball" 207
  ▷ Hans Dorfner: Die Spieler-Revolte 213

Sturz in die Drittklassigkeit (1988-1996) 223
  ▷ Andreas Köpke: „Ich wollte Meister werden" 242

Rund um den Club

Die Freunde
Sonderzüge und Sodawasser 251
Alle Wege führen nach Rom 256
Club und Schalke: Neue Freunde 259
„Zweimal Rentner, Block 1!" 261
Vom Zabo zum Frankenstadion 264

Die Feinde
Die Konkurrenz mit dem Kleeblatt 269
„Zieht den Bayern die Lederhosen aus!" 279

Die Skandale 289
   ▷ Hans Ehrt: „Drei Kopfbälle zuviel" 314

Der Stil 319
   ▷ Nürnberger Toto: „Komme gleich Wieder!" 334

Anhang

Lexikon der Club-Spieler 341
Daten zum Verein 365
Der Club im Endspiel (Meisterschaft, DFB-Pokal) 367
Der Club in Europa 369
Plazierungen des 1. FCN 1905 - 1996 370
Der Club in den Aufstiegsrunden zur Bundesliga 372
Vorsitzende, Präsidenten und Trainer seit 1900 373
Nationalspieler des 1. FCN 374
Sämtliche Spieler/Einsätze/Tore 1945-1996 375
Literatur 381
Autoren / Fotonachweis 383

Vorwort

Als dieses Buch geplant wurde, spielte der Club noch in der Bundesliga. Zwei Abstiege haben uns mitten im Schreiben überrascht. Dennoch haben wir uns nicht davon abbringen lassen, das Buchprojekt über „Die Legende vom Club" zu Ende zu bringen. Zum Trost und zum Motto unserer Arbeit geriet uns ein Pressekommentar aus dem Jahr 1929: „Der Name des 1. FCN ist im Fußball-Leben mehr als Schall und Rauch. Vielleicht könnte der Club drittklassig werden und zur Bedeutungslosigkeit herabsinken. Wenn es dann darum ginge, Sparta Prag, Ujpest, Admira Wien oder gar Bolton Wanderers zu schlagen, so würde der Verein und seine erste Mannschaft phönixgleich auftauchen und diesen großartigen Glanz um sich verbreiten, den nie ein anderer deutscher Verein um sich breiten könnte. Morgen vielleicht verliert der Club gegen eine Mannschaft in Hof oder Bayreuth. Aber heute geht es um die Wahrung einer Tradition, eines Stückes Fußballgeschichte – und da ist Hof oder Bayreuth verschwunden, dann taucht ein Club auf – der große Club."

Der „große Club" ist heute zwar Vergangenheit, aber dennoch lebt der 1. FC Nürnberg immer noch vom legendären Glanz, den er einst verbreitete. Auch wenn der 1. FCN heute nicht mehr allzuviel zur Mehrung seines Ruhmes beiträgt, so ist Nürnberg auch gegenwärtig nicht nur die Stadt der Lebkuchen, des Christkindlesmarktes, der Bratwürste und des Spielzeuges, die Geburtstadt Albrecht Dürers oder die Stadt der Reichsparteitage, sondern sie ist und bleibt immer auch die Stadt des ersten Fußballklubs, die Stadt *des* „Club".

Gerade in mageren Zeiten lohnt es sich, Trost zu suchen in der ruhmreichen Vergangenheit, als der Club zur Legende wurde. Die wechselhafte Geschichte des 1. FC Nürnberg beginnt mit dem Aufstieg nach dem 1. Weltkrieg, als er mit fünf Meisterschaften zum erfolgreichsten und berühmtesten Fußballverein Deutschlands wurde und sich im Jahr 1922 mit dem HSV das legendäre „endlose Endspiel" lieferte. Die dreißiger Jahre brachten die sechste Meisterschaft und zwei Pokalsiege, nach dem 2. Weltkrieg folgte der Höhenflug mit Max Morlock und dem neuerlichen Gewinn der Meisterschaft in den Jahren 1948 und 1961, die Ära Max Merkel schließlich brachte 1968 den neunten und bislang letzten Triumph. Von all diesen Erfolgen wird zu berichten sein, aber auch von den historischen Begebenheiten und den Geschichten drumherum: Vom charakteristischen Spielstil, den die Nürnberger prägten, von den spannungsgeladenen Derbys mit den Rivalen aus Fürth und München, vom Jubel der Fans.

1969 begann die „Legende vom Club" zu bröckeln. Nach dem Abstieg riß die Folge der sportlichen und wirtschaftlichen Pleiten kaum mehr ab, nur gelegentlich gab's kleine Hoffnungsschimmer. Dennoch hat der Club bis heute begeisterungsfähige Zuschauer wie kaum ein anderer Verein. Die Fans des Club leiden, aber sie träumen weiterhin von der 10. Meisterschaft. Diesem Traum sei unser Buch gewidmet. Bis er sich erfüllt, bleibt viel Zeit zum Lesen.

Die Autoren, September 1996

Stimmen zum Club

„Es gibt Clubs zu tausenden, aber nur einen, bei dem bei uns in Deutschland alles gesagt ist, wenn man Club sagt."
Hans Blickensdörfer, Sportschriftsteller

„Der 1. FC Nürnberg war meine erste große Liebe. Wenn man mich heute tief in der Nacht jäh aus dem Schlaf rütteln würde mit dem Befehl, sofort die Mannschaft des Clubs von 1922 aus dem Gedächtnis aufzusagen, dann käme sie mir leicht über die Lippen…"
Richard Kirn, Pionier des Sportjournalismus

„Der Club ist aufgrund seiner Tradition ein Juwel, das man aus dem Schrank holen und putzen muß!"
Arie Haan, Club-Trainer 1990/91

„Nur der ist ein würdiges Mitglied in unseren Reihen, der unsern Club in seinem Werdegang kennt und aus ihm heraus die Gegenwart erlebt."
Vereinszeitung, August 1925

„Ich habe alle Höhen und Tiefen beim 1. FCN erlebt, ich habe mich über die großen Siege und die Meistertitel gefreut und litt unter dem Abstieg. Doch wer die schönen Seiten mitgemacht hat, der muß auch zu seinem Verein halten, wenn es ihm einmal schlechter geht."
Richard Stücklen, ehemaliger Bundestagspräsident

„Ruhmreich ist dieser Verein für Leibchenübungen immer in den Zeiten gewesen, an die man sich nicht mehr genau erinnern hat können. Also ungefähr immer vor zwanzig Jahren."
Klaus Schamberger

„Es soll nicht nur heißen: 1. FC Nürnberg, sondern auch FC Nürnberg Erster."
Bayerns Ministerpräsident Goppel (bei der Meisterschaftsfeier 1968)

„Auch der 'Club' hatte schwächere Jahre in seiner gloriosen Vereinsgeschichte, wenn auch nicht viele. Auch er mußte sich bisweilen mit einem

Mittelplatz in der Tabelle zufriedengeben. In den Herzen seiner Millionen Freunde aber blieb er unabhängig von allen Wechselfällen stets an höchster Stelle. Er wäre auch als Abstiegskandidat noch ein Kassenschlager."
Bert Merz, Ludwig Dotzert („Meister auf dem grünen Rasen", 1962)

„Clubfan war ich schon, als ich noch die Bayern trainierte."
Zlatko „Tschik" Cajkovski, Trainer 1971-1973

„Der Club war und ist mein Lieblingsverein."
Dusan Uhrin, tschechischer Nationaltrainer, 1996

„Menschen kommen, Menschen gehen, Methoden wechseln, die Idee 'der Club' bleibt..."
Dr. Hans Pelzner, Cluberer

„Der 1. FC Nürnberg ist nun wieder offizieller Deutscher Meister. Der Titel an sich ist nicht viel wert, doch bleibt er bei Nürnberg gut aufgehoben. Denn dort hat sich eine Tradition der Spielkultur aufgebaut. Die Tradition verpflichtet, nie auf Lorbeeren auszuruhen."
F. Richard, Journalist, 1925

„Was heißt Taktik! Unser 'Club' hatte in seinen größten Tagen nicht einmal einen Trainer. Unsere Stärke lag in der Beständigkeit, in der Trainingsbesessenheit."
Carl Riegel, Meisterspieler der zwanziger Jahre

„Wir spielen kein System. Wir spielen Fußball. Das ist unsere ganze Zauberformel."
Seppl Schmitt, Betreuer der Meistermannschaft 1948

„Der 1. FCN ist kein Vereinsname. Das ist ein Warenzeichen für Qualität."
Dr. Friedebert Becker im „Kicker", 1957

„Der Club hat Spieler eingekauft, die hätte ich nicht einmal zum Kilopreis am Schlachthof abgeholt."
Max Merkel, 1989

„Jetzt heißt es, Pickelhaube auf, Kopf einziehen und durch."
Trainer Hermann Gerland, April 1996

„Der Club ist etwas Geheimnisvolles, so wie der Schatz im Silbersee. Ich fürchte mich vor nichts."
Präsident Michael A. Roth, Mai 1995

Die Geschichte des Club

Mit den berühmten „weinroten" Trikots erklomm der Club die Stufen des Erfolgs. Das Foto zeigt die Meistermannschaft im Jahr 1921. Vorn, von links: Strobel, Popp, Böß, Träg, Sutor; zweite Reihe: Grünerwald, Kalb, Riegel; dritte Reihe: Bark, Kugler; ganz hinten: Stuhlfauth.

Bei uns gibt's

- alle Fanartikel des 1. FC Nürnberg
- Fanartikel anderer Vereine sowie der Nationalmannschaft
- Sportswear zu attraktiven Preisen
- Kartenvorverkauf für alle Heimspiele des Clubs
- regelmäßigen Club-Talk mit Spielern des FCN

Vorbeischauen lohnt sich also immer, im FCN-Sport-Shop, Ludwigstr. 46, 90402 Nürnberg zwischen Weißem Turm und Plärrer. Oder ganz einfach anrufen und kostenlos und unverbindlich den aktuellen Katalog bestellen.
Tel.: 0911/203206, Fax: 0911/209478

Das fränkische Wunder
1900 bis 1920

Das „deutsche" Fußballspiel

Nürnberg, in der Nähe der Peterheide. Es ist ein Samstagnachmittag im Sommer des Jahres 1888. Über das Pflaster der Straßen rattern Kutschen und Pferdefuhrwerke, auf dem Trottoir stolzieren Frauen in Schnürstiefeln, mit langen Röcken und breitkrempigen Hüten, neben ihnen, im dunklen Anzug und mit gesteifter Hemdbrust, laufen ihre Männer, deren heftige Gesten heißen Diskussionsstoff verraten. Deutschland hat gerade mit dem erst 29jährigen Wilhelm II. binnen weniger Monate seinen dritten Kaiser bekommen. Während die Leute über die Ereignisse dieses „Dreikaiserjahres" diskutieren, queren plötzlich einige seltsame Gestalten die Straße: junge Burschen mit Jockeymützen, gestreiftem Sportdress, dreiviertellangen Turnhosen. Dabei haben sie Stangen, Netze und einen Ball. Es sind die Schüler des Melanchthon-Gymnasiums mit ihren Turnlehrern, die auf der angrenzenden Wiese ihrem neuen Freizeitvergnügen nachgehen wollen. Sie nennen es das „deutsche Fußballspiel".

So ähnlich könnte es sich abgespielt haben, als es in Nürnberg mit dem Fußball losging. Aber was heißt da Fußball? Dieses „deutsche Fußballspiel" wurde zwar mit einem runden Ball betrieben, ansonsten aber lagen ihm die Regeln des englischen Rugby zugrunde. Und was heißt da Regeln? Einer der Teilnehmer, Emil Dürbeck, gab später eine lebendige Schilderung dieser Spiele aus der Steinzeit des Fußballs: „Was auf diesem für die Nürnberger 'Streusandbüchse' so charakteristischen Gefilde, wenn es, von der darauf brütenden Sonne ausgesogen und ausgedorrt, eher einer flimmernden Sandfläche glich, an Fußballspiel vor sich ging, war alles andere mehr als gesunder Rasensport. Und weiter: da die Zahl der Spieler unbeschränkt war, konnte es vorkommen, daß bei der blauen Partei 40 Spieler anwesend waren, während die rote nur die Hälfte zu stellen vermochte. Ein Platzhalten in der Mannschaft war zu jenen Zeiten unbekannte Fußballweisheit, und wenn auch bereits nach festen Regeln gespielt wurde, der Ball zog, wohin er immer im Spielfeld geriet, den größten Teil der Spieler auf sich, um von diesen gleich einer Meute losgelassener Hunde aufs hitzigste umkämpft zu werden. Und da geschah es nicht selten, daß Ball und Spieler, in eine mächtige Staubwolke gehüllt, den Augen der spärlichen Zuschauer entrückt wurden."

Im darauffolgenden Sommer jagten auch die Schüler des gerade eröffneten Kgl. Neuen Gymnasiums dem runden Leder hinterher, und auf der Gibitzenhofer Heide veranstalteten die Realschüler (heutiges Willstätter Gymnasium) ihre eigenen Spiele. Doch nur wenige Jahre später hörte dieses von Passanten mit Kopfschütteln quittierte Treiben wieder auf. Ob aus Mangel an Nachwuchs oder aber deswegen, weil das neumodische Spiel als „gefährlich" verboten wurde, ist nicht ganz klar. Jedenfalls ist für die Zeit zwischen 1895 und 1900 kein Bericht überliefert, in dem von fußballerischen Aktivitäten der Gymnasiasten die Rede gewesen wäre.

Erst im Frühjahr 1900 verschickte Christoph Heinz an seine ehemaligen Mitspieler aus Schulzeiten einen Aufruf zu einer Versammlung „zwecks Wiederaufnahme des Fußballspiels". Insgesamt 18 junge Leute, unter ihnen der bereits erwähnte Emil Dürbeck, fanden sich am 4. Mai 1900 im Wirtshaus „Zur Burenhütte" unweit der Deutschherrnwiese ein. Sämtliche Erschienenen, so hielt der zum Präsidenten gewählte Christoph Heinz später fest, „erklärten sich bereit, als Mitglieder einzutreten, und beschlossen, den neugeborenen Verein '1. Fußballclub Nürnberg' zu taufen, im stolzen Bewußtsein, daß es wirklich der erste in Nürnberg gegründete Fußballclub war".

Das „stolze Bewußtsein", das die Gründungsväter des später so ruhmreichen „1. FCN" an den Tag legten, war jedoch trügerisch. Wie die Magistratsakten der Stadt Nürnberg belegen, handelte es sich bei dem Verein, den sie ins Leben riefen, lediglich um den „3. FCN". Schon vorher, in den Jahren 1897 und 1898, hatten Fußballbegeisterte unter der Führung des Mechanikers Max Löwenstein bzw. des Kaufmanns Josef Englmaier Fußballvereine gegründet. Beide Projekte hatten jedoch schon nach kurzer Zeit ihren Übungsbetrieb wieder aufgeben müssen, da sich nicht genügend Fußball-Interessierte eingefunden hatten.

Fußball! Der 1. F. C. N. sucht zur Verstärkung seiner Mannnschaft **geübte Rugbyspieler.** Dieselben werden nebst solchen Herren, welche sich diesem Sport widmen wollen, höfl. eingeladen, sich Dienstag, den 30. April abends 8 Uhr, im Billardsaal des Cafe Zeughaus einzufinden. Spielzeit Freitag Abend und Sonntag Vormittag Deutschherrnwiese.

Anzeige im „Fränkischen Kurier".

Als man noch Rugby spielte, trat die „blaue" gegen die „rote" Partei an. Im Bild die „blaue Partei" des 1. FCN im Jahre 1900 auf der Deutschherrenwiese.

Auch die Mitglieder des dritten Vereins, die fortan als „1. FCN" in der Gastwirtschaft „Loreley" ihre regelmäßigen Versammlungen abhielten, bekamen schnell Probleme mit dem Nachwuchs. Obwohl man selbst mit Zeitungsanzeigen Werbung betrieb, gelang es nicht einmal, die notwendige Spielerzahl für zwei reguläre Mannschaften aufzutreiben. In der Gründungsversammlung hatte man sich nämlich nicht für den „richtigen" Fußball – damals sagte man: „Fußball ohne Aufnehmen des Balles" –, sondern für den Rugby – „Fußball mit Aufnehmen des Balles" – entschieden, für dessen regelgerechte Durchführung mindestens dreißig Spieler nötig sind. Weil man auch in der näheren Umgebung keine des Rugby kundigen Gegner finden konnte, beschloß die Mitgliederversammlung am 7. Juli 1901, fortan nur noch jenes Spiel zu betreiben, das die Engländer seit 1863, dem Gründungsjahr des nationalen Fußballverbandes, „Association Football" nennen.

Es war wohl diese Entscheidung allein, die den jungen Verein vor dem Schicksal seiner Vorgänger bewahrt hat. Ausschlaggebend für sie war vermutlich nicht nur der eklatante Spielermangel, sondern vor allem die Tatsache, daß man bereits im Oktober 1900 eine Herausforderung im Associations-Spiel erfolgreich bestanden hatte. Eine „Vereinigung Schuckertscher Beamter" hatte gegen den 1. FCN zu einem Match antreten wollen. Bei diesen „Beamten" der Schuckertschen Elektrizitätswerke – Beamte nannte man damals alle höheren Angestellten – handelte es sich um einen lockeren Zusammenschluß von Freunden des Associations-Spiels, die sämtlich aus Norddeutschland gekommen waren. Nach einem Schnellkursus in Sachen Fußball – der Kaufmann Grupe aus Hannover hatte dem jungen Verein ein Heft mit den original Associations-Regeln vermacht – und einigen Übungseinheiten hatten sich die nach Wettkämpfen gierenden Rugbyspieler des 1. FCN bereiterklärt, die Herausforderung anzunehmen. Und dann waren sie aus dem ungewohnten Kampf, völlig überraschend, als Sieger hervorgegangen.

Ein Jahr später konnte die junge Nürnberger Mannschaft, die nun Geschmack am richtigen Fußball gefunden hatte, die Schuckertsche Spielvereinigung auf deren Übungsplatz in Gibitzenhof erneut mit 1:0 bezwingen. Das erste „offizielle" Match fand dann am 29. September 1901 in Bamberg statt. Der dortige 1. FC, ebenfalls gerade erst gegründet, war zu dieser Zeit der räumlich nächstgelegene Associationsclub und wollte das als sportlichen Städtewettkampf Bamberg-Nürnberg annoncierte Wettspiel ganz gezielt nutzen, „um in aller Öffentlichkeit von seinem Dasein Kenntnis zu geben".

Es ist ein recht armseliger Haufen, der an diesem Tag nach Bamberg aufbricht. Nur wenige können es sich leisten, mit der Bahn zu fahren. Die meisten schwingen sich auf den Drahtesel. Dort angekommen, rutscht ihnen das Herz in die Hose, als sie ihre Gegner sehen. Hoch zu Fiaker kommen sie zum Sportplatz, fesch gekleidet im neuen Sportkostüm. Entsetzen macht sich breit bei Hans Hofmann, dem rechten Außenläufer der „Urmannschaft" des 1. FCN: „Alle wie aus dem Ei gepellt, im schmucken Dress, Sportjacken und dito Mützen." Und alle besitzen sie funkelnagelneue Fußballstiefel!

Im Spiel zeigt sich dann allerdings recht rasch, daß auch die schönsten Stiefel nichts nützen, wenn ein wilder Kampf angesagt ist. Die Nürnberger werfen sich mit Vehemenz in die Auseinandersetzung. Das Spiel ist davon bestimmt, daß sich dort, wo gerade der Ball ist, ein Haufen von 20 Mann bildet, der ungestüm auf das Spielgerät eindrischt. Die Fußballer des 1. FCN, die die Kunst des Befreiungsschlages offensichtlich besser beherrschen, gewinnen mit 2:0. Und obwohl sie mit berechtigtem Stolz nach Hause fahren, werden sie dort von kaum jemandem bewundert: Als die Bamberger drei Wochen später auf der Deutschherrenwiese mit 1:5 untergehen, ist dieses Ereignis keiner Nürnberger Zeitung eine Zeile wert.

Die Akteure des ersten Wettspiels zwischen dem FC Bamberg und dem 1. FCN. In gestreiften Hemden, von links – oben: Krause, Neundorf; Mitte: Schmidt, Felsenstein, Haas, Hofmann, Ott; vorn: W. Heinz, Dürbeck, Torwart Eckardt, Chr. Heinz.

Pennäler und Doktoren

Die kurze Schilderung aus der Gründungsphase des 1. FCN zeigt, daß der Fußball in seinen Anfangsjahren keineswegs, wie oft vermutet wird, eine Angelegenheit der Arbeiter war. Und es ist auch keineswegs ein Zufall, daß in den zwanziger Jahren zwei „Doktoren" mit dem 1. FC Nürnberg zu Meisterehren gelangten: 1920 kickte auf der Position des rechten Verteidigers Dr. Jean Steinlein, und der Zahnarzt Dr. Hans Kalb, Herzstück des Nürnberger Flachpaßspiels, galt nach dem 1. Weltkrieg als der beste Mittelläufer Deutschlands.

Der Fußball wie der aus Großbritannien importierte Sport überhaupt war zunächst eine Sache der Jugendlichen aus der gebildeten Ober- und Mittelschicht. In der Regel hatten sie sich ihn direkt von Engländern abgeschaut, die sich zur Ausbildung oder beruflich in Deutschland aufhielten. Und das englische Spiel, das von den ehemaligen Gymnasiasten fürs erste aufgegriffen wurde, war keineswegs zufällig der Rugby: Der „schneidige" Rugby galt im England der Jahrhundertwende als exklusiver Sport der „Gentlemen", der Soccer hingegen, um 1860 ebenfalls noch ein fast ausschließlich von Studenten betriebener Sport, war zu diesem Zeitpunkt zu einem bei den Oberschichten unbeliebten proletarischen Freizeitvergnügen „herunter"gekommen.

In Deutschland hatten es die Jugendlichen an den Höheren Schulen freilich nicht leicht, ihrer Fußballbegeisterung nachzugehen. Das englische Spiel – sei es Rugby oder Association – war bei den damaligen Lehrern in der Regel äußerst unbeliebt. Sie setzten sich für das deutsche Turnen ein und wetterten gegen die von der Insel herübergeschwappte „Fußlümmelei". Wer Fußballspielen wollte, der mußte dies außerhalb der Schule tun, und auch dann wurde es von den meisten noch als Verstoß gegen die guten Sitten gesehen. Bei den Vereinsturnern waren die Fußball-Unterabteilungen, die seit der Jahrhundertwende wie Pilze aus den Boden schossen, alles andere als beliebt.

Allenthalben mußten die Fußballer erst um Anerkennung kämpfen. Beim 1. FC Nürnberg erwarb man sie sich nicht zuletzt über die Leichtathletik, die damals beim „besseren" Publikum wesentlich mehr Akzeptanz fand. So wurde im Jahre 1905 der neue Platz in Schweinau nicht etwa, wie man denken könnte, mit einem Fußballspiel eröffnet, sondern mit einem leichtathletischen Sportfest. Bei diesem belegten bemerkenswerteise die Fußballer die ersten Plätze. Lange Jahre gehörten die Spieler der 1. Mannschaft zu den besten Leichtathleten im Verein. Der erste bekannte Nürnberger Mittelläufer Karl Hertel wurde erster Vereins-Fünfkampfmeister, der später als Facharzt weithin bewährte Dr. Haggenmiller war einer der schnellsten Kurzstreckenläufer der Stadt, und Ludwig Philipp, der erste Nationalspieler des 1. FCN, war Vereinsmeister und Nordbayerischer Meister im 100-m-Lauf.

Im Jahr 1907, als der Fußballsport zunehmend Akzeptanz fand, konnte der 1. FCN seinen ersten großen Erfolg verbuchen: die Bayerische Meisterschaft (auch Ostkreismeisterschaft genannt, bezogen auf den Kreis Ost im Verband Süddeutscher Fußballvereine). In der Mannschaft, die im Endspiel den Männerturnverein München mit 4:3 bezwang, standen nicht weniger als fünf Hochschüler. Sie sorgten für das erste Ruhmesblatt in der an Erfolgen so reichen Geschichte des 1. FC Nürnberg, der nun unter dem Markenzeichen „Club" – was ja nichts anderes bedeutet als: erster aller Klubs, König aller Klubs – für Furore sorgte. „In Bayern", so der Vereinschronist Hans Hofmann, „standen wir augenblicklich an der Spitze, und weitere zwei Jahre hindurch blieb diese Spitzenstellung ungefährdet. Man sprach in diesem Kreis bereits vom 'Club', der Rufname ist geblieben bis in die jüngste Zeit. Wo man im Reich Fußball spielt, kennt man den 'Club'."

▷ EINWURF: THEO HAGGENMILLER

Ein Schulschwänzer in Prag

Am 5. Mai 1906 schwänzte der Gymnasiast Theo Haggenmiller die letzte Schulstunde, um noch den Zug zu erreichen, der ihn und die 1. Mannschaft des Club nach Prag bringen sollte, wo man – es war das erste Auslandspiel der Nürnberger – am nächsten Tag gegen die dortige Slavia antrat. Der 1. FCN kam mit 2:12 gewaltig unter die Räder. Nur die gute Vorstellung des Rechtsaußen Haggenmiller war der Presse eine Erwähnung wert – und das wäre dem Schulschwänzer nach seiner Rückkehr beinahe zum Verhängnis geworden. Vereinschronist Hans Hofmann schilderte die Ereignisse:

„Nun wäre alles ganz gut abgelaufen, denn am Montagmorgen saß unser Gymnasiast wieder, als ob nichts geschehen wäre, in seiner Bankreihe. Der Rektor M. des Gymnasiums las anderntags als eifriger Verehrer Bachscher Musik in den 'Leipziger Neuesten Nachrichten' eine Abhandlung über eine Feier des Komponisten, und wie es so geht, las er über den Artikel hinweg den nächsten, worin von einem Fußballspiel der Nürnberger in Prag und namentlich von dem tüchtigen Nürnberger Rechtsaußen Haggenmiller die Rede war. 'Der Sache muß ich auf den Grund gehen', dachte der Rektor, fragte den Klassenlehrer, und da stellte sich heraus, daß Haggenmiller wegen Unwohlseins am Samstag vorzeitig den Unterricht verlassen hatte. Am nächsten Tag Zitierung vor den Gewaltigen. Der Delinquent sah sofort ein, daß ihn nur ein freimütiges Bekenntnis zu retten vermochte, gestand alles, aber auch, daß er seinen Fußballsachen den Vergil oder Homer beigepackt, daß er sich außerdem in Gesellschaft gleichgesinnter, honetter Leute befunden habe, die mit ihm die hunderttürmige Stadt an der Moldau mit ihren Brücken und historischen Denkmälern bewundert hätten, und er ließ nicht ab, die empfangenen Eindrücke in langer Rede zu schildern. Da faßte den alten Herrn ein menschliches Rühren, und trotz des Einspruches der hohen Geistlichkeit wegen der versäumten Messe entließ er den bußfertigen Sünder in Gnaden mit der besonderen Erlaubnis, an allen Fahrten des Clubs teilnehmen zu dürfen, sofern er seinem Klassenlehrer Mitteilung mache. Das war die erste und einzige Spielerlaubnis eines Gymnasiasten in Bayern." □

Ein exklusiver Verein für Gymnasiasten und Akademiker war der Club freilich schon damals nicht mehr. Zunehmend entdeckten auch Kaufleute, Angestellte, Handwerker und Arbeiter den Fußball als „Gegenwelt" gegen die vom Beruf aufgezwungene Lebensweise. In Nürnberg – eine Metropole des Handels mit einer Universität in der Nachbarschaft, zugleich aber auch Industriestadt – war ganz offensichtlich der Boden günstig dafür, daß das aus England importierte Spiel schnell unter den Mittelschichten Anhänger finden, sich dann aber auch unter der Arbeiterschaft verbreiten konnte.

Für eine kräftige soziale Umschichtung in den Reihen der Fußballer sorgte nicht zuletzt auch ein Erlaß des Königlich-Bayerischen Kultusministeriums vom 1. Januar 1912, demzufolge allen Zöglingen der Höheren Schulen das Fußballspielen ab sofort zu verbieten sei. Zuwiderhandlungen, so hieß es, sollten mit Arrest, im Wiederholungsfall mit Relegation bestraft werden. Der Erlaß war ganz offensichtlich eine unmittelbare Folge von antifußballerischen Aktivitäten in der Turnerschaft. Denn es war ihm zur Begründung ein Gutachten der Zentralturnlehreranstalt Oberwiesenfeld beigefügt, demzufolge das Fußballspiel nicht nur unästhetisch – „unschöne Haltung", „vorgenommene Schultern", „starrer Blick" –, sondern vor allem auch gesundheitsschädlich sei.

Nachhilfe aus Berlin

Im Sommer 1901 tauchte ein Mann auf der Deutschherrenwiese auf, der den Kickern des 1. FCN nicht nur durch seinen seltsamen Dialekt, sondern auch durch sein exzellentes Fußballspiel auffiel. Es war Fritz Servas, ein Spieler der erfolgreichen „Britannia" aus Berlin, den es beruflich an die Pegnitz verschlagen hatte. Servas gab seinen Einstand in der 1. Mannschaft bereits im Herbst des Jahres: Die Bayern aus München hatten die Nürnberger nach der Kunde von deren Siegen über Bamberg zu einem Wettspiel um die „Bayerische Meisterschaft" herausgefordert.

„15:0" lautete der selbstbewußte Tip der Bayern vor dem Spiel. Und tatsächlich war der Wettkampf eine äußerst einseitige Angelegenheit: Der Ball lief reibungslos durch die Reihen der Münchner, die Nürnberger hetzten chancenlos hinterher. Der Club hatte es einzig Servas zu verdanken, daß die Niederlage mit 0:6 dann noch einigermaßen glimpflich ausfiel. „Er war der Turm in der Schlacht, und die Angriffe zerschellten überall, wo er zugegen war", schrieb Emil Dürbeck in seinen Erinnerungen.

Verstärkung aus Berlin! Mit Servas (unten rechts) hatte die Mannschaft des 1. FCN im Jahr 1902 ihren ersten Klassespieler.

Trotz der Schmach hatte diese Niederlage für den Club letztlich nur positive Folgen: Man wußte jetzt um die eigenen Mängel. Allzu offensichtlich hatte sich offenbart, daß Ballbehandlung, Zusammenspiel und Schnelligkeit verbessert werden mußten; man hatte nun mit Servas auch den Mann, der geeignet war, diese Mängel zu beheben. Zudem waren unter den gut 1.000 Zuschauern, die das Spiel auf dem Platz unterhalb der Deutschherrenwiese interessiert verfolgt hatten, eine Menge Jugendlicher, die nach dem Gesehenen darauf brannten, selbst dem Ball hinterherzujagen.

Servas brachte den immer noch von der Rugby-Spielweise beeinflußten Clubspielern die Grundprinzipien der Ballbehandlung bei. Galt bis dahin noch derjenige als bester Fußballspieler, der den Ball mit der Fußspitze am weitesten stoßen konnte, so zeigte Servas, daß es beim Fußball vor allem auf das Stoppen und Schießen mit der Innenseite ankommt. Auch das Kopfballspiel, bislang vollkommen unbekannt, wurde unter seiner Anleitung nun regelmäßig geübt. Auf kuriose Weise fand der Einfluß des „Vaters des Nürnberger Zusammenspiels" auch sprachlich einen Niederschlag. Servas hatte die Angewohnheit, immer „häpp" (eine mundartliche Form von „hopp") zu rufen, wenn er den Ball schnell zugespielt haben wollte. Es dauerte nicht lange, da hatte sich die ganze Mannschaft dieses „häpp" angewöhnt. Von da war es nicht mehr weit zum Tätigkeitswort „häppen", das alsbald unter der ganzen Fußballjugend Nürnbergs üblich wurde als Bezeichnung für „den Ball schnell und sicher zuspielen".

Freilich hatte das Training von Servas auch einen Pferdefuß. Denn schnell stellte sich heraus, daß die meisten der Clubspieler zu alt und zu ungelenkig waren, um von Servas' Geschicklichkeit noch Wesentliches zu lernen. Statt dessen erwiesen sich die Jungen, die seit dem Winter 1901/02 bei Servas' Training mitmachen durften, als äußerst lernfähig. Die Konsequenz war, daß die Alten binnen weniger Jahre jungen Spielern Platz machen mußten, Spielern wie Ludwig „Phips" Philipp, die sich seit der Jahrhundertwende auf der Deutschherrenwiese herumtrieben und den „Großen" nacheiferten.

Der Lehrbub Philipp war schon vor Servas' Zeit mit seinen Freunden in einem Bolzklub, den sie stolz auf den Namen „Fußballklub Noris" getauft hatten, dem Leder hinterhergejagt. „An den vornehmen 'Club' mit seinen Schülern und Studenten wagten wir kaum im Traum zu denken. Als man mich schließlich 1904 doch zum Club holte, ging ich fast ein vor Freude und Stolz." Im Vergleich zu dem regellosen Gekicke, das man vorher betrieben hatte, erfuhr Philipp die systematische Schulung durch Servas wie eine Offenbarung: „Das war schon ein regelrechtes Training."

Philipp bekamen die Übungseinheiten mit Servas so gut, daß er nicht nur zu einem glänzenden Fußballspieler mit Allrounder-Qualitäten wurde – er konnte Mittelstürmer, Linksaußen, Halblinker und Verteidiger spielen – sondern sogar zum ersten Nationalspieler Bayerns avancierte. Mit zwei Länderspielen, die er 1910 gegen die Schweiz und die Niederlande bestritt, war er nicht nur der bekannteste, sondern auch der beste Spieler, der in der Zeit vor dem 1. Weltkrieg das Clubtrikot trug. Neben Philipp erwiesen sich vor allem Haggenmiller, Steinmetz und Hertel als sehr gelehrige Schüler. Zusammen mit Servas waren sie in der Lage, ein Spiel aufzuziehen, das bereits eine gewisse Ähnlichkeit mit „richtigem" Fußball hatte.

Auf diese Weise gestärkt begann der Club in den nächsten Jahren den Fußball Nordbayerns zu dominieren. Berlin, die erste Hochburg des deutschen Fußballs, wo man schon vor der Jahrhundertwende das Flachpaßspiel aus England importiert und eine Liga gegründet hatte, wurde überflügelt. Am 16.4.1906 gewann der Club gegen das ehemals große Vorbild Britannia mit 7:0. Servas, bereits zu alt und zu langsam geworden, spielte da schon nicht mehr mit. Statt seiner vertrat in der siegreichen Mannschaft der im Jahre 1904 zum 1. FCN gestoßene Mittelstürmer

Willi Müller das Berliner Element. Aus dem Munde Müllers, vormals Kapitän der Berliner Victoria, drückte sich das neue Nürnberger Fußball-Selbstbewußtsein ganz und gar unfränkisch aus. Als der Ball einmal mit seltsamen Effet gerade noch so über die Linie gekullert war, kommentierte er den Protest der Britannen, daß das ja nur ein reines Glückstor (berlinerisch: „Kiste") gewesen sei, mit den Worten: „Wat Kiste, so machen wir se alle!"

Eben jener Müller war es auch, der ein Jahr später im Spiel gegen den späteren deutschen Meister FC Freiburg ein ehrenvolles 1:1 herausholte: „Den ehrgeizigen Torerfolg hatten wir Müller zu verdanken, und das kam so: Müller erhielt den Ball in der Mitte und versuchte seinen bekannten Durchbruch, aber der gelang nicht, den Ball gab er aber nicht mehr her; er dribbelte nun nach halblinks, fand keine Schußgelegenheit und ging nun mit dem Ball weiter, bis er glücklich am linken Eckpfosten angelangt war, die ganze Freiburger Verteidigung wie eine Meute hinter sich drein und nun gab er von da außen eine so wunderbare Flanke aufs Tor, dem völlig freistehenden Steinmetz gerade auf die Pfanne, daß dieser mit aller Gemütsruhe den Ball ins Tor setzen konnte."

Lokale Verstärkung

Im Jahr 1907 lautete die Standardaufstellung des 1. FCN: Martin – Aldebert, Stich – Grün, Hertel, Hofmann – Haggenmiller, Guthunz, Steinmetz, Hirschmann, Philipp. Herausragend war der Sturm mit Haggenmiller, Steinmetz und Philipp, tauglich die Abwehr mit Mittelläufer Hertel und Verteidiger Aldebert, der Rest jedoch genügte höheren Ansprüchen noch nicht. Die Besetzung reichte aus, um Bayerischer Meister werden zu können, nicht jedoch, um auch gegen stärkste Gegner zu bestehen. Bei der Prager Slavia war man im Mai 1906 mit 2:12 chancenlos untergegangen; auch die Überlegenheit des damals wohl stärksten Fußballvereins in Deutschland, des Karlsruher FV, hatte man Ende des Jahres 1906 anerkennen müssen (2:6).

An dieser Situation sollte sich auch in den nächsten Jahren nichts ändern: Die Nürnberger wurden zwar dreimal hintereinander Bayernmeister, scheiterten aber jedesmal an einer der starken Mannschaften Süddeutschlands: 1907 am FC Freiburg (1:1; 1:3), 1908 an den Stuttgarter Kikkers (1:4; 1:2), 1909 an Phönix Karlsruhe (3:4). Auch in den internationalen Vergleichen bot sich dieses Bild: 1908 zwei Niederlagen gegen DFC Prag (0:6; 0:3) und 1909 eine deftige Abfuhr durch die englische Spitzenmannschaft von Sunderland (3:8). In den Jahren vor dem 1. Weltkrieg schien es mit dem Club sogar bergab zu gehen: Während man gegen englische Spitzenmannschaften weiterhin hohe Niederlagen bezog (1912 gegen Queens Park Rangers 1:5, 1913 gegen Middlesborough 0:7), mußte man den bayerischen Titel an die wiedererstarkten Bayern aus München bzw. an den neuen Stern am fränkischen Fußballhimmel, die SpVgg Fürth, abgeben.

Der Club fuhr jedoch trotz aller Rückschläge damit fort, sich an den Besten zu messen. Schon nach dem Spiel gegen Sunderland, bei dem die athletisch durchgebildeten, balltechnisch gewandten und im Zusammenspiel virtuosen Engländer mit den jungen Nürnbergern gemacht hatten, was sie wollten, hatte sich beim Vereinsvorstand die Einsicht durchgesetzt, daß man von Niederlagen gegen derart spielstarke Gegner nur lernen könne. Am 6. Mai 1914, als man im ausverkauften Nürnberger Zabo gegen Tottenham Hotspurs ein respektables 1:1 erreichte, zeigte sich erstmals in aller Deutlichkeit, daß der Club in den Jahren zuvor intensiv an seinen Schwächen gearbeitet hatte. Die vorher nicht immer sattelfeste Abwehr stand gegen die permanent angreifenden Engländer sehr gut. Insbesondere der neue Torhüter Weschenfelder, der den bisherigen Stammtorhüter Martin ersetzte, erwies sich als ein entscheidender Rückhalt.

Der vom lokalen Konkurrenten FC Pfeil abgewanderte Weschenfelder löste „das große Fragezeichen" (so ein Kommentar zu den Leistungen seines Vorgängers Martin) im Club-Tor. Jener FC Pfeil, 1905 gegründet, war der erste ernsthafte Konkurrent des 1. FCN auf lokaler Ebene. Zweimal gelang es den „Pfeilern", gegen den Club zu gewinnen, doch nach dem Abgang der besten Spieler – auch die späteren Clubstars Heiner Träg, Luitpold und Michael Popp, Carl Riegel und Heiner Stuhlfauth kamen vom FC Pfeil – war man nicht mehr in der Lage, dem Club Paroli zu bieten. 1921/22 folgte fast zwangsläufig der Abstieg aus der höchsten bayerischen Spielklasse. Vor allem mit der unfreiwilligen Hilfe des FC Pfeil und anderer kleiner Vereine in der unmittelbaren Nachbarschaft hatte also der 1. FCN sein Spielerreservoir entscheidend aufbessern können.

Während der Club auf diese Weise die Entwicklung der örtlichen Konkurrenz be- bzw. verhinderte, war gleichzeitig die SpVgg Fürth immer größer geworden. Nach bescheidenen Anfängen mit deftigen Niederlagen gegen den Nachbarn aus der Noris hatten sich die Fürther in rasendem Tempo zu einer führenden Macht im deutschen Fußball entwickelt. Seit dem April 1908, als der Nationalspieler Burger verpflichtet wurde und mit dem Engländer William Townley jener Mann auf der Trainerbank Platz nahm, „der den berühmten schottischen Flachpaß

Die 1. Mannschaft des 1. FCN, Bayerischer Meister 1906-1908. Zweiter von rechts: Nationalspieler Ludwig Philipp.

Die englische Spitzenmannschaft Sunderland im Angriff. Rechts Torhüter Martin, in der Mitte Verteidiger Grün (weißes Trikot).

nach Deutschland verpflanzte", hatte man in der Kleeblattstadt den Anspruch, nun die fußballerische Herrschaft in Nordbayern anzutreten. In Nürnberg tat man das Ansinnen noch als „Produkt von etwas zu starkem Optimismus" ab, doch nach dem Endspiel 1914, als die Nachbarn die „Viktoria" an den Ronhof holten, wurde man kleinlaut. Der spätere Club-Spieler Bumbes Schmidt, der damals das grünweiße Trikot mit dem Kleeblatt auf der Brust trug, kommentierte: „In Nürnberg blickte man etwas neidisch auf die jubelnde Stadt. Man dachte mit einer stillen Wehmut an die Tage zurück, als man den gleichen Verein mühelos zweistellig niederkantern konnte."

Trotz des Frustes, daß sich die Kleeblättler früher als der Club mit dem Titel eines Deutschen Meisters schmücken konnten, darf man sicher annehmen, daß auch das Nürnberger Spiel vom Aufstieg des Nachbarn profitiert hat: Man konnte sich von Townleys Qualitätstraining die eine oder andere taktische und spielerische Finesse abschauen. Vor allem aber hatte man nun einen Widersacher unmittelbar neben sich, der permanent zur Höchstleistung anspornte. Das, was Bert Merz und Ludwig Dotzert in ihrem Buch „Meister auf dem grünen Rasen" schrieben, hat einiges für sich: „Die einzigartigen Fußball-Talente, die damals in dem winzigen Landstrich zwischen Zabo und Ronhof vom Himmel fielen, vollendeten sich nur deshalb so schnell zu höchster Reife, weil sie das Glück hatten, daß der einzige wirklich ebenbürtige Gegner gleich nebenan wohnte."

„Eiserner Fußball" und weinrote Trikots

Für den schnellen Aufstieg des 1. FCN zum deutschen Spitzenverein war es vermutlich nicht ganz unwesentlich, daß viele, die als Schüler beim Club gespielt hatten, später als Juristen, Ärzte, Lehrer und Kaufleute wichtige Positionen in der Verwaltung des Vereins bekleideten. Sie garantierten der Sache Fußball die notwendige soziale Anerkennung und brachten, als ehemals Aktive besonders motiviert, Wissen und Know How ein, um dem Club ein sicheres Fundament zu bauen. Bei Ausbruch des 1. Weltkrieges im August 1914 hatte der 1. FCN eine Phase stetigen Wachstums hinter sich. Nicht nur die Mannschaft selbst hatte permanent an sich gearbeitet, sondern auch die Spielbedingungen und damit die finanziellen Grundlagen des Vereins waren kontinuierlich verbessert worden. Höhepunkt war die Eröffnung des für 8.000 Zuschauer konzipierten „Zabo" im Jahr 1913, eine Anlage, die damals allgemein als „schönster Sportpark Deutschlands" gelobt wurde.

Mit dem Bau des „Zabo" stellte sich der Club schon sehr frühzeitig auf den Zuschauersport Fußball ein. Das Foto zeigt das vollbesetzte Stadion im Jahr 1922.

Mit dem vereinseigenen Stadion waren die Rahmenbedingungen für feste Einnahmen geschaffen, und mit dem Reservefonds, den man in weiser Voraussicht angelegt hatte – auch eine größere Menge Bälle hatte man noch rasch zu Friedenspreisen sichergestellt – kam man einigermaßen gut über die folgenden Krisenjahre. Während des Krieges stand dann dem Club neben der Umsicht des Vereinsvorstandes auch das Glück zur Seite: Bereits im Sommer 1916 waren die meisten der einberufenen Spieler wieder in die Heimat zurückgekehrt, so daß man ein spielstarkes Team formen konnte; mit dem Schweizer Gustav Bark, der die Mannschaft seit 1916 als Spielertrainer führte und als Kapitän für den notwendigen Zusammenhalt sorgte, stand dem Club darüber hinaus eine außergewöhnliche Führungspersönlichkeit zur Verfügung; und am Ende des Krieges haben die Rasenflächen des 1. FC Nürnberg den „Kartoffelerlaß" der Regierung vom 18. April 1918 – Fußballplätze sollten zur Anpflanzung von Kartoffeln genutzt werden – ganz offensichtlich schadlos überstanden.

In den Zeiten des Mangels lief es also beim Club verhältnismäßig gut. Wo es bei anderen am Nötigsten fehlte – bespielbare Plätze, Bälle, Trikots – hatte der 1. FCN Ressourcen. Nicht zuletzt diese relativ guten Bedingungen stellten für etliche jugendliche Spieler einen Anreiz dar, sich den Clubdress überzustreifen. In der Zeit zwischen 1914 und 1919 sammelte sich im Zabo beinahe der gesamte Kader, mit dem man in den folgenden Jahren von Titel zu Titel schreiten sollte. Lediglich Steinlein, Bark, Träg und Köpplinger hatten vor 1914 die Clubfarben getragen. Böß, Riegel, Kugler, Grünerwald, Wieder, Popp und Winter waren „Kriegszugänge", Heiner Stuhlfauth stand seit 1915 für den im Krieg gefallenen Weschenfelder im Tor, und kurz nach dem Krieg stießen dann noch Strobel und Kalb hinzu.

Offen für alle Schichten war der Club schon zu Zeiten eines Servas und Philipp gewesen, aber erst jetzt, in der Kriegs- und Nachkriegszeit, hatte sich ein durchgreifender sozialer Wandel vollzogen. Soldaten unterschiedlicher Dienstgrade hatten schon während ihrer Militärzeit Gelegenheit, mit- und gegeneinander zu kicken, und nach der Abdankung von Kaiser Wilhelm II. (9. November 1918, zwei Tage vor Kriegsende) hatten sich mit den alten Wertvorstellungen auch die Vorbehalte gegen den Fußball in den revolutionären Wirren aufgelöst. Die Verhältnisse wurden jetzt neu gemischt, und viele, die vorher kaum etwas miteinander zu tun gehabt hätten, fanden nun in einem Fußballverein Zusammenhalt und Geborgenheit. „Diese Generation kam aus den Schützengräben des ersten Weltkrieges, zog die Uniform aus und war arbeitslos", schrieb der spätere Meisterspieler Seppl Schmitt. Und fuhr fort: „Die Jugend floh die ewigen häuslichen Sorgen und fand eine zweite Heimat in den Sportvereinen."

Anders, als das noch vor dem Krieg der Fall war, gaben die Studierten jetzt nicht mehr den Ton an beim Club. Von den Genannten sollten es lediglich Steinlein und Kalb zu Doktortiteln bringen, die anderen ergriffen Berufe wie Kaufmann, Wirt, Mechaniker, Schornsteinfeger oder Briefträger. In der Schrift zum 25jährigen Jubiläum des 1. FCN heißt es: „Hier im 1. FCN war keine politische Trennung, hier sah jeder, ob Arbeiter oder Akademiker, im Sportkameraden den anständigen Kerl, den treuen Kameraden seiner Mannschaft, den Clubfreund aus gleichem Holz geschnitzt, mit dem gleichen glühenden Herzen für seinen Club beseelt – erlebte Freundschaft, unverbrüchlich wahr und echt." Vielleicht war der 1. FC Nürnberg in der Nachkriegssaison 1918/19 so stark, weil er sich in den Wirren von Krieg und Revolution dem Wandel anpassen, weil er das „Neue" ins „Alte" integrieren und zu einer starken Einheit verschmelzen konnte.

Die neue Mannschaft, die noch während des Krieges auflief, leitete die Erfolgsära des 1. FC Nürnberg ein. Sie begann nicht erst im Jahr 1920 mit dem Gewinn der Deutschen Meisterschaft, sondern bereits 1916, als der 1. FCN mit dem sogenannten „Eisernen Fußball" – der süddeutschen Kriegsmeisterschaft – den bis dahin größten Erfolg in der Vereinsgeschichte errang. Als der schwedische Fußballverband im Frühjahr 1919 dem DFB vorschlug, die beste deutsche Mannschaft für eine Gastspielreise nach Schweden zu schicken, fiel die Wahl auf den amtierenden Süddeutschen Meister, den Club. Es war dann ein recht abgerissener Haufen, der im Mai 1919 die Reise nach Schweden antrat. Die ausgemergelten, schlecht gekleideten Fußballer, die gerade dem Krieg entronnen waren, kamen einem schwedischen Beobachter vor wie „die deutschen Bolschewiken". Trotz solch mangelhaften Outfits konnte der Club in Schweden durchaus imponieren. In fünf Spielen gab es zwei Siege, zwei Unentschieden und nur eine Niederlage. Beim ersten Spiel gegen Djugardens J.F., das man mit 3:0 für sich entschied, sprach das *Svenska Dagbladet* gar von einer „Sensation".

Weit sensationeller war aber noch, was die Nürnberger „Bolschewiken" nur wenig später mit ihren Trikots machten. Weil es in dieser Zeit des Mangels zu aufwendig und teuer schien, die traditionellen rotweißen Trikots nach jedem Spiel mit viel Waschpulver aufzufrischen, haben die praktisch veranlagten Franken ein Trikot „erfunden", das kontinuierlich dunkler wurde. Indem man so aus der Not der Nachkriegszeit eine Tugend machte, verschaffte man dem Club das legendäre „weinrote" Trikot: Es war im Grunde nichts anderes als ein verdrecktes Rot, oder, wie es die Fachzeitschrift *Fußball* einmal ausdrückte, ein „rauchgeschwärztes Pulverrot."

Ungarische Paprika

Am 8./9. November 1918 hatten Arbeiter- und Soldatenräte die Regierung im Land übernommen, im Frühjahr 1919 war in Nürnberg der Versuch linker Revolutionäre, eine Räterepublik nach Münchner Vorbild zu installieren, am blutigen Einsatz von Reichs- und Einwohnerwehr gescheitert (27 Tote). Kurz nachdem die Revolution niedergeschlagen war, am 22. Juli 1919, ereilte den eben erst aus Schweden zurückgekehrten Club im heimischen „Zabo" die folgenreichste Niederlage seiner Vereinsgeschichte. Das 0:3 gegen den MTK Budapest, der damals neben den beiden Prager Vereinen Slavia und Sparta sowie Rapid Wien wohl die stärkste Mannschaft Kontinentaleuropas stellen konnte, beschrieb eine

Nürnberger Tageszeitung als „ein Ereignis, dessen Zauber noch lange nachwirken wird". Die Ungarn demonstrierten die hohe Kunst des Fußballs. Der Club-Verteidiger Gustav Bark war vom Spiel der ungarischen Ballvirtuosen so hingerissen, daß er zeitweise gar nicht mehr daran dachte, selbst ins Spiel einzugreifen. „Heiner!" rief er zu Stuhlfauth hinüber, „die spielen so schön, daß ich zuschaun muß!" Und Stuhlfauth selbst erschien die ungarische Supermannschaft wie eine Offenbarung. Die Ungarn spielten, so der Alt-Cluberer Hans Hofmann „einen Czardas ins Fußballerische übertragen". Der „Primgeiger" war Schaffer.

Der am 24. August 1893 in Budapest geborene Alfred Schaffer war als Mittelstürmer nicht nur der Mittelpunkt des MTK-Sturms, der auf seiner

1921, als der Club zu seinem

Tournee alles schlug, was sich ihm in den Weg stellte, er war auch der erste große Star, der in Deutschland seine Fußballstiefel schnürte. Er war der größte Mittelstürmer, nicht nur vom fußballerischen her, sondern auch in Zentimetern. Er war, so Joseph Michler in seiner Schrift über „Deutschlands Beste" (1930), „bei dem individuell kleineren Maß der Nachkriegsgeneration eine einsam ragende Erscheinung." Ein Ungar zwar, so die Charakterisierung des einst berühmten Sportjournalisten Richard Kirn, „doch nicht, wie man sich Ungarn gemeinhin vorstellt: blondlockig, breit, behäbig. Wenn er die bayerische Tracht trägt, die kurze Wichs, dann sieht er aus wie ein Sennbub aus einem Ganghoferroman. Er bewegt sich auf dem Feld fast langsam, aber er geht mit dem Ball um, daß das ganze Spiel um ihn herum zu tanzen beginnt – und wenn er schießt: er hat einen erschreckenden Schuß."

Nach Abschluß der MTK-Tournee schlossen sich der Linksaußen Peter Szabo und jener phänomenale Alfred „Spezi" Schaffer dem 1. FCN an. „Welch ein Zuwachs!" riefen die Experten. Mit Schaffer kam der beste Mittelstürmer, den man bis dahin gesehen hatte, ein Spieler, der gleichzeitig als Trainer wirkte und die aufstrebende Clubmannschaft in die

zweiten Endspiel antrat, war das „weinrote" Trikot bereits berühmt.

Geheimnisse ungarischer Fußballkunst einweihte: Er übte mit den Clubspielern das Stoppen, Passen, Schießen; er führte ihnen das Repertoire seiner Täuschungsmanöver vor; er zeigte ihnen, wie man auf der Grundlage durchdachten Stellungsspiels mit einem Minimum an körperlichem Aufwand ein Maximum an Wirkung erzielen kann. Besondere Übungsstunden, so wird vermerkt, hielt er mit dem jungen Hans Kalb ab, als dessen „Entdecker" er gilt. Er förderte seine Technik, seine Beweglichkeit und seine Gewandtheit, bis er das beidfüßige Fußballspiel wie im Traum beherrschte. Während er die Flügelstürmer anwies, vorne zu lauern und sich freizulaufen, machte er Kalb vor, wie man schnelle Mitspieler mit langen Steil- und Diagonalpässen effektiv einsetzen kann.

Schaffer galt in seiner Zeit als ein derart herausragender Ballvirtuose, daß ihm der Herausgeber des *Fußball*, Eugen Seybold, kurzerhand den Titel „Fußballkönig" verpaßte. Sowenig seine fußballerischen Qualitäten bezweifelt wurden, so sehr gehen jedoch die Meinungen darüber auseinander, wie weit der Ungar auf die Qualität des Clubspiels hat Einfluß nehmen können. Für den keineswegs bescheidenen Schaffer selbst war klar, daß ihm der Club im Grunde alles zu verdanken hatte. In einem

Interview für eine ungarische Sportzeitung sagte er: „Man hat mich in Nürnberg direkt vergöttert, und die Mannschaft, die bisher eine unbedeutende Rolle im deutschen Fußball spielte, hat schon im ersten Jahr, als ich dort Amateur-Trainer war, nicht nur die süddeutsche, sondern auch die Reichsmeisterschaft gewonnen."

Eingefleischte Nürnberger wie Hans Hofmann sahen die Dinge freilich ganz anders: „Unser Club hat, bevor Schaffer nach Nürnberg kam, mehrmals die süddeutsche Meisterschaft gewonnen, außerdem auch den 'Eisernen Fußball'. Kalb war bereits 'entdeckt' und hat in der ersten Mannschaft erstmals als Stürmer gespielt, später dann aushilfsweise als Außenläufer... Unsere alten Spieler, wie sie seit Jahren in unserer Mannschaft stehen, haben von Schaffer nichts geerbt, sie spielen heute noch den Stil, wie vor der Schafferperiode, sie haben es lediglich verstanden, sich dem phänomenalen Können Schaffers als Mittelstürmer anzupassen, wie sie sich zuvor dem fast gleichwertigen Spiel unseres Böß angepaßt haben. Wir wollen es dem Herrn Schaffer nicht vergessen, daß er während seiner fünfmonatigen Tätigkeit bei uns ersprießliche Dienste geleistet hat, wir werden es aber auch nie vergessen, daß uns Schaffer bei dem Beginn der Spiele um die Süddeutsche Meisterschaft schnöde verlassen hat."

Den Kompromiß zwischen beiden Meinungen vertritt Clubarchivar Andreas Weiß. Hans Kalb sei vor Schaffer lediglich als Reservespieler aufgeboten gewesen, der „Spezi" aber habe sein Talent erst erkannt und ihn zum Klassespieler geformt. Zwar habe der Ungar nur wenige Monate das Clubtrikot getragen, „doch seine Fußballkunst hatte das Clubspiel derart befruchtet, daß auch ohne sein Mitwirken die Deutsche Meisterschaft nach Zabo geholt werden konnte."

Schaffer hin, Schaffer her – fest steht, daß Hans Kalb und später auch Georg Hochgesang sowie Seppl Schmitt ganz dem Stil ihres großen Vorbilds Schaffer nacheiferten. Der „Geist Schaffers" wehte noch lange im Zabo. An einem kalten Februartag des Jahres 1927, als der Club gerade dabei war, die Münchner Bayern locker mit 5:2 abzuservieren und Kalb eine Glanzvorstellung lieferte, rief auf der Tribüne der Fußballjournalist Joseph Michler zu seinem Kollegen Seybold hinüber: „Er erreicht Schaffer!" Kurz darauf fügte er hinzu: „Und Hochgesang – auch er ist wie Schaffer!"

Die Fußballkost des 1. FCN, soviel ist sicher, ist mit einer ordentlichen Menge „ungarischen Paprikas" abgeschmeckt worden. Schon Fritz Servas, der erste Lehrmeister des Club, soll seine Künste während eines Aufenthalts in Budapest perfektioniert haben. Und nach Schaffer gaben noch viele andere ehemalige MTK-Spieler ihre Visitenkarte am Zabo ab.

▷ **EINWURF: A. SCHAFFER**

Der Fußballkönig

In einer Zeit, als es noch keinen Fußball-Professionalismus gab, zog Alfred Schaffer, der dem angenehmen Leben nicht abgeneigte „Fußballkönig" (Eugen Seybold), immer dorthin, wo es dennoch etwas zu verdienen gab. Nach einer erfolgreichen Zeit bei MTK Budapest (sechsmal Meister) machte er noch bei vielen Vereinen Station: 1. FCN, FC Basel, Wacker München, Wiener Amateure, Sparta Prag. Später war er auch als Trainer wanderfreudig und recht erfolgreich (u.a. Vizemeister mit dem Club 1934). Schaffer (Spitzname: „Spezi") war eine der ersten schillernden Figuren des kontinentalen Fußballs, und so gab er viel Stoff her für Geschichten. Einige Kostproben:

Alfred Schaffer – ein Stilist am Ball.

◇

Schon zu seiner Zeit beim MTK Budapest will Schaffer nur solange die Fußballstiefel schnüren, wie ihm der Verein auch entsprechende Einnahmen zusichern kann. Der Vorstand schanzt ihm daher ein Geschäft zu, damit er sich seine Existenz sichern könne. Schaffer aber hat nichts besseres zu tun, als ein Schild mit der Aufschrift „Geschlossen" an die Tür zu hängen und sich ins nächste Lokal zu setzen. Als ihn die Klubgewaltigen beschwören, doch endlich den Laden zu öffnen, reagiert er mit einer verblüffenden Logik: „Ist sich Schaffer ein Fußballer oder Geschäftsmann? Bittä säähr, er ist sich Fußballer. Wos soll er machen mit einer Geschäft? Muß er doch sein jeder Tag am Fußballplatz, bittä säähr!"

◇

Nach nur fünfmonatigem Engagement verläßt Schaffer den 1. FCN in Richtung Basel, wo er sich an den Einnahmen des dortigen FC prozentual beteiligen läßt. Die Zuschauer strömen, und Schaffer verdient. Da tritt der Vorstand an ihn heran: „Unsere frühere Vereinbarung können wir nicht mehr einhalten. Sie verdienen sonst noch mehr als unser Schweizer Bundespräsident." Darauf Schaffer: „Ja, einen neuen Bundespräsidenten können sie alle Tag' wählen, aber an neuen Fußballkönig krieg'ns so schnell nimmer."

Ende 1920 wird Schaffer von Wacker München eingekauft. Weil er als ausländischer Berufsspieler gilt, verweigert ihm der DFB die Spielerlaubnis. Wacker beschäftigt ihn daher zunächst als Trainer. Dann erscheint in der Zeitschrift *Fußball* eine fingierte Verlobungsanzeige von Schaffer mit der Schwester Olga des Wacker-Tormanns Bernstein. Die Schwester Olga gibt es zwar nicht, aber der DFB ist überlistet, und Schaffer erhält als Verlobter Aufenthaltsrecht. Bezahlt wird er aus einer schwarzen Kasse. Wacker München wird kurz darauf die bayerische Fußballsensation und dringt nach einem beispiellosen Siegeszug in der DM-Endrunde 1922 bis ins Halbfinale vor (0:4 gegen den HSV).

Bei den Wiener Amateuren, wo er 1922 anheuert, erweist sich der Fußballkönig auch als Wettkönig. Oft rennt er während des Spiels zur Ehrentribüne und wendet sich mit folgenden Worten an einen der dort sitzenden vermögenden Herren: „Ich wette, daß ich jetzt das Siegtor schießen werde. Wer setzt dagegen?" Fast immer gewinnt Schaffer, angesagte Tore gelten fortan als seine besondere Spezialität.

Nach einem Intermezzo bei Sparta Prag und einem Abstecher nach New York erhält Schaffer im Jahr 1929 ein Telegramm aus Wien. Absender ist der Vorstand der „Austria". Der Verein, der bis 1926 „Amateure" hieß, will seinen ehemaligen Starspieler erneut verpflichten. Schaffer antwortet: „Komme mit tausend Freuden. Monatsgage zweitausend Schilling." Schlagfertig tickert es kurz darauf aus Wien zurück: „Kommen Sie mit zweitausend Freuden. Monatsgage tausend Schilling." Schaffer gibt klein bei und kommt tatsächlich für die Hälfte. □

▷ INTERVIEW: STUHLFAUTH

Der Mann im grauen Wams

Heiner Stuhlfauth hütete zwischen 1916 und 1933 in insgesamt 606 Spielen das Tor des 1. FCN. Mit dem Club wurde er fünfmal Deutscher Meister, wobei er in keinem einzigen Endspiel einen Gegentreffer zuließ. 21mal stand er für die deutsche Nationalmannschaft zwischen den Pfosten. Der 1,84 m große Wirt der Nürnberger Sebaldusklause – damals ein Treffpunkt der Prominenz aus Sport, Kultur und Politik – war schon zu Lebzeiten eine Legende. Im Wettstreit um den Ruf des besten Torhüters der zwanziger Jahre hatte er nur in dem Spanier Ricardo Zamora einen ernsthaften Konkurrenten. Stuhlfauth, der noch in den fünfziger Jahren einer der populärsten deutschen Fußballspieler war, hat nach seiner Karriere häufiger Auskunft über seine Zeit als Meistertorwart gegeben. Das folgende fiktive Interview wurde aus Original-Stuhlfauth-Zitaten zusammengestellt.

Die Torhüter-Legende des Club: Heiner Stuhlfauth.

„Was der Heiner einmal zwischen seinen Pranken hielt", schrieb der „Kicker" im Jahr 1929, „das ließ er nicht mehr los!" Ihre großen Hände wurden geradezu zum Mythos. Von „Händen wie Bratpfannen" wurde geschrieben, in Nürnberg sprach man auch, etwas derber, von „Abortdeckelhänden". Aber eigentlich war doch nicht das Fangen, sondern die Fußabwehr ihre große Spezialität?

Ich habe fast immer mit dem Fuß abgewehrt. Wenn noch Zeit war, habe ich mich gebückt und den Ball aufgenommen.

Sie haben sich also nie wagemutig dem Schützen vor die Füße geworfen?

Karambolagen bin ich stets aus dem Weg gegangen. In meiner ganzen aktiven Spielzeit von 20 Jahren war ich nie so ernstlich verletzt, daß ich von einem Sonntag zum anderen nicht hätte spielen können. Ich bin der Ansicht, daß ein Fußballspieler, der intelligent spielt und seinen Körper in jeder Lage beherrscht, selten verletzt wird.

Berühmt geworden sind Sie für ihre Methode, gefährliche Situationen bereits weit vor dem Tor mit einer Fußabwehr zu entschärfen. Findige Journalisten haben dafür den Begriff des „dritten Verteidigers" erfunden. Worauf kommt es denn an bei diesem „Herauslaufen"?

Im richtigen Moment aus dem Tor herausgehn – das muß einem gegeben sein. Manchmal hängt es von Bruchteilen von Sekunden ab, um früher als der Gegner am Ball zu sein. Von der Tribüne aus hatte es oft den Anschein, als ob es ein Fehler wäre, wenn ich herausgelaufen bin. Der Gegner kann vom Ball ruhig zwei oder drei Meter weg sein und der Tormann fünfzehn. Wenn der Tormann die Entfernung richtig abschätzen kann, wird er schneller am Ball sein, weil der Ball zum Tormann kommt, während ihm der Gegner nachlaufen muß. Wenn ich herausgelaufen bin, war ich durchschnittlich fünfundneunzigmal erfolgreich, und fünfmal mal bin ich zu spät gekommen. Wenn meine Verteidiger gemerkt haben, daß ich herauslaufe, ist sofort einer ins Tor gegangen, um mich zu vertreten. Ich bin dem Ball oft zwanzig und dreißig Meter entgegengelaufen und habe den Angriff unterbunden, indem ich den Ball weggeschlagen habe. Ich würde jedem Torwächter empfehlen, in seinem Verein in unteren Mannschaften auch Stürmer zu spielen, denn ein Tormann soll auch das Spiel im Feld miterleben. Bevor ich ins Tor ging, habe ich in meiner Jugend einige Jahre Linksverbinder gespielt.

Auch bei einem Länderspiel gegen Schottland, das am 1. Juni 1929 in Berlin stattfand, haben Sie den Gegner mit ihrem ständigen Dazwischenfahren verwirrt.

An das Spiel muß ich immer wieder zurückdenken!

Sie waren nicht ganz unschuldig daran, daß es mit 1:1 endete. Als Sie wieder einmal den 16-Meter-Raum verlassen haben, konnten Sie die gefährliche Situation nur bereinigen, indem Sie den Ball aufgriffen. Der anschließende Freistoß wurde dann von den Schotten verwandelt.

Noch heute könnte ich mir die Haare ausraufen, weil ich durch das Herauslaufen indirekt diesen Freistoß verschuldet habe. Ich hätte heulen können. Ohne dieses Tor hätten wir die Schotten mit 1:0 besiegt.

Kommen wir zu ihrer dritten große Stärke, dem Stellungsspiel. Sie waren ja nie ein Showman, der mit zirkusreifen Paraden glänzen wollte. Walter

Ob mit dem Fuß oder den Fäusten – Stuhlfauth war in den meisten Situationen Herr der Lage. Szene aus dem Spiel 1. FCN – Bayern München vom 30. Januar 1927 (5:3).

Bensemann schrieb im „Kicker" von einer „merkwürdigen prophetischen Gabe", die sie besessen hätten. Sie hätten die Bälle geradezu angelockt, hätten immer genau vorausgesehen, wohin der Schuß gehen würde.

Ein guter Torwart wirft sich nicht! Wenn ich zu Sturzflügen und Panthersprüngen gezwungen war, fragte ich immer, was ich falschgemacht hätte.

Sie konnten ein Spiel „lesen", wußten auch über die Stärken und Schwächen der gegnerischen Stürmer Bescheid. Haben Sie sich denn mit diesem Wissen nicht auch einmal über die Schwächen Ihrer eigenen Stürmer geärgert? Besonders kopfballstark waren sie ja nicht. Heiner Träg zum Beispiel...

Den einzigen Kopfball von ihm hab' ich in Düsseldorf gesehen!
Wann war das?

Es war im Schlußspiel um die Deutsche Meisterschaft 1921 gegen Vorwärts Berlin, das von uns 5:0 gewonnen wurde. Da hat Träg aus Versehen das fünfte Tor durch einen Köpfler geschossen. Der Ball ist ihm auf den Kopf gefallen und von da ins Tor gesprungen.

Aber sonst konnten Sie ja ganz zufrieden sein mit ihren Mitspielern. Die Einsatzfreude, der Wille und die Kampfkraft der Meisterspieler der zwanziger Jahre wurden ja weithin bewundert.

Wir nahmen kein Spiel auf die leichte Schulter, sondern knieten uns auch im unbedeutendsten Freundschaftstreffen hinein. Eine Niederlage sahen wir als eine Blamage für uns und unseren Verein an und darüber hinaus als Schande für unsere Heimatstadt. Dieser unbändige Ehrgeiz und unser eisernes Training trugen natürlich ihre Früchte.

Stichwort „eisernes Training": Wie sah denn das Training damals aus?

Frag nicht, wie es bei uns im Training zuging! Da hörte die Freundschaft auf, und es wurde mit harten Bandagen gekämpft. Es kam oft vor, daß ein Spieler auf die Aschenbahn flog, wenn er im Zweikampf mit Bark, Kalb oder Kugler zusammenrumpelte. Aber deswegen hat sich kein Mensch beschwert, denn die Fußballer in den zwanziger Jahren waren aus hartem Holz geschnitzt.

Wenn man Sie so reden hört, denkt man heutzutage spontan an Berti Vogts' Lamento über die „Wohlstandsjünglinge". Offensichtlich wäre zu Ihrer aktiven Zeit niemand darauf gekommen, so einen Vorwurf an die Adresse der Fußballer zu richten!?

Die Fußballer waren früher ganz andere Kerle als heutzutage! Wir haben uns grundsätzlich nur kalt geduscht. Warmes Wasser – pah, da wären wir uns ja wie Waschlappen vorgekommen! Das Wort Härte wurde damals groß geschrieben, sogar beim Reisen! Da fuhren wir stets in der III. Klasse! Im Lauf der Jahre haben wir auf den harten Holzbänken zigtausend Kilometer zurückgelegt.

Aber gefeiert habt Ihr schon! Nach dem Finale 1921 gegen Vorwärts Berlin, das Ihr mit 5:0 locker gewonnen habt, soll jede Menge Alkohol geflossen sein. Ihr habt, heißt es, die ganze Nacht durchzecht und seid dann am nächsten Morgen zu einem Privatspiel nach Mönchengladbach gefahren. Wie habt Ihr Euch denn da aus der Affäre gezogen?

Wir waren so kaputt, daß wir uns mit dem Ball nicht lange beschäftigen konnten. Jeder war froh, wenn er den Ball abgeben konnte, um nicht laufen zu müssen. Ich habe zwei Elfmeter gehalten, obwohl ich mich am liebsten auf den Boden gelegt hätte, um zu schlafen. Wo ich mich hingestellt habe, ist der Ball auf meinen Bauch geprallt. Es ging wie am Schnürl, und wir haben mit den Gegnern Katz und Maus gespielt. Als das Spiel abgepfiffen wurde, hatten wir trotz unseres Katers mit 6:0 gewonnen. ☐

Die „goldenen" Zwanziger

1920 bis 1930

Siege, Siege, Siege...

Am 6. Februar 1919 war in Weimar die Nationalversammlung zusammengetreten und hatte Friedrich Ebert zum vorläufigen Präsidenten der Republik gewählt. Gut ein Jahr später, am 1. März 1920, einigten sich in Nürnberg die SPD und die Deutsche Volkspartei, den Demokraten Hermann Luppe (DDP) zum neuen Oberbürgermeister zu wählen. Luppe blieb Stadtoberhaupt bis zur Machtergreifung der Nationalsozialisten im Jahr 1933. In der Ära Luppe wurde Nürnberg nicht nur zu einer Stadt mit einer vorbildlichen Verwaltung (Gesundheits-, Wohlfahrts-, Jugendamt, gemeinnütziger Wohnungsbau u.a.), sondern auch zu einer Hochburg des Sportes. Zu ihrem Aushängeschild wurde der 1. FC Nürnberg, der nur wenige Wochen nach dem Amtsantritt des neuen Stadtoberhauptes seine erste Ruhmestat vollbrachte.

Frankfurt, 13. Juni 1920. Auf dem Platz der Germania harrt die Rekordzahl von 35.000 Zuschauern, teilweise auf den Dächern von eiligst herangeschafften Omnibussen plaziert, der Sensation des Jahres. Obwohl viele kaum eine Chance haben, vom Spiel irgendetwas zu sehen, sind alle gleichermaßen gespannt. Wer ist die beste Fußballmannschaft Deutschlands? Fürth, der letzte Meister vor dem Krieg, oder Nürnberg, der neue Stern am Fußballhimmel? Der Club läuft ein! Stuhlfauth – Bark, Dr. Steinlein – Kugler, Kalb, Riegel – Strobel, Popp, Böß, Szabo, Träg. Auf Fürther Seite spielen: Gebhardt – Wellhöfer, Ammerbacher – Schuster, Hagen, Löblein – Fiederer, Franz, Seiderer, Hierländer, Sutor.

Zunächst dominiert Fürth mit dem Parade-Sturm Franz, Seiderer und Sutor. Nach acht Minuten hält Stuhlfauth bravourös einen Freistoß von Hierländer. Stuhlfauths souveräne Leistung verschafft den Spielern in den verwaschenen weinroten Trikots die nötige Selbstsicherheit. In der 13. Minute schließt Popp einen schnellen Konter mit einem fulminanten Volleyschuß ab. Dann stürmt nur noch Fürth, brilliert mit elegantem Flachpaß und technischen Kabinettstückchen. Doch Nürnbergs Abwehr, von Kalb glänzend organisiert, läßt die Kleeblatt-Stürmer nicht mehr durchkommen. Nach Wiederbeginn dasselbe Bild: Fürth bemüht sich mit schönen Kombinationen um den Anschlußtreffer, doch der Club hält mit nüchterner Athletik und Kampfkraft dagegen. Die Fußballkünstler aus der Kleeblattstadt werden von den Nürnbergern entzaubert. Als Peter Szabo in der 69. Minute einen schönen Vorstoß mit dem 2:0 abschließt, reicht bei der Spielvereinigung die Kraft nicht mehr, um noch einmal gefährlich aufzukommen. Die Partie ist entschieden – und zwar mit demselben Ergebnis, das der selbstbewußte Carl Riegel dem Gegner vorher prophezeit hatte.

Dem Sieg folgte eine große Tournee: Der Club wollte sich als neuer Meister vorstellen und unternahm eine Reise quer durch Deutschland. In 13 Tagen wurden dabei 3.000 Kilometer zurückgelegt, sieben Freundschaftsspiele absolviert und – natürlich sämtlich gewonnen. Siege waren für den Club jetzt eine Selbstverständlichkeit. Schon in der Qualifikation für das Endspiel hatte man nur einen einzigen (!) Punkt abgeben müssen. Die Bilanz lautete: 40:0 Punkte, 115:6 Tore in den Kreisspielen (Gegner: SpVgg Fürth, VfB (TV 46) Nbg., Pfeil-Sandow Nbg., 1. FC Bamberg, 1. FC Schweinfurt, Kickers Würzburg, MTV Fürth, Ballspielclub Nbg., Sportfreunde Nbg.), mit Ausnahme des Unentschiedens beim Frankfurter FV souveräne Siege in den Spielen um die Süddeutsche Meisterschaft, schließlich ungefährdete Qualifikation in der Schlußrunde (gegen VfB Leipzig mit 2:0 und gegen Titania Stettin mit 3:0 Toren).

In der Fachzeitschrift *Fußball* wurden fortan Berichte über die Spiele des Clubs beinah regelmäßig mit den Worten eingeleitet: „Bald nach Beginn stand bereits der Sieg der Nürnberger fest..." Auch die Bilanz in den 28 „Vorspielen" zum Endspiel 1920 war mit einem einzigen Verlustpunkt beinahe makellos. In den Kreisspielen 1920/21 blieb der 1. FCN erneut ungeschlagen: Von 18 Spielen wurden bei einem Torverhältnis von 85:8 alle bis auf eines gewonnen – lediglich Fürth knöpfte dem Club einen Punkt ab (0:0). Die Runde um die Süddeutsche Meisterschaft brachte wiederum lediglich einen Punktverlust (gegen Waldhof Mannheim 2:2), alle weiteren Spiele (die anderen Gruppengegner: Eintracht Frankfurt, Kickers Offenbach) wurden bei einem Torverhältnis von 20:4 gewonnen. Nach dem Endspielsieg über Phönix Ludwigshafen (2:1) hatte der Club als Titelverteidiger und regulär qualifizierter Verein eine doppelte Teilnahmeberechtigung an der Endrunde um die Deutsche Meisterschaft in der Tasche. Die Belohnung war ein Freilos in der 1. Runde. Was aber wohl kaum nötig gewesen wäre. Denn in der Zwischenrunde fertigte der Club Wacker Halle locker mit 5:1 ab. Der *Fußball*

Die erste Meistermannschaft des Club im Jahr 1920. Stehend von links: Träg, Dr. Steinlein, Riegel, Stuhlfauth, Kalb, Popp, Bark. Sitzend von links: Szabo, Böß, Winter, Strobel, Kugler.

kommentierte: „Schon nach wenigen Minuten war für jeden Eingeweihten klar ersichtlich, daß der Mitteldeutsche Meister bei allem Eifer auf die Dauer kein ernstlicher Gegner für den Club sein würde. Wacker hatte dem glänzenden Können seines Gegners nichts Gleichwertiges entgegenzusetzen."

Nach alldem war klar, daß auch das Schlußspiel gegen Vorwärts Berlin, das am 12. Juni 1921 vor 22.000 Zuschauern in Köln ausgetragen wurde, für den Club keine Herausforderung sein konnte. Gegenüber 1920 nur auf zwei Positionen verändert – Grünerwald für Steinlein und Sutor, ein Jahr vorher noch für die SpVgg stürmend, auf Linksaußen – zog die Mannschaft in Weinrot ein Trainingsspielchen auf. Obwohl manche meinten, daß man die Nürnberger schon besser gesehen hätte, gewannen sie, wie sie wollten. „Vorwärts" spielte nur noch im Rückwärtsgang, 5:0 hieß es am Ende. Eine Berliner Zeitung kommentierte das Desaster mit den Worten: „Zweitklassiger Gegner, nur in der ersten Minute bedrohlich aussehend; dann sich steigernder Untergang in der zermalmenden Mühle der roten Hemden. Nürnberg kontinentale Extraklasse." In Deutschland gab es keine Mannschaft mehr, die dem 1. FC Nürnberg ein Maßstab sein konnte. Nur jenseits des Kanals hätte der Club noch würdige Gegner finden können – so schien es jedenfalls dem DFB-Vorsitzenden Hinze: „Die Nürnberger spielten die überragende Klasse der besten englischen Liga."

Im Spieljahr 1920/21 war die Bilanz des 1. FCN, wie schon im Vorjahr, erneut berauschend: 27 Spiele, keine Niederlage. Das Endspiel war das 91. in einer ununterbrochenen Reihe von nicht verlorenen Verbandsspielen. Und der Club siegte noch immer weiter, stellte schließlich einen einmaligen Rekord auf: Vom 8. Juli 1918 bis zum 5. Februar 1922 trug er 104 Verbandsspiele aus, ohne auch nur ein einziges Spiel zu verlieren! Gesamttorverhältnis: 480:47. Der Club war drauf und dran, den Fußball langweilig zu machen.

Armer Heiner Stuhlfauth! Weil seine Vorderleute permanent das Tor des Gegners unter Druck setzten, gab es kaum mehr Spiele, in denen er seine Klasse beweisen konnte. Eine Mönchengladbacher Stadtauswahl hatte selbst gegen die verkaterte Clubmannschaft am Tage nach dem Endspiel keinen Treffer zustandegebracht – sechs dagegen hatten die an diesem Tage auch innerlich vom Wein geröteten Nürnberger, die wie Schlafwandler spielten, ihrem Gegner in den Kasten gesetzt. Verständlich, daß dem Heiner soviel Siege irgendwann keinen Spaß mehr machten. Eines Tages, als der 1. FCN wieder einmal mit 4:0 führte, soll der zwischen den Pfosten beinahe schon eingestaubte Mann verzweifelt gerufen haben: „Laßt sie doch endlich mal durch!"

Die „klassische" Mannschaft

Grundlage des Spiels der Clubmannschaft in den zwanziger Jahren war das sogenannte „offensive" bzw. „klassische System". Die übliche Aufstellung hatte – mit dem Torwart als „Spitze" – die Form einer Pyramide: Torwart – zwei Verteidiger – drei Läufer – fünf Stürmer. Man brauchte damals nicht soviele Defensivspieler, weil bis 1925 die „alte" Abseitsregel galt, derzufolge ein Spieler sich den Ball von einem hinter ihm postierten Mannschaftskameraden nur dann zuspielen lassen durfte, sofern sich zwischen ihm und dem gegnerischen Tor noch wenigstens *drei* – und nicht wie heute, nur zwei – gegnerische Spieler befanden. Ein Stürmer konnte sich daher ohne Ball nicht in der Aktionszone beider Verteidiger befinden, ohne daß er ein Abseits riskierte. Während die Hauptaufgabe der Verteidiger darin bestand, den Ball möglichst weit herauszuschlagen, hatte der vor ihnen postierte Mittelläufer eine besonders wichtige Aufgabe. Bei gegnerischen Angriffen zog er sich zur Unterstützung der Verteidiger zurück. War die eigene Mannschaft im Angriff, so schaltete er sich in der zentralen Funktion des Ballverteilers ins Kombinationsspiel mit ein. Die Seitenläufer unterstützten ihn in der Offensive als „Ballschlepper", und in der Defensive deckten sie die Außen- oder Halbstürmer des Gegners. Die fünf Stürmer nutzten in der Regel die gesamte Breite des Spielfeldes, indem sie auf einer Linie angriffen.

Taktisch orientierte man sich in Nürnberg am sogenannten „schottischen" Stil. Der nach dem Vorbild der Schotten vor allem kurz und flach gespielte Ball wanderte auf dem ganzen Feld von Spieler zu Spieler. Man versuchte, möglichst lange in Ballbesitz zu bleiben und tastete sich dann über die „Paßpyramide" allmählich nach vorne. Vor dem Tor des Gegners wurde der Ball solange hin- und hergeschoben, bis man sich eine Lücke zum Durchspiel erarbeitet hatte. Das klassische System, kombiniert mit dem Flachpaß, beruhte also auf einer recht strengen Aufgabenverteilung, die allerdings nur dann richtig funktionieren konnte, wenn die Spieler eine entsprechende Ballsicherheit mitbrachten, sich richtig freiliefen und genau abspielten. Die „klassische" Mannschaft des Club hatte reichlich Spieler dieser Art.

Die Spitze der Pyramide bildete der deutsche „Klassiker" im Tor: Heiner Stuhlfauth. Gerade die Geschichte des Nürnberger Fußballs habe gezeigt, so meint Wolfgang Buhl, „daß große Mannschaften ohne große Torhüter nicht denkbar sind." Das war er allerdings nicht von Anfang an: Der legendäre Mann zwischen den Club-Pfosten hatte seine Karriere beim FC Franken zunächst als Stürmer begonnen. Erst als der etatmäßige Torwart zum FC Pfeil abgewandert war, wurde Stuhlfauth, weil er mit seinen 1,84 m der größte war, ins Tor beordert. Über den FC Pfeil landete dann auch Stuhlfauth selbst im Jahr 1915 beim Club. Rasch erwarb er sich über die Landesgrenzen hinaus den Ruhm als ein Torhüter von außergewöhnlichem Format. Übersicht, Stellungsspiel, blitzschnelles Reaktionsvermögen, Fangsicherheit ebenso wie spektakuläre Einhandparaden sowie Abschläge bis in den Strafraum des Gegners und natürlich die berühmte Fußabwehr weit vor dem eigenen Tor („dritter Verteidiger") waren die herausragenden Eigenschaften des Mannes, dessen Markenzeichen der immergleiche graue Pullover und die tief in die Stirn geschobene Schiebermütze waren.

Auf die Frage „Wer war besser, Stuhlfauth oder der Spanier Zamora?" antwortete der Österreicher Karl Kanhäuser, dem gegen beide Schlußleute Tore gelungen waren: „Stuhlfauth übertraf den 'Schaumann' Zamora um eine Klasse. Ich habe gegen Zamora in einem Spiel drei Tore geschossen, bei Stuhlfauth war man froh, wenn man einen Treffer erzielte. Er wirkte auf die Gegenspieler und den Ball wie ein Hexenmeister." Was die gegnerischen Stürmer am meisten frappierte, war wohl die

– man möchte fast sagen: typisch fränkische – Bierruhe des Mannes zwischen den Pfosten des Club-Tores. Nervosität kannte er nicht. Einmal saß er noch eine halbe Stunde vor dem Anpfiff eines wichtigen Spiels im Schankraum der Sebaldusklause, dann erst schwang er sich aufs Motorrad und erschien in allerletzter Minute in der Kabine mit den Worten: „Dou bin i". Schon als junger Mann soll er, wie ein Journalist schrieb, während des Spiels konzentriert gewesen sein „wie ein indischer Yogi, der in die Betrachtung seines Bauchnabels versunken ist." Wenn es sein mußte, dann konnte Stuhlfauth freilich in einem Tempo aus seinem Tor herausbrausen, daß es den Gegner erschreckte und lähmte.

Als einzige Schwäche Stuhlfauths wurde das Abtauchen nach rechts ausgemacht. Wenn es irgend ging, versuchte er sie durch Tricks wieder wettzumachen. In einem Spiel des Jahres 1920 (gegen Frankfurt war's) hielt er einen Elfmeter nach dem Prinzip: Rechts antäuschen, links halten. Unabhängig von dieser Schwäche gehörte es zum speziellen Torwartstil Stuhlfauths, es von vorneherein zu vermeiden, sich werfen zu müssen. Gefürchtet war diese Marotte vor allem bei Elfmeter-Situationen: Da es damals noch nicht abgepfiffen wurde, wenn sich der Torwart von der Linie wegbewegte, stürzte er jedesmal auf den Schützen zu, um so den Schußwinkel kleiner zu machen.

Für den berühmten Club-Mittelläufer Hans Kalb gab es keinen Zweifel, wenn das Gespräch auf den rechten Verteidiger Gustav Bark kam: Er nannte ihn „wohl den größten Verteidiger, der in einer deutschen Mannschaft gestanden ist". Der aus beruflichen Gründen nach Nürnberg gekommene Schweizer Nationalspieler war im Endspiel 1920 bereits 30 Jahre alt. Dennoch zählte er zu dieser Zeit immer noch zu den schnellsten Spielern. Markenzeichen des von vielen damaligen Experten als „Weltklassespieler" bezeichneten Verteidigers waren die kampflustig aufgekrempelten Ärmel mit meist nach außen gestemmten Ellenbogen sowie seine nach innen eingeknickten, unter den Knien wurstförmig mit breiten weißen Bändern abgebundenen Beine.

Aber nicht nur als Spieler war der konditions- und kampfstarke Bark, der in der Vor-Kalb-Ära den Mittelläuferposten eingenommen hatte, eine Stütze der Clubmannschaft. Mit seiner Devise „Nur die Ruhe kann es machen" war er als Spielertrainer, Kapitän und „guter Geist" der Mannschaft von unschätzbarer Bedeutung. Hans Hofmanns Kommentar zum Weggang des 35jährigen: „Den Spieler Bark hoffen wir im Lauf der Zeit ersetzen zu können, den Mannschaftsführer Bark ersetzen wir nicht mehr!"

Mannschaftskapitän Bark vor dem Anpfiff.

Bark zur Seite stand 1920 Dr. Steinlein. Über den beliebten Spieler urteilte eine Zeitung im November 1912, als er den Club studienhalber verlassen hatte: „Ein Hüne von Gestalt, war er die Verkörperung fairer Spielweise. In den hartnäckigsten Kämpfen verlor Steinlein nie seine ruhige Überlegung; er beherrschte nicht nur das Spiel, sondern auch sich selbst." Das Endspiel 1920 hätte Steinlein, mittlerweile promoviert, beinahe verpaßt: Sein Arbeitgeber, eine Bank, hatte ihm wegen eines Fußballspiels keinen freien Tag gewähren wollen. Nachdem Steinlein seine Karriere wegen eines Knieleidens vorzeitig hatte beenden müssen, wurde Toni Kugler zum Stammspieler auf der Position des linken Verteidigers. Der drahtige Lockenkopf, 1920 noch auf der Läuferposition eingesetzt, bestach durch ein hervorragendes Stellungs- und Kopfballspiel. Von keinem wurde er, wie es hieß, „im Dazwischenfahren" erreicht.

Aushängeschild der Mannschaft war, neben Stuhlfauth, der Mittelläufer Hans Kalb. Kein geringerer als Sepp Herberger hielt Kalb für den besten deutschen Fußballer aller Zeiten. Kalb war viel mehr als ein Abwehrchef, der mit sicherem Stellungsspiel und Kopfballstärke den

Strafraum vor dem eigenen Tor sauber hielt. Kaum ein deutscher Spieler hatte damals technische Kabinettstückchen in seinem Repertoire, wie sie Kalb in fast jedem Spiel zu zeigen pflegte: „Nicht selten ließ er im Spiel den Ball vom Kopf auf den leicht gehobenen Fuß auffallen, von dort über sich hinübersteigen, gab ihm dann mit dem Absatz neuen Aufstieg und 'servierte' ihn dann vorbei an staunenden Gegnern mit normaler 'Vorderpfote' ab!" (J. Michler). Diese hervorragende Technik war für Kalb nie Selbstzweck, sondern immer nur Mittel, das Offensivspiel seiner Mannschaft anzukurbeln. Seppl Schmitt erinnerte sich voller Bewunderung: „Hans Kalb spielte den Fußball wie eine Billardkugel."

In seiner Interpretation des offensiven Mittelläufers – „sechster Mann der Sturmreihe" – hatte der Dirigent des Nürnberger Spiels auch international kaum eine Konkurrenz zu fürchten. Er stand mindestens auf gleicher Stufe mit Gyuri Orth vom MTK Budapest und Kada von Sparta Prag. Unerreicht war seine Schußkraft. Wenn er im Strafraum des Gegners auftauchte, herrschte dort allerhöchste Alarmstufe. Vor allem seine Freistöße, mit ungeheurer Wucht abgefeuert, waren berühmt-berüchtigt.

In seiner Nürnberger Sportgeschichte bewunderte A. Bscherer an diesem „Zauberer des Lederballs" vor allem „die naturhafte Kraft, die seine Persönlichkeit ausstrahlte." Tatsächlich wirkte der 1,85 m große, kräftige Mann inmitten seiner eher kleinen Mitspieler wie ein Riese. Auffallend war er aber nicht nur durch seine Figur, sondern vor allem auch durch sein Mundwerk. Kalb brüllte nicht nur permanent seine Mitspieler an – Kostprobe: „Darf ich die Herren einladen, sich gefälligst um den Ball zu bemühen" –, sondern er hatte auch die Gewohnheit, sich ständig mit den Schiedsrichtern herumzuzanken. Nicht selten war er daher bei Auswärtsspielen ein rotes Tuch für das Publikum, besonders in Fürth. Überliefert sind beispielsweise folgende Zuschauer-Einwürfe: „Halt dei Schlappern, sonst werst nausgstellt" oder „I wenn dä Schiedsrichtä wär, der flöiget scho längst naus, wall er alawall sei Waffl aufreißt". Kalb aber scherte sich um sowas nie und schimpfte weiter. Als er einmal am Abend nach einem Spiel von einem Freund gefragt wurde, warum er denn so auffallend schweigsam sei, gab er zur Antwort: „Ja weißt, ich hab' mich schon während des Spiels ausgesprochen!"

Kalb war der uneingeschränkte Chef der Mannschaft. Mit ihm stand und fiel die Qualität des Clubspiels. Schon bald machte daher der Satz die Runde: „Club ohne Kalb – halb." Auch wenn das durchaus nicht falsch sein mag, so sollte doch über das Lob Kalbs nicht vergessen werden, daß

Der Club im Angriff. Am Ball L. Popp, ganz rechts W. Böß.

ihm zur Seite auch noch andere Hochkaräter wirkten. Zum Beispiel Carl Riegel. Optisch ein Vorläufer Kennemanns – groß und hager, mit dünnen Beinen, die in einer viel zu weiten, fast bis zu den Knien reichenden Hose steckten –, war er, anders als später der „Schorsch", nicht für die „Sense", sondern für Eleganz und technische Kabinettstücke zuständig. Seine Art, den Fußball zu interpretieren, sei, so hieß es immer wieder, „eine Augenweide für die Zuschauer". Riegel sorgte für Staunen, wenn er auf kleinstem Raum verwirrende Balljonglagen vollführte, und für Gelächter, wenn er seinen Gegner mit einer einzigen Körperbewegung dumm dastehen ließ. Von dem dürren Mann, der oft so krumm dastand wie ein Fragezeichen, hieß es daher: „Dieses Fragezeichen aber konnte keiner lösen" (J. Michler). Und genauso, wie er die Bälle an sich zog, so zog Riegel – Spitzname: „die Spinne" – auch die Fäden des Spiels: mit präzisen, gut „getimten" Vorlagen fütterte er das Angriffsspiel. Nur eines fürchtete der Mann, der mit seiner Spielintelligenz und seiner Balltechnik so brillieren konnte: daß ihm einmal ein Ball auf den Kopf fallen könnte...

Während die linke Seite der Läuferreihe mit Carl Riegel sehr gut besetzt war, hatte der Club auf der rechten gewisse Probleme, solange Bumbes Schmidt noch in Fürth spielte (Schmidt kam erst 1924 zu seinem ersten Endspieleinsatz für den Club). 1920 spielte auf dieser Position der bereits als Verteidiger gewürdigte Kugler, 1921 Grünerwald und 1922 Köpplinger. Michael Grünerwald war einer vom Typus des etwas unbeholfenen, technisch limitierten Verteidigers und konnte von daher in der Klassemannschaft kaum mehr sein als ein Ergänzungsspieler. Auch Emil Köpplinger, ein Terriertyp à la Berti Vogts, der auch schon mal „wöi a Metzgä" (O-Ton Fürth) einsteigen konnte, bestach während seiner langjährigen Karriere weniger durch Begabung denn durch Verläßlichkeit und enormen Fleiß. Immerhin brachte es der Mann, der beim Club häufig nur zweite Wahl war, zu zwei Endspielteilnahmen (1922 und 1927) und sogar zu einem Länderspieleinsatz. „Keine Sorge, Professor, mir bringa unsern Emil Köpplinger mit", sagte Heiner Stuhlfauth zum Nationaltrainer Glaser, als dieser vor einem Länderspiel Personalsorgen hatte.

Auch im Sturm war der Club auf der linken Seite stärker besetzt als rechts. 1920 stürmten dort Träg (außen) und der trickreiche Ungar Szabo (innen). Nach dem Abgang Szabos rückte Träg auf die Halbposition, und den Stammplatz auf dem Flügel sicherte sich der von der SpVgg gekommene Hans Sutor. Seine Charakteristika: technisch ausgereift, gutes Dribbling, spurtstark, präzise Flanken, trockener, plazierter Schuß. Im Urteil Richard Kirns der „eleganteste Linksaußen, den der Club jemals besessen hat". Wenn alle anderen im Sturm einmal versagten, dann sei er „steilzackig" in den Strafraum gestürmt und habe die Tore geschossen.

Heiner Träg, der 1920 als Linksaußen begann und dann einen Stammplatz als „Linksinnen" hatte, war „ein ungewöhnlich wendiger und kraftvoller Spieler, untersetzt und bullig" (Theo Riegler). Obwohl er nicht besonders groß war, ließ sich der wuchtige „Durchreißer", der sich oft wie ein Karnickel durch den Strafraum wühlte, auch von den schwersten Gegnern nie umrempeln. Trägs Stärke war sein außerordentlich schneller Antritt: Er lauerte permanent auf Steilpässe, und kamen die maßgerecht, dann brach er – schnörkellos, geradlinig und unwiderstehlich – nach links durch und zog sofort mit seinem starken linken Fuß ab. In dieser Einseitigkeit lag zugleich seine Stärke und seine Schwäche. Blieben die Vorlagen aus, dann war Träg, der kein besonders guter Dribbler war, in der Regel mattgesetzt. Tatsächlich scheinen lediglich drei Spieler in der Lage gewesen zu sein, ihm die Bälle auf dem Tablett zu servieren: Böß, Schaffer und Sutor. Mit anderen Spielern kam er in der Regel nicht zurecht, so daß er in Länderspielen oft keine besonders gute Figur machte. Dann sah man einen Träg, der, statt das Tor des Gegners mit Kanonenschüssen zu bombardieren, seine Mitspieler mit Schimpfkanonaden bedachte.

Brachte Träg seinen „linken Schlappen" zum Einsatz, dann konnte es vorkommen, daß er von der Wucht seines Schusses selbst mit umgerissen wurde: So zum Beispiel bei seinem Treffer zum 2:0 im Endspiel 1924, als er auf dem Boden sitzend jubeln mußte. Wie die Schußkraft war auch die Zielsicherheit des Clubstürmers geradezu legendär. Zu seinem zehnjährigen Spielerjubiläum schrieb ein Berliner Journalist: „Träg hat Sehorgane an den Füßen." Auch wenn diese physiologisch fragwürdige Aussage leider nicht bewiesen werden kann, so ist doch immerhin belegt, daß der treffsichere Stürmer seine Füße in Schuhe hineinzwang, die zwei Nummern zu klein waren. Dies war offensichtlich eine taugliche Methode, die Schußkraft zu verbessern: Noch Buffy Ettmayer, Scharfschütze des VfB Stuttgart in den siebziger Jahren, sollte mit diesem Rezept die gegnerischen Torhüter das Fürchten lehren. Trägs Torrekorde jedenfalls können sich sehen lassen: 1919 erzielte er gegen Jena sieben Tore, im Frühjahr 1922 gegen Phönix Ludwigshafen deren vier. Für Träg und sein Pendant auf der rechten Seite, Luitpold Popp, stehen mehr als 1.000 Club-Treffer zu Buche.

„Der linke Flügel", so sinnierte Club-Chronist Hans Hofmann 1927, sei die große Stärke des Club gewesen. Sutor, Träg und Riegel, so verschieden sie nach Temperament, Balltechnik und Laune gewesen seien, so hätten sie doch zusammen einen „wohltuenden Dreiklang" gebildet. Nicht so gut abgestimmt war der rechte Flügel. Hier stand, als einziger Mann von Sonderklasse, der Allrounder Luitpold Popp. Ging Träg einmal leer aus, dann war mit Sicherheit Popp unter den Torschützen. Und dabei war er flexibler als sein Kollege auf links. Er brauchte sich, meint Theo Riegler „den Ball nicht zurechtlegen, er schoß ihn, wie er kam, ob links oder rechts, ob weit oder nah, er traf fast immer das Rechteck." Rechtsaußen stürmte Wolfgang Strobel. Er war in der Regel auf die Vorlagen von Bark angewiesen, raste dann mit dem Ball am Fuß die Seitenlinie entlang, zog

Wolfgang Strobel, Sprinter am rechten Flügel.

▷ **EINWURF: HANS KALB**

„Ochs kein Kalb!"

Hans Kalb, der wohl beste Mittelläufer der zwanziger Jahre, war so etwas wie die „Junior-Ausgabe" von Alfred Schaffer. Mit seinem Lehrmeister verband ihn nicht nur die Fähigkeit, auf dem Fußballplatz mit exzellenten Tricks und Pässen Regie zu führen, sondern er war, ganz wie der Ungar, auch abseits des Rasens ein lebenslustiger und humoriger Mann. Folgerichtig entstanden um seine Person diverse Histörchen und Anekdoten.

1923, vor einem wichtigen Spiel gegen das damals von Alfred Schaffer dirigierte Wacker München, gelingt es Kalb, zusammen mit dem „Spezi" nach Salzburg auszubüchsen. Dort heben sie etliche Maß, erst kurz vor Spielbeginn treffen beide wieder in München ein. Und dann zeigt sich, daß Schaffer nicht nur im Trinken, sondern auch auf dem Fußballplatz von seinem ehemaligen Schüler übertroffen wird: Der Club siegt, dank eines überragenden Hans Kalb, mit 3:0.

Irgendwann in den zwanziger Jahren gewinnt der Club gegen den VfL Neckarau überlegen mit 3:0. Mittelläufer beim VfL ist ein Mann namens Ochs. Folgerichtig titelt die örtliche Tageszeitung am nächsten Tag messerscharf: „Ochs kein Kalb!"

Eines Tages will ein Vater seinen Sohn zum ersten Mal mit zum Fußball nehmen. Die beiden verspäten sich etwas, und als sie sich gerade auf der Höhe der Zerzabelshofer Apotheke befinden, dringt aus dem Zabo ein gewaltiger Lärm herüber. „Siehgst das", sagt der Papa zum erstaunten Sprößling, „des is der Hans Kalb."

Seppl Schmitt über das Spiel der deutschen Nationalmannschaft gegen Uruguay bei den Olympischen Spielen 1928 in Amsterdam: „Hans fühlte sich als Kapitän der Mannschaft berufen, seinen Kameraden für das Spiel die richtige Parole mitzugeben. Bevor es auf das Spielfeld ging, stellte er sich also in voller Positur vor die Mannschaft hin und rief: 'Männer! Denkt daran, in der Hintermannschaft muß es heißen: Fest steht und treu die Wacht am Rhein! Und vorne gilt der Schlachtruf: Es braust ein Ruf wie Donnerhall! Auf geht's denn!'" Doch dann kam's ganz anders als gedacht. Seppl Schmitt: „Kaum stand die 'Wacht am Rhein' und kaum brauste vorne ein 'Ruf wie Donnerhall', da war der gute Hans auch schon vom Schiedsrichter vom Feld verwiesen."

Ein Bericht des mit Kalb befreundeten HSV-Spielers Ali Beier: „Heute noch bekomme ich Kopfschmerzen, wenn ich mich an eine gewisse Nacht in Heiner Stuhlfauths Weinlokal in Nürnberg erinnere. Mit meinen Mannschaftskameraden vom Hamburger SV, Halvorsen und Rave, machten wir uns in Begleitung von Hans Kalb zu Heiner Stuhlfauths Lokal auf, um dort ein Gläschen zu trinken. Keiner der Beteiligten wußte später zu sagen, wie wir wieder ins Hotel oder nach Hause gekommen sind. Das Wunderlichste aber war, daß nicht einmal Freund Hans darüber Auskunft geben konnte. Und er hatte wahrlich kein schlechtes Köpfchen." □

Karikatur auf Hans Kalb, den Mann mit dem „Kanonenschuß".

einen leichten Bogen nach innen und flankte. Viel mehr konnte er nicht, aber das spielte er so beständig und offensichtlich auch erfolgreich herunter, daß er es auf vier Berufungen in die deutsche Nationalauswahl brachte.

Aber wohin flankte der „Wolferl" eigentlich? Nur Popp konnte ja mit hohen Bällen was anfangen, Träg war kopfballscheu, und der winzige Willy Böß war auch nicht gerade das, was man sich unter einem „Brecher" in der Sturmmitte vorstellt. Gutwillige Kommentatoren, die sehen mußten, daß Böß kein „Sturmführer" war, haben das Wort vom „Verbindungsstürmer" geprägt. Er war, technisch durchaus begabt, vor allem ein Bindeglied zwischen den Halbstürmern und hat als solches manches Tor seiner Nebenleute vorbereitet. Aber wenn er selbst Tore schießen sollte, dann hieß es, wie beispielsweise in einem Spielbericht aus dem Jahr 1922, daß „das entschlossene Selbsthandeln vor dem Tore, wie so oft schon früher, nicht der Gipfelpunkt seiner Leistungen" gewesen sei.

Hans Hofmann, der in den zwanziger Jahren jedes Spiel begleitet hat, ist sicher rechtzugeben, wenn er die große Schwäche des Club mit folgenden Worten umschreibt: „Das ist der leidige, oft erkannte Mangel unserer Angriffsreihe, daß ihr gegenüber einer starken Verteidigung der Keil und die Wucht in der Mitte vollständig fehlt." Nach Schaffer hatte der Club keinen großen Mittelstürmer mehr. Und trotzdem hatte der Fürther Trainer Townley unrecht, als er einmal zu Stuhlfauth sagte: „Eine gute Fußballmannschaft wird erst dann wirklich stark sein, wenn sie einen überragenden Mittelstürmer, einen überragenden Mittelläufer und einen überragenden Tormann besitzt. Diese Mannschaft wird zu großen Leistungen befähigt sein." Der Club hatte nach dem Weggang Schaffers nur zwei überragende Spieler und wurde trotzdem, als Mannschaft, überragend.

Das endlose Endspiel

Anfang der zwanziger Jahre war der Club eine Mannschaft, die mit ihren spielerischen Qualitäten jeden Gegner in Grund und Boden spielte. Wehe aber der Mannschaft, die es wagte, an ihrem Nimbus der Unschlagbarkeit zu kratzen! „Unsere Elf bestand aber auch aus eisenfesten Naturen", so formulierte Hans Hofmann im warnenden Ton, „die nicht leicht zu Boden gingen, und wenn schon, um allen Schmerz verbeißend im nächsten Augenblick die Reihen wieder zu ergänzen." Der Club konnte, wenn man ihn reizte, auch hart zur Sache gehen. Und man stand auch dazu. Hans Hofmann: „Die immer wiederkehrende Phrase, der 1. FCN hätte es nicht nötig, mit seiner überlegenen Balltechnik so unfair zu spielen, gehört seit Jahren zum Rüstzeug der 'Zunft'. Zum Teufel! Der technisch weniger Geübte hat es dann wohl nötig, seinen Gegner unfair zu behandeln?"

Nicht spielerischer Glanz, sondern extreme Härte war im Endspiel um die Deutsche Meisterschaft im Jahre 1922 angesagt, bei dem sich der 1. FC Nürnberg und der Hamburger SV gegenüberstanden. In der Ausscheidung zur Endrunde war der Club in diesem Jahr an Fürth gescheitert (2:3 und 1:2), so daß er sich einzig deswegen qualifizieren konnte, weil damals der Meister des Vorjahres noch automatisch zur Titelverteidigung berechtigt war. Auch in der Endrunde tat man sich gegen schwächere Gegner ziemlich schwer – SpVgg Leipzig und Norden-Nordwest Berlin wurden mit 3:0 bzw. 1:0 niedergerungen –, die Hamburger hingegen waren mit überzeugenden Erfolgen ins Endspiel vorgedrungen: Titania Berlin fegten sie mit 5:0 vom Platz, und die damalige Mannschaft der Stunde, FC Wacker München, zog mit 0:4 den Kürzeren. Dann kam es, in zwei Akten, zu einer der denkwürdigsten Auseinandersetzungen, die die Geschichte des modernen Fußballs je sah.

Erster Akt. Als das Endspiel am 18. Juni 1922 vor 25.000 Zuschauern im Berliner Grunewaldstadion von Schiedsrichter Peco Bauwens angepfiffen wird, fehlt in den Reihen des 1. FCN das Herzstück: Mittelläufer Kalb hatte sich einige Zeit vorher bei einem Privatspiel in Frankfurt das Bein gebrochen, und entsprechend dem Spruch „Club ohne Kalb – halb" sind die Kicker aus der Noris nicht so zuversichtlich wie gewohnt. Von Spielbeginn an dreschen die Hamburger die Bälle nach vorne, wo schußkräftige Reißertypen lauern: Rave und Kolzen, insbesondere aber der damalige Wunderstürmer Tull Harder. Die kraftvollen Hamburger geben im Kick-and-Rush-Stil – damals auch „fliegende Husarentaktik" genannt – den Ton an. Die kleinen Clubstürmer können sich gegen die großgewachsenen Verteidiger in der HSV-Abwehr zunächst nicht durchsetzen. Torchancen auf beiden Seiten sind Mangelware, aber es ist der HSV, dem in der 19. Minute die Führung gelingt. Der Club zeigt sich nicht geschockt. Träg schnappt sich nach dem Anstoß den Ball, dribbelt sich durch und schiebt aus drei Metern unhaltbar ein. In der 30. Minute verwandelt Popp eine Flanke zum 2:1, nur wenig später trifft Träg ein zweites Mal, doch wird der Treffer vom Schiedsrichter nicht anerkannt.

Als die Spieler aus der Kabine zurückkehren, wird aus dem bislang normalen Endspiel ein Kampf, den die Fußballwelt bis dahin noch nicht gesehen hat. Der bekannte Sportjournalist Richard Kirn berichtet: „Verwarnungen, Freistöße hageln. Der Kavalier aus dem Rheinland, Dr. Peco Bauwens (Köln), muß so straff werden wie nie. Er hat es selten schwer. Nach dem Wechsel spielt der Club mit Wind und Sonne im Rücken. Der HSV greift unverdrossen an. Der Club wehrt sich mit Härte. ... Eis und Selterswasser werden in unheimlichen Mengen vertilgt. Der HSV wird immer gefährlicher. Das Spiel gleitet seinem Ende zu. Aber fünf Minuten vor dem Abpfiff jagt der große Schütze Breuel den Ausgleich hinter Stuhlfauth. 2:2. Verlängerung. Die erste vergeht quälend genug. Nürnberg

Hans Kalb mit Gipsbein.

hat die Nerven verloren. Alle Augenblicke wird ein HSV-Spieler vom Platz getragen, kommt aber meist seltsam rasch zurück. Zweite Verlängerung. Nürnberg ist plötzlich eiskalt. Es spielt wie auf dem Trainingsfeld. Jetzt ist die bayerische Kombination wirklich wie ein Netz aus Stacheldraht: der HSV wird eingesperrt. Aber vor dem Tor sind die Nürnberger unglücklich. Auch diese Verlängerung bringt nichts. Und nun wird weitergespielt. Bis zur Erschöpfung, bis zum Zusammenbrechen, 'bis zum Weißbluten', schreibt ein Kritiker. Einmal sinkt auch Dr. Bauwens erschöpft nieder, aber nach einer winzigen Pause geht es weiter. Etwa in der 190. Minute (in der einhundertneunzigsten!) bricht der Schiedsrichter das immer häßlicher werdende Spiel ab." Bauwens, der sich selbst kaum mehr auf den Beinen halten kann, wird später erklären, daß er das Spiel nur deswegen abgebrochen habe, weil er in der hereinbrechenden Dunkelheit nicht mehr habe erkennen können, was sich abspielte.

Zweiter Akt. Von einem Journalisten unmittelbar nach dem Abpfiff in Berlin gefragt, ob's denn nun am nächsten Tag weitergehe, hatte einer der erschöpften Clubspieler geantwortet: „Sie sann g'wiß närrsch!?" Das Drama findet denn auch erst geraume Zeit später, nämlich am 6. August in Leipzig, seine Fortsetzung. Wie schon in Berlin hat der Club auch bei diesem Wiederholungsspiel bereits im Vorfeld Pech. Kalb fehlt noch immer, darüber hinaus hat sich Verteidiger Grünerwald auf der Hinfahrt beim Aussteigen aus dem Zug den Fuß verknackst. Da man, wie damals üblich, ohne Ersatzspieler angereist ist, wird Reitzenstein telegraphisch nachbeordert.

Das Spiel wird wieder hart, geradeso wie in Berlin. Es hagelt Fouls und Freistöße. Als erster verliert der leicht reizbare Club-Mittelstürmer Böß die Beherrschung. Mit einem Foul, das ihm, wie die Nürnberger später selbst zugeben, „nicht verziehen werden kann", provoziert er geradezu einen Platzverweis. Aus dem Spielbericht von Peco Bauwens, der erneut als Schiedsrichter amtiert: „Nachdem sich in der ersten Viertelstunde eine scharfe Note im Spiel beider Mannschaften zeigte, ermahnte ich die Mannschaftsführer und wies darauf hin, daß ich nun zu dem schärferen Mittel des Herausstellens greifen würde, da meine dauernden Ermahnungen und die Verhängung von Strafstößen doch nichts nützen würden. Ein Vorstoß vom Nürnberger Innensturm kam im Strafraum zum Stillstand. Der Ball wurde von einem Hamburger Spieler im weiten Schlag zum linken Flügel gegeben, und zwar ging der Ball bis auf die Mittellinie. Als der hohe Stoß erfolgt war, sah ich noch, wie Böß, obgleich der Ball weg war, sein Bein gegen einen am Boden liegenden Hamburger (Beier) erhob. ... Daraufhin verwies ich Böß des Spielfeldes."

Durch die beiderseitigen Ruppigkeiten entwickeln sich kaum flüssige Kombinationen. Erst als Träg kurz nach Wiederanpfiff das 1:0 erzielt, gelingen dem Club einige gute Aktionen. Es gibt einige Chancen, aber bei der Verwertung hapert es. Zwanzig Minuten später fällt überraschend der Ausgleich für den wiederum nüchtern und schnörkellos spielenden HSV. Kurz darauf hat der Club einen weiteren Ausfall zu beklagen: Kugler erleidet eine schwere Knieverletzung, bleibt zwar humpelnd auf dem Spielfeld, ist aber zu nichts mehr zu gebrauchen. Ähnlich, wie es der Kolumbianer Valderrama Jahrzehnte später im Gruppenspiel gegen Deutschland bei der WM 1990 praktizieren wird, lassen sich nun die Hamburger immer häufiger hinaustragen, um dann wenig später munter wiederzukehren. Das „jämmerliche Bild", das diese „Scheintoten" abgeben (O-Ton Nürnberg), sollte noch für lange Zeit das Verhältnis zwischen dem 1. FCN und dem HSV trüben.

Bei Ende der regulären Spielzeit steht es 1:1. Noch vor Wiederanpfiff hat Träg eine harte Auseinandersetzung mit Agte wegen der Schauspielerei der Hamburger. Träg fordert schließlich auch den Schiedsrichter auf, das Theater endlich zu unterbinden, handelt sich damit aber lediglich eine Verwarnung ein. Während der 1. Halbzeit der Verlängerung scheidet

Kugler, der es vor Schmerzen nicht mehr aushält, endgültig aus. Dann geht es dem bereits verwarnten Träg an den Kragen. Aus dem Bericht des Schiedsrichters: „Etwa fünf Minuten vor Schluß machte Träg einen schnellen Vorstoß, den Beier durch korrektes Sperren unschädlich machte. Träg stieß nun, ohne den Ball zu haben, Beier mit aller Kraft in den oberen Rücken, nahe dem Nacken, so daß Beier nach vorn überkugelte. Im gleichen Augenblick pfiff ich ab und verwies Träg des Platzes. Die Handlung war derart gemein, daß ich nahe daran war, das ganze Spiel jetzt schon abzubrechen." Nicht erwähnt ist in der Version von Bauwens ein Detail, an dem sich die Nürnberger noch lange erregen werden: Beier hatte sich nach dem Foul auf die Trage legen lassen, war aber, kaum daß Träg das Feld verlassen hatte, wieder ins Spiel eingetreten.

Nach dem Ausscheiden Trägs wird Riegel zum Mannschaftskapitän bestimmt. Als der Schiedsrichter die 1. Halbzeit der Verlängerung abpfeift, bricht Popp zusammen. Bauwens: „Ich ließ einige Zeit verstreichen, damit er sich erhole. Es wurde mir dann von Riegel erklärt, Popp könne nicht mehr weiterspielen. Ich machte darauf aufmerksam, daß ich das Spiel abbrechen müsse, da weniger als acht Mann auf dem Spielfelde seien. Riegel erklärte nach einiger Zeit, Popp könne nicht mehr eintreten. So brach ich vor Beginn der zweiten Verlängerung ab."

Siege und Devisen

Nach dem unrühmlichen Abschluß der Saison 1921/22 gab es heftige Diskussionen über den Austragungsmodus. Schon nach dem ersten Endspiel hatte Dr. Pelzner in der Vereinszeitung des 1. FCN gewettert: „Denkende Menschen können nur den Kopf schütteln, wenn 22 gesunde, in monatelangem Training gestählte Menschenkinder aufeinandergehetzt werden, bis ihnen die Lunge heraushängt und die Glieder versagen, bis ein unparteiischer Leiter als ein Opfer dieses Unsinns wie ein Sack umfällt." Trotz solcher Kritik, die dazu führte, daß künftige Verlängerungen auf die Dauer von 2 x 15 Minuten begrenzt wurden, dachte man beim Club aber auch durchaus eigennützig. Man beantragte, die Meisterschaft als unausgetragen betrachten zu lassen, denn dies hätte den 1. FCN zu einer erneuten Titelverteidigung im Jahr 1923 berechtigt. Der DFB-Bundestag entschied dann nach einigem Hin- und Her salomonisch: Die Deutsche Meisterschaft galt als ausgetragen, zugleich wurde aber dem „Formalsieger" nahegelegt, auf die Würde des Titels zu verzichten. So wird bis heute unter dem Jahr 1922 kein Deutscher Meister geführt.

Endspiel in Leipzig: Club und HSV beim harten Kampf. Auch das zweite Endspiel bringt keine Entscheidung darüber, wer sich Meister des Jahres 1922 nennen darf.

Heiß war's am 6. August 1922: Die Clubspieler reiben sich in der Halbzeit mit nassen Handtüchern ab.

Nach einem schlechten Start in die neue Saison begann man beim Club die Planung für eine ausgedehnte Auslandsreise im Januar 1923. Sie sollte, wie schon im Jahre zuvor, nach Spanien führen. Gegen diese erste Fahrt, die im März 1922 durchgeführt worden war, hatte es vorab großen Widerstand gegeben – unter anderem Walter Bensemann vom *Kicker* hatte vehement die Meinung vertreten, daß der Club seine Spieler zum Länderspiel gegen die Schweiz abzustellen und deswegen auf die Reise zu verzichten habe –, doch die Verantwortlichen beim Club hatten sich von ihrem Vorhaben nicht abbringen lassen. Nach der Rückkehr aus Spanien war dann alles wieder vergessen: Das internationale Renommée, das der 1. FC Nürnberg dem deutschen Fußball verschafft hatte, hatte alle Kritik verstummen lassen.

Die erste Reise stand von Anbeginn unter einem guten Stern. Gleichsam im Vorübergehen schlug man in Ludwigshafen, wo man Station machte, die Mannschaft von Phoenix mit 6:1. Weiter ging's in die spanische Grenzstadt Irun, wo die Club-Delegation am Abend mit einem siebengängigen Essen empfangen wurde. Bis auf Luitpold Popp, der ein Esser von sagenhaftem Ruf war, streckten alle schon bei Nr. 4 die Waffen. Am nächsten Tag gelang gegen den zweimaligen spanischen Meister RC Irun ein glatter 5:0-Sieg – und das, obwohl man in der zweiten Hälfte mit einem ungewohnt großen spanischen Ball spielen mußte. Weiter ging's nach Bilbao, wo die Mannschaft aus dem fernen Franken dem dortigen AC mit 5:2 das Nachsehen gab – trotz 15:0 Abseitspfiffen gegen „weinrot". Im Rückspiel langte es dann zwar nur noch zu einem 3:3, dafür hielt man sich dann gegen die Royal Clubs aus Santander (4:1) und San Sebastian (3:0) schadlos.

Nach dieser Tournee wußten die Spanier, was der Club war: Nämlich besser, als er nach dem Ruf, den die deutsche Nationalmannschaft damals genoß, hätte sein dürfen. Der Club hingegen konnte vielfältigste Erfahrungen mit auf den Weg nehmen: die Delegation im allgemeinen, daß die Spanier keine Ahnung davon haben, was ein Franke ist (in Santander wurde die Mannschaft mit dem Lied „Ich bin ein Preuße, kennt ihr meine Farben" begrüßt); einige Spieler im besonderen, daß es in Santander von schönen Frauen nur so wimmelt; und Toni Kugler im speziellen, daß in Frankreich jeder Ort „Sortie" heißt.

„Sortie" – Schilder mit dieser Aufschrift hatte der überraschte Toni auf allen Bahnhöfen gelesen, an denen man bei der Durchreise durch Frankreich Station gemacht hatte. Auch wenn da alle Mannschaftskameraden in Gelächter ausgebrochen waren: Einen „Ausgang" – besser: Ausweg –

hatte der Club mit dieser Reise tatsächlich gesucht. Mehr noch mit der zweiten Spanienreise, zu der man Anfang Januar 1923 aufbrechen sollte. Der Club brauchte Geld, und solches gab es in Deutschland zu dieser Zeit kaum mehr zu verdienen. Raus aus der Inflation, hin ins gelobte Reich der Peseten, her mit den Devisen! Siege waren nun gar nicht mehr das Entscheidende, Hauptsache war, daß die Spiele finanziell erfolgreich waren.

Seit Ende des Krieges hatte der Staat sein steigendes Haushaltsdefizit permanent über die Notenpresse ausgeglichen. Die fortlaufende Vermehrung des im Umlauf befindlichen Geldes ohne entsprechende Deckung und Warenproduktion hatte schließlich zu einer explosionsartigen Geldentwertung geführt. Beim ersten Marksturz an der Börse (15.8.1921) war 1 Dollar noch 88 Mark wert, kurz vor der Abreise nach Spanien betrug der Kurs 1:7.500. Bereits im Oktober 1922 hatten die Fahrkartenschalter der berühmten, 1835 eröffneten Ludwigseisenbahn zwischen Nürnberg und Fürth schließen müssen. Die Inflation hatte eine vernünftige Bewirtschaftung unmöglich gemacht. Nahezu unbezahlbar war wenig später auch das Fußballspielen: Im Juni 1923, als die Zahl der Arbeitslosen auf fünf Millionen angewachsen war und an die Bedürftigsten bereits Brot verteilt wurde, kostete ein guter Fußball 200.000 Mark, für Tribünenkarten gab es in der 2. Saisonhälfte einen Zuschlag von 10.000 DM. Trotzdem hätten die Einnahmen beim Ligaspiel gegen Bayern München im Herbst des Jahres, als zwar Massen von zahlenden Zuschauern anwesend waren, einen Tag danach nicht einmal mehr dafür ausgereicht, um einen Fußball anzuschaffen. Genauso verhielt es sich mit den Mitgliederbeiträgen: Kaum waren sie eingezogen, schon waren sie wieder wertlos.

Die zweite Spanienreise brachte wenigstens vorübergehend Linderung. Sie hatte, wie in der Vereinszeitung später festgehalten wurde, „ein glänzendes finanzielles Ergebnis" und gab „dem Club in den Zeiten der fortschreitenden Inflation einen sicheren Rückhalt."

Sportlich gesehen war diese zweite Spanienreise freilich weniger erfolgreich als die erste. Sie begann ziemlich katastrophal mit zwei Niederlagen gegen den gerade erstarkenden FC Barcelona (1:2, 2:4), setzte sich durchwachsen mit einer Niederlage und einem Sieg gegen das damals noch nicht so berühmte Real Madrid (0:3, 3:0) fort, und endete, nach drei erfreulichen Siegen über den FC Sevilla (2:1, 1:0) und den FC Valencia (3:2) mit einer herben Niederlage (2:4 gegen FC Valencia). Um das ungewohnte Gefühl der Niederlage psychisch zu verkraften, flüchtete man sich in allerlei Erklärungen: Beim ersten Spiel gegen Barcelona sei ein irreguläres Tor entscheidend gewesen, beim zweiten habe man sich

▷ **EINWURF**

Das Geld und der DFB

Zwar gab es im Deutschland der zwanziger Jahre noch keinen Professionalismus, aber ganz umsonst haben die Nürnberger Meisterspieler auch damals ihre Fußballstiefel nicht geschnürt. So erhielt Sutor für seinen Wechsel von Fürth nach Nürnberg zwar kein Geld, dafür aber die Möglichkeit, in den Tabakwarenhandel einzusteigen. Auch Popp und Wieder hatte die Clubführung einen Tabakladen zugeschanzt. Solange das unter der Hand lief, hatte man mit dem Amateurstatut des DFB keine Probleme.

Zur ersten großen Krise zwischen dem DFB und den Vereinen kam es im Jahr 1924. Die großen Klubs in Österreich, Ungarn und der Tschechoslowakei hatten sich zur Einführung des Berufsfußballs entschlossen. Der DFB-Bundesvorstand, der hier die Anfänge einer unheilvollen Entwicklung witterte, beschloß daraufhin, „zur Reinhaltung des deutschen Fußballsportes" sämtliche Spiele gegen Berufsspielermannschaften zu verbieten.

Die Bosse des Fußballbundes waren nämlich der Meinung, daß sich die Profivereine in erster Linie aus Wettspielentschädigungen, die sie von ihren Spielen aus dem Ausland mitbrachten, finanzieren wollten. „Der Bund war entschlossen", so heißt es in der DFB-Geschichte von Koppehel, „hier nicht ruhig zuzuschauen und die deutschen Vereine bei dem großen Risiko solcher Spiele in eine Schuldenwirtschaft geraten zu lassen."

Beim Club war man entsetzt. „Uns selbst trifft der Strich, der nun zwischen Österreich, Tschechoslowakei, Ungarn und uns gezogen ist, besonders hart, unsere Spielkultur hat sich nicht aus sich selbst heraus zur Höhe entwickelt, der unverkennbar fördernde Einfluß der schweren Kämpfe mit den Gegnern jenseits des bayerischen Waldes geht nun verloren." Glücklicherweise erwies sich das Verbot als ein Papiertiger. Die Spiele gegen „MTK" und „Sparta", die jedesmal die Kassen klingeln ließen, gingen weiter. Der Club konnte sich weiter mit den Besten messen, vor allem mit den Tschechen und den Ungarn. Der deutsche Fußball insgesamt wurde jedoch dadurch zurückgeworfen, daß der 1927 eingeführte Mitropapokal, der Vorläufer des Europapokals, ohne deutsche Beteiligung stattfand. ☐

zu sehr durch das fürchterliche Publikum beeindrucken lassen, für die Niederlage in Madrid sei die für das Nürnberger Kurzpaßspiel ungeeignete Enge des Platzes verantwortlich gewesen, gegen Valencia schließlich sei ein Sieg völlig unmöglich gewesen, denn es sei praktisch jeder Angriff des Club „Abseits" gepfiffen worden.

Zwischen Prag, Wien und Budapest

Seit Anfang der zwanziger Jahre, als der Club die deutschen Gegner besiegte, wie er wollte, waren vor allem die Prager Vereine für die Leistungsstärke des FCN der große Maßstab. Im Sommer 1921 – der Club war gerade von einer Gastspielreise nach Wien zurückgekehrt (gegen Rapid 0:1) – stellte sich im heimischen Zabo der tschechische Meister vor. Keine deutsche Mannschaft hatte bis dahin einen der beiden Spitzenklubs Slavia und Sparta besiegen können, und selbst für englische Profiklubs war es normal, wenn sie mit einer Niederlage im Gepäck aus Prag zurückkehrten.

Das am 28. August vor über 20.000 Zuschauern im Zabo ausgetragene Spiel endete mit 0:0. Der Club konnte stolz sein, er hatte sogar die besseren Chancen, obwohl Sparta deutlich sichtbar die bessere Mannschaft stellte. Beim Rückspiel im November, das vor 30.000 Zuschauern in Prag stattfand, setzten die Tschechen dann ihre spielerische Überlegenheit auch in Tore um: In der ersten Halbzeit spielten sie den Club an die Wand, erst kurz vor dem Halbzeitpfiff gelang den Nürnbergern der Anschlußtreffer – zum 1:4. Endstand: 2:5 für Sparta.

Doch der Club lernte schnell. Bereits ein Jahr später, am 27. August 1922, behielt er im heimischen Zabo mit 3:2 die Oberhand. 27.000 Zuschauer, die noch kurz vorher wegen der verlorenen Meisterschaft in den Spielen gegen den HSV enttäuscht waren, waren nun hellauf begeistert. Trotz des entgangenen Meistertitels wurde der 1. FC Nürnberg nun der kontinentalen Extraklasse zugerechnet. Dieses Spiel, so meinte man beim Club, habe „an rein sportlichem Gehalt Deutschlands internationale Fußballspiele samt und sonders in den Schatten" gestellt. Der auf eine exzellente Fußtechnik abgestellte „Fränkische Flachpaß", der wenige Wochen zuvor noch mit dem Kick-and-Rush der Hamburger gar nicht gut zurechtgekommen war, triumphierte über den „Böhmischen Stil", den Athletik, Schnelligkeit und Kopfballstärke auszeichneten.

Sparta hatte erstmals gegen einen deutschen Klub verloren. Kurz darauf bereitete der 1. FC Nürnberg auch noch einer weiteren Sparta-

Erfolgsserie das Ende. Seit 1917 hatten die Prager zu Hause gegen keine ausländische Mannschaft verloren. Als aber der Club am 1. Oktober 1922 zum Rückspiel auftauchte, spielte er mit den Tschechen Katz und Maus. Der neue Mittelstürmer Wieder, der einsatzfreudige Bumbes Schmidt und der hervorragend aufgelegte Kalb zeigten ihren Gegenspielern, zu welchen Leistungen fränkische Fußballkunst fähig ist. 0:3 hieß es am Ende nach Toren von Träg, Popp und Wieder. Die Clubspieler fühlten sich wie „überglückliche Kinder" (Bumbes Schmidt), der tschechoslowakische Verbandschef Fanta hingegen mußte deprimiert feststellen: „Man kann Nürnberg als die beste Mannschaft des Kontinents betrachten." Als dieser Satz auf den Sportseiten aller deutschen Zeitungen wiederholt wurde, war der Club auf dem Gipfel seines Ruhms. Die Fachzeitschrift *Fußball* kommentierte: „Solange deutscher Fußballsport existiert, hat es nie einen größeren Ruhmestag für ihn gegeben, hat Deutschland nie einen stolzeren Sieg errungen als bei diesem Privatspiel."

Die nächsten Ergebnisse gegen ausländische Spitzenklubs zeigten freilich, daß sich der 1. FC Nürnberg auf seinen Lorbeeren nicht ausruhen durfte. Das Jahr 1922 konnte man zwar noch mit einem 4:1 über Rapid Wien (25. Dezember) glanzvoll abschließen, 1923 mußte man dann aber einen merklichen Rückgang der Spielstärke verzeichnen. Für die Endrunde um die Deutsche Meisterschaft konnten sich die sieggewohnten Franken diesmal nicht qualifizieren, und das „Schwächeln", das die Mannschaft bereits während der Spanienreise im Januar gezeigt hatte, wurde dann im April und Mai vollends deutlich: 0:1 gegen Sparta, 0:1 gegen MTK, 0:4 gegen Rapid. Schon in Spanien, vor allem gegen den FC Barcelona, war deutlich geworden, daß die kleine Club-Mannschaft mit ihrer durchschnittlichen Körpergröße von knapp über 1,70 m gegen robuste, kopfballstarke Mannschaften Probleme hatte. Von den beiden größten Feldspielern war nur einer auch mit dem Kopf ausgezeichnet (Kalb), der andere blieb während seiner ganzen Karriere kopfballscheu (Riegel).

Nach einer inflationsbedingten Spielpause stellten sich am 14. Mai 1924 die Bolton Wanderers im Zabo vor. Das Ergebnis war ernüchternd – 0:4. Frustriert mußte Hans Hofmann in der Vereinszeitung konstatieren, daß sich die Engländer selbst auf dem ureigensten Gebiet des Club, dem versierten Flachpaßspiel, als überlegen erwiesen hatten: „Die Ballsicherheit ist derart, daß sie mit 90 Prozent Wahrscheinlichkeit den Ball zu dem Punkt schicken, wo er in Sicherheit vor den Gegnern ist oder wo er in der eigenen Reihe weiterverwendet werden kann. Unseren Spielern geht

Club gegen Sparta. Die Spielführer Bark und Kada vor dem Anpfiff.

sowohl die anerzogene Energie, als auch die unerläßliche Sicherheit der Balldirigierung ab, die vielleicht nur eine 60prozentige Wahrscheinlichkeit des Gelingens hat."

Zwar gab es nach dem Bolton-Spiel einen leichten Auftrieb – die Sparta konnte abermals besiegt werden (3:2), und gegen den aufstrebenden DFC Prag errang man ein achtbares 1:1 –, aber dann kam der MTK Budapest. Wie schon bei dem sagenhaften 0:3 im Jahre 1919 präsentierten sie, geführt von dem genialen Mittelläufer Gyuri Orth, ungarischen Fußballzauber in Vollendung. Nach dem 2:4 blieb zwar die Erkenntnis, daß der Club auch gegen eine solche Klassemannschaft noch in der Lage war, Tore zu erzielen, ansonsten aber war deutlich, daß man in punkto Zusammenspiel und Spielwitz mit den Ungarn nicht konkurrieren konnte.

Die Spitzenklubs aus Prag, Wien und Budapest blieben für den Club auch in den nächsten Jahren der Maßstab aller fußballerischen Dinge. In der Regel schaffte er es nicht, mehr als ein gleichwertiger Gegner zu sein. Triumphe waren nicht angesagt. Dann aber kam im April 1927 der englische Club Burnley, und jetzt wollten es die alten Haudegen wissen. Der damalige sportliche Leiter Dr. Michalke schrieb: „Der Engländer spielte, und wir kämpften, und zwar mit Erfolg, denn wir büßten bis zur Pause

Bumbes Schmidt – einer der besten Spieler beim grandiosen 3:0 über Sparta Prag.

nur ein Tor ein." Bei diesem Ergebnis blieb es bis eine Viertelstunde vor dem Ende. Dann aber, so Michalke, hat die Begeisterung der 20.000 „unsere Spieler zu einer Leistung angespornt, wie sie unsere Vereinsgeschichte noch nicht aufzuweisen hatte". In einem sagenhaften Endspurt erzielte der Club vier Tore, erst kurz vor Schluß verbesserten die Engländer auf 2:4. Selbst die bessere Balltechnik und das höhere Spieltempo der Engländer – sie spielten den Ball immer direkt, ohne ihn zu stoppen – war dem Endspurt des Club nicht gewachsen.

In der zusammenfassenden Bewertung des Spiels kam Dr. Michalke zu dem Ergebnis: „Wir erreichten die Berufsspieler in der Balltechnik, unterlagen ihnen in der Körperbeherrschung und schlugen sie mit unserer Taktik." Taktik – das Lieblingswort der Trainer. Welche Taktik hatte der Club? Man könnte sie „die fränkische Erschöpfungstaktik" nennen: Mit sicherem Flachpaßspiel hielt man Ball und Gegner am Laufen, bis letzterer seine Kräfte verbraucht hatte, und dann stieß man gnadenlos zu. Der Club war eine Mannschaft, die langsam kam, aber am Ende, wenn der Widerstand beim Gegner allmählich nachgelassen hatte, nochmal entscheidend zulegen konnte.

Freilich könnte es auch sein, daß so manche Siege des 1. FCN weniger einer geplanten Ermüdungsstrategie als vielmehr einer ausgeprägten Willenskraft entsprangen. 1919, bei einem Freundschaftsspiel in Jena, lag ein schlapper Club zur Halbzeit mit 0:2 hinten. Erst im Angesicht der drohenden Blamage riß man sich zusammen. Zornig trieb Heiner Träg seine Mitspieler nach vorne. 9:2 hieß es am Ende, siebenmal hatte allein Träg getroffen. Zehn Jahre später, als man kurz vor Weihnachten 1929 drei Spiele (Gegner: AS Nürnberg, SpVgg Fürth, Sparta Prag) hintereinander überzeugend gewinnen konnte, gab's folgenden clubinternen Kommentar: „Die drei Großkämpfe haben eines gemeinsam: In der zweiten Halbzeit mehr dem Ende zu eine Spielspanne, in der der Kampfesmut und der Siegeswille unserer Mannschaft auflodern zum stahlharten

Entschluß und zum alles überwindenden Trotz. Man möchte diesen inneren Ansporn als das seelische Uebergewicht gegenüber den Gegnern in den drei Kämpfen bestimmen. Was die Spielvereinigung Fürth und Sparta Prag vor allem an technischem und taktischem Vermögen aufzubieten haben, ist hinreichend bekannt. Als Willenseinheit mußten sie im 'Club' den Ueberlegenen anerkennen."

Der Rekordmeister

Für die Tore beim 4:2 über Burnley hatten Wieder, Hochgesang (2) und Bumbes Schmidt verantwortlich gezeichnet, die drei Spieler also, die seit 1922 neu hinzugekommen waren. Sie waren wesentlich daran beteiligt, daß die Club-Zeitschrift am Ende des Jahres 1924 jubeln konnte: „Siege auf allen Linien! Triumphe in allen Wettbewerben! Ein gesegnetes Jahr!" Zum dritten Mal wurde der 1. FC Nürnberg in diesem Jahr Deutscher Meister. An dem Erfolg waren 14 Spieler beteiligt, von denen es lediglich Winter im Lauf seiner Karriere nicht zu internationalen Ehren brachte.

Fürs Endspiel hatte sich der Club durch Siege über Alemannia Berlin (6:1) und den Duisburger SV (3:1) qualifiziert. Im Endspiel am 9. Juni 1924 in Berlin stand dem Club, wie 1922, der HSV gegenüber. Doch diesmal gab es kein endloses Endspiel. Und auch hart war das Spiel nicht, denn die Kontrahenten hatten sich seit Leipzig miteinander angefreundet. „Wenn man in so einem Spiel drei Stund' lang spielt", sagte Stuhlfauth später einmal, „dann lernt man sich schon kennen, kameradschaftlich und charakterlich." Nicht mit Kampf und Brechstange versuchte es der Club diesmal, sondern mit spielerischen Mitteln. Und die waren erfolgreicher, zumal sich die Hamburger Stürmer an diesem Tag als äußerst schwach erwiesen. In der Läuferreihe mit Schmidt wesentlich verstärkt, gelang ein ungefährdetes 2:0 (Tore: Hochgesang und Strobel). Laut Walter Bensemann vom *Kicker* spielten Bark und Träg besonders energisch.

Für Neuzugang Bumbes Schmidt, der den Titel bereits 1914 mit der SpVgg errungen hatte, war es bereits die zweite Meisterschaft. Der Nachfolger Grünerwalds auf der Läuferposition war eine wesentliche Verstärkung. Nicht wenigen galt er sogar als der „Meistermacher" der Jahre 1925 und 1927. Schmidt war ein lauf- und kampfstarker Spieler mit hervorragender Kondition, ein Mann, der mit seinem „Löwenherz" und seiner „Gaulslunge" Spiele allein entscheiden konnte. Bekannt waren seine Sturmläufe bis zur Grundlinie; nach seiner Flanke rannte er wie ein „Langsam kommt man auch ans Ziel". Seine Stärke war die Balltechnik.

Szene aus dem Endspiel 1924: Hochgesang erzielt das erste Tor.

Josef Michler, der ihn im Februar 1927 „wie Schaffer" spielen sah, bewunderte, wie er „die Bälle an sich zog, sie am Körper trug, auf den Schenkeln schweben ließ" und wie er mit einzigartiger Eleganz die langen Bälle verteilte. In der Sturmmitte stand 1924 Ludwig Wieder, ebenfalls ein bedächtiger Spieler. Er konnte wie Böß häufig mit hervorragendem Zuspiel glänzen, war aber, genauso wie sein Vorgänger, nicht unbedingt ein Torjäger.

Nach Siegen über SV Jena, Breslau 08 und Duisburger SV lief der Club zum Endspiel 1925 gegen den FSV Frankfurt (vor 40.000 Zuschauern in Frankfurt) in folgender Aufstellung ein: Stuhlfauth; Popp, Kugler; Schmidt, Kalb, Riegel – Strobel, Wieder, Hochgesang, Träg, Sutor. Nach dem altersbedingten Ausscheiden Barks hatte Popp eine 2. Karriere als Verteidiger gestartet. Sie war nicht weniger erfolgreich als die erste. Der eiserne und unverdrossene Verteidiger Popp habe, so heißt es, die Bälle aus den Füßen der Gegner herausholen können „wie ein Zahnarzt Watte aus gebohrtem Zahn". Trotzdem der Club zum Endspiel seine allerbeste Garnitur – vielleicht die beste in der Clubgeschichte – hatte aufbieten können, war seine Darbietung nicht allzu berauschend. Sogar der ansonsten so sichere Schütze Riegel vergab einen Elfmeter. Bemerkenswert waren einzig die Paraden Stuhlfauths. Eine besondere Einlage gab der Heiner, als er dem Frankfurter Klumpp, der ihn vorher einige Male gerempelt hatte, den Ball an den Kopf warf, ihn anschließend ruhig wie-

Luitpold Popp „bohrt" einem Gegner den Ball aus den Füßen.

der auffing und dann seelenruhig nach vorn schlug. Klumpp war für den Rest des Spiels nicht mehr in der Nähe des Club-Torhüters zu sehen.

Den entscheidenden Treffer erzielte Ludwig Wieder – an seinem 25. Geburtstag im 25jährigen Jubiläumsjahr des 1. FCN – auf Vorlage von Kalb erst in der Verlängerung. Der denkwürdige Schuß verschaffte dem Club die vierte Meisterschaft, und damit war er nun alleiniger Rekordmeister vor dem VfB Leipzig, der es in der Vorkriegszeit zu drei Titeln gebracht hatte. Durchaus verständlich, daß Carl Riegel den Torschützen auf ein Jahr von der Pflicht entband, weitere Treffer zu erzielen.

Nach diesem Rekordsieg kam beim Club etwas Sand ins Getriebe. Plötzlich verlor man sogar gegen einen Verein aus der Noris: Der vom Ex-Cluberer Carl Maximilian Stark gerade erst als Nachfolgeverein des Nürnberger FV gegründete ASN („Die Assen") zeigte dem Club, daß die Trauben für ihn fortan höher hängen könnten. Beim Club gab man sich nach dem 2:3 souverän: „Die Großstadt Nürnberg verträgt auch einen zweiten Sportverein von der Größe des 1. FCN und wir selbst die Konkurrenz einer gleichstarken Fußballmannschaft." Starks Projekt, in Nürnberg einen zweiten Großverein „aus der Retorte" zu schaffen, war jedoch, trotz einiger Erfolge, langfristig gegen den 1. FCN chancenlos.

Gefahr drohte dem Club weniger von den „Assen", als vielmehr dadurch, daß sich seine Stürmer-Asse immer weniger als solche erwiesen. Immer deutlicher hatte sich eine alte Schwäche des Meisters bemerkbar gemacht: Man brauchte zuviele Chancen, um Tore zu erzielen. Einige Ausschnitte aus Spielberichten zeigen, daß der Meisterklub mit schußstarken Stürmern offensichtlich nicht gesegnet war. Von einer „auffallenden Schußunsicherheit der Nürnberger" war schon nach einem Spiel gegen Fürth Ende 1922 die Rede. In der Folgezeit wiederholte sich diese Kritik geradezu gebetsmühlenartig: „Unsere Stürmer versiebten ein paar unglaubliche Torgelegenheiten" (gegen Real Madrid, Januar 1923); die Stürmer versagten „in auffallender Weise" (gegen Sevilla, Januar 1923); „In diesem Treffen nützten die Engländer jede Chance zum Torschuß, die Clubstürmer verpaßten jedoch gleichviele Gelegenheiten während der Zeit, wo sie ihren Gegner in die Enge trieben" (gegen Bolton, Mai 1924); „Der Sturm der Meisterelf war glänzend im Feldspiel, doch naiv unbeholfen im Schuß" (gegen den HSV, Juni 1924); glänzendes Kurzpaßspiel, „doch vor dem Tor war es mit unserer Kunst zu Ende" (gegen Hannover, August 1924); „Ohne in das Lamento der Nürnberger Sportpresse einzustimmen, müssen wir doch gestehen, daß die Schußunsicherheit unserer Stürmer allmählich über das Bohnenlied geht, ja, daß sie geradezu katastrophal ist" (gegen Wacker München, August 1924); „Einige Herren müßten einmal zu einem Schießkurs abkommandiert werden!" (gegen FV Nürnberg, Oktober 1924); „Der 1. FCN enttäuschte insofern, als seine Kanonen vergaßen, die 'Schuß-Stiefel' mitzubringen" (gegen Jena, April 1925).

Die Stärke des Club, das gemächliche Kombinieren, war allmählich ineffektiv geworden. „Der Angriff", so hieß es in Theorien zum Flachpaßspiel, „bewegt sich langsam aber sicher zum gegnerischen Tor, vor dem er sich eine durchlässige Stelle und damit eine Torschußposition herausarbeitet." Diese Theorie funktionierte aber nicht, wenn, wie beispielsweise gegen den FSV Frankfurt im März 1924, „immer und immer wieder abgegeben und kein gesunder Torschuß gewagt" wurde.

Die Probleme des Club verstärkten sich noch, als 1925 die neue Abseitsregel eingeführt wurde, die statt dreien jetzt nur zwei Abspieler

Ludwig Wieder jubelt nach seinem entscheidenden Treffer zum 1:0 im Endspiel 1925.

im Raum vor dem Angreifer verlangte. Das Plädoyer, das Hans Schlesinger in der Vereinszeitung veröffentlichte, verhallte ungehört: „Den Stürmern unserer Mannschaften sei vor allen Dingen nochmals angeraten, doch ja die großen Möglichkeiten, die ihnen die neue Abseitsregel bietet, auszunützen. Sie brauchen, auch wenn sie sich vor dem Ball befinden, nur den Torwart und noch einen Gegner zwischen sich und dem feindlichen Tor zu haben. Ein plötzlicher Flankenwechsel verspricht jetzt noch mehr Erfolg als früher." Im Spiel gegen Schwaben Augsburg (Dezember 1925) traten die Schwierigkeiten offen zutage. Die Entwicklung der Angriffe dauerte meist so lange, „bis der Gegner seine sämtlichen Streitkräfte zur Verteidigung gesammelt und das Tor verrammelt hatte, und dann erlebten wir immer wieder das sattsam bekannte Schauspiel, daß der Ball mit allem Raffinement im Strafraum hin und her gezirkelt wurde, so lange, bis ihn der Gegner ergatterte."

Als 1926 die Erfolge ausblieben, traf es sich gut, daß sich Fred Spiksley, den man schon 1913/14 kurzzeitig als Trainer engagiert hatte, wieder am Zabo meldete. In der Hoffnung, daß er die Mängel beheben könne, stellte man den englischen Ex-Profi als hauptamtlichen Trainer ein. Obwohl nicht alle Cluberer von seinen Leistungen überzeugt waren, zeigte mit ihm die Erfolgskurve wieder nach oben. Es gab einige herausragende Siege: gegen den HSV 9:1, gegen Tennis Borussia 5:0, gegen FSV Frankfurt 5:1, gegen den Dresdener SC 7:1, und auch die SpVgg Fürth, im Sommer zum zweiten Mal Deutscher Meister geworden, wurde mit 1:0 besiegt.

Im Spiel gegen Tennis Borussia hatte der junge Seppl Schmitt, der neue Stern am Nürnberger Fußballhimmel, der später unter Trainer Alfred Schaffer zum Herzstück der Mannschaft der dreißiger Jahre werden sollte, vier Tore erzielt. Neben diesem beweglichen Mittelstürmer, einem hervorragenden Techniker mit viel Spielübersicht, kam auch der gebürtige Herzogenauracher Baptist Reinmann auf Rechtsaußen neu in die Mannschaft. Reinmann konnte die 100 m in 11,1 Sekunden sprinten, und trotz solchen Tempos war er in der Lage, seine Flanken präzise aus vollem Lauf zu schlagen. Sein oft wiederholter Spezialtrick: Er täuschte im vollen Lauf ein Anhalten bzw. Zurückziehen des Balles an – während der Gegner noch darauf reagierte, war er schon auf und davon.

Mit diesen wesentlichen Verstärkungen im Sturm gelang dem Club im Mai und Juni des Jahres 1927 erneut eine Serie toller Erfolge: Am 22. Mai ein 2:1 über den HSV; am 26. Mai ein 4:2 über den F.C. Burnley; am 29. Mai ein 4:1 über die starken Sechziger aus München; schließlich am 12. Juni in Berlin im Endspiel um die Deutsche Meisterschaft ein 2:0 gegen Hertha BSC, und zum Abschluß acht Tage später gegen Fortuna Leipzig ein 5:0.

Dennoch war dieses Finale gegen Hertha BSC, das 50.000 Zuschauer am 12. Juni in Berlin sahen, wohl das schlechteste, das der Club in den zwanziger Jahren zeigte. Dieses erste Endspiel Deutschlands, das im Radio übertragen wurde, war „mittelmäßig, schwach, noch schwächer", wie Seppl Schmitt meinte. Sehenswert einzig Bumbes Schmidt, der den Berliner Sobek ausschaltete und immer wieder Bombenschüsse aufs Tor abfeuerte, sowie die zwei Club-Treffer: Das 1:0 in der 5. Minute durch einen Freistoß-Knaller von Kalb, und das 2:0 durch ein schönes Solo von Träg (60. Minute). Bemerkenswert war darüber hinaus lediglich der Platzverweis, den Träg kurz nach seinem Tor erhielt, weil er, wie Stuhlfauth das später ausdrückte, „sich mit dem Publikum außen a weng gestritten hat", sowie der Elfmeter für Hertha, den der Ausnahme-Torhüter des 1. FCN souverän meisterte. Der Club hatte sich noch einmal aufgerafft zu einem großen Erfolg. Aber in diesem Jahr 1927, in dem Jahr, in dem die ersten Flugzeuge auf Nürnbergs Boden landeten, hatte sich bereits angekündigt, daß der Höhenflug des Club bald ein Ende finden könnte.

▷ **EINWURF**

Siege ohne Trainer

„Bier gut!" lauten die einzigen deutschen Worte, die vom ersten Nürnberger Trainer, einem Engländer namens Walker, überliefert sind. Nach dem kurzen Gastspiel dieses Mannes im Jahre 1910 und einem vorübergehenden Engagement des britischen Ex-Profis Spiksley im Spieljahr 1913/14 verzichtete der Club in der Folgezeit konsequent auf die Hilfe eines Trainers. Lediglich während der Endrunden 1921 und 1922 engagierte man mit dem früheren MTK-Mittelläufer Dori Kürschner einen taktischen Sonderbetreuer. Ansonsten hielt sich die Mannschaft unter Anleitung des Spielführers Bark mit „wildem" Training in Form, das heißt, man traf sich regelmäßig am Mittwoch und Samstag und spielte da stundenlang in kleinen oder größeren Gruppen gegeneinander.

Als die Erfolge dann Ende des Jahres 1925 erstmals abnahmen, drängte Fred Spiksley, daß man nun den Vertrag erfüllen solle, der ihm vor dem Krieg vom Vereinsvorstand versprochen worden war. Spiksley strich eine Monatsgage von 1.000 Mark ein, heiratete die Bedienung Rosi aus Stuhlfauths Sebaldusklause und holte den jungen Seppl Schmitt aus der Clubjugend in die 1. Mannschaft. Ansonsten aber war er wenig erfolgreich. Schon nach einem Jahr hatte man beim Club genug von ihm. Das harte Training, so hieß es in der Vereinszeitung vom April 1927, könne von berufstätigen Amateuren nicht geleistet werden. An eine aus gezielter Übung resultierende balltechnische Verbesserung sei bei der Klasse der Clubspieler sowieso nicht zu denken, und zuletzt habe der von den Spielern scherzhaft „Spiegelei" gerufene Trainer sich auch keinen Respekt verschaffen können. Kurzum: Der Club brauche keinen teuren englischen Trainer, auch wenn dieser, was man Spiksley gern attestierte, recht tüchtig sei.

Nach der Entlassung Spiksleys blieb man dieser Linie treu und holte mit Dr. K. Michalke und Hans Tauchert Männer, die eher sportliche Übungsleiter denn Trainer im heutigen Sinne waren. Bis 1930, als man Jenö Konrad verpflichtete, galt beim Club die Devise, daß man große Erfolge nur ohne Trainer erzielen könne – und im Zweifelsfall trotz Trainer und Sportlehrer errungen habe. ☐

Abendröte

Anfang der zwanziger Jahre hatte die süddeutsche Fußballschule als das Non-Plus-Ultra deutscher Fußballkunst gegolten. Als der Club 1922 dem HSV beinahe unterlag und 1923 sich nicht einmal für die Endrunde qualifizieren konnte, glaubte und hoffte man im Norden Deutschlands, daß es mit der süddeutschen Dominanz endlich ein Ende habe. Dann aber fuhr der Club am 30. Juni 1923 zu einem Freundschaftsspiel nach Hamburg und schlug die dortige Victoria glatt mit 4:1. Eine Hamburger Zeitung kommentierte: „Wenn man immer wieder hört, daß es mit der süddeutschen Fußballkunst nicht erheblich besser bestellt sei als bei uns, wenn man liest, daß der Abstand zwischen hier und dort nicht erheblich sei, dann muß mit der Zeit der bestehende Zweifel verschwinden, weil der sichtbare Maßstab fehlt. Um so niederschmetternder ist es aber dann, wenn die erste Gelegenheit zum Vergleich die Erkenntnis bringt, daß alles Gerede und Geschreibe nur Selbsttäuschung war, daß wieder eine Zeit des sportlichen Lebens an uns vorübergegangen ist, in der wir stagnierten. So etwas wie lähmende Ohnmacht befällt uns, wenn wir grausam und hart den gewaltigen Abstand des Könnens konstatieren."

Die Schwäche aber, die sich nach der fünften Meisterschaft zeigte, war, anders als 1923, keine vorübergehende Periode mehr. Die Erfolgskurve des Club zeigte stetig nach unten. 1928 kam er nicht in die Endrunde, 1929 und 1930 schied er im Halbfinale jeweils gegen Hertha BSC aus. Die Kräfte des ruhmreichen 1. FC Nürnberg begannen zu lahmen, und wirft man einen Blick in die Vereinszeitung dieser Jahre, so hat man den Eindruck, daß sich auch auf „seelischem" Gebiet erste Verfallserscheinungen gezeigt hatten. Regelmäßig finden sich Aufrufe des Vereinsvorstandes, daß die Mitglieder wieder mehr auf die althergebrachte Geselligkeit achten sollten. Vielleicht war auch der „Zerfall der Clubfamilie" mit im Spiel, als der 1. FCN in den beiden Halbfinals des Jahres 1929 gegen Hertha BSC (0:0, Wiederholungsspiel 2:3) vielen Beobachtern nur noch wie „ein Bruchstück vormaliger Stärke" erschien. Trotz dieser Erkenntnis rettete sich der Vereinsvorstand ins Schimpfen: Eine ungerechte Folge des schon immer bekämpften Pokalsystems, ein Unglück, das auf viele Ausfälle zurückzuführen sei, und letztendlich sei für die Niederlage das „tobsüchtig fanatisch gewordene Publikum" in Berlin verantwortlich gewesen.

Aber auch das Verhalten des eigenen Publikums hatte sich verändert. Früher wurde zwar, wenn der Sturm einmal sein Visier schlecht eingestellt hatte, ausgiebig geschimpft, aber die Unterstützung für die eigenen

Spieler litt darunter dennoch nicht. Im Januar 1931 aber, als gegen 1860 München wieder einmal der so oft unglücklich vor dem Tor scheiternde Ludwig Wieder als Sturmführer aufgestellt war, vergaß das Nürnberger Publikum allen Anstand: „Kaum hatte das liebe Publikum auf eigenem Platze die Aufstellung bemerkt, als es zu lachen anfing. Ein erhebendes Gefühl für einen Spieler, vom eigenen Publikum verhöhnt zu werden!"

Trotz solcher Indizien, die dafür sprechen, daß der Club gegen Ende des Jahrzehnts auch an den Zeitentwicklungen scheiterte – an die Stelle der „Familie" begann der „unpersönliche" Großverein zu treten, und der Sport überhaupt wurde mehr und mehr zu einer Massenveranstaltung, in der die Spieler eher als Gladiatoren der Unterhaltung denn als Vertreter

Hans Kalb war auch in seiner großen Zeit schon ein „gewichtiger" Spieler.

einer lokalen Gemeinschaft auftraten –, war dies wohl nicht die entscheidende Ursache für den ausbleibenden Erfolg. Die Mannschaft war alt geworden, und auch ein Seppl Schmitt, ein Baptist Reinmann, schließlich Hornauer, Weiß und Kund konnten die Langsamkeit der routinierten Altmeister auf Dauer nicht mehr kompensieren. Vor allem für solche Spieler, denen man schon von ihrem Naturell her einen „Stich ins Bequeme" (Kalb) nachgesagt hatte, war die Uhr allmählich abgelaufen.

Der erste, den es erwischt hatte, war allerdings nicht Kalb, sondern Carl Riegel. Im Dezember 1924 war ihm prophezeit worden: „Wenn er nicht trainiert wie ein Besessener, so sagen wir ihm binnen Jahresfrist einen Spitzbauch, ein Ringkämpfergenick und ein Doppelkinn voraus, und dann ade du schönes Läuferspiel." 1925 hatte es noch gereicht, dann aber war für ihn Schluß.

Bei Kalb, der lange Jahre mit seinem Motto „Lieber langsam und gescheit als schnell und dumm" soviel Erfolg gehabt hatte, machte sich die abnehmende Kondition zunächst durch eine exzessive Zunahme des lautstarken Protestierens kenntlich. Sein internationaler Abschied war wenig rühmlich: Beim Spiel gegen Uruguay (1:4) während des Olympischen Turniers in Amsterdam (3. Juni 1928), wurde der „Dokter" in der 40. Minute wegen Reklamierens – er hatte dem ägyptischen Schiedsrichter Youssof Mohammed auf englisch die Meinung gegeigt – vom Platz gestellt und in ein Arrestlokal gesperrt; verbittert verließ er anschließend unentschuldigt die Mannschaft und wurde seitdem nie mehr zu einem Länderspiel aufgestellt. Bei einem Spiel in Pforzheim (1930, es ging um die Süddeutsche Meisterschaft) konnte er sportlich noch brillieren, hatte aber, wie der neunjährige Hans Blickensdörfer sehen konnte, schon arg mit sich selbst bzw. seinem Körpergewicht zu kämpfen: „Viel gelaufen ist der Kalb ja nicht, und man hat keine Brille gebraucht, um zu merken, warum. Unter dem verwaschenen weinroten Nürnberger Trikot ist nämlich ein ziemlich dicker Bauch gesteckt, und man hat gemerkt, daß ihm ein Bier schon mehr schmecken möchte als Rennen. Aber man hat auch gesehen, daß er die Bälle viel besser und geschickter verteilt als die anderen." „Noch", hätte er hinzufügen sollen. Denn nur kurz darauf, am 15. Juni 1930, als Hertha BSC den Club im Halbfinale der Deutschen Meisterschaft mit 6:3 deklassierte, versagte Kalb erstmals. Er hatte mittlerweile einen halben Zentner Übergewicht.

Das Nachlassen Kalbs hatte freilich nicht nur mit zuvielen Pfunden zu tun. Es machte auch deutlich, daß sich eine ganze Fußballepoche ihrem Ende zuneigte. Die Zeit der Paßpyramide und des Mittelläufers, der sich als sechster Stürmer ins Offensivspiel einschaltete, war vorbei. Statt dessen kamen das WM-System und mit ihm der Stopper, der als fünfter Verteidiger die Defensive verstärkte. Ähnlich wie Riegel, der später kritisierte, daß ein intelligenter Spieler im modernen Fußball kaum mehr eine Chance habe, „sich aus der Schablone zu befreien", wetterte Kalb gegen die „Dressur", die das neue System dem Einzelnen abverlange: „Mit ihm richtet man die Individualisten – und jeder herausragende Sportler ist Individualist – wie Polizeihunde ab. Sport muß auch im Verband einer Mannschaft Vergnügen und Lebenslust sein. Mit dem System des Mauerns aber diktiere ich dem Dreh- und Angelpunkt einer Mannschaft: Mauert um jeden Preis, auf daß ihr ja nicht verliert!" Kalbs Worte wirken heute wie ein Vermächtnis des alten, erfolgreichen und schönen Club-Stils: „Bei Fußball muß man auf Sieg spielen. Nur im Wettstreit um den Sieg und ohne Kapitulationsangebot von vorneherein wird in einem fairen und ritterlichen Gefecht der Bessere ermittelt. Als wahrer Sportler soll man auch verlieren können – nur blamieren darf man sich nicht! Das 'Mauern' aber ist Blamage."

▷ **EINWURF: JENÖ KONRAD**

„Jud Konrad ist abgedampft" – Ein Trainer verläßt fluchtartig Nürnberg

„Judenskandal in Metz – Der Jude Anca Caen schändet mehr als zwanzig Nichtjüdinnen." Es ist Anfang August 1932. In großen Lettern prangt die Schlagzeile in den vielen „*Stürmer*-Schaukästen" des Landes. Das Blatt von Frankenführer Julius Streicher, das sich „Deutsches Wochenblatt zum Kampfe um die Wahrheit" nennt, hat wieder eine Geschichte erfunden, um den Judenhaß zu schüren.

Auf Seite zwei dann ein Beitrag mit der Überschrift: „Der 1. Fußballklub Nürnberg geht am Juden zugrunde." Geschickt nutzt der Autor das Ausscheiden des Club im Rennen um die Deutsche Meisterschaft nach einer 0:2-Niederlage gegen Bayern München, um gegen Jenö Konrad Stimmung zu machen. Der jüdische Trainer ist den aufstrebenden Nationalsozialisten um Julius Streicher ein Dorn im Auge, und so ziehen sie kräftig vom Leder: „Ein Jude ist ja auch als wahrer Sportsmann nicht denkbar. Er ist nicht dazu gebaut mit seiner abnormen und mißratenen Gestalt… Klub! Besinn Dich und wache auf. Gib Deinem Trainer eine Fahrkarte nach Jerusalem. Werde wieder deutsch, dann wirst Du wieder gesund. Oder Du gehst am Juden zugrunde."

Jenö Konrad, der im August 1930 aus drei berühmten ehemaligen Budapester Meisterspielern von der Vereinsleitung auserwählt worden war, die erste Mannschaft zu trainieren, überlegt nicht sehr lange. Wenige Tage zuvor haben die Zeitungen die Ergebnisse der Reichstagswahlen vermeldet. Über 13 Millionen wählten Hitlers NSDAP, in derem Auftrag Julius Streicher wirkte. Sozialdemokraten und Kommunisten kamen zusammen nur auf 12,8 Millionen. Die Zeitungen sind voll von Meldungen über Anschläge auf Gewerkschaftshäuser und Überfälle auf republikanische Zeitungshäuser. In der Nacht vom 5. auf den 6. August packt Jenö Konrad seine Koffer und verläßt mit seiner Frau Grete und seiner dreieinhalbjährigen Tochter Evelyn Nürnberg. Per Eisenbahn geht es zunächst nach Wien.

Der *Stürmer* vermeldet in der nächsten Ausgabe seinen Erfolg. „Jud Konrad ist abgedampft". Der Club habe den „Abzug des beschnittenen 'Trainers' genehmigt" und sei „anscheinend froh, den Fremdrassigen so schnell und glimpflich wegzubekommen".

Im Gegensatz zum *Stürmer* ist der Club-Vorstand von Konrads Entschluß nicht begeistert. „Die Bemühungen der Vereinsleitung, ihn zum Bleiben zu veranlassen, sind ohne Erfolg gewesen", heißt es in der Vereinszeitung vom August 1932. Hans Kalb, ein enger Freund der Familie Konrad, bittet den Trainer, nicht auf „das Bellen dieses Gesindels" zu hören – vergebens. „Mit aufrichtiger Rührung haben die Anwesenden einen untadeligen Menschen von sich gehen sehen, dem bitteres Unrecht angetan worden ist, an dem der Verein kein Teil hat", sagt Vereinsvize Karl Müller zur Verabschiedung von Konrad am Abend des 5. August. Mit roten Rosen für Grete Konrad verabschieden sich Club-Führung und enge Freunde von den Konrads am Bahnhof.

In einen Brief an den 1. Vorstand legt Konrad seine Gründe dar: „Ich bin in meiner Person beschimpft worden... Nach reiflicher Überlegung entschloß ich mich, sofort zu gehen... Für mich waren die zwei Jahre beim Club keine kleine Episode, die man im Zuge zwischen Nürnberg und Wien vergißt, sondern ein Erlebnis, das mit mir weiterlebt, wenn ich schon lange, lange anderswo lebe."

Im Verein ist man zunächst ratlos, hat man doch plötzlich einen ausgezeichneten Trainer mit internationalem Renommee verloren. Noch kurz vor der im *Stürmer* erwähnten bitteren Niederlage gegen Bayern München hatte der Club bei Sparta Prag zwar knapp mit 1:2 verloren, jedoch eine erstklassige Leistung gezeigt. Das *Prager Volksblatt* war des Lobes voll über die verjüngte Clubelf: „Der Club wird von Jenö Konrad trainiert. Man sieht es ihm auch an. Jeder einzelne Mann ein brillanter Techniker, kein Zug geschieht ohne Überlegung und ohne bestimmte Absicht." Und jetzt ist der Mann, der junge Spieler wie Willy Billmann und „Tipfi" Oehm, die später zu Meisterehren kommten sollten, aufgebaut hatte, plötzlich weg.

Gerüchte kursieren am Zabo. Es wird behauptet, Heiner Stuhlfauth, die Torwart-Legende, soll den *Stürmer*-Artikel geschrieben oder dazu die Veranlassung gegeben haben. Immerhin fiel in Konrads Zeit die Ablösung von Stuhlfauth durch Georg Köhl. Stuhlfauth wehrt sich aber mit anwaltlichem Beistand: „Ich erkläre hiermit, daß ich an dem fraglichen Artikel in keiner Weise beteiligt bin und werde gegen jeden, der diese Unwahrheit verbreitet, vorgehen."

Danach hört man lange nichts mehr von und über Jenö Konrad, der beim legendären Gastspiel des MTK Budapest 1919 am 22. Juli 1919 zum ersten Mal nach Nürnberg gekommen war.

Der MTK gewann glatt mit 3:0. Damals spielte Jenö Konrad neben seinem Bruder Kalman, neben dem „Fußballkönig" Alfred „Spezi" Schaffer, Linksaußen Szabo (beide blieben gleich in Nürnberg) und Orth (dem späteren Clubtrainer) im Dreamteam der zwanziger Jahre. Schon als 17jähriger debütierte der 1894 in Palanka geborene Konrad als halbrechter Stürmer in der ersten MTK-Mannschaft. Später spielte er als Mittelläufer.

Als Offizier geriet Konrad im ersten Weltkrieg in russische Gefangenschaft. Wieder zurück in Ungarn tobten dort die Unruhen zwischen Anhängern des faschistoiden Horthy-Regimes und den Sympathisanten des Räteexperiments um Bela Kun. Der Sozialdemokrat Jenö Konrad machte sich 1919 zusammen mit seinem Bruder Kalman auf den Weg nach Österreich. Dort hielt sich bald eine ganze Kolonie ungarischer Fußballstars auf: die beiden Konrads, Schaffer, Szabo und Bela Guttmann. Der Amateur-Sportverein Wien (später Austria) sicherte sich die Dienste der Konrad-Brüder. Jenö bekam auf Vermittlung des Vereins eine der seltenen Jahreskarte für die Wiener Börse und war am Nestroy-Kino beteiligt.

Jenö Konrad übergibt dieses Bild bei seinem Weggang für die Vereinschronik mit der Widmung: „Der Club war der erste. Und muß der erste werden."

Die ungarischen Stars waren es, die den damaligen typischen Wiener Spielstil prägten. Schon 1924 wurden die Amateure/Austria mit Jenö Konrad als Mittelläufer und Kalman, von dem die Presse schrieb, er habe „sieben Sinne und zwanzig Beine", als Mittelstürmer österreichischer Meister. Mit Beginn der ersten offiziellen Professionalmeisterschaft im östereichischen Fußballbetrieb wechselten die Konrad Brüder zur Wiener Vienna.

Als Jenö nach einer Meniskus-Verletzung mit dem aktiven Fußballsport aufhören mußte, arbeitete er als Trainer des FC Wacker Wien. Dann ging er nach Temesvar in Rumänien. Nach einem erneuten Gastspiel in Wien kam Jenö Konrad, der 500 Spiele in der ersten Klasse absolviert, ein Lehrbuch des Fußballspiels in ungarischer Sprache verfaßt hatte und am liebsten Balzac las, schließlich zum Club.

Das erste Spiel unter seiner Leitung geht trotz drückender Überlegenheit gegen Bayern Hof mit 1:2 verloren. Anschließend verliert der Club bei der Einweihung der neuen Tribüne in Fürth gegen die SpVgg mit 1:4. Erst das dritte Spiel bringt mit einem 4:0 gegen den VfR Fürth die Wende. Es folgen hohe Siege. „Es regnet Tore im Zabo" schreibt das *8-Uhr-Blatt* am 17. November 1930 nach dem 10:1 gegen die Würzburger Kickers (vorher gab es ein 10:0 gegen den 1. FC Bayreuth). Am Ende ist der Club immerhin Zweiter hinter der SpVgg Fürth.

Die entsprechenden Berichte über den Stand der 1. Mannschaft für die Vereinszeitung verfaßt Konrad selbst. Immer wieder nimmt er die Spieler in Schutz vor einer seiner Meinung nach unberechtigten Kritik. Er weist auf die vielen Verletzten (Stuhlfauth, Reinmann, Munkert, Kund, Weikmann) hin. Daß die Kicker zu Hause schlechter spielen als auswärts, auch dafür hat er eine Erklärung: „Sie trauen sich bei uns zu Hause gar nichts mehr zu; denn wenn etwas mißlingt – und das kann jedem Spieler ohne Unterschied seiner Qualität passieren – werden sie verhöhnt, ausgelacht und beleidigt."

Langsam aber sicher stellen sich die Erfolge ein. Ein unglückliches 0:1 gegen Bayern München auf unbespielbarem Boden kostet 1932 die nordbayerische Meisterschaft. Ein 0:2 ebenfalls gegen Bayern, den späteren Meister, bietet dann dem *Stürmer*, der weder vorher noch später jemals eine einzige Zeile über eine errungene Meisterschaft oder einen Pokalsieg des 1. FCN verlieren sollte, Anlaß, einen „Niedergang" des 1. FCN herbeizureden. Einziger Grund für diesen Artikel ist die Chance zur antisemitschen Hetze, da Konrad eben Jude ist.

Nach dem Weggang aus Nürnberg beginnt für Jenö Konrad eine OdysSee. Zunächst lebt er in Wien, dann trainiert der den tschechischen Verein FC Brünn und von 1936 bis 1938 den Unione Sportiva di Trieste. Die antisemitischen Gesetze Mussolinis zwangen Konrad Triest in Richtung Budapest zu verlassen. Die nächste Station ist Lille und dann – die Visa erhält die Familie mit Hilfe von portugiesischen Fußballbegeisterten – Lissabon. Im Mai 1940 begibt sich Jenö Konrad mit seiner Familie, das Unheil in Europa vorausahnend, mit dem kleinen Frachtschiff „San Miguel" auf die 15 Tage dauernde Überfahrt nach Amerika. Eigentlich hatte er ein Angebot in der Tasche, Coach von Montevideo in Uruguay zu werden, doch seine Frau Grete bestand auf Amerika.

Sein Versprechen, er werde Nürnberg nicht vergessen, löst er im Oktober 1952 ein. Er verfaßt einen Brief an den Club, der in der Vereinszeitung veröffentlicht wird. Demnach ist er in New York seit 1940 bei einer Nähmaschinenfabrik angestellt. Seine Tochter Evelyn ist bei einer Fernsehzeitschrift als Chefredakteurin tätig. Konrad grüßt alle seine Freunde in Nürnberg. „Wir erwidern seine Grüße bestens und hoffen, daß JK sich gelegentlich eines weiteren Europatrips auch einmal in der alten Noris sehen läßt", antwortet Vereinschef Franz.

Anläßlich der USA-Reise des 1. FCN im Mai 1955 besucht Jenö Konrad das Spiel des Clubs gegen den FC Sunderland, das Max Morlock als „das beste Spiel überhaupt" bezeichnet hat. Es endet 1:1, und Konrad schreibt an den Club: „Ich war stolz darauf, wieder einmal feststellen zu können: der Verein ist der alten Tradition treu geblieben und ist nicht nur eine ganz ausgezeichnete Fußballmannschaft, sondern ein wunderbar geführter Club, der in jeder Beziehung dem Sport Deutschlands Ehre bringt."

Jenö Konrad kommt nicht mehr zu Besuch nach Nürnberg. Er stirbt am 15. Juli 1978 nach einem Herzanfall in New York. □

Der Club unter dem Hakenkreuz

1930 bis 1945

Die Nazis und der Fußball

Schon während der Club seine letzten Meisterschaften gewann, war Nürnberg nicht mehr uneingeschränkt die „rote Hochburg", die es lange Jahre gewesen ist. Seit 1923 gab der Volksschullehrer Julius Streicher sein Massenblatt *Der Stürmer* heraus und hetzte darin gegen die Juden. „Die Juden sind unser Unglück", lautete sein Wahlspruch. Streichers Mischung aus Lügen, Denunziation und Pornografie hatte im ganzen Deutschen Reich Erfolg. Der *Stürmer* erlebte eine rasante Auflagenentwicklung. Die Sondernummern zu den Reichsparteitagen wurden bis zu zwei Millionen mal verkauft.

Doch es lag nicht allein an Streicher, daß die NSDAP ihren dritten Parteitag 1927 erstmals nach Nürnberg verlegte. Es lag vor allem daran, daß der von der bayerischen Staatsregierung eingesetzte Nürnberger Polizeidirektor Gareis den Aktivitäten der NSDAP wohlwollend gegenüberstand. Außerdem ergab sich mit der Wahl von Nürnberg für die Nazis die Möglichkeit, die Reichstradition der Stadt und ihre historisch-romantische Kulisse für die eigene Propaganda zu vereinnahmen. 1929 kamen die Nationalsozialisten erneut zu ihren Massenaufmärschen nach Nürnberg.

In den beiden folgenden Jahren weigerte sich jedoch die Stadt, ihnen Unterkunfts- und Versammlungsorte zur Verfügung zu stellen. Mit der Machtübernahme 1933 war dieser Widerstand gebrochen. Während der Eröffnung des Parteitages 1933 verkündete Hitler, „daß unser Parteitag jetzt und für immer in dieser Stadt stattfinden wird". Hitlers Lieblingsarchitekt Albert Speer konzipierte im Südosten der Stadt eine monumentale, auf die Ewigkeit eines tausendjährigen Reichs ausgerichtete Architekturkulisse. An den Reichsparteitagen der nächsten Jahre pilgerten rund eine halbe Million NSDAP-Parteigenossen dorthin, um in einer martialischen Inszenierung ihrem Führer zu huldigen.

„Kicker"-Titelbild nach dem 2:0-Sieg über Schalke 04 im Halbfinale 1936. „Frankenführer" Streicher eilt aus der Ehrenloge aufs Spielfeld, um den Club-Spielern zu gratulieren. In seiner Gratulationsansprache für den Meister des Jahres 1936 bringt es Streicher mit geschickten Wendungen fertig, den Club-Sieg als Ausdruck nationalsozialistischer Politik zu feiern.

Diese Entwicklung ging am Sport und auch am Fußball nicht spurlos vorüber. Nürnberg war in den zwanziger Jahren noch eine Hochburg des Massensports der Arbeiterbewegung gewesen. Der Arbeitersportverein Nürnberg-Ost zählte zu den besten Fußballmannschaften und errang 1932 im Finale gegen Cottbus 93 die letzte deutsche Meisterschaft des Arbeiterfußballs. Mit der Machtübernahme der Nazis am 30. Januar 1933 war dies vorbei. Wie im ganzen Reich wurden nicht nur die Arbeiterorganisationen zerschlagen, sondern auch deren Turn- und Sportvereine. Sie galten als „Brutstätten des Widerstands".

Im Juli 1933 wurden dann alle Vereine im Reich gleichgeschaltet. Gemäß einer von der Reichsregierung herausgegebenen Richtlinie sollte eine „Umgestaltung der Vereinstatuten im nationalsozialistischen Sinn" durchgeführt werden, d.h. die Mitglieder sollten arischer Abstammung sein.

In der 50jährigen Festschrift des 1. FCN sah man sich später – wie viele andere Organisationen auch – als Opfer der NS-Politik, nahezu als

Widerständler. „Der Club huldigte schon immer der sittlichen Idee der Völkerversöhnung. Schon vor 1933 wurden die kosmopolitischen Grundsätze des Clubs angeprangert, und noch im gleichen Jahr mußte der Club, wie alle anderen Sportvereine, der nationalsozialistischen Gewalt das Opfer der Umtaufe mit der sogenannten Gleichschaltung bringen."

In der Ausgabe der Vereinszeitung vom März 1948 kam man da der Wahrheit schon eher näher: „Die Juden verschwanden aus dem Verein, die Demokraten zogen sich zurück, und die Vereinsführer gaben, um das Eigentum des Vereins nicht zu gefährden, klein bei und heulten in der Folge mit den Wölfen."

Die Club-Vereinsführer heulten in der NS-Zeit nicht nur mit den Wölfen, sie setzten Zeichen. Noch vor der offiziellen Gleichschaltung aller Vereine im Juli 1933 beschloß der Verwaltungsausschuß des 1. FCN am 27. April 1933 die „Stellung des Vereins zur Judenfrage". Und die ließ an Deutlichkeit nichts zu wünschen übrig: „Der 1. FCN streicht die ihm angehörenden jüdischen Mitglieder aus seiner Mitgliederliste. Der Verwaltungsausschuß hat diesen Beschluß gefaßt aus der Überzeugung heraus, alles tun zu müssen, um den Bestrebungen der nationalen Regierung auf Schaffung eines deutschen Volksstaates gerecht zu werden."

Im gleichen Monat verfaßte Karl Müller, damals noch zweiter Club-Vorsitzender, in der Vereinszeitung unter dem Titel „Das neue Deutschland und der Club" eine Ergebenheitsadresse an die neuen Machthaber. „Wir vom Club sind aus ehrlichster Überzeugung freudigen Herzens bereit, uns in diese nationale Erziehungs- und Aufbauarbeit einzugliedern", schrieb er. Im März 1935 löste Rechtsanwalt Müller seinen Sozietätskollegen Ludwig Franz als ersten Vorsitzenden ab. Müller war zwar Parteimitglied und hatte sich die NS-Terminologie angeeignet, doch es ist nichts überliefert, daß er sich jemals als glühender Nationalsozialist hervorgetan hatte. Auch nach dem Krieg mußte sich Müller keinerlei Vorwürfe von Seiten der ehemaligen Club-Vorsitzenden Hans Hofmann und Hans Schregle anhören, die beide Sozialdemokraten waren.

Im April 1933 wurde beim 1. FCN eine Geländesportabteilung gegründet. „Der 1. FCN hat als erster Verein beschlossen, sich von sich aus, also ohne jeden Eingriff oder Wink staatlicher Stellen dem Jugenderziehungsprogramm der Regierung der nationalen Erhebung anzupassen und einzugliedern", hieß es in der Vereinszeitung. Als Geländesport-Leiter gewann man Hauptmann Karl Frick vom Reichskuratorium für Jugendertüchtigung. Der legte dann gleich in schonungsloser Offenheit dar, worum es bei dieser Übung ging: „Sache des Geländesports ist es, aus wehrfähigen Sportlern wehrhafte Deutsche zu machen. Man treibt den Geländesport nicht um seiner selbst willen, sondern um des Vaterlands willen." Eben um die notwendigen Voraussetzungen für die Umsetzung der aggressiven Expansionspolitik Hitlers zu schaffen. Das schrieb Frick natürlich nicht.

Immer wieder erschienen in der Folge in der Vereinszeitung manchmal gar auf der Titelseite Parolen von Adolf Hitler oder Aufrufe wie „Halte Dein Blut rein." Immer wieder griff „Vereinsführer" Müller zur Feder: „Der deutsche Mensch muß gesund, leistungsfähig, wehrwillig, wehrtüchtig sein und muß nach den ewigen Gesetzen des Blutes leben."

Offiziell war Müller auch „Dietwart" des Vereins, also der Mann, dem die ideologische Schulung der Vereinsmitglieder oblag. Als zweiten Vorsitzenden ernannte er den NSDAP-Stadtrat und Rechtsanwalt Gottfried Biemüller, der 1938 vom Reichsjustizminister zum Präsidenten der Anwaltskammer im Bezirk des Oberlandesgerichts Nürnberg ernannt wurde. Müller und Biemüller leiteten die „Diet-Abende" und die „völkische Aussprache". „Der Charakter der Leibesübungen ist nationalsozialistisch, und so bekennt sich unser Verein freudig zum Nationalsozialismus", schrieb Biemüller zum 40jährigen Jubiläum des 1. FCN.

Trotz aller nationalsozialistischen Töne nahm man es vereinsintern oft nicht so genau. Die Vorschrift der Parteileitung, daß alle Jugendspieler der deutschen Vereine der Hitler-Jugend beitreten mußten und sich an deren Veranstaltungen beteiligen mußten, wurde beim Club schlicht ignoriert. „Wir bekamen proforma die HJ-Ausweise, aber wir sind nie zu HJ-Treffen angetreten, sondern spielten währenddessen in der Nachwuchself des Club", betont Club-Archivar Andreas Weiß, der von 1936 bis 1939 in der Jugendmannschaft des 1. FCN spielte.

Um die erste Mannschaft nationalsozialistisch zu schulen, griff manchmal auch NSDAP-Kreisleiter Hans Zimmermann ins Geschehen ein. „Nach dem Training hatten wir eine halbe Stunde politischen Unterricht", erinnert sich Club-Nationalspieler Willy Billmann. „Da haben wir immer geschlafen", weiß Stürmer Julius „Uttla" Uebelein noch. Für Billmann und Uebelein ist Zimmermann nur der damalige „Ortskrankenkassendirektor". Doch Zimmermann war mehr. Er war ein Nazi der ersten Stunde. Im Januar 1939 erhielt er das Goldene Ehrenabzeichen der NSDAP. Schon im März 1933 rief Zimmermann auf einer Kundgebung auf dem Nürnberger Adolf-Hitler-Platz „zum Boykott gegen die Juden auf", wie die Stadtchronik vermerkt. Er arbeitete als 1. Direktor der Ortskrankenkasse und wurde 1934 von Julius Streicher „zum Kreisleiter für Nürnberg-Stadt gemacht. Nach Streichers Entmachtung durch das Oberste Parteigericht im Februar 1940 war Zimmermann der ranghöchste Parteiabgesandte in Nürnberg. Die Nazis befanden Streicher der Menschenführung für ungeeignet. In den Nürnberger Kriegsverbrecher-Prozessen wurde Frankens Gauleiter im Oktober 1946 als „Judenhetzer Nummer 1" zum Tod verurteilt.

Zimmermann verstand sich bestens mit Karl Müller. Zusammen mit dem NS-Ortsgruppenführer Wurzbacher und dem Streicher-Adjutanten König begleitete er den Club zu vielen Spielen. „Einmal gegen Waldhof Mannheim", erinnert sich „Uttla" Uebelein, „wollte Zimmermann nach dem Spiel zu den Fans reden. Da haben er, Wurzbacher und König schwere Prügel bezogen". Club-Star Hans Kalb bezeichnete Zimmermann einmal als „Talisman des Clubsturms". Die *Fränkische Tageszeitung*, die „Nationalsozialistische Tageszeitung für den Gau Franken", erklärte dies in ihrer Ausgabe vom 23. Juni 1936, also unmittelbar nach dem Gewinn der sechsten Meisterschaft des Clubs: „Wenn es beim Club immer mal nicht so recht klappen wollte, dann hielt es den sportbegeisterten Parteigenossen Zimmermann nie auf seinem Tribünenplatze, dann ›verzog‹ er sich hinter das Tor, und siehe da, nicht lange dauerte es, und das so notwendige Tor war gefallen. So war es auch in Berlin, da stand er auch während der Verlängerung hinter dem Tor... und – wie immer, so kam auch diesmal die große Wendung."

Zu Kriegsbeginn im September 1939 gelobte die Vereinszeitung wie alle deutschen Blätter Adolf Hitler die Gefolgschaft: „Nun lautet unsere Losung: Wir folgen dem Führer, was auch kommen mag!" Im Mai 1942 war man „stolz darauf, daß so viele unserer Sportkameraden berufen waren, gegen das asiatische Massenanrennen ihren Mann zu stehen und den teuren Heimatboden, die deutsche Frau und die deutschen Kinder zu schützen". Es folgten Durchhalteparolen in der Vereinszeitung und den ab März 1942 erscheinenden „Feldpostbriefen". Erst als sich der Sieg der Alliierten schon deutlich abzeichnete, im April 1944, wurden die Töne dann etwas leiser: „Die Idee des 1. FCN trage jeder wie eine stille Liebe treu bewahrt in seiner Brust, und kommt dann einst der Tag des Friedens und der Heimkehr, dann werdet Ihr Euch den Klub und Euer Zabo bauen, wie Ihr es wünscht und wollt und Euch erträumtet." Wenig später fiel der Zabo in Schutt und Asche.

Sport galt den Nationalsozialisten als Instrument zur „völkischen Gesundung" und zur „Verbesserung der Wehrkraft". Fußball war und ist ein

Am 20. April 1940 wandert ein Stück Vereinsgeschichte in die Schmelzöfen, um daraus Waffen für den 2. Weltkrieg zu schmieden. Der Club läßt sich bei der „Metallspende des Deutschen Volkes" nicht lumpen. 140 Siegespreise, Pokale und Medaillen werden von 100 „Pimpfen" publikumswirksam abgeholt.

Massenphänomen und als solches auch für die Nazis interessant. Man wollte die erfolgreichen Vereine vereinnahmen, das galt insbesondere für Schalke 04, das in der Zeit der nationalsozialistischen Herrschaft sechs ihrer insgesamt sieben Meisterschaften gewann. „Die Nazis benutzten Schalke, um ihr Bild vom deutschen Arbeiter, das durch harten Einsatz in der Produktion und unbedingtes Pflichtbewußtsein gegenüber der 'Volksgemeinschaft' gekennzeichnet war, zu transportieren und ihre Ertüchtigungsideologie und deren Erfolgsträchtigkeit zu propagieren", schreibt Dietrich Schulze-Marmeling in seinem Buch „Der gezähmte Fußball".

Nazigrößen wie Reichssportführer Hans von Tschammer und Osten zeigten sich gerne Seite an Seite mit den erfolgreichen Schalker Fußballern. Auch in Nürnberg stürmten bisweilen Frankenführer Julius Streicher und Nürnbergs NSDAP-Oberbürgermeister Willy Liebel auf das Spielfeld, um den verschwitzten siegreichen Club-Kämpfern zu gratulieren. Streicher ließ es sich nicht nehmen, die Pokalsiegerelf 1935 und vor allem die Meisterelf 1936 gebührend zu empfangen und sich Seite an Seite mit den Kickern feiern zu lassen.

Die erfolgreichen Fußballer durften natürlich bei den alljährlichen Reichsparteitagen nicht fehlen. Beim „Parteitag der Ehre" 1936 trat der

Club in einem Freundschaftsspiel gegen Schalke 04 an und gewann mit 5:3. Die ansonsten erfolgreicheren Schalker kamen in der NS-Zeit in den Genuß direkter Hilfeleistungen durch das Regime. Für ihr Endspiel gegen Vienna Wien 1942 wurde auf Befehl von oben der vom VfL Osnabrück stammende Torwart Heinz Flotho für den verletzten Hans Klodt von der Front zu Schalke 04 beordert. „Wahrscheinlich wollten die Nazis nichts unversucht lassen, eine Wiederholung des Endspiel-Debakels vom Vorjahr zu verhindern, als Rapid Wien die Schalker unplanmäßig geschlagen hatte", schreibt Schulze-Marmeling. Damals, am 22. Juni 1941, dem Tag des deutschen Überfalls auf die Sowjetunion, stand es vor knapp 100.000 Zuschauern im Berliner Olympiastadion schon 3:0 für Schalke, bevor Rapid-Stürmer Franz „Bimbo" Binder, in den fünfziger Jahren erfolgreicher Trainer des Club, mit seinen drei Toren den 4:3-Erfolg der Wiener fast im Alleingang schaffte. „Die bessere Mannschaft hat verloren", schmollte die NS-Sportführung. Die Rache folgte auf dem Fuß. Die besten Rapid-Fußballer, darunter auch Bimbo Binder, wurden an die Front beordert, während die Schalker Spieler eine äußerst zuvorkommende Behandlung in Sachen Kriegsdienst erfuhren.

Doch Schalke wurde natürlich nicht wegen dieser Bevorzugung zur bestimmenden Mannschaft der dreißiger Jahre. Und auch der Club verdankte seine sechste Meisterschaft 1936 und die beiden Erfolge im Pokal 1935 und 1940 nicht dem bisweilen vorauseilendem Gehorsam der Vereinsführung oder der Anwesenheit des Frankenführers auf der Ehrentribüne. Es bleibt festzuhalten, daß in Nürnberg und in Schalke und auch anderswo Fußball gespielt wurde, und das auf hohem Niveau. Doch der Reihe nach.

Ungarisches Training

Die deutliche 3:6-Schlappe im Vorschlußrundenspiel zur Deutschen Meisterschaft Mitte Juni 1930 gegen Hertha BSC zeigte nicht nur einen Hans Kalb mit einem halben Zentner Übergewicht und allen Folgen, sondern eine desolate Club-Elf. „Mit Kalb ist ein System gefallen, ja ich möchte sagen, die letzte Hoffnung auf Jahre hinaus. Ich fürchte, daß den sieben fetten Jahren, sieben magere folgen werden", kommentierte Walter Bensemann im *Kicker* die Club-Niederlage. In der Folge tat sich einiges am Zabo.

Aufgrund der hohen Arbeitslosigkeit waren die Zuschauerzahlen gesunken, und um die Finanzen des Club war es schlecht bestellt. Dennoch wurde voller Optimismus die lange Zeit innerhalb des Vereins heiß umstrittene Frage entschieden, ob ein Trainer nötig oder überflüssig sei. Der ehemalige ungarische Meisterspieler Jenö Konrad wurde engagiert. Er sollte die Mannschaft spielerisch auf Vordermann bringen.

Erst gegen Ende der Spielzeit 1930/1931 trug die Arbeit von Konrad erste Früchte. Nach einer beispiellosen Niederlagenserie besiegte der Club zunächst den Wiener SC mit 2:1, dann auch noch den DFC Prag mit 3:2. Das 100. Derby gegen die SpVgg Fürth, die weit vor dem Club in dieser Saison Bezirksmeister wurde, gewann man mit 2:1. Der Dresdner DSC wurde mit 8:0 nach Hause geschickt, und auch gegen den Angstgegner Hertha BSC gewann man souverän mit 6:1.

Die Erfolgsserie hielt in der folgenden Spielzeit an. Insbesondere Köhl, der inzwischen Stuhlfauth ersetzt hatte, wurde zum Garanten der Siege. Luitpold Popp und Andreas „Sterz" Munkert bildeten die Verteidigung. Die Läuferreihe bestand aus Weikmann, Kalb und dem jungen Oehm, einer Kopie des legendären Carl Riegel. Der 1,88 Meter große Oehm wurde Tipfi genannt, weil er als Knabe sehr klein war – wie ein „I-Tüpfelchen". War Kalb verletzt, sprang Billmann ein und bewies sein Können. Billmann war begeistert von seinem Trainer Konrad und dessen Ballfertigkeit. „Von ihm habe ich am meisten gelernt", erzählt er. „Konrad war einfach ein brillanter Fußballer."

Georg „Schorsch" Köhl setzt die Torwarttradition beim Club fort.

Während Kalb seine Fußballschuhe an den Nagel hing, hatte sich zu Beginn des Jahres 1932 im Sturm der junge Karl Gußner durchgesetzt. Er verdrängte Reinmann von seinem Posten. Doch es reichte für den Club noch nicht zu höheren Zielen. Bayern München wurde Bayerischer Meister, nicht zuletzt durch einen umstrittenen 1:0-Sieg gegen den Club in München auf unbespielbarem Boden. „Rund ums Moorbad", titelte der Rundfunk-Journalist Josef Kirmaier seine Reportage. Der *Kicker* bezeichnete das Spielfeld als „Pontinische Sümpfe", und Club-Trainer Konrad protestierte beim Schiedsrichter vergeblich gegen den Anpfiff dieser Partie. In der Halbzeit stellte der Schiedsrichter zwar fest, daß das, „was auf dem Platz geschieht, mit Fußball nichts zu tun" habe, doch die Partie ging weiter – und für den Club verloren.

Trotzdem gelangte der Club in die Vorrunde zur Deutschen Meisterschaft. Eine weitere Niederlage gegen Bayern München (0:2) zerstörte den Meisterschaftstraum. Bayern holte sich in der Folge seinen ersten Meistertitel. Inzwischen hatte jedoch Jenö Konrad, nachdem er im *Stürmer* als Jude denunziert worden war, seine Koffer gepackt und Nürnberg verlassen. Die Aufwärtstendenz beim Club hielt zu Beginn der Verbandsspiele im Herbst 1932 an. Die Spieler setzten unter der Regie von Toni Kugler, dem Meisterspieler der zwanziger Jahre, das um, was sie von Konrad gelernt hatten. Sie gewannen die Runde ungeschlagen. Von 18 Spielen wurden siebzehn gewonnen. Von den 14 Spielen um die Süddeutsche Meisterschaft gewann man jedoch nur sieben – das war zu wenig im Rennen um die Deutsche Meisterschaft.

In der Saison 1933/34 wurde der Fußball nicht nur gleichgeschaltet, sondern auch umorganisiert. Der Club spielte jetzt im Gau Bayern, die Meisterschaftsspiele wurden nunmehr in Gruppen und darin Gaumeister gegen Gaumeister ausgespielt. Die vier Gruppenmeister bildeten das Halbfinale, die Sieger standen im Endspiel.

Zunächst spielte der Club im Gau Bayern eine untergeordnete Rolle. In der Mannschaft tauchten zu viele neue Gesichter auf, die Formation war noch nicht eingespielt. Für Kalb spielte der Fürther Urbel Krauß als Mittelläufer, der jedoch in der laufenden Spielzeit endgültig von Billmann verdrängt wurde. Max „Muckl" Eiberger, der von Schwaben Augsburg zum Club kam und durch seine Dribblings die Zuschauer in Verzükkung versetzte, und Gußner bildeten jetzt den rechten Flügel. Eine sichere Bank als Verteidiger war schon seit Jahren Luitpold Popp. Der nunmehr 40jährige absolvierte im Dezember 1933 sein 800. Spiel für den Club.

Karl Gußner spurtet die 100 Meter in 10,8 Sekunden. Er ist oft schneller als der Gegner am Ball. Hier schießt er beim Spiel des Club gegen den VfB Stuttgart am 14. Februar 1932 zum Endstand von 6:2 ein. Nach nur 18 Minuten liegt der Club 0:2 zurück. Ein Sturmlauf, darunter zwei Treffer von Gußner, drehen das Spiel noch um.

Interimstrainer Kugler wurde von einem anderen ungarischen Meisterspieler abgelöst: Alfred Schaffer, der „Spezi", kehrte nach Nürnberg zurück. Der „Fußballkönig" begann seine Trainertätigkeit beim Club mit den Worten: „Bittä, kann nicht zaubern. Gebt mir eine gute Mannschaft, und ich trainiere sie." Als Klassespieler war er bewundert worden, aber als Trainer war der Ungar mit seiner etwas laschen Berufsauffassung nicht ganz unumstritten. Besonders wenn er im Club-Heim beim Kartenspiel saß, wollte er durch unangenehme Trainingsarbeit nicht gestört werden. „Lauft's a Rund'n", sagte er dann den Spielern.

Unter dem Strich brachte Schaffer den Club vorwärts. „Mit ihm kam der Erfolg", hieß es in der Vereinschronik, denn Schaffer brachte den Verein 1934 nach einer langen Pause wieder in ein Finale um die Deutsche Meisterschaft. Im Laufe der Spielzeit hatte sich der Club nach schwachem Start langsam an die Tabellenspitze gekämpft. Mit einem Punkt Vorsprung vor 1860 München wurde er schließlich Gaumeister und war damit für die Gruppenspiele qualifiziert. Weder Wacker Halle oder Borussia Fulda noch der Dresdner SC konnten den Einzug des Club in die Vorschlußrunde verhindern. Dort gewann der Club ohne größere Pro-

▷ **EINWURF**

In drei Minuten die Meisterschaft verspielt

Das Berliner Poststadion ist am 24. Juni 1934 mit 45.000 Zuschauern bis auf den letzten Platz gefüllt. Vor dem Spiel antwortet Nürnbergs Spielführer Popp den Reportern auf ihre Frage, wer denn wohl gewinnen werde: „Der Club gewinnt! Das ist doch klar wie Kloßbrühe! Die Schalker können vielleicht einmal Meister werden, wenn ich nicht mehr dabei bin."

Die Schalker beginnen zunächst mit Szepan als Mittelläufer und Nattkemper neben Kuzorra, der eigentlich wegen eines Leistenbruchs von den Ärzten Spielverbot hat, in der Sturmspitze. „Mittelläufer Szepan ist unser Gewinner", sagte Luitpold Popp während einer Trainingsbesprechung die Woche vor dem Finale. Er sollte recht behalten – bis zur 60. Minute. Dann beordert Schalke-Trainer Bumbes Schmidt Szepan in die Sturmspitze.

Doch zunächst entwickelt sich ein kämpferisches Spiel mit leichten Vorteilen für den Club. Während Schalke sein oft gerühmtes Kreiselspiel übertreibt und mehr zurück als nach vorne spielt, erspielen sich die Cluberer mit perfekten Kurzpässen eine Chance nach der anderen. Aber weder Muckl Eiberger, Willi Kund oder Seppl Schmitt können sie verwerten.

In der zweiten Hälfte verschärft sich dann das Tempo, die Gangart wird härter und die Schalker beginnen, ihrer Favoritenrolle entsprechend mehr Druck auszuüben. Doch Köhl, Munkert und Popp lassen sich nicht überwinden. Dafür steht es in der 53. Minute 1:0 für den Club. Kund umspielt Otto Tibulski, gibt zu Schmitt ab, der zu Schorsch Friedel weiterleitet. Bei dessen plaziertem Schuß aus der Drehung in die linke untere Ecke hat Schalke-Keeper Mellage keine Chance.

Bumbes Schmidt stellt um. Er beordert Szepan nach vorne. Nun spielt nur noch Schalke. Kuzorra und Szepan werden zum Dreh- und Angelpunkt. Nur wenige Konter bringen dem Club ein paar Verschnaufpausen. Friedel hat sogar noch das 2:0 auf dem Fuß, doch er trifft das leere Schalker Tor nicht. In der 70. Minute versucht Trainer Schaffer von der Außenlinie seinen mehr und mehr die Übersicht verlierenden Spielern Anweisungen zu geben. „Los, angreifen, vorne bleiben!" Vergebens. „Das Kampfgetümmel vor dem Tor der Nürnberger wird immer wilder. Schalke, nur noch Schalke gibt den Ton an", schreibt der Korrespondent des *Kicker*.

Zehn Minuten vor Schluß liegt der Ausgleich längst in der Luft. Inzwischen stehen Kuzorra, Szepan und Urban nahezu pausenlos im Strafraum der Nürnberger, die kaum mehr das Leder wegbringen. In der 87. Minute ist Köhl dann geschlagen. Nach einem Eckball köpft Szepan aus nächster Nähe zum 1:1 ein. Vergeblich reklamieren die Cluberer ein Foulspiel, und Augenzeugen beschwören noch heute, Torwart Köhl sei beim Ausgleichstreffer behindert worden. „Sterz" Munkert sah die Szene so: „Drei Minuten noch. Eckball gegen den Club. Szepan erwischte den Ball mit dem Kopf. Das Leder flog weder placiert noch scharf in Richtung Köhl. Unser Hauptmann konnte seine Fangarme nicht hochnehmen, da Kuzorra aus dem Spielgeschehen raus seinen rechten Arm über Köhls Arme gelegt hatte."

Die letzte Minute ist angebrochen. Dazu der *Kicker:* „Der Club erzwingt eine Ecke, die Billmann verköpft. Noch einmal wirft Schalke alles nach vorn. Kalwitzki hat den Ball, niemand hindert seinen Flankenlauf, keiner seine Flanke, die knapp vor dem Tor zu Kuzorra kommt, der den Augenblick des Glücks richtig erfaßt und unhaltbar für Köhl in die rechte Ecke einschießt. Der Kampf ist zu Ende." □

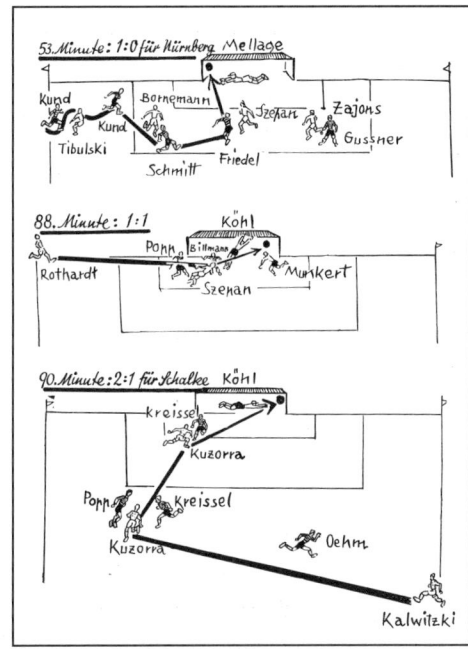

Die Entstehung der drei Tore des Endspiels 1934, gezeichnet im „Kicker" vom 24.6.1934.

bleme gegen Victoria Berlin, so daß dem Finale Club gegen Schalke 04 nichts mehr im Wege stand.

Bis zur 87. Minute führte der Club 1:0, nach 90 Minuten hieß es jedoch 1:2. Nürnberg hatte sich vom Schalker Kreiselspiel ermüden lassen, zudem schien die Mannschaft konditionell nicht auf der Höhe zu sein. Das Resümee des *Kicker* war eindeutig: „Schalkes Mannen waren immer um die wenigen Zentimeter schneller als die Cluberer, beim Köpfeln kamen sie immer um die wenigen Zentimeter höher, die gerade notwendig waren, und wenn es galt, im Lauf schneller zu spurten, da hatten die Schalker Spieler immer mehr zuzusetzen." Schalke holte seinen ersten Meistertitel, das „Goldene Jahrzehnt" der Gelsenkirchener sollte beginnen.

Im Zabo trauerte man der verpaßten Chance nach. Mittelläufer Billmann, der sich im Spiel einen Mittelhandknochen gebrochen hatte und mit starken Schmerzen und mit einem Büschel Gras um die verkrampfte Hand weiterspielte, konnte es gar nicht fassen: „Auf der Aschenbahn stand schon der Nürnberger Oberbürgermeister mit dem Lorbeerkranz für uns." Doch Vereinsvize Karl Müller hatte für die Fußballer beim Empfang in Nürnberg eine gute Nachricht parat: „Sie sind nicht Meister geworden. Aber keine Mannschaft unseres Vereins kann den Ruhm für sich in Anspruch nehmen wie Sie, daß sie durch ihre Leistung den Verein aus schwierigster Lage gerettet hat." Die Meisterschaftsrunde und vor allem das Endspiel hatten nicht nur die Löcher in den Club-Kassen gestopft, die zu Beginn der dreißiger Jahre aufgelaufenen Schulden konnten darüber hinaus weitgehend wieder abgebaut werden.

Pokalsieger und Meister

Nach der knappen Niederlage im Finale hörte Popp nach 18 Jahren in der ersten Mannschaft auf. Auch Hornauer und Weiß beendeten ihre Karriere, und Linksaußen Kund zog nach Dresden, um dort einen Restaurantbetrieb zu übernehmen. Kurze Zeit später machte auch Baptist Reinmann, der unvergessene Rechtsaußen der 27er Meisterelf, Schluß. Kein Wunder, daß der Club nurmehr eine Nebenrolle bei den Spielen um die Gaumeisterschaft in der Saison 1934/35 spielte, denn die Nachrücker und Neuen waren noch nicht so weit wie ihre Vorgänger.

Aus Leipzig kam Carolin, ein exzellenter Mittelläufer und Flachpaß-Techniker. Billmann rückte für Popp in die Abwehr. Im Sturm beeindruckten Spieß und Uebelein II, dessen älterer Bruder Hans („Abel"), ein

Alleskönner am Ball, in der Läuferreihe agierte. Langsam kam die Mannschaft in der laufenden Spielzeit in Fahrt. Am Ende erreichte sie noch hinter Fürth den zweiten Platz. In den Privatspielen bis zur nächsten Spielzeit wuchs sie unter dem Sportlehrer Michalke als Trainer weiter zusammen. In den Verbandsspielen im Herbst blieb der Club ungeschlagen.

In dieser Herbstspielzeit wurde erstmals der Wettbewerb um den Deutschen Pokal ausgeschrieben, der nach dem Reichssportführer „Tschammer-Pokal" genannt wurde. Die ersten sieben Runden überstand der Club ohne Mühe. Im Halbfinale behielt man nach hartem Kampf gegen Waldhof-Mannheim mit einem 1:0 die Oberhand. Im Finale war dann wieder Schalke 04 der Gegner.

„Du fährst doch auch mit", versucht man via Vereinszeitung den Sonderzug nach Düsseldorf voll zu bekommen. 5,80 Mark inklusive Eintrittskarte kostet der Spaß. Für die überwiegende Mehrheit der 62.000 im Düsseldorfer Rheinstadion, die trotz Regen- und Schneeschauer mit Spannung auf das Finale warten, gibt es nur einen Favoriten: Schalke 04. „Glaubt nicht an Spuk und böse Geister – Schalke wird Fußballmeister", lauten die Sprechchöre.

Der Club ist nur Außenseiter. Eine Rolle, die ihm behagt. Konzentriert beginnt die Mannschaft, und Gußner hat schon in der dritten Minute den Führungstreffer auf dem Fuß. Er verzieht aus drei Metern. Die Schalker dagegen spielen so zerfahren wie selten zuvor. Ihre sonst so flüssigen, variantenreichen Kombinationszüge gelingen nur selten.

Zur Halbzeit heißt es wie im Meisterschaftsfinale 1934 noch 0:0. In der 46. Minute landet der Ball dann aus einem Gedränge im Fünfmeterraum heraus im Schalker Tor. Die Experten streiten sich über den Torschützen. Der *Kicker* benennt Max „Muckl" Eiberger, andere glauben, Friedel habe zuletzt den Ball berührt. Nach dem Schlußpfiff ist es Friedel selbst, der die Streitfrage löst: „Der Muckl hat ihn 'reingemacht, ich habe nur mitgeholfen." Im Gegensatz zum 34er Finale bleibt der Club weiterhin offensiv. Nur zehn Minuten lang, von der 65. bis zur 75. Minute, machen die Gelsenkirchener mächtig Druck. Bei vier Eckbällen hintereinander hält Köhl jedes Mal bravourös. Tipfi Oehm und Munkert retten danach je einmal auf der Torlinie. Doch dann kommt wieder der Club.

In der 85. Minute schießt Gußner nach erfolgreichem Zweikampf aus 30 Metern plaziert und scharf aufs Tor. Mellage kann den Ball nicht festhalten, und Friedel ist zur Stelle. Aus vier Metern knallt er ihn an dem Schalker Keeper vorbei ins Netz. 2:0 – der Club ist der erste Deutsche Pokalsieger. Unmittelbar nach dem Pokalsieg telegrafiert Trainer

Gegen den engagierten Einsatz von „Billi" Billmann und „Tipfi" Oehm hat selbst ein Kuzorra einen schweren Stand. Beim Pokalfinale 1935 sieht Kuzorra kein Land.

Michalke, der 1936 nach Zürich wechseln sollte, an seinen Vorgänger: „Herr Schaffer, ich gratuliere, das war Ihr Erfolg."

Mit nahezu grenzenlosem Jubel wurden die Club-Fußballer in Nürnberg empfangen. NS-Oberführer Wurzbacher hatte die Feierlichkeiten organisiert. Im Herkules-Saalbau hielt Julius Streicher die Festrede. „Ihr müßt immer siegen, ich habe noch nie so gerne einen Lorbeerkranz überreicht wie heute", erklärte er unter dem Beifall der Menge. „Wir schwelgten in der Hoffnung, daß eine neue Meisterschaftsepoche einsetzen würde", erinnert sich Hans Hofmann in der Festschrift zum 50jährigen Jubiläum des 1. FCN. Eine Hoffnung, die angesichts der restlichen Spiele um die bayerische Gaumeisterschaft nicht ganz unbegründet war. Der Club holte sich ungeschlagen den Titel. Vor allem eine Leistung der Abwehr um Torwart Köhl: In 18 Spielen kassierte man nur 12 Tore.

In seiner Gruppe zur Deutschen Meisterschaft wurde der Club ungeschlagen Erster. Im Halbfinale dann das vorweggenommene Endspiel: Club gegen Schalke 04. Mit 75.000 Zuschauern war am 8. Juni 1936 die Stuttgarter „Adolf-Hitler-Kampfbahn" ausverkauft. Es regnete im Strömen, noch mehr als beim Pokalfinale 1935. Vor dem Anpfiff unternahm „Frankenführer" Streicher unter dem Jubel der Zuschauer einen Rundgang um die Aschenbahn.

Die Nürnberger Fans vertrauten auf das „Club-Wetter" – zu Recht. Die Schalker bissen sich an der starken Club-Abwehr die Zähne aus, und die Nürnberger Stürmer nutzten ihre Chancen. Friedel entpuppte sich nach seinen Treffern im Finale 1934 und Pokalendspiel 1935 endgültig zum Schalke-Schreck. Er allein schoß den 2:0-Endstand heraus. Der Club stand erneut im Endspiel.

Der Gegner im Finale im Berliner Poststadion ist Fortuna Düsseldorf. Die Nürnberger werden von Hans Kalb betreut. Der Club gilt als der große Favorit. Nürnbergs Oberbürgermeister Willy Liebel hat sich eigens die Uniform eines SA-Brigadeführers angezogen und

Immer wieder ist Hauptmann Köhl im Finale 1936 Endstation der gefährlichen Düsseldorfer Angriffe.

hofft in der Ehrenloge auf einen Nürnberger Sieg in der Hitzeschlacht. Spieler und Zuschauer erheben vor Anpfiff die Hand zum „Deutschen Gruß". Ein „wundervolles und stets ergreifendes Sinnbild der Zusammengehörigkeit", schwärmt der *Kicker*-Berichterstatter.

Fortuna erwischt den besseren Start. Schon nach fünf Minuten liegen sie 1:0 in Führung. Ein langer Paß, und Fortuna-Stürmer Nachtigall war eine Idee schneller als Köhl und schoß nach einer kurzen Drehung ins Tor. Der Club reagiert verwirrt. Doch langsam bekommen Carolin und Uebelein I Ruhe ins Nürnberger Spiel. Dann wird Carolin nach einem Zusammenprall verletzt. Uebelein I wächst über sich hinaus und kämpft für zwei. Carolin kommt zwar wieder auf das Feld, aber er humpelt nur noch. Trotzdem gelingt in der 35. Minute der Ausgleich. Uebelein I schickt Eiberger, der umspielt drei Düsseldorfer und schießt zum 1:1 ein.

In der zweiten Halbzeit stellt Kalb Carolin nach rechts und nimmt Uebelein I in die Mitte. Uebelein I wird zum Dreh- und Angelpunkt im Nürnberger Strafraum. Immer wieder erkämpft er sich auch in scheinbar aussichtslosen Situationen den Ball und rettet dem Club das Unentschieden. Nach 90 Minuten pfeift Schiedsrichter Birlem ab. Verlängerung – die 22 Akteure sind schon jetzt restlos fertig, die Hitze hat ihnen sichtlich zugesetzt.

Am Bahnhof durchschreiten die Spieler ein SA-Spalier. Der verletzte Carolin wird von zwei SS-Männern gestützt zu den mit Rosen geschmückten Wagen geleitet.

Noch einmal baut Kalb die Mannschaft um. Er teilt Friedel, den wirksamsten Stürmer, als rechten Läufer ein. Und Kalbs taktische Maßname hat Erfolg. 25 Sekunden vor dem Schlußpfiff erzielt Gußner mit einem strammen Schuß aus gut 25 Metern den Siegtreffer.

In Nürnberg wird der neue Meister stürmisch empfangen. Die Gaupropagandaleitung der NSDAP hatte zuvor gebeten, alle Geschäfte rechtzeitig zu schließen und die Straßen zu beflaggen. NS-Oberführer Wurzbacher hatte alles bestens organisiert. Nun säumen Tausende die mit Hakenkreuzfahnen geschmückten Straßen.

Schalke ist zu mächtig

Im Herbst 1936 hatte Trainer Gyuri Orth das Heft am Zabo in die Hand genommen. Nach Kürschner, Konrad und Schaffer der vierte Ungar, der in Nürnberg die Spielkultur aufpolieren sollte. In seiner aktiven Zeit spielte Orth einen Weltklasse-Mittelläufer beim berühmten MTK Budapest.

Orth gelang es, die meisterliche Form in der kommenden Gauspielzeit zu konservieren. Der Club zog erneut ins Finale ein, wieder war der Gegner Schalke 04, und wieder regnete es. Eigentlich Club-Wetter. Aber dieses Mal waren die Gelsenkirchener im Berliner Poststadion nicht zu schlagen. Die Schalker Spieler, immer noch trainiert von Bumbes Schmidt, waren in Schnelligkeit, Technik, Ballkontrolle und Taktik dem Vorjahresmeister überlegen. Zwangsläufig fielen die Tore. 1:0 für Schalke durch Urban, der ungedeckt im Strafraum zum Schuß kam. In der 60. Minute dann auch noch Platzverweis für Seppl Schmitt. Der ansonsten ruhige, besonnene Nürnberger Stürmer hatte nach einem verlorenen Zweikampf den Schalker Ernst „Kalli" Kalwitzki übel nach-

Trainer Gyuri Orth.

getreten und mußte das Feld verlassen. Mit nur zehn Mann hatte der Club erst recht keine Chance. Nach einer schönen Einzelleistung jagte Kalwitzki den Ball ins Nürnberger Tor zum 2:0-Endstand.

„Wir haben noch nie so schlecht gespielt", gab Club-Torwart Köhl nach dem Abpfiff zu. Schalke 04 holte sich mit dem 2:0 seine dritte Meisterschaft und mit einem 2:1 gegen Fortuna Düsseldorf auch noch den Pokal. Alle waren von Schalke begeistert. Beim Club dagegen haderte man mit den Berliner Zuschauern. Vereinsführer Müller beschwerte sich über die „unverständliche feindselige und gehässige Haltung des Berliner Publikums" gegen den Club. Unser Verein und unsere Mannschaft haben anderes verdient."

In der neuen Saison verließ Munkert den Verein. Seppl Schmitt war erst einmal gesperrt, Carolin und Eiberger mußten verletzungsbedingt lange pausieren. Später fielen noch Billmann und Köhl aus. Beim Spiel gegen Hertha BSC am Karfreitag blieb Köhl in der 30. Minute nach einem fehlgeschlagenen Rettungsversuch verletzt liegen. Kurz entschlossen eilte Uebelein I ins Tor. Köhls Mütze paßte ihm aber nicht. So bat er die hinter ihm stehenden Zuschauer, ihm eine Mütze zu leihen. Ein Dutzend Mützen flog über die Barriere. Uebelein probierte alle, aber keine wollte ihm passen. Da warf ihm einer einen Hut zu. Auch den probierte Uebelein. Er paßte. Aber er behielt ihn doch nicht auf. Uebelein spielte übrigens einen hervorragenden Torwart, und der Club gewann mit 4:2.

Beim Finale 1937 setzten die Club-Fans voll auf „Club-Wetter" und „Schalke-Gurken". Doch die „Gurken" sind dieses Mal die Cluberer. Sie verlieren sang- und klanglos mit 0:2.

Zurück aus Dresden kam Willi Kund wieder in die Mannschaft. Mit Luber und Pfänder standen zwei Talente auf dem Sprung in die Stammelf. Im Pokal schied der Club früh aus, qualifizierte sich aber als Gaumeister erneut für die Gruppenspiele. Dort scheiterte man am späteren Meister Hannover 96. Die alte Weisheit „Wer den Club schlägt, wird Meister" bewahrheitete sich wieder einmal.

Zum Jahreswechsel 1938/1939 war der Club schon im Pokal ausgeschieden (im Halbfinale 0:2 gegen Rapid Wien) und lag in den Verbandsspielen abgeschlagen auf dem sechsten Platz. „Die goldenen Zeiten, in denen sich die Fußballanhänger unbekümmerten Herzens darüber unterhalten konnten, wie hoch der Club wohl wieder gewinnen wird, liegen weit zurück. Damit müssen wir uns abfinden", hieß es fast schon resignierend in der Vereinszeitung.

Im Frühjahr 1939 verließ Orth den Verein nach einer Serie von zum Teil schmachvollen Niederlagen (0:7 gegen Jahn Regensburg). Am Ende wurde der Club Sechster. Zum ersten Mal in der Vereinsgeschichte hatte man mit 28:33 ein negatives Torverhältnis. Währenddessen holte Schalke 04 mit einem sensationellen 9:0-Erfolg gegen Admira Wien seinen vierten Titel. Nachfolger von Orth wurde Alv Riemke.

Krieg und zweiter Pokalsieg

Nach sechsjährigen Kriegsvorbereitungen begann das Deutsche Reich am 1. September 1939 den Zweiten Weltkrieg. Die Deutschen rückten nach Polen ein. Am 25. August waren Reservisten und Soldaten eingezo-

Nach Orth kommt Alv Riemke als Trainer zum Club. Er bringt es fertig, eine Mannschaft aus den vielen Neulingen zu formen. V.l.n.r. Sold, Köhl, Riemke, Billmann, Luber, Carolin, Pfänder, Eiberger, Neugart, Janka.

gen worden, drei Tage später wurden Lebensmittelkarten eingeführt. Die ersten bereits ausgetragenen Verbandsspiele wurden für ungültig erklärt, ihre Fortführung bis November eingestellt. Der Club organisierte eine Nürnberg-Fürther Städtemeisterschaft und holte sich diesen Pokal, bevor es mit den Verbandsspielen wieder weiterging.

Im Tschammer-Pokal hatte man sich schon weit vorgearbeitet. Das junge Allroundtalent Alfred „Pipo" Pfänder hatte inzwischen im Sturm hervorragend eingeschlagen. Nach Siegen über Hertha BSC und Fortuna Düsseldorf stand der Club schließlich in der Vorschlußrunde. Er mußte in Wien gegen Rapid antreten, gegen die er im Vorjahr klar mit 2:0 unterlegen war. „Noch immer trifft den Club das Schicksal, bei den entscheidenden Vorschlußspielen auf die anerkannt stärkste Gegnerschaft zu treffen", jammerte man. Doch der Club drehte diesmal den Spieß um und zog mit einem 1:0-Sieg über den letztjährigen Pokalsieger ins Finale ein.

Gegner war am 28. April 1940 die Mannschaft von Waldhof Mannheim. 60.000 erlebten im Berliner Olympiastadion ein Finale, das vom Spielerischen viel zu wünschen übrig ließ. „Wir leben jetzt im Krieg, und unter den Spielern befanden sich viele Soldaten, die zu diesem Spiel aus ihrem gewohnten Lebenskreis herausgerissen werden. Das darf man nicht vergessen", bekundete der *Kicker* dafür Verständnis.

Der Club nahm das Heft von Anfang an in die Hand. Die auffälligste Erscheinung im ganzen Spiel war Nürnbergs Mittelläufer „Bubi" Sold, der einen erstklassigen Stopper spielte. Nach dem Führungstreffer in der 46. Minute durch Eiberger spielte der Club seine Routine und sein Kön-

Die stolzen Pokalsieger. V.l.n.r. Bubi Sold, Torschütze Eiberger, Billi Billmann und Willi Kund.

nen aus. In der 58. Minute bombte Eiberger an die Latte, das gleiche gelang Gußner in der 77. Minute und noch einmal Uebelein II in der 87. Minute. Zwei Minuten zuvor hatte „Muckl" Eiberger jedoch alles klar gemacht und den Ball aus nächster Nähe ins Mannheimer Tor gedroschen.

Für den *Kicker* schrieb Professor Otto Nerz, der Vorgänger von Sepp Herberger als Reichstrainer, in seiner Spielkritik: „Waldhof spielt feiner, zieselierter als der Club. Die Nürnberger spielen energisch und wuchtig, dabei natürlich nicht etwa primitiv, sondern technisch erstklassig."

Nürnberg war damit zum zweiten Mal Deutscher Pokalsieger. „In Anbetracht der Zeitumstände" verzichtete man auf ein rauschendes Fest. Die Clubelf wurde zwar von mehreren tausend jubelnder Fans empfangen, aber danach feierte man lediglich im engeren Mitgliederkreis im Clubheim am Zabo.

Der Krieg diktiert das Geschehen

Nach dem Pokalsieg holte sich der Club knapp vor dem BC Augsburg die Gaumeisterschaft. Immer mehr Club-Spieler wurden eingezogen, allmählich entwickelte sich ein großes Stürmerproblem. So ging das Jubiläumsspiel gegen Schalke 04 sang und klanglos im heimischen Stadion mit 1:4 verloren. Auch in den Gruppenspielen spielte die Mannschaft je nach Besetzung zu wechselhaft und qualifizierte sich nicht für die Vorschlußrunde. Schalke holte dagegen seinen fünften Titel mit einem 1:0 gegen den Dresdner SC.

Inzwischen hatte „Bubi" Sold den Club in Richtung Saarbrücken verlassen. Seinen Posten übernahm Kennemann. Der Mann mit den langen schwarzen Hosen sollte die Tradition der Club-Mittelläufer nahtlos fortsetzen.

Edi Schaffer und Schorsch Kennemann erwarten einen Eckball (Club – Bayern München 1949).

Im Pokal hätte es fast wieder geklappt. Am 1. Dezember 1940, nur sechs Monate nach dem Finalsieg über Waldhof, stand der Club erneut im Finale in Berlin. Gegner war diesmal der Dresdner SC, bei dem der spätere Nationaltrainer Helmut Schön die Fäden zog. Von den elf Cluberern waren nun neun Soldaten. Vor 70.000 Zuschauern stand es nach dem Schlußpfiff 1:1. Die Führung von Dresden hatte Gußner mit einem Schuß aus spitzem Winkel ausgeglichen. In der fünften Minute der Verlängerung schoß der Dresdner Schaffer dann das entscheidende Tor, der Club hatte das Nachsehen.

Aufgrund der vielen Einberufungen in die Wehrmacht kam der Club bei den Gauspielen über den zweiten Platz nicht mehr hinaus und verfehlte die Berechtigung für die Gruppenspiele. Inzwischen war auch die

Vereinszeitung von der Bildfläche verschwunden. Die Ausgabe vom Mai 1941 war die letzte. Nach einer entsprechenden Verfügung mußten Sonntagsblätter, Rundfunkzeitungen, Werk- und Vereinszeitungen, um die Papierressourcen zu schonen, ihr Erscheinen einstellen. Der Club hatte für diese Maßnahme „vollstes Verständnis", trug sie „doch dazu bei, die Schlagkraft des Deutschen Volkes zu stärken".

Fortan gab der Verein dünne „Feldpostbriefe" heraus. Auf der Titelseite die gefallenen „Kameraden", dann der Bericht „aus der Heimat" und die Briefe „von der Front". Darin durfte dann beispielsweise Stürmer-As Friedel „aus Afrikas Gluthitze über beispielhafte Tapferkeit seiner italienischen Waffengefährten" berichten. „Bei einem Sandsturm und bei 70 Grad Temperatur vermißt er schwer das Bier."

Im Herbst 1941 kehrte Bumbes Schmidt als Trainer zurück. „Wir hätten keinen Besseren finden können", teilte die Club-Führung mit. Bumbes war Parteimitglied. Er war der klassische Typ des Schleifers, der auf Kondition enormen Wert legte. Er ließ solange Starts und Spurts trainieren, bis den Spielern die Zunge heraushing. Der Haudegen mit den kurzgeschorenen Haaren schärfte ihnen ein, keinen Alkohol zu trinken, vor wichtigen Partien früh ins Bett zu gehen und vor allen Dingen nicht zu rauchen. Bumbes selbst war Kettenraucher!

Sein Verdienst war es, durch geschickte Verhandlungen mit den Kompanieführern Spieler zum Club zu holen, sie immer wieder zu Fußballspielen loszueisen und so eine einigermaßen spielfähige Mannschaft zusammenzuhalten. Er holte den Essener Wientjes, den Niedersachsen Werner, den Berliner Huttner und auch die Sachsen Neubert und Roßberg zum Club. Die verschiedenen Dialekte zu verstehen, gab er sich gar nicht erst die Mühe: „Ich verstehe kein Wort von eurem Schmarrn. Ihr habt so zu reden wie wir Nürnberger", herrschte er die Spieler an.

Dennoch gelang es ihm, Talente nicht nur zu entdecken, sondern auch in die Mannschaft zu integrieren. Das galt vor allem für jenen Spieler, der in den folgenden 20 Jahren das Spiel der Club-Elf entscheidend prägen sollte: Max Morlock. Am 30. November 1941 hatte der damals 16jährige Morlock sein Debüt in der Ersten gegen Wacker München. Ein gelungener Auftritt, obwohl er kein Tor schoß. Als Morlock wenig später gegen Schwaben Augsburg zum 4:0-Sieg gleich zwei Treffer beisteuerte, rieb er sich hernach bei der Lektüre des *Kicker* verwundert die Augen: Sein Name fehlte in der Aufstellung. Morlock forschte nach und fand heraus, daß Schorsch Kennemann den Reportern, die Morlock noch nicht kannten, einfach einen anderen Torschützen genannt hatte. „Damit der junge Bub nicht größenwahnsinnig wird!", begründete Kennemann sein Vorgehen.

Neben Morlock kamen noch Knoll und Herbolsheimer neu in die Mannschaft. Größere Erfolge blieben jedoch aus. Auch den Titel Rekordmeister war man los, denn Schalke hatte mit einem 2:0 gegen Vienna Wien den Titel ebenfalls zum sechsten Mal geholt.

Angesichts des voranschreitenden Krieges ließ auch das Publikumsinteresse mehr und mehr nach, die Leistungen der Mannschaften wurden zusehends schwankend. Um Reisekosten zu sparen, wurde auch noch der Gau Bayern in Nord und Süd zweigeteilt. „Es trifft uns schwer, daß die Bayerische Konkurrenz nicht mehr ist", hieß es in den Feldpostbriefen. Dem Verein ging es finanziell schlecht.

Die Ergebnisse verloren zusehends an Aussagekraft, da nur selten Mannschaften in der gleichen Besetzung spielten. Auf eigenem Platz schlug der Club die Elf von Eintracht/Franken Nürnberg nur knapp mit 1:0, auf dem Platz des Gegners jedoch mit 20:0. Während Cluberer wie Willy Billmann in der Pariser Soldatenelf oder wie die beiden Uebelein-Brüder Hans und Julius in der Frontsoldatenelf „Burgstern Noris" für Furore sorgten, machten daheim Spieler wie Morlock und Herbolsheimer nachdrücklich auf sich aufmerksam. Mit ihnen holte sich der Club souverän mit 40:0 Punkten und 125:17 Toren die nordbayerische Gaumeisterschaft 1942/43. 54 der 125 Tore hatte Morlock erzielt.

Teile der Altstadt lagen schon in Schutt und Asche, ein Fliegeralarm löste den nächsten ab, und das Club-Talent „Pipo" Pfänder war schon längst in Stalingrad als vermißt gemeldet, als der Club in der 1. Vorrunde zur Deutschen Meisterschaft 1943 zu Hause gegen den VfR Mannheim antreten mußte. Man verlor mit 1:3. Nur Billmann von der Meisterelf 1936 war noch mit dabei. Mit Knoll, Morlock, Gebhardt und Herbolsheimer aber bereits vier Spieler, die 1948 die siebte Meisterschale holen sollten.

Das letzte größere Spiel im Zabo verlor der Club gegen den amtierenden Deutschen Meister Dresdner SC vor 15.000 Zuschauern glatt mit 0:3. Am 26. September 1943 stand Schorsch Köhl zum letzten Mal im Clubtor. Nach Beendigung eines kurzen Fronturlaubs mußte er wieder in den Krieg. Er starb am 15. Januar 1944 an den Folgen einer schweren Kriegsverletzung. Er war am Arm verletzt worden, nur eine Amputation hätte ihn retten können. Doch die Fortsetzung seiner Torwartkarriere im Sinn weigerte sich Köhl, den Arm abnehmen zu lassen.

Anfang 1944 hat der Club zusehends Schwierigkeit, elf Spieler zusammenzubringen. Immer wieder mußten die Alten Herren einspringen. Trotzdem holte sich der Club 1944 noch einmal die Gaumeisterschaft. Die Reisen zu den Auswärtsspielen wurden abenteuerlicher. „Eine Fahrt nach Schweinfurt machte mehr Schwierigkeiten als früher eine Gastspielreise durch das halbe Deutschland", klagte man in den Feldpostbriefen.

Nach Siegen über NSTG Brüx, VfR Mannheim und KSG Saarbrücken zog der Club ins Halbfinale zur Deutschen Meisterschaft ein. Gegner war der Dresdner SC. Die Sachsen hatten ihre Mannschaft, die 1940 und 1941 den Pokal und 1943 die Deutsche Meisterschaft gewonnen hatte, nahezu noch vollzählig beisammen. Sieben Nationalspieler hatten sie in ihren Reihen. Sie waren also vor 30.000 Zuschauern in Erfurt klarer Favorit. Schnell lag der Club mit 0:2 im Rückstand, doch noch kurz vor der Pause glückte das Anschlußtor. Dann drängten nur noch die Nürnberger. Der Ausgleich lag in der Luft, wollte aber nicht fallen. Stattdessen hieß es nach einem Zusammenprall von Billmann und Machate Elfmeter für Dresden. Helmut Schön verwandelte den Strafstoß. „Liebe Soldaten", begann der Spielbericht in den Feldpostbriefen, „wo Ihr auch immer seid, es muß Euch gesagt werden, daß der alte und neue deutsche Meister nur selten einen schwereren Kampf auszutragen hatte."

Wer den Club schlägt, wird Meister. Das galt auch für Dresden. Mit einem klaren 4:0 gegen den Luftwaffen-Sport-Verein Hamburg gewannen die Sachsen die deutsche Meisterschaft. Ein gespenstisches Finale. Die NS-Führung wollte, obwohl sich ihre Niederlage in immer schärferen Konturen bereits abzeichnete, noch Stärke und Gelassenheit demonstrieren. Wichtige Fußballspiele durften also nicht ausfallen. Helmut Schön, der in diesem Finale einen Treffer zum Sieg beisteuerte, dachte noch Jahre später mit Schaudern an dieses Finale zurück: „Es war eine unmögliche Situation. Im ganzen Land, an der Front, waren die Menschen verzweifelt. Wir mußten dagegen Fußball spielen. Während des Spiels haben wir dann unsere ganze Verzweiflung vergessen. Wir zeigten noch einmal ein berauschendes Spiel. Zum letztenmal... Unsere zweite Deutsche Meisterschaft errangen wir sozusagen mit einem Trauerflor."

Im Herbst 1944 wurde zwar noch weiter gespielt, doch beständig in der Angst vor Bombenangriffen. Die Zuschauerplätze veröderten, der Tabellenstand wurde zur endgültigen Nebensache. Am 2. Februar 1945, einen Monat nach dem verheerenden Luftangriff auf Nürnberg, stieg das letzte Club-Spiel vor Kriegsende gegen die SpVgg. Es war das 149. Derby, und der Club gewann knapp mit 2:1.

▷ INTERVIEW: WILLY BILLMANN

„Die Kameradschaft war einmalig"

Willy „Billi" Billmann ist heute 85 Jahre alt. Von 1930 bis 1948 absolvierte er 623 Spiele für den Club, 17 mehr als der legendäre Heiner Stuhlfauth. Elfmal spielte Billmann als Verteidiger in der Nationalelf. Er gewann mit dem Club 1936 die Meisterschaft und holte 1935 und 1940 den Pokal. Er ist letzter Überlebender der Pokalsiegerelf von 1935 und der Meisterelf von 1936. Nach 1945 war Billmann Spielführer der Oberliga-Mannschaft. Sein Sohn Jürgen spielte von 1961 bis 1963 in der ersten Mannschaft des Club.

Halt, ich bin felsenfest davon überzeugt, daß ich über 700 Spiele für den 1. FCN bestritten habe. Außerdem sind es zwölf Länderspiele. Wie alle anderen haben Sie wohl auch das Spiel gegen Bulgarien in Sofia vergessen.

Herr Billmann, wie kamen Sie zum Club?

Ich kam vom Arbeitersportverein zum 1. FC Nürnberg. Als Arbeitersportler wurde man dort zunächst etwas schräg angesehen. Dann holte mich der damalige Club-Trainer Konrad zu einem Probetraining. Ich haute dabei dem Heiner Stuhlfauth ein paar Bälle ins Netz, das hat ihn überzeugt. Bei meinem ersten Auswärtsspiel kam ich zur Mannschaft in Knickerbocker-Hosen. Auf dem Bahnhof sagte Hans Kalb zu mir: „Willy, bei uns hat man lange Hosen und Krawatte an." Ich mußte dann mit dem Taxi nach Hause fahren und mich umziehen. Gerade noch rechtzeitig vor Abfahrt kam ich wieder zurück.

Von 1930 bis 1940 einmal Meister, zweimal Pokalsieger und noch dreimal im Endspiel, das ist eine stolze Bilanz.

Besonders die Spiele gegen Schalke 04 waren das Maß aller Dinge. 1934 und 1937 verloren wir im Endspiel gegen Schalke, aber 1935 gewannen wir gegen die den Pokal. Die Schalker hatten immer Angst vor uns, wir freuten uns dagegen auf sie. Sie waren damals ja bekannt wegen des Schalker Kreisels. Wir Verteidiger ließen die aber nicht kreiseln. Weder Szepan noch Kuzorra kamen gegen uns zum Zug.

Und die Nazis, haben die nicht versucht, eine solch erfolgreiche Truppe vor ihren Karren zu spannen?

Nein, kaum. Unser Trainer Jenö Konrad, ein feiner Mann, mein bester Trainer, verließ im August 1932 Hals über Kopf Nürnberg, nachdem der *Stürmer* ihn als Jude beschimpft hatte. Aber sonst hatten wir mit der Politik nichts zu tun. Sicher, es gab Freundschaftsspiele während der Reichsparteitage, unser Vereinsvorsitzender Müller war Parteimitglied, Streichers Adjutant König und Oberführer Wurzbacher fuhren zu unseren Spielen mit, und der Zimmermann von der Ortskrankenkasse hat bei uns nach dem Training politische Schulungen abgehalten. Das war aber alles.

Wohl bislang als einziger Clubspieler erhielten sie eine Audienz bei einem König. Wie haben Sie das geschafft?

Wir waren im Oktober 1941 mit der Nationalelf in Schweden und sollten uns dem schwedischen König Gustav Adolf einzeln namentlich vorstellen. Als ich an der Reihe war, sagte ich: „Billmann, Nürnberg". Zu meiner und unserer aller Verblüffung gab der König mir die Hand und erwiderte: „Ah, aus Nürnberg. Wir müssen uns noch sprechen." Während des Banketts kam dann ein Mann auf mich zu und sagte: „Spieler Billmann möchte bitte mitkommen zum König." Ich wurde dann zum König geführt und plauderte mit ihm. Er fragte mich beispielsweise, ob ich ihn bei seinem Besuch anläßlich des Gustav-Adolf-Jahres in Nürnberg gesehen hätte. Dann ging ich wieder zum Bankett zurück. Dort gab es alles, Sahne in rauhen Mengen und Kuchen. Wir haben viel zu viel Kuchen gegessen. Am nächsten Morgen war uns ganz schlecht. Trotzdem haben wir gegen die Schweden gewonnen.

Haben Sie während des Krieges auch Fußball gespielt?

Ja, zunächst in der legendären Pariser Soldatenelf, dazwischen wieder in Nürnberg, und dann wurde ich dienstverpflichtet nach Berlin. Dort habe ich dann ein Jahr bei Hertha BSC gespielt. Anfang 1945 kam ich dann wieder nach Nürnberg und spielte für den Club. Das war schon komisch, während der Spiele hatten wir immer Angst, daß Flugzeuge kommen und ihre Bomben abwerfen könnten.

Und nach dem Krieg?

Im Zabo waren die Amerikaner, wir spielten im Stadion und im Fürther Ronhof. Außerdem gab es dann die Freßspiele. Überall, wo wir etwas bekommen konnten, sind wir angetreten. In Altötting für eine halbe Sau, in Saarbrücken für französische Stoffe, im Ruhrpott für einen Waggon Kohlen, in Lichtenfels für Anzugstoff und in Oberfranken für Porzellangeschirr. Als Nationalspieler erhielt ich

Willy „Billi" Billmann, vom Spiel gezeichnet.

zudem von Sepp Herberger zusätzliche Lebensmittelmarken, sogenannte Reisemarken, die konnte man überall einlösen. Die haben wir uns gespart, um ab und zu Butter kaufen zu können. Mit unserer Mischung aus jung und alt spielten wir in der Oberliga gleich wieder vorne mit. Ein Jahr lang haben wir kein einziges Spiel verloren. In der Saison 1947/48 gewannen wir fast alles und wurden souverän Südmeister und später Deutscher Meister.

Im Endspiel gegen Kaiserslautern waren Sie aber nicht dabei.

Ja, das war furchtbar. In einem der letzten Oberligaspiele, es war gegen Schweinfurt, erlitt ich einen Kieferbruch. Ich wollte einen Streit schlichten, und ein Schweinfurter, der Paul Gorski war's, hat mir voll den Ellbogen ins Gesicht gerammt. Das hat einen Schlag getan, den man bis auf die Tribüne gehört hat. Der Schiedsrichter hat nichts gesehen. Ich spielte dann noch mit einem Pflaster weiter, und wir haben gewonnen. Gleich nach dem Spiel gingen die Schmerzen los, alles schwoll an. Ich konnte dann lange Zeit kaum mehr etwas essen. Auf dem Schwarzmarkt hat meine Frau Butter gekauft, damit sie Kartoffelbrei für mich machen konnte. Mit Calcium-Spritzen wurde es langsam besser, aber es war einfach furchtbar, daß ich beim Endspiel nicht dabei war. Der Kieferbruch war gleichzeitig das Ende meiner Fußballerlaufbahn.

Was war das Schönste in Ihrer aktiven Zeit?

Es war einfach eine schöne Zeit. Ich kam als Jüngster in die Mannschaft und hörte als Ältester auf. Ich fing als Halbstürmer an und hörte als Verteidiger auf. Ich war ein harter Knochen, bin aber in meiner Laufbahn nie vom Platz gestellt worden. Überhaupt, die Kameradschaft auf dem Spielfeld und auch privat war bei uns einmalig. Heute geht ja alles nur ums Geld, das spielte für uns damals kaum eine Rolle. Offiziell durfte sowieso nichts gezahlt werden, das lief alles unter der Hand. Aber es waren eben nicht die wahnsinnigen Summen, die heute gezahlt werden. Bei uns ging es mal um zehn oder fünfzig Mark oder um Essensmarken.

Ihr Sohn brachte es ebenfalls in die erste Mannschaft des Club. Das passiert selten, daß die Söhne von guten Fußballern selbst erfolgreiche Kicker werden. Wie haben Sie das geschafft?

Unser Jürgen war eben talentiert. Natürlich habe ich oft mit ihm Fußball gespielt, das ist doch klar. Er spielte in der Schülermannschaft von Johannis, dann holte ihn die Club-Jugend. Da habe ich mich aber gar nicht eingemischt oder nachgeholfen. Er hatte es furchtbar schwer, er mußte arg kämpfen, denn jeder glaubte, der Jürgen komme doch nur zum Zuge, weil der Vater Nationalspieler war. Aber das ist Unsinn. Er war eben ein guter Läufer und Stürmer.

Wenn Sie noch einmal von vorne anfangen könnten, würden Sie wieder zum Club gehen?

Ja, selbstverständlich, sofort. Aber ich würde mir meinen Club selbst aufbauen. Früher hatten alle Respekt vor dem Club, und heute, da lachen sie alle darüber. Jetzt sind Gott sei Dank die Ärgsten draußen wie Schmelzer oder Voack. Bei meinem Club würden nur Leute das Sagen haben, die etwas vom Fußball verstehen und nicht nur Geschäfte machen wollen. Trotzdem bin ich auch all die Jahre ins Stadion gegangen. Jetzt machen aber meine Knie nicht mehr mit. Ich verfolge die Spiele im Radio und am Fernsehen und freue mich über jeden Sieg. ☐

Der aufpolierte Glanz
1945 bis 1963

Auferstanden aus Ruinen

Am 20. April 1945 war die Eroberung der „Stadt der Reichsparteitage" abgeschlossen. Amerikanische Soldaten hißten am Abend auf dem Nürnberger Hauptmarkt, dem ehemaligen Adolf-Hitler-Platz, das Sternenbanner. Die Siegesparade fand auf einem Trümmerfeld statt, ringsum schwelende Gebäudereste, Bombentrichter, zerstörte Brücken. 90 Prozent der Wohngebäude waren beschädigt, alle Strom-, Gas- und Wasserleitungen waren unterbrochen, das Straßennetz zerstört. Beim Architektenwettbewerb zum Wiederaufbau von Nürnberg überlegte man schon, die Innenstadt in eine Parklandschaft mit Inseln historischer Bausubstanz umzugestalten, so zerbombt war sie. Und am Zabo?

Die Tribüne war abgebrannt, die Umzäunung abgebrochen und als Heizmaterial verwendet worden, die Sportanlagen im desolaten Zustand. Die Amerikaner hatten das Club-Heim beschlagnahmt, und den Verein drückte eine Schuldenlast von rund einer halben Million Reichsmark. Kreisleiter Zimmermann, der glühende Clubanhänger, war auf der Flucht von US-Soldaten verhaftet worden. Er sollte im Februar 1949 schließlich zu vier Jahren Arbeitslager und im Juli 1949 wegen seiner Beteiligung an dem antijüdischen Pogrom in Nürnberg in der Nacht vom 9. auf den 10. November 1938 noch einmal zu sechs Monaten Gefängnis verurteilt werden. Gottfried Biemüller, der stellvertretende Club-„Führer" in der NS-Zeit, sollte glimpflicher davonkommen. Er bekam ein Jahr auf Bewährung, später wurde er begnadigt und durfte sich fortan als „Mitläufer" bezeichnen.

Zunächst waren alle Fußballvereine mit der Übernahme der Regierungsgewalt der Alliierten verboten: Doch wie woanders auch setzte man beim Club auf die Sportfreundlichkeit der Amerikaner – zunächst nur mit geringem Erfolg. Immerhin durfte die Mannschaft spielen.

Trotzdem, dank Bumbes Schmidt stand eine starke erste Fußballmannschaft zur Verfügung, verstärkt durch die Heimkehrer von der Front und aus der Gefangenschaft. Von der Zeit vor dem Kriegsende waren unter anderem die Brüder Uebelein I und II, Robert „Zapf" Gebhardt, Schorsch Kennemann und natürlich Max Morlock dabei. Zunächst spielte die Mannschaft auf kleinen Plätzen am Stadtrand, größere Spiele fanden mit Genehmigung des Stadtkommandanten im Fürther Ronhof statt. Dort stieg auch am 17. September 1945 das erste Nachkriegsderby. Der Club gewann hauchdünn mit 3:2. Auf Druck der Amerikaner mußte dann Bumbes Schmidt gehen. Er war NSDAP-Mitglied. Sein Nachfolger wurde Alv Riemke, der großen Wert auf Taktik und Kondition legte.

Kurz vor Beginn der Oberliga-Saison verlor der Club bei 1860 München vor 15.000 Zuschauern mit 1:3. Nürnberg trat mit Lindner im Tor, Billmann, Herder, Uebelein I, Pöschl, Gebhardt, Schäfer, Morlock, Herbolsheimer, Uebelein II und Winterstein an.

Der Chronist der *Nürnberger Nachrichten* lobte das „erfolgbringende, schnelle, zum Tor strebende Spiel" der Löwen, während Nürnberg mit „zeitraubendem, oft übertriebenem Kreiselspiel" glänzte.

Angesichts der Lebensmittelknappheit und der Rationierung blühte der Schwarzhandel. Auch die Club-Spieler trieb der Hunger, und sie hatten ein Faustpfand: den großen Namen des 1. FCN. So tourte die Mannschaft durch die Gegend und veranstaltete Freßspiele, insbesondere im eiskalten Hungerwinter 1947. Man trat in Heroldsberg und Kalchreuth für einen Korb Kirschen pro Spieler an. Die Einweckgläser dazu spendierte die Stadt. In Aschaffenburg spielte der ruhmreiche FCN für einen Ballen Stoff, in Essen für 20 Zentner Kohlen, die als riesige Brocken per Zug in Nürnberg ankamen.

Robert Gebhardt spielte bei der Versorgung des Teams eine entscheidende Rolle. Der Sohn eines Wirtes, der schon in jungen Jahren den Zapfhahn bedienen mußte und deshalb den Spitznamen „Zapf" erhalten hatte, besaß gute Kontakte zum Nürnberger Schlachthof. Gegen Freikarten für Clubspiele bekam „Zapf" Extra-Fleisch-Rationen für die Kicker, die dann im elterlichen Lokal „Zum Hippel" gebraten wurden. „Vom Schlachthof gab es jeden Donnerstag zwei Taschen voll Fleisch, und gespeist wurde nach dem Training stets bei Zapf Gebhardt in der Kneipe", erinnert sich der damalige Club-Mittelstürmer Hans Pöschl.

Auch Torwart Georg „Schorsch" Lindner brachte auf wundersame Weise immer wieder rare Artikel wie Zigaretten, Kaffee, Kakao und Schokolade an. Die Entfernungen für die „Freßspiele" wurden mit einem Holzgas-Auto gemeistert oder mit dem Zug. Max Morlock hatte, nachdem er sich mit seinen Vorgesetzten bei Noris-Zündlicht wegen seiner Fußballerei verkracht hatte, den Führerschein gemacht und bekam die staatliche Konzession als Lastwagenfahrer. Mit seinem Eineinhalbtonner kutschierte er die Clubmannschaft durch die Stadt zum Lokal vom „Zapf".

In den folgenden Jahren gingen die Kompensationsspiele weiter. Ostern 1948 reiste der Club zur Fortuna nach Düsseldorf und gewann 1:0. Zum Lohn erhielt man Maschendraht zur Einzäunung des Zabo-Stadions, das inzwischen von den Amerikanern freigegeben worden war. Auch die Begegnung gegen Rotweiß Oberhausen (2:1) sollte ein paar hundert Meter Zaungeflecht bringen.

Schorsch Lindner (links) kurz vor seinem Tod mit Zapf Gebhardt.

„Die andere Zaunhälfte ham mer a und da es scho in an hingeht, könnten mer auf der Hamreis irgendwo noch um a paar Pfund Grassama spiel'n", frohlockte der lange Mittelläufer Schorsch Kennemann – zu früh. Oberhausen bezahlte die versprochene zweite Hälfte nicht, und der Club fand auch keinen Gegner, der ihn für Grassamen verpflichtet hätte.

Pfingsten 1948 reiste die Club-Elf ins Saarland, das „Land, wo Milch und Honig markenfrei flossen", wie es die Festschrift zum 50jährigen Bestehen des Club vermerkt. „Der Blick in die gefüllten Fleischerläden von Saarbrücken galt damals erquicklicher als etwa der Anblick der fleischbeladenen Göttinnen eines Tizians."

Kurz nach dem Gewinn der siebten Meisterschaft 1948 reiste der Club nach Alt/Neuötting am Inn. „Zapf" Gebhardt hatte das Spiel ausgehandelt. Drei Zentner Schweinefleisch ohne Knochen, drei Zentner Weizenmehl und 1.500 DM in bar in der neuen Währung sowie eine dreistöckige Torte waren als Antrittsprämie vereinbart. Drei Stunden vor Spielbeginn machte sich dann in den beiden Städtchen am Inn die Hiobsbotschaft breit: „Da Club spuit net, s'Fleisch habns net beinand!" „Zapf", gelernt ist gelernt, hatte von den drei Zentnern Fleisch auch noch die kleinsten Knochen herausgeschnitten, und so war man beim Nachwiegen auf „nur" 282 Pfund gekommen, also 18 Pfund zu wenig. „Wenn die 18 Pfund bis Spielbeginn net da sin, tret'n ma net an", drohte „Zapf". 4.380 Zuschauer aus dem ganzen Landkreis warteten schon auf den Spielbeginn. Da rückten die Alt/Neuöttinger noch ein Spanferkel heraus, das eigentlich für eine Silberhochzeit vorgesehen war, und der Club trat an.

Pech auf der Zielgeraden

Währenddessen hatte man schon im Stuttgarter Raum Pläne zur Bildung einer Oberliga für die US-Besatzungszone geschmiedet. Im Herbst 1945 kam die entscheidende Phase. Im Gasthof „Krone" in Fellbach bei Stuttgart trafen sich am 22. September 1945 die Vertreter von 16 Vereinen. Schon eine Woche später war die Lizenz vom Stuttgarter Stadtkommandanten zur Durchführung einer Saison da. Die Liga setzte sich aus den Vereinen 1. FC Nürnberg, SpVgg Fürth, FC Schweinfurt 05, 1860 München, Bayern München, Schwaben Augsburg, BC Augsburg, VfB Stuttgart, Kickers Stuttgart, VfR Mannheim, Waldhof Mannheim, Eintracht Frankfurt, FSV Frankfurt, Kickers Offenbach, Karlsruher Fußballverein und Phönix Karlsruhe zusammen. Schon am 4. November war es soweit: der erste Spieltag der Oberliga Süd.

Achtzehn Jahre sollte sie Bestand haben, bis 1963 die Bundesliga eingeführt wurde. Um es vorwegzunehmen: Die mit Abstand erfolgreichste Mannschaft der Oberliga war der Club. In der ewigen Tabelle der Oberliga von der Saison 1945/46 bis 1962/63 führte der Club souverän. Von 560 Spielen wurden 321 gewonnen und nur 142 verloren. 97 enden unentschieden. Die Club-Kicker schossen 1.348 Tore, allein Max Morlock war 286mal erfolgreich. Als einziger Spieler war er die ganzen 18 Jahre der Oberliga dabei. 754mal mußten die Keeper Lindner, Schaffer und Wabra hinter sich greifen. Der Club lockte auch die meisten Besucher ins heimische Stadion, insgesamt 4,83 Millionen. Auch auswärts war der Club stets die Attraktion. Bei den vier Rekordzuschauerzahlen der Oberliga-Zeit war er stets dabei: 74.300 im Jahr 1962 bei VfB Stuttgart gegen den Club, 72.000 bei derselben Partie 1952, 71.000 bei Eintracht Frankfurt gegen den Club 1962, und 70.000 wollten 1957 die Offenbacher Kickers gegen den Club sehen.

An jenem 4. November 1945 startete also der Club in die Oberliga. 16.000 kamen zum Spiel gegen den FC Bayern München. Nachdem der als Mittelstürmer vorgesehene Dresdner Machate kurzfristig in Bamberg angeheuert hatte, beorderte man Pöschl von seinem Läuferposten ins Sturmzentrum. „Spiel du amol den Mittelstürmer", erinnert sich Pöschl an die Trainerworte. Eine Maßnahme, die sich auf lange Sicht auszahlen sollte. Das erste Oberliga-Spiel gewann der Club mit 2:1. Schon am dritten Spieltag eroberte Nürnberg die Tabellenspitze durch einen 5:2-Erfolg gegen die Offenbacher Kickers im Ronhof. 12.000 Zuschauer bejubelten das frühe Führungstor durch Herbolsheimer in der 8. Minute und erschraken in der 59. Minute über den Elfmeter-Ausgleich der Gäste. Doch dann blies der Club mit sieben Stürmern zum Angriff und schuf binnen acht Minuten eine beruhigende 4:1-Führung. Diese Überfalltaktik sollte lange Jahre charakteristisch für das Club-Spiel in der Oberliga bleiben.

Der Club gab die Tabellenführung lange nicht mehr ab. Einen bösen Schnitzer erlaubte man sich im April 1946. Man verlor zu Hause vor 22.000 Zuschauern gegen die Stuttgarter Kickers mit 0:5. Anfang Mai 1946 platzte dann der Ronhof aus allen Nähten. Der Club erwartete die punktgleichen Schwaben aus Augsburg. Ganz Mittelfranken war im Fußballfieber, Tausende harrten vor den Toren, die Polizei mußte den Ronhof sperren, dessen Stufen mit 25.000 dichtbesetzt waren. Der Club war überlegen von Anfang an und gewann nach Toren von Gebhardt, Uebelein II und Pöschl mit 3:1. Damit war klar, daß alles auf ein Endspiel zwischen dem VfB Stuttgart und dem Club zulief.

Vor dem „Endspiel" kam das Vereinsleben richtig in Gang. Auf der ersten offiziellen Mitgliederversammlung Anfang April wurde der Regierungspräsident Dr. H. Schregle zum 1. Vorsitzenden gewählt, doch auch er konnte den Zabo noch nicht von den US-Amerikanern loseisen. Die hatten andere Probleme. Die US-Militärregierung mußte die Lebensmittelknappheit verwalten. Im Mai 1946 wurde die Brotration in der US-Zone von sechs auf vier Kilogramm im Monat reduziert. Auch die tägliche Kalorienmenge fiel von 1.275 auf 1.180. Um die Kartoffelernte vor dem Kartoffelkäfer zu schützen, wurden dringend Helfer gesucht, die die Kartoffelpflanzen gründlich absuchen sollten. „Ein einziges Weibchen kann im Verlauf eines Sommers 32.000.000 Kartoffelkäfer erzeugen. Diese Millionen verursachen den Verlust von fast 1.000 Zentnern Kartoffeln", beschworen die *Nürnberger Nachrichten* unter der Überschrift „Freiwillige vor zum Kampf gegen den Kartoffelkäfer!".

Ende Mai fanden die ersten Stadtverordnetenwahlen in 40 Städten der US-Zone statt. In Nürnberg gingen 90 Prozent zur Wahl. Die SPD erhielt 45,8 %, die CSU 35,6 % und die KPD 9,2 %.

Einen Tag nach dem Urnengang stand das 151. Derby Club gegen Fürth auf dem Programm. Der Ronhof war wieder einmal mit 25.000 ausverkauft. Trillerpfeifen, Kuhglocken und Handsirenen sorgten für Großkampfstimmung. Der Club zeigte sich erneut als Meister der Überrumpelung. Innerhalb von 15 Minuten schossen Pöschl, zweimal Morlock und Winterstein einen beruhigenden 4:0 Vorsprung heraus. Am Ende hieß es 5:3 für den Club.

Der 30. Spieltag brachte dann im Kampf um die Süddeutsche Meisterschaft das große Finale in Stuttgart vor 50.000 Zuschauern. In die ehemalige Adolf-Hitler-Kampfbahn lief der 1. FCN in folgender Besetzung ein: Lindner; Billmann, Uebelein III; Uebelein I, Kennemann, Gebhardt; Herbolsheimer, Morlock, Pöschl, Uebelein II, Spieß.

Schon in der 3. Minute ein Schock für den Club. Stürmer Pöschl, bislang mit 20 Treffern erfolgreich, wird vom Platz gestellt. Der Schiedsrichter hat ein Foul an VfB-Torwart Schmid gesehen. Die Cluberer bestreiten dies vehement. „Pöschl wurde mit einem Steilpaß angespielt, der Stuttgarter Torwart kam ihm entgegen, und Pöschl sprang über ihn drüber. Er hat ihn gar nicht berührt. Der Torwart ließ sich auf der Bahre hinaustragen und, nachdem der Platzverweis für Pöschl ausgesprochen war, ist er sofort von der Bahre runtergesprungen und wieder ins Tor gegangen. Der Platzverweis war völlig unberechtigt", erinnert sich Uttla Uebelein noch 50 Jahre später. „Ich bin mit gestrecktem Fuß auf den Torwart zu. Mein Fuß war wahrscheinlich schon etwas zu weit vorne. Man kann schon einen Platzverweis geben, man muß aber nicht. Aber der Platzverweis war schlimm für die ganze Mannschaft", sieht Pöschl es heute differenzierter.

Derart dezimiert gerät der Club zusehends unter Druck. Nur Lindners Glanzparaden verhindern einen frühzeitigen Rückstand. Aber noch vor der Pause verschafft sich der Club Luft, ein Verdienst vor allem von Schorsch Kennemann, der die Kreise von VfB-Wunderstürmer Robert Schlienz, mit 42 Toren einsamer Torschützenkönig, einengt. Ein von Morlock knapp verzogener Schuß und zwei wuchtige Freistöße von „Zapf" Gebhardt sind die Nürnberger Ausbeute. Kurz nach dem Wechsel schläft die gesamte Nürnberger Abwehr, und der Stuttgarter Bökle kann mühelos zum 0:1 einköpfen. Danach geben die zehn Nürnberger das Heft nicht mehr aus der Hand. Uebelein II markiert einen Vorstoß nach dem anderen, Gebhardt rackert im Mittelfeld, Kennemann hält Schlienz in Schach. Die Nürnberger Überlegenheit hält zwar bis zum Schlußpfiff an, doch der VfB siegt glücklich mit 1:0 und wird mit einem Punkt Vorsprung Meister.

Der 1. FCN erkannte den frisch gekürten Meister nicht an. Man war ja schon unter Protest im Stuttgarter Stadion eingelaufen. Schon eine Woche zuvor hatte die Verlegung des Spiels 1860 München gegen VfB Stuttgart nach Stuttgart für Protest gesorgt. Die Stuttgarter hatten damit in der entscheidenden Meisterschaftsphase drei Heimspiele hintereinander. Als Grund für die Verlegung gab man die plötzliche Baufälligkeit des Grünwalder Stadions und Ausschreitungen bei einem Spiel des FC Bayern gegen die Stuttgarter Kickers an. Die Kickers gewannen 2:1, und die Zuschauer stürmten das Spielfeld und bombardierten den Omnibus der Stuttgarter mit allerhand Wurfgeschossen. Der Verband befürchtete ähnliche Ausschreitungen bei dem zweiten bayerisch-schwäbischen Duell und verlegte kurzerhand das Spiel nach Stuttgart. Der VfB ließ sich diese Chance nicht nehmen und gewann gegen die Löwen klar mit 3:0.

Der Club fühlte sich zu diesem Zeitpunkt schon benachteiligt. Dann wurde kurz vor dem Endspiel auch noch der Schiedsrichter ausgetauscht. Statt des nominierten Frankfurters Bernbeck kam der Oggersheimer Fritz zum Zuge, der mit seinem Platzverweis sofort entscheidend das Spiel bestimmte. Jetzt fühlte sich der Club komplett verschaukelt, doch sein Protest lief ins Leere: Stuttgart war in letzter Sekunde Meister, und in Nürnberg analysierte Trainer Michalke die Saison. Sein Fazit: der Club hatte einfach zuviele Gegentore kassiert, die Abwehr mußte verstärkt werden.

Der 100-Tore-Sturmlauf

Die lange Saison 1946/47 mit 38 Spieltagen und 20 Mannschaften wurde am 22. September 1946 angepfiffen. Sie wurde zur Saison von Hans Pöschl, der geschmeidigen, pfeilschnellen, listigen und quirligen Sturmspitze. Seine Gegenspieler beschwerten sich oft über die versteckten Fouls des Stürmers, der vom FSV 83 Gostenhof kam und 1938 vom Club-Jugendleiter für das Versprechen neuer Fußballstiefel zum Club gelockt worden war. Ein Jahr später beim Pokalspiel gegen Gleiwitz (4:3 für den Club) stand Pöschl, gerade 17jährig, schon in der ersten Mannschaft. Damals spielte er noch Außenläufer. Doch jetzt war er ein technisch perfekter Mittelstürmer.

Der „blonde Hans" oder der „Windhund", wie ihn seine Fans nannten, war nicht nur Vollstrecker und Abstauber. Ein ums andere Mal wirbelte er die gegnerischen Abwehrreihen durcheinander und stahl selbst Max Morlock die Schau. Am Ende hatte Pöschl in 38 Spielen 38 Treffer erzielt und war damit Torschützenkönig der Oberliga Süd. Morlock rangierte mit 25 Treffern auf Rang drei. Am siebten Spieltag steuerte Pöschl zum souveränen 5:0-Erfolg gegen Bayern München gleich drei Treffer bei. „Aalgewandt und geschmeidig in seinen Bewegungen entzog er sich fast immer der eisernen Deckungsklammer der Bayern", war in den *Nürnberger Nachrichten* zu lesen.

Am 11. Juni 1947 sah man sich in der dortigen Sportredaktion genötigt, den Begriff „hat-trick" den Lesern zu erklären. Schuld daran war Pöschl, der gegen den VfB Stuttgart vor 40.000 begeisterten Zuschauern drei Tore erzielt hatte. „Der Ausdruck stammt aus dem Mittelalter und hat ursprünglich mit Fußball nicht das geringste zu tun. In England gab es damals in Schaubuden Figuren, denen die Hüte mit Bällen herunterzuholen waren. Wem das mit drei Würfen gelang, der hatte den 'hat-trick' vollbracht."

Schon fünf Spieltage vor Saisonende stand der Club als Meister fest. Nicht nur für Max Morlock war im nachhinein die Mannschaft von 46/47 „einmalig". Es gab Kartelrunden und eine Gesangsabteilung. Die Stimmungskanonen Kennemann und Herbolsheimer sorgten für gute Laune, und es gab sogar zwei Betriebsräte sowie einen Streikversuch gegen das harte Training von Michalke. Mit einem Machtwort beendete Spielführer Billmann damals die Auseinandersetzung, und das Club-Spiel lief wieder wie geschmiert. Am Ende der Saison hatte man vor dem zweitplazierten SV Waldhof Mannheim 13 Punkte Vorsprung. Man brachte das Kunststück fertig, die Waldhöfer in ihrem eigenen Stadion mit 8:1 abzufertigen, obwohl die Cluberer nach dem Genuß stattlicher Mengen badischen Weines stark verkatert waren. Die Torefabrik der Pöschl, Morlock, Herbolsheimer, Uebelein II und Gebhardt hatte insgesamt 108 Tore geschossen. Zuletzt hatte man die 100-Tore-Marke in den Goldenen zwanziger Jahren erreicht: mit der legendären Sturmreihe Szabo, Träg, Schaffer, Popp und Strobel.

Als schließlich in einem Freundschaftsspiel der ewige Rivale Schalke 04 im mit 50.000 Zuschauern ausverkauften Städtischen Stadion mit 2:1 bezwungen wurde, geriet Friedebert Becker im *Sport-Magazin* ins Philosophieren und Politisieren: „Es war eine Erbauung an der Schönheit des Spiels. Bald werden alle Stadien Deutschlands zu klein sein. Und wenn die Besatzungsmächte hier zuerst helfen aufzubauen, so führen sie am schnellsten Millionen deutscher Menschen zu einer harmlosen Lebensfreude und damit zu jenem seelischen Gleichgewicht zurück, das allen am sichersten den Glauben an die Zukunft und die Rückkehr in die Völkergemeinschaft wiedergibt."

Nach Saisonabschluß hieß es allerorten, der Club hätte das Zeug, mit jeder deutschen Manschaft fertig zu werden. Genau dies konnte er aber nicht unter Beweis stellen. Daß nicht schon 1947 die siebte Meisterschaft

In der Saison 1946/47 zeigt sich der Club in prachtvoller Spiellaune. Nicht ein Unentschieden trübt die makellose Heimbilanz von 38:0 Punkten. Hintere Reihe von links: Billmann, Kund, Kennemann, Abel Uebelein, Morlock, Gebhardt, Julius Uebelein; vorn: Herbolsheimer, Lindner, Uebelein, Pöschl.

eingefahren werden konnte, daran hatte allerdings der Club selbst schuld. Die Austragung der Deutschen Fußballmeisterschaft war eigentlich schon beschlossene Sache, als erstes Spiel stand die Paarung 1. FC Nürnberg gegen den 1. FC Kaiserslautern auf dem Programm, doch die Vereinsführung des Club weigerte sich wegen „Spielerüberlastung" an der Meisterrunde teilzunehmen.

Insider vermuteten aber weniger sportliche Interessen hinter der Absage aus dem Süden als eher finanzielle. Denn trotz des kräftezehrenden Mammutprogramms der Oberliga-Saison hatte man nach deren Ende noch Kraft genug, Freundschaftsspiele gegen hochkarätige Gegner wie Schalke 04 auszutragen und „inoffizielle" Meisterschaftsspiele mit dem Hamburger Sportverein mit Hin- und Rückspiel zu vereinbaren.

Gegen Ende der alten Saison traf die Club-Elf ein harter Schlag. Torwart Schorsch Lindner erlag am 28. Juli 1947 mit 26 Jahren einer TBC-Erkrankung. Bis drei Wochen vor seinem Tod hütete er noch das Club-Tor. In seinem Buch „Anpfiff in Ruinen" schildert Hans Dieter Baroth das Zusammentreffen von Schalke 04 und dem Club im zerstörten Essener Stadion an der Hafenstraße. „Nürnbergs Keeper Lindner ist schwer krank. Er hat Tb, vielleicht sogar Kehlkopfkrebs. Das wird nie geklärt. In der Nacht vor dem Kampf gegen Schalke zittert der junge Mann in seinem Bett vor Kälte. Er hat Fieber. Während des Spiels wird der Nürnberger Torwart ständig von dem Mittelstürmer der Königsblauen, Dargaschewski, attackiert. Der weiß nichts von der Krankheit des Keepers Lindner. Willi Billmann interveniert bei dem Schalker: 'Laß den Jungen in Ruhe, oder ich mache dich fertig.' Die Drohung bleibt wirkungslos. Dargaschewski tippt an die Stirn. Lindner läuft einem Angriff entgegen, Dargaschewski setzt nach, Billmann bringt seinen Ellenbogen ein, mit einer blutenden Wunde über dem Auge muß der Schalker das Essener Spielfeld verlassen. Ein Schalker bleibt nicht ungerächt. Nach dem Abpfiff ziehen die verschwitzten Spieler am Rest der Tribüne vorbei in die bescheidenen Umkleidekabinen. Hoch oben sitzt ein junger Mann, der gezielt einen Stein auf Willi Billmann fallen läßt. Mit einer schweren Kopfverletzung erreicht der Nürnberger die Kabine." Die Narbe sieht man noch heute über der Stirn von Billmann. Lindner stirbt wenige Wochen später.

Sieben Jahre spielte Lindner im Trikot des FCN, 1944 stand er zum ersten Mal in der ersten Mannschaft. Kenner nannten seinen Namen in einem Atemzug mit Stuhlfauth und Köhl. Lindners Tod war die Chance von Eduard „Edi" Schaffer, der die Tradition der hervorragenden Torhüter beim Club nahtlos fortsetzte. Schaffer war zu Saisonbeginn 47/48 zum Club gestoßen. Er kam aus Dux in Böhmen und hatte bereits in der berühmten Soldatenelf Burgstern-Noris Kontakte zu den Club-Recken wie Uebelein I und II geknüpft. Er war der einzige „Zugereiste" unter all den Nürnbergern. Dank seiner hervorragenden Leistungen wurde er jedoch schnell in die Mannschaft integriert.

Die siebte Meisterschaft

Am 6. September 1947, als die neue Saison begann, verkündete der Ernährungsminister der Westzonen, Hans Schlange-Schöningen, eine Hiobsbotschaft: „Deutschland ist das Armenhaus der Welt und wird bald auch zum Krankenhaus der Welt werden." Aufgrund der außerordentlichen Dürre entwarf er ein düsteres Bild der Ernährungslage für den kommenden Winter. Die Trockenheit hatte sich verhängnisvoll auf die Kartoffel-Ernte und die Fleisch- und Milchversorgung ausgewirkt.

Ungeachtet dessen rollte der Ball weiter. Der Club mußte auf seine TBC-kranken Herbolsheimer und Uebelein II verzichten, eine verletzungsbedingte Pause von Morlock brachte Sand ins Getriebe des Sturms, ebenso Platzverweise und Sperren für Knoll, Gebhardt und Uebelein I. Trotzdem war man im Januar 1948 knapp vor Bayern München Herbstmeister. Am Ende der Saison kommentierte der alte Club-Meisterspieler Seppl Schmitt lapidar: „Wir spielen kein System. Wir spielen Fußball. Das ist unsere ganze Zauberformel." Schmitt hatte Michalke als Trainer abgelöst, nachdem der eine Dauerstellung als Lehrer der unsicheren Trainerlaufbahn vorgezogen hatte.

In der zweiten Saisonhälfte zog der Club auf und davon und hatte am Ende acht Punkte Vorsprung vor den Löwen. Die Begeisterung der Nürnberger Fans für ihren Club kannte kaum Grenzen. Beim Spiel gegen die Stuttgarter Kickers verursachten Zuschauer sogar einen Schaden von 10.000 Mark. Platten aus dem mehr als 100 Meter entfernten Stadion-Café waren herangeschleppt und Trinkbrunnen umgerissen worden, um sie als Standpodeste zu verwenden.

Im Januar 1948 erschien auch wieder die Vereinszeitung. Pathetisch klingen die Sätze des Vereinsvorsitzenden Hans Hofmann auf den ersten Seiten: „Zum zweiten Mal seit unserem Bestehen lichteten sich unsere Reihen unter dem Zwang einer verblendeten Macht, zum zweitenmal verengt sich der Lebensraum in unserem Vaterlande, aber zum erstenmal griff die von Narren entfesselte Kriegsfurie tief hinein bis in das Herz der Heimat. Seit über zwei Jahren leuchtet das schwache Morgenrot einer anbrechenden Weltdemokratie über den Trümmern unseres Vaterlandes, aber noch ist es ein schwacher Schein, ein Licht hinter Wolken."

Anfang Juni, als der Bewilligungsausschuß des US-Repräsentantenhauses rund 1,1 Milliarden Dollar im Zuge des Marshall-Planes für den deutschen Wiederaufbau zur Verfügung stellte, stand der Club nach seinem 2:1-Sieg in Stuttgart durch zwei Morlock-Tore am 34. Spieltag erneut vorzeitig als Meister fest. Danach ließ er es etwas langsamer angehen. Gegen den Tabellenletzten, die Sportfreunde Stuttgart, reichte es zu Hause gerade noch zu einem 1:0-Sieg durch einen Treffer von Morlock, der am Saisonende mit 30 Toren nur knapp die Torjägerkrone verpaßte. Dieses 1:0 gegen die Stuttgarter wäre an sich nicht erwähnenswert, wäre nicht zum Gaudium der Menge der beste Stürmer auf dem Platz, nämlich Max Morlock, für den verletzten Edi Schaffer zwischen die Pfosten gegangen.

Am 19. Juni 1948 verkündeten alle Zeitungen die Neuordnung des Geldwesens und erklärten ihren Lesern, daß „das neue Geld Deutsche Mark heißt und jede Deutsche Mark hundert deutsche Pfennig hat". In Nürnberg erfolgte die Ausgabe der neuen Währung in Umtauschstellen, die über das ganze Stadtgebiet verteilt waren. Mit der Währungsreform erschienen plötzlich Dinge in den Läden, die jahrelang überhaupt nicht oder nur auf dem Schwarzmarkt zu erhalten waren. Auch für den Club wirkte sich die neue Währung nicht unerheblich aus: Die Schulden des Vereins sanken über Nacht von einer halben Million Reichsmark auf nurmehr 50.000 D-Mark.

In der ersten Runde um die Deutsche Meisterschaft sollte der 1. FCN zunächst gegen den Ostzonen-Vertreter spielen. Nürnberg kam jedoch kampflos weiter, da der Ostzonen-Meister SC Planitz zu dem Spiel in Stuttgart nicht antrat. Die Zwickauer Vorortelf erhielt von den Sowjets keine Reiseerlaubnis. Schon am 24. Juni 1948 hatte die UdSSR wegen „technischer Störungen" die Land- und Wasserwege zwischen West-Berlin und Westdeutschland gesperrt. Der Kalte Krieg erreichte seinen Höhepunkt. Die Luftbrücke mit den Rosinenbombern versorgte Berlin aus der Luft.

Im Halbfinale in Mannheim behielt der Club in einem dramatischen Spiel mit einem 3:2 nach Verlängerung die Oberhand über den FC St. Pauli. 37.000 zahlende Zuschauer sitzen im Mannheimer Stadion, 91.000 hatten Karten angefordert. Von der ersten Minute an übernimmt der Club das Kommando, ganz der berühmten Überrumpelungstaktik folgend. Angriff auf Angriff rollt auf das St.Pauli-Tor zu. Nach 31. Minuten köpft Hagen auf Vorlage von Pöschl zum 1:0 ein. Kurz darauf schießt Winterstein eine Hagen-Vorlage unhaltbar ein, und zwei Minuten später hat Herbolsheimer gar das 3:0 auf dem Fuß, doch er verzieht gewaltig. Auch in der zweiten Halbzeit geht der Sturmlauf des Club weiter. Doch nach einem von Gebhardt verschossenen Elfmeter ist es mit der Club-Herrlichkeit zu Ende. Plötzlich bestimmt St. Pauli das Spiel. Dennoch ist der Ausgleich überflüssig. Zuerst köpft Gebhardt das Leder direkt in die Füße des gegnerischen Rechtsaußens, dann macht Schaffer einen großen Schnitzer, wohlgemerkt den einzigen in diesem Spiel.

Die Verlängerung muß entscheiden. Schon in der 4. Minute kommt der Ball nach einem Freistoß zu Pöschl. „Mit dem linken Fuß habe ich ihn heruntergeholt, mich herumgedreht und dann volley abgezogen", erzählt der „blonde Hans". Pauli-Keeper Thiele streckt sich vergeblich. Schlußpfiff, denn damals war die Verlängerung nach dem ersten geschossenen Tor beendet. Der Club hat zum zehnten Mal das Endspiel um die Deutsche Fußballmeisterschaft erreicht. Das ist vor ihm noch keiner Mannschaft gelungen. Der Finalgegner ist der 1. FC Kaiserslautern mit seinen Paradestürmern Fritz und Otmar Walter und dem Weltklassestopper Werner Liebrich.

Das Spiel Schweinfurt 05 – 1. FCN (0:1) im April 1948 hat für Mannschaftsführer Willy Billmann Folgen. Hier spitzelt er dem Schweinfurter Kupfer gerade noch den Ball weg. Kurze Zeit später rammt der Schweinfurter Paul Gorski dann ihm den Ellbogen ins Gesicht. Billmann, der „harte Knochen" (O-Ton Billmann), spielte mit gebrochenem Kiefer trotz starker Schmerzen weiter. Die Vorrunde und das Endspiel zur Deutschen Meisterschaft waren für den Nationalverteidiger jedoch gelaufen.

Am 8. August 1948 dann das Endspiel im Müngersdorfer Stadion in Köln. Der Sonderzug mit den Nürnberger Fans startete am Samstag um 22.09 Uhr in Nürnberg, vollbesetzt. Am Montagmorgen um 5.46 Uhr kamen die Schlachtenbummler freudetrunken wieder im Hauptbahnhof von Nürnberg an: Der Club hatte seine siebte Meisterschaft gewonnen.

„Wenn in künftigen Tagen von erregenden, begeisternden Fußballtreffen gesprochen wird, dann darf auch das Endspiel um die deutsche Fußballmeisterschaft 1948 nicht mehr fehlen. Nur wenige Auseinandersetzungen können sich rühmen, an Rasanz, Technik und Wucht diesem dramatischen, tempogeladenen Kampf gleichwertig gewesen zu sein. Das Auge war oft – besonders in der ersten Hälfte – kaum in der Lage, bei den blitzschnellen Angriffen und Gegenstößen der beiden Mannschaften den raffinierten Finessen und Tricks zu folgen." Wofür Willy Neumeier, Berichterstatter für die *Nürnberger Nachrichten* kaum Worte fand, hieß am Ende in nüchternen Zahlen ausgedrückt 2:1 für den Club. Die 70.000 Zuschauer waren von der Leistung beider Mannschaften begeistert.

Vor dem Spiel war die Stimmung im Club-Quartier in Königsforst ausgezeichnet. Kurz vor der Abreise ins Stadion vergnügten sich die Spieler bei einer Schlacht mit gefüllten Wasserflaschen. Im Bus selbst sorgte Kennemann für Bombenstimmung und versuchte, die Spieler anzuspornen: „Wir sind harmlose Außenseiter, und Außenseiter haben nichts zu verlieren." Im Stadion selbst herrschte Gluthitze.

Schon nach zehn Minuten ging der Club in Führung. Nach Flanke von Herbolsheimer war Winterstein mit dem Kopf erfolgreich. 13 Minuten später stand es 2:0 durch einen Flugkopfball von Pöschl. Nach der Pause kam der Kaiserslauterer Sturm immer mehr in Schwung, zusehends stand Schaffer im Brennpunkt. Der Druck wurde stärker, und in der 62. Minute fälschte Abel Uebelein einen Flachschuß an Schaffer vorbei unglücklich ins eigene Tor ab. Ein Hellseher hatte ihm vor dem Spiel prophezeiht, daß er ein Tor erzielen werde. „Der Sieger wird drei Tore schießen, jedoch eines wird von Übel sein." Daß es ein Eigentor von Uebelein sein sollte, daran hatte Abel jedoch nicht einmal im Traum gedacht. Doch dank Schaffer hatte das Eigentor keine weiteren Folgen.

Das *Sport-Magazin* schrieb zur letzten Minute des Finales: „Kurz und gut – ein Pfiff ertönte. Gemeint war ein Freistoß und – selbst Schaffer glaubte an ein Spielende. Freudestrahlend warf er die Arme in die Luft, lief zur Mitte, die ersten Nürnberger Anhänger folgten. Da erkannte er rechtzeitig seinen Irrtum, zumal Kennemann wie ein Verkehrsschutzmann in Richtung Tor zurück zeigte. Sekunden später brauste ein Schuß von Baßler am Club-Tor vorbei. Schaffers Panther-Sprung wäre vergebens gewesen, aber das Glück war mit ihm und seinem prachtvollen Können."

Für den 1. FC Kaiserslautern war es 1948 einfach zu früh. Sie wurden mit ihrem Supersturm 1951 und 1953 Meister. Als die siegreiche Elf am Montagabend um 18.18 Uhr auf dem Nürnberger Hauptbahnhof ankam, kannte die Begeisterung der Fans keine Grenzen mehr. Selbst der amerikanische Stadtkommandant Oberst James C. Barnett ließ es sich nicht nehmen, dem Club zum Gewinn der ersten Nachkriegsmeisterschaft zu gratulieren. Ein paar Wochen später gaben die Amerikaner den Zabo und das Clubhaus frei.

Die mageren Jahre nach dem Höhenflug

In die Saison 1948/49 startete die Oberliga mit nur noch 16 Mannschaften. In dieser Spielzeit sollte der 1. FCN ein Kunststück beginnen, das ihm bis zur bittersten Konsequenz erst 1969, in der Saison nach der neunten Meisterschaft, gelang. Der amtierende Meister als Absteiger. Lange ran-

Im Endspiel 1948 gegen den 1. FC Kaiserslautern steigt Club-Mittelstürmer Hans Pöschl oft zum Kopfball auf. Sein Flugkopfball in der 23. Minute bringt den Club 2:0 in Führung.

100.000 Nürnberger zelebrieren einen begeisternden Empfang. Die geplante Begrüßungszeremonie muß angesichts der drängelnden Massen ausfallen, denn die als Ordner aufgebotenen Polizisten werden von den Massen einfach abgedrängt.

gierte der Club auf einem Abstiegsrang. Die ausführlichen Meisterschaftsfeiern konnten als Grund dafür ebenso wenig herhalten wie die Weigerung der Vereinsführung, die Spielertrikots mit Rückennummern zu versehen.

Zum Saisonauftakt 1948/1949 hatten die Ziffern auf den Rücken der Kicker im Spiel FC Bayern München gegen Schweinfurt 05 Premiere. Eine Neuerung, die sich schnell durchsetzte, nur eben nicht beim 1. FCN. Der weigerte sich noch im Sommer 1950, seine Elf mit Rückennummern auflaufen zu lassen. In der Geschäftsstelle hieß es, man lasse alle Zuschriften dazu in den Papierkorb wandern. „Wenn die Einsender Club-Trikots mit Rückennummern wünschen, dann sollen sie dem 1. FCN eben welche kaufen", zitiert Werner Skrentny in seinem Geschichtsbuch zur Oberliga Süd „Als Morlock noch den Mondschein traf" ein Schreiben der Geschäftsstelle.

Nicht nur bei den Rückennummern zeigte sich der Club in schlechter Verfassung. Viele Spieler hatten ihren Zenit überschritten. Kennemann war 35, Abel Uebelein 34, sein Bruder Uttla 32. Schaffer, Bergner und Herbolsheimer fielen lange wegen Verletzungen aus, zuviele Elfmeter wurden zudem verschossen. „Allmählich steuerte die Mannschaft einem Niedergang zu, für den sich in der Geschichte unseres Vereins keine Parallele findet", hieß es in der Vereinszeitung.

Anfang Dezember befand sich der Club dann in akuter Abstiegsgefahr. An Niemann im Tor für Edi Schaffer lag es nicht. Vorne aber fehlte Vollstrecker Pöschl, der verletzt war und sich außerdem noch mit Abwanderungsgedanken trug. Er wechselte im März 1949 als erster deutscher Fußballer der Nachkriegszeit ins Ausland: ins „Schlaraffenland" (Pöschl) Schweiz zu den Grashoppers Zürich.

Als am 20. Dezember Schaffer wieder im Tor stand und Pöschl wieder im Sturm rackerte, gab es für den Club keine Wende. Auch ein Trainerwechsel änderte am Tiefstand nichts. Die Vereinsführung holte Lori Polster und entband Seppl Schmitt, der in seiner Totoannahmestelle alle Hände voll zu tun hatte, von der Traineraufgabe. Doch der Club verlor weiter. Nur gegen stärkere Gegner zeigte man gute Leistungen. So spielt man im Februar 1949 den unangefochtenen Tabellenführer und späteren Oberliga-Meister, Kickers Offenbach, im Nürnberger Stadion mit 8:1 an die Wand. Das blieben Ausnahmen. Der Club beendete die Saison 48/49 auf dem elften Rang, so schlecht wie noch nie zuvor. „1949/1950 – Quo vadis?", fragte sich besorgt der Vereinschronist, wo doch im nächsten Jahr das 50jährige Vereinsjubiläum anstand.

Auch die Saison 1949/50 zeigte einen völlig indisponierten Club. Das Oberliga-Auftaktspiel gegen den amtierenden Deutschen Meister VfR Mannheim gewann er noch mit 2:0, doch dann ging es erneut bergab. Die Mannschaft wurde umgebaut. Pöschl war wieder da, er hatte das Abenteuer Schweiz beendet. Der „blonde Hans" hatte dort zwar gelebt wie ein König, doch Fußball spielen durfte er nur in Freundschaftsspielen. Der Internationale Fußballverband (FIFA) verweigerte ihm die Spielerlaubnis, weil der DFB noch nicht Mitglied der FIFA war.

Nach sechs Monaten kehrte Pöschl also wieder zum Club zurück, in eine Mannschaft, die noch nicht intakt war. Die Verpflichtung von Torwart Rudi Fischer vom VfB Mühlburg sorgte für Unfrieden. Schaffer fühlte sich zu Unrecht ins zweite Glied zurückversetzt. Die beiden rieben sich im Konkurrenzkampf auf und zeigten nicht gekannte Nervositäten. Dazu kamen verletzungsbedingte Pausen von Morlock, Knoll, Bergner, Uebelein I und Winterstein. Die Neulinge Kurt Ucko und Gunter Baumann mußten erst integriert werden. Kurt Ucko, ein Allroundspieler, der sowohl in der Deckung als auch in der Offensive seine Stärken hatte, war den Club-Spionen bei Schweinfurt 05 positiv aufgefallen. Eigentlich wollte Ucko zunächst nach Fürth wechseln. Helmut Böttiger beschreibt in dem Skrentny-Buch den Coup des Club: „Die Nürnberger allerdings tauchten unvermittelt in der Küche der Familie Ucko auf, handelten einen Vertrag aus und ließen den Spieler unterschreiben. 'Also Kurt, dann bis zum Montag im Zabo!', war der Abschied. 'Ja was', entgegnete Ucko da, 'ich denk', ich spiel' auf dem Ronhof', in Fürth also, und wollte in erster Aufwallung von dem Vertrag zurücktreten: Er fühle sich 'noch nicht reif genug' für den Club." Ucko spielte bis 1961 beim 1. FCN.

Unversehens befand sich der Club wieder im unteren Tabellendrittel. Schon im Oktober 1949 schrieb der Vorsitzende des Spielausschusses, Karl Luzner: „Neue Krise? Ja, wir sind in einer Krise, aber in keiner neuen. Eine Meistermannschaft von überragender Befähigung stand und steht nach über vierjähriger Hegemonie abgekämpft und abwartend am Rande. Jeder Gegner setzt seinen Ehrgeiz ein, gerade gegen den Club zu gewinnen, aber keine Fußballmannschaft der Erde kann Jahr um Jahr und Sonntag um Sonntag gleiche spielerische und kämpferische Höchstleistungen vollbringen... Ich bin trotz aller düsteren Prognosen überzeugt, daß unsere Stunde doch noch kommen wird."

Doch diese Stunde ließ auf sich warten. Während Aufsteiger SpVgg Fürth am 8. Januar 1950 als Herbstmeister feststand, fand sich der Club als Drittletzter auf einem Abstiegsrang wieder. Und das ausgerechnet im 50.

Jubiläumsjahr des Vereins und zur 900-Jahr-Feier der Stadt. Grund genug für die Vereinsführung, die Alarmglocken zu schlagen.

Man engagierte Bumbes Schmidt als neuen Trainer, der schon in den Kriegsjahren 1942 bis 1945 beim Club agiert hatte und ein paar Monate zuvor den VfR Mannheim zur Deutschen Meisterschaft geführt hatte. „Wir suchten beileibe keinen Dompteur für entfesselte Vertragsspieler", betonte man beim Club. Man kenne und schätze eben „die unübertrefflichen Fähigkeiten von Bumbes um ein hartes Konditionstraining und seine dynamische Persönlichkeit". Immerhin arbeitete sich der Club unter Bumbes' Regie bis zum achten Tabellenplatz hoch. Der Lokalrivale aus Fürth wurde souverän Oberliga-Meister und ihr Sturm-As Horst Schade mit 21 Treffern Torschützenkönig.

Knapp daneben ist auch vorbei

Bumbes Schmidt hatte die Mannschaft nach und nach verjüngt. Kennemann und Uebelein I hatten ihre Karriere beendet, und Pöschl war endgültig gewechselt. Neben Werder Bremen hatten der FC Bayern, der 1. FC Köln und auch Bayer Leverkusen um den torgefährlichen Mittelstürmer gebuhlt. Das Rennen machte Bremen. Dort konnte man Pöschl nicht nur eine gute berufliche Zukunft bei Europas größter Tabakfirma Martin Brinkmann bieten, sondern zahlte auch 15.000 DM. „Sowohl Bayern als auch die Kölner waren nicht bereit gewesen, mehr als 10.000 Mark zu zahlen", erinnert sich Pöschl.

Pöschl war im Club-Jubiläumsjahr nicht der einzige Abgang. Knoll ging nach Fürth, „Zapf" Gebhardt zog es in den hohen Norden zum FC St. Pauli und Uebelein II in die Oberpfalz zur SpVgg Weiden. Trotz dieser Abgänge schaffte es Bumbes, eine erfolgreiche Mannschaft aufzubauen. Im Sturm schlugen Adolf Kallenborn von Hamborn 07 und Otto Brenzke von der SpVgg Fürth gut ein. Bei Winterstein platzte der Knoten, er erzielte 20 Treffer. Treffsicher wie immer erwies sich Max Morlock. Mit 28 Toren wurde er zum ersten Mal Rekordschütze der Oberliga Süd. Am Ende lag der Club mit zwei Punkten Vorsprung vor dem Lokalrivalen aus Fürth an der Tabellenspitze. „Ra-ra-ra, der Club ist wieder da!" Mit diesem Schlachtruf, der erstmals 1935 im Düsseldorfer Rheinstadion beim ersten Pokalsieg gegen Schalke 04 ertönte, gratulierte die Vereinszeitung zur Süddeutschen Meisterschaft.

In der Endrunde zur Deutschen Meisterschaft mußte sich der Club in seiner Gruppe mit dem HSV, Tennis Borussia Berlin und Preußen Mün-

Gunter Baumann kommt 1949 von den Stuttgarter Kickers zum Club.

ster auseinandersetzen. Nach zwei Niederlagen gegen Preußen Münster (1:2 und 4:6), zwei Siegen gegen Tennis Borussia (3:1 und 3:2) und einem 2:1-Sieg gegen den HSV waren vor dem letzten Spieltag Club, HSV und Preußen Münster punktgleich. Die Spiele Club gegen HSV und Tennis Borussia gegen Preußen Münster mußten über den Einzug ins Endspiel entscheiden.

Der Club legte gegen den HSV gleich voll los und führte durch drei Treffer von Linksaußen Kallenborn und ein Winterstein-Tor noch vor der Pause mit 4:0. Zur gleichen Zeit führte Tennis Borussia gegen Preußen Münster mit 2:1. Danach schonte man sich beim Club für das sicher geglaubte Endspiel. Bumbes Schmidt hatte in der Kabine die entsprechende Devise ausgegeben: „Laßt es ruhig gehen. Gebt acht, daß sich keiner verletzt." Am Ende hieß es 4:1 für den Club, und in der Kabine feierte man schon den elften Einzug in ein Endspiel – zu früh. Langsam sickerten erste Neuigkeiten aus Berlin durch, dann wurden sie zur grausamen Gewißheit. Preußen Münster hatte in Berlin mit 8:2 gewonnen, sechs Tore davon in den letzten 18 Minuten geschossen. Damit standen die Münsteraner dank des besseren Torverhältnisses im Finale – der größte Erfolg in ihrer Vereinsgeschichte.

▷ **EINWURF**

„Was ist mit dem Aleman?"

An Weihnachten 1951 entflieht der Club dem Oberliga-Alltag und spielt sich in die Herzen der Spanier. Er schlägt den spanischen Herbstmeister Atletico Bilbao mit 4:2. Die spanische Sportpresse reagiert verstimmt. Abschätzig schreibt die *Gazetta del Norte:* „Nürnberg ist ein Mannschaftsganzes ohne strahlende Überlegenheit. Das alles beherrschende Kurzpaßspiel der Gäste ließ uns gähnen."

Doch kaum einer der Zuschauer hatte gegähnt. Im Gegenteil. Die Club-Spieler wurden nach dem Sieg von spanischen Fans bestürmt und von Frauen abgeküßt. Zwei Tage nach dem Sieg in Bilbao tritt die Club-Elf beim Landesmeister FC Barcelona an, der nach dem Krieg zu Hause noch nie gegen einen ausländischen Verein verloren hat. Der Club gewinnt mit 2:0. Den Löwenanteil daran hat Edi Schaffer. Andre Picard berichtet für die *Nürnberger Nachrichten* aus Barcelona: „Auch mit schärfsten und raffiniertesten Schüssen vermochten ihm die Stürmer nicht beizukommen, und wenn alles nichts mehr helfen wollte, warf er sich wagemutig auch vor die Füße seiner Gegner, um ihnen den Ball vom Schuh zu holen. Bei einer solchen Abwehrparade traf ihn ein spanischer Stürmer am Kopf, so daß das Spiel einige Minuten unterbrochen werden mußte. Auf den Rängen wurde es mäuschenstill: 'Was ist mit dem Alema'n?' Als sich Schaffer wieder die Mütze ins Gesicht zog und seinen Posten auf der Torlinie einnahm, brauste der Jubel für den Torsteher auf, der ganz Barcelona faszinierte."

Nach dem Schlußpfiff nimmt Max Morlock auf den Schultern von Trainer Alv Riemke die minutenlangen Ovationen der 42.000 Zuschauer und einen Riesenpokal entgegen. Wehmütig packt es den Generalsekretär des FC Barcelona: „So wie die Nürnberger heute spielen, hat der FC Barcelona früher gespielt." Und auch die spanischen Journalisten erkennen die Leistung der Nürnberger an. „Wir sind den Nürnbergern zu Dank verpflichtet, daß sie uns besucht und uns einen Maßstab vom deutschen Nachkriegsfußball gezeigt haben", schreibt *El Mundo Deportivo*. ☐

Damals zählte bei Punktegleichheit das Divisionsverfahren, also geschossene Tore geteilt durch Gegentore. Münster hatte bei 22:16 Toren einen Torquotienten von 1,375, der Club bei 17:13 nur von 1,308. Knapp sieben Hundertstel entschieden über die Teilnahme am Endspiel. Hätte der Club nicht das unnötige Gegentor zum 4:1 gegen den HSV kassiert, hätte er mit einem Quotienten von 1,42 die Nase vorne gehabt.

Die Club-Spieler waren wie vor den Kopf gestoßen, schon tauchten die ersten Vermutungen auf, das Spiel in Berlin wäre verschoben worden. Man erinnerte sich der recht ruppig geführten Partie gegen Tennis Borussia in Nürnberg, die der Club zwei Wochen zuvor 3:1 gewonnen hatte. Dabei war der Linksaußen der Borussen am Knöchel verletzt worden und hatte geschworen, daß dieser Sieg dem Club nichts nützen werde. Der Club-Vorstand legte beim DFB Protest ein. Doch der lehnte den Protest ab. Der Club erhielt einen scharfen Verweis und bekam sämtliche Kosten des Verfahrens aufgebürdet.

In der darauffolgenden Saison knüpfte der Club unter Alv Riemke – Bumbes hatte von einem Tag auf den anderen gekündigt – nahtlos an die Leistungen des Vorjahres an. Schaffer im Tor war die Zuverlässigkeit in Person, das Verteidigerpaar Mirsberger und Vetter deckte kompromißlos, die Läuferreihe Bergner, Baumann und Ucko pflegte das effiziente Spiel, und der eingespielte Sturm mit Herbolsheimer, Kallenborn, Winterstein, Kapp, Glomb und Morlock feierte so manches Schützenfest. Morlock wurde mit seinen 26 Treffern erneut Torschützenkönig, diesmal torgleich mit dem Offenbacher Helmut Preisendörfer.

Vor dem letzten Spieltag lag der Club an der Tabellenspitze, wie zwanzigmal zuvor schon in dieser Saison. Er hatte einen Zähler Vorsprung vor den Stuttgartern. Das letzte Spiel gegen den VfB im Neckarstadion mußte wie schon in der Spielzeit 1945/46 entscheiden. Über 72.000 strömten ins Neckarstadion. Eine Stunde vor Anpfiff sperrte die Polizei das Stadion wegen Überfüllung, Tumulte an den Eingängen waren die Folge. Doch wie schon sechs Jahre zuvor hatte auch diesmal der Club das Nachsehen. Der VfB gewann mit 2:0. Trotzdem stand der Club wieder in der Endrunde. Eine 1:3-Niederlage gegen den 1. FC Saarbrücken warf ihn jedoch aus dem Rennen um die Deutsche Meisterschaft.

In der neuen Saison hatte Toni Kugler, der Verteidiger aus den Club-Meistermannschaften 1920, 1921, 1924 und 1925, als Nachfolger von Alv Riemke die schwere Aufgabe, die Kicker nach dem zweimaligen unglücklichen Scheitern in der Endrunde moralisch aufzurichten. Doch schon der Saisonauftakt ging mit 2:5 zu Hause gegen die Stuttgarter Kikkers in die Hose. An diesem 24. August berichtete der Rundfunk zum erstenmal bundesweit von vier Oberliga-Spielen aus verschiedenen Regionen – darunter eben auch vom 2:5 der Nürnberger.

Im Oktober 1952 besaß der Club sogar die rote Laterne – dank seiner eklatanten Heimschwäche. Dafür gewann man auswärts schon einmal mit 7:1 gegen den Karlsruher SC, die Fusion aus dem VfB Mühlburg und Phoenix Karlsruhe, oder in Ulm 46 mit einem klaren 6:0. Dieses 6:0 auf fremdem Platz hatten die Nürnberger einem Trick zu verdanken. Auf glitschigem Boden hatten sie die Nägel, die sonst die Lederstollen an ihren Fußballschuhen hielten, freigelegt und mit schwarz angemaltem Kaugummi überklebt, so daß diese Manipulation nicht auffiel. Schon kurz nach Anpfiff rieb sich der Kaugummi ab, und die Cluberer hatten einen festen Stand. Diesen Trick hatten sie sich von 1860 München abgeguckt. Die hatten genau dasselbe eine Woche zuvor gegen den Club praktiziert und gewannen 5:2. „Da haben wir Euch schön reingelegt!", hatte hinterher der 60er Ludwig Zausinger geprahlt. Gegen Ulm drehte der Club den Spieß einfach um.

Am Ende belegte der 1. FCN mit 29:31 Punkten den achten Platz. Am Sturm hatte es nicht gelegen. 67 Tore waren die drittbeste Ausbeute in dieser Oberliga-Saison. Die große Schwäche des Club war in dieser Saison die Abwehr. 61 Gegentreffer, soviele waren es nicht einmal bei dem schmachvollen elften Platz in der Saison 1948/49.

Im Mai 1953 floh der Club vor der Oberliga-Tristesse in die USA. Die Kicker, allen voran Max Morlock, staunten nicht schlecht über den american way of life: „Junge, Junge, dort gibt es mehr Autos als bei uns Fahrräder." Die US-Mannschaften wurden standesgemäß mit 9:1, 12:1 und 8:3 abgefertigt. Die Zeitungen in New York schwärmten: „Präzision, dein Name ist 1. FC Nürnberg. Das war Fußball, wie man ihn träumt, aber selten sieht."

Der Aufschwung läßt auf sich warten

Das Wirtschaftswunder nahm langsam Gestalt an – auch in Nürnberg. Die Arbeitslosenzahlen sanken, das Großversandhaus Quelle boomte, und die Coca-Cola-Fabrik hatte ihre Arbeit aufgenommen. Am neuen Flughafen wurde fieberhaft gebaut, und die neuen Großraumwagen der Straßenbahnen mit ihren Schaffnern an der letzten Türe fuhren quer durch die Altstadt. Überall wurde Schutt weggeräumt, die Pegnitz wurde begradigt, und man redete sich die Köpfe heiß über eine „Unterpflasterstraßenbahn". „Wohlstand für alle" hieß die Devise von Wirtschaftsminister Ludwig Erhard, der häufig in Nürnberg zu Gast war. Der gebürtige Fürther hatte seine Karriere an der Nürnberger Handelshochschule begonnen.

Auch der Club erhoffte sich sehnlichst den Aufschwung. Mit dem Wechsel des Fürther Goalgetters Horst Schade im Juli 1953 glaubte man in Nürnberg, in der Saison könnte nichts mehr schief gehen. Zusätzlich verstärkten Bundschuh und Schweinberger die Mannschaft. Mit 71 Toren schoß man auch die meisten Tore im Süden, doch am Ende reicht es in der Saison 1953/54 nur zum vierten Platz.

Auf der internationalen Tribüne glänzte diesmal nicht die ganze Club-Elf, sondern nur einer: Max Morlock. In der Endrunde der Fußballweltmeisterschaft 1954 in der Schweiz ist Morlock zur rechten Zeit in Höchstform. In den Qualifikations- und Endrundenspielen ist der Halbrechte mit zwölf Toren der erfolgreichste deutsche Stürmer gewesen. Zusammen mit Fritz und Otmar Walter, Rahn und Schäfer wirbelt der deutsche Sturm die Gegner gehörig durcheinander. Im Endspiel liegt man jedoch schon nach neun Minuten gegen die haushohen Favoriten aus Ungarn mit 0:2 zurück, als Morlock in der 10. Minute der Anschlußtreffer und damit die Wende des Spiels gelingt. Rahns Schuß zum 3:2 bedeutet den Weltmeistertitel. Bei der Rückfahrt der siegreichen deutschen Elf stehen Millionen Menschen Spalier. Als Morlock in Nürnberg ankommt, findet gerade im Stadion ein Schulsportfest statt. Nach einer Ehrenrunde vollführt Morlock den Anstoß zum Endspiel um die Stadtmeisterschaft. Nach der Ehrung im Clubhaus beendet Morlock seine Dankesworte mit dem Satz: „Ich habe jetzt nur noch einen Wunsch, ich möchte mit dem Club nochmals eine Deutsche Meisterschaft holen."

Zu Beginn der Saison 1954/55 kehrte Wiener Kaffeehaus-Atmosphäre beim Club ein. Franz „Bimbo" Binder hieß der neue Trainer. Für Rapid Wien hatte Binder über 1.000 Tore geschossen hatte. Der einst wuchtige Stürmer besaß als Trainer eine Gemütsruhe. Er beherrschte alle Brett- und Kartenspiele und trank auch in Nürnberg gern sein „Schalerl" Mokka: „Mit einem doppelten Zucker, bittschön!". Binder sollte sechs Jahre in Nürnberg bleiben, die längste Zeit eines Oberliga-Trainers beim Club.

„Bimbo" mußte lange auf Schaffer, Winterstein und auch auf Max Morlock verzichten. Der lag nach dem WM-Triumph ebenso wie Fritz Walter, Eckel, Schäfer und Rahn mit Gelbsucht darnieder und konnte nur 10 der 30 Spiele absolvieren. Der Club verlor ein Spiel nach dem anderen.

Frust auf den Rängen machte sich breit. Beim Gastspiel von Schwaben Augsburg im Zabo hagelte es nach dem Schlußpfiff Eisbrocken und allerlei andere Wurfgeschosse. Nur mit Mühe und Not entkam der Schiedsrichter, dem zahlreiche Fehlentscheidungen unterliefen, der wütenden Menge. Noch Stunden nach dem Schlußpfiff belagerten aufgebrachte Zuschauer die Tribüne. Mit einer Geldstrafe in Höhe von 500 DM kam der Club glimpflich davon.

Als man dann noch beim VfB Stuttgart sang- und klanglos mit 0:6 verlor, sprach der *Sportkurier* von einem „Altherrenspiel". Am Ende belegte der Club den neunten Platz. Im letzten Heimspiel besiegte man noch den FC Bayern München mit 6:1. Drei Tore von Schade, zweimal Glomb und einmal Wagner besiegelten damit den Abstieg des Traditionsvereins. „Wir werden das gewohnte Bayernspiel ein Jahr lang vermissen", klagte der Vereinschronist. „Vielleicht dauert es noch länger, vielleicht sehen wir uns wieder im Fußballorkus, wir wollen's nicht hoffen."

Auch in der Spielzeit 1955/56 blieb der Aufschwung aus. Jetzt herrschte zudem absolute Flaute im Clubsturm. 42 Tore bedeuteten Minusrekord im bisherigen Oberliga-Dasein der Nürnberger. 31:29 Punkte reichen gerade zum siebten Platz. Meister wurde der Karlsruher SC. Bayern München schaffte als Zweiter der 2. Liga Süd postwendend wieder den Aufstieg in die Oberliga.

Finanziell war der Club nicht auf Rosen gebettet. Man jammerte nicht nur über die 86.000 DM, die man an die Stadt Nürnberg an Steuern abführen müsse, sondern auch über die nach der WM-Euphorie sinkenden Zuschauerzahlen. Der von der Presse 1954 „aufgeputschte Sensationshunger" lasse nach, klagte die Vereinsführung und blickte besorgt auf die Ebbe in den Kassen. Fanden 1953/54 noch 2,9 Millionen in die Stadien der Oberliga-Süd, also im Schnitt 12.221 pro Spiel, waren es im Jahr darauf nur knapp 2,6 Millionen und 10.656 pro Spiel. Auch in den Folgejahren blieb der Zuschauerschnitt unter dem von 1953/54. Erst 1958/59 wurde diese Marke wieder übertroffen.

Für die beiden Jahre nach dem WM-Sieg errechneten die Club-Kassiere ein sechsstelliges Einnahmedefizit. „Stellt Kerle auf den Rasen, die Torbalken zu Spreißelholz zusammenschießen, dann rennen die Massen wieder auf den Sportplatz", brachte die *Nürnberger Zeitung* die Misere auf einen einfachen Nenner. Die Replik in der Vereinszeitung ließ nicht lange auf sich warten: „Woher nehmen und nicht stehlen?"

Nach Jahren des Mittelmaßes zeichnete sich in der Saison 1956/57 ein Aufschwung ab. Mit Bergner, Herbolsheimer, Schade und Kapp kehrten

Horst Schade erzielt am 5. September 1954 das Tor zum 5:0 gegen Jahn Regensburg. Endstand 7:0.

zwar typische Vertreter des Flachpaß-Spieles dem Club den Rücken, doch Max Schmid am rechten Flügel erwies sich als durchschlagskräftig, und mit Heinz Kreißel wurden zumindest wieder Strafstöße verwandelt. „Daß wir mit Kreißel endlich auch einen Elfmeter-Schützen entdeckt haben, freut die ganze Christenheit", war in der Vereinszeitung der hörbare Seufzer in schriftliche Form gebracht.

Bimbo Binder führte seine Elf zur Südmeisterschaft und damit in die Endrunde zur Deutschen Meisterschaft. Nur die SpVgg Fürth verdarb dem Club die Heimbilanz. Im 175. Derby siegten die Kleeblätter im Zabo vor 27.000 Zuschauern mit 7:2. Dafür trumpfte der Club auswärts auf. In Karlsruhe bog man vor 40.000 Zuschauern einen 0:1-Rückstand noch in einen klaren 4:2-Sieg um. Kein Wunder, daß dann auf der Heimfahrt im Sonderzug beste Stimmung herrschte. Von den in Karlsruhe eingeladenen siebeneinhalb Hektoliter Bier war schon bis Heilbronn der letzte Tropfen vernichtet. Zwei Spieltage vor Schluß stand der Club als Südmeister fest. „Der 1. FCN ist kein Vereinsname. Das ist ein Warenzeichen für Qualität" schrieb Friedebert Becker, Chefredakteur des *Kicker*.

In der Endrunde mußte sich der Club wieder mit dem 1. FC Saarbrücken, dem HSV und dem Duisburger SpV auseinandersetzen. Doch Uwe Seeler schoß den Club aus allen Träumen. Wieder kein Finale.

▷ **EINWURF**

„Wir hätten gerne Ihren Buben"
von Andreas Weiß

Ende der vierziger Jahre, Anfang der fünfziger Jahre dominierte im Nürnberger Jugendfußball der Vorortverein Germania Schniegling. Die lange Hegemonie des 1. FCN war dahin. Es galt, verlorenes Terrain wieder zu erobern und Versäumnisse wettzumachen. Zunächst konnten mit Gerhard Bergner, Alfred Mirsberger und Adolf Kallenborn Spieler der Ersten Mannschaft als Übungsleiter gewonnen werden. 1956 trainierte Adolf Knoll die 1. Clubjugend. Ihm folgte ein Jahr später Fritz Kreißel, mit dem ich weit über ein Jahrzehnt aufs beste zusammenarbeitete. Zudem standen uns stets vorbildliche Mannschaftsbetreuer zur Seite.

Eine wesentliche Voraussetzung zum Erfolg war das stete Ausschauhalten nach Talenten. Auch unsere eigenen Jugendlichen wurden dazu angehalten. Fritz Kreißel und ich sagten immer wieder: „Paßt auf, Kameraden, wenn ihr einen guten Spieler entdeckt, sagt es mir einfach." Das klappte.

So wurde ich eines Tages auf Ferdinand Wenauer aufmerksam gemacht. „Da gibt es einen Stopper, der spielt bei Süd." Aber Vater Wenauer war bei den Südern gleichfalls Jugendleiter. Ich habe lange gezögert, zu ihm hinzugehen. Dann geschah es, daß eine unserer Schülermannschaften bei Süd antrat und ein Club-Schüler mit falschem Paß spielte. Eine Anzeige beim Sportgericht drohte. Aber auch ich hatte handfestes Material, daß in einer anderen Begegnung die Süder ebenso gehandelt hatten. Also machte ich mich auf den Weg zu den Wenauers nach Gibitzenhof. Ich dachte, das wäre doch endlich ein Anlaß, um miteinander ins Gespräch zu kommen.

Vater Wenauer war Kriminalbeamter. Ich sagte ihm: „Wenn Sie mich anzeigen, zeige ich die Süder an. Also, lassen wir es dabei bewenden." Wir einigten uns schnell. Ich machte mich auf zum Gehen.

Beim Hinausgehen schaffte ich es aber doch noch, mein eigentliches Anliegen loszuwerden. „Eines wäre noch: Wir hätten gerne ihren Buben", sagte ich. Da explodierte Vater Wenauer: „Das ist die größte Unverschämtheit, die mir je passiert ist." Es ging hin und her,

Jugendleiter Andreas Weiß (Mitte) mit seinen beiden Schützlingen Ferdinand Wenauer (links) und Heinz Strehl (rechts) beim triumphalen Empfang der Pokalsieger 1962 auf dem Nürnberger Hauptmarkt.

und schließlich hatte ich ihn soweit. Er sah ein, daß der Vater eines so talentierten Fußballers, wie es der Nandl war, es später einmal bereuen würde, das Angebot ausgeschlagen zu haben. Wir leerten noch gut und gerne eine halbe Flasche Cognac, und der Nandl war bei uns.

Beim Tasso Wild war es auch nicht ganz einfach. Der Vater hatte eine Bäckerei hinter der Burg und war schon jahrelang Club-Mitglied. Sein Sohn Tasso spielte bei Tuspo Nürnberg. Vater Wild kannte Bumbes Schmidt, und als der Trainer in Fürth wurde, schickte er seinen Tasso bei Bumbes in die Lehre. Nach einem Jahr kehrte Bumbes der Spielvereinigung den Rücken und sagte zu mir: „Jetzt könnt ihr den Tasso haben." Bumbes versprach, mit Tassos Vater alles klar zu machen.

Ich weiß noch genau, es war der Silvestersamstag 1957, als ich mich auf den Weg zur Bäckerei Wild machte. Schon an der Tür empfing mich Vater Wild mit einem komischen Gesichtsausdruck, eine Mischung zwischen traurig und peinlich. Schließlich rückte er mit der Sprache heraus: „Die Fürther haben mich doch noch 'rumgekriegt, der Tasso bleibt in Fürth."

Kurze Zeit später betrat Bumbes Schmidt den Laden. Als er den Sachverhalt vernahm, wurde er wütend: „Was, du Feigling hast dich von den Fürthern breitschlagen lassen? Der Tasso kommt sofort zum Club." Inzwischen war auch Tasso im Laden erschienen.

„Tasso, du kannst doch Maschineschreiben, oder?", wandte sich Bumbes an den jungen Wild. Der bejahte. „Also", setzte Bumbes nach, „setz' dich hin, spann' einen Bogen Papier ein und schreib': „Hiermit erkläre ich per 31.12.1957 meinen Austritt aus der SpVgg Fürth und bitte, mir umgehend meinen Paß zuzusenden." Dann nahm Bumbes den Bogen, faltete ihn zusammen, steckte ihn in einen Umschlag, ließ sich von Vater Wild eine Briefmarke geben und schickte den Tasso los zum Briefkasten. So landete Tasso Wild bei uns.

Meistens jedoch gingen die Wechsel glatt über die Bühne. Bei Heinz Strehl zum Beispiel. Der spielte bei Gleißhammer. Ein Freund von ihm, der bei uns in der 1. Schüler spielte, machte mich auf den Metzgerssohn aufmerksam. Ich ging zu den Eltern, und schon war alles klar.

Das gleiche bei Gustl Flachenecker. Da wir im Zabo nicht genügend Plätze hatten, spielten unsere Schüler oft auf der städtischen Anlage an der Siedlerstraße. Plötzlich kam der Betreuer unserer 6. Schülerelf, die gegen Johannis 88 antrat, ganz aufgeregt zu mir. „Die haben so einen Kleinen dabei, der erschießt uns ganz allein", berichtete er völlig außer Atem. Ich ging hin, und es stellte sich tatsächlich heraus, daß der kleine Gustl schon sechs Tore geschossen hatte. Er war noch nicht mal zehn Jahre alt. Sofort wandte ich mich an den Betreuer der 88er. „Der wäre 'was für uns", sagte ich ihm. „Das ist mein Neffe", antwortete er mir. Ich dachte schon, damit wäre der Fall erledigt. Doch dann fügte der Betreuer hinzu: „Ich habe nichts dagegen, und wenn Sie mich als Betreuer brauchen, dann komme ich auch."

Mit dem Kurt Haseneder haben wir auch ein tolles Talent zu uns geholt. Der Horst Leupold hat ihn mitgebracht. „Herr Weiß, ich hab' da einen, der ist besser wie ich", stellte er den Kurt vor. Und tatsächlich, der konnte alles. Sein erstes Spiel bestritt er mit einem falschen Paß 1954 in unserer 4. Schülermannschaft. Er spielte im Sturm, und die Mannschaft führte schon 5:0 oder 6:0, da bekam der Gegner einen Elfer zugesprochen. Kurt kam zu mir. „Herr Weiß, lassen'S mich ins Tor." Er ging in den Kasten und hielt den Strafstoß.

Unser letzter großer Fang war der Schorsch Volkert. Es war 1962, da sagte einer unserer Jugendbetreuer: „Bei der Jugend von der

SpVgg Ansbach spielt ein hervorragender Halbstürmer, für den interessiert sich auch Bayern München." Ein schwieriger Fall, denn der Schorsch hatte bereits einen Bayerischen Auswahllehrgang absolviert und fiel damit unter die Schutzbestimmung des Fußballverbandes. Der Spieler konnte demnach nur mit Zustimmung seines Vereins wechseln, bei einem Vereinsveto wird er mit einer Sperre von einem Jahr belegt.

Ich ging zu den Eltern. Auch der Ansbacher Jugendleiter war zugegen. Der lehnte einen Wechsel von Volkert zum Club von vornherein ab. „Kommt nicht in Frage." Ich ließ nicht locker – und hatte Erfolg. „Ja, wenn der Club sich irgendwie erkenntlich zeigen würde", hob der Jugendleiter an. Ich setzte sofort nach, fragte, was dies zu bedeuten habe. „Na ein Spiel des Club hier gegen uns oder etwas für die Jugendkasse", verdeutlichte der Jugendleiter. Schließlich einigten wir uns auf 3.000 DM. Ich glaube, das war einer der ersten deutschen Jugendtransfers gegen Geld.

Als Jugendleiter war ich bis 1970 aktiv, dann wurde es mir zuviel. Man sollte die Vergangenheit nicht glorifizieren, aber solche Erfolge wie Ende der fünfziger Jahre sind einfach nicht wiederholbar. Es sind schon immer wieder gute Spieler aus der Club-Jugend in die erste Mannschaft gewachsen wie Weyerich, Dämpfling oder der Rudi Sturz. Aber das waren eben keine Flachenecker, Strehl, Reisch oder Wild.

Trotzdem war bis Mitte der siebziger Jahre die Club-Jugend in Bayern unschlagbar. 1974 wurden sie noch einmal Deutscher Meister. Jetzt als Regionalliga-Mannschaft, noch dazu mit einem hohen Schuldenberg, da ist es doch klar, daß die Talente ihr Glück woanders suchen. Koch, Hollerbach oder wie sie heißen, sie alle zog es nach Kaiserslautern und wer weiß noch wohin, nur nicht zum Club.

Das muß wieder anders werden. Der Club muß wieder hier in Franken die erste Adresse sein, und die jungen Spieler dürfen nicht zu viel auf Athletik hingetrimmt werden. Der Ball muß beim Training im Mittelpunkt stehen. Der Ball ist doch das Instrument, das ein Fußballer perfekt beherrschen muß. □

(Andreas Weiß war von 1949 bis 1970 zunächst als Club-Fußballjugendleiter und ab 1957 als Mitglied der Hauptvorstandschaft für den gesamten Amateurfußballbereich verantwortlich. Er betreut heute das Vereinsarchiv).

Die Youngsters auf dem Weg nach oben

Langsam aber sicher konnte man in Nürnberg die Früchte ernten, die man mit der Konzentration auf die Jugendarbeit gesät hatte. Spieler wie Nandl Wenauer, Heinz Strehl, Helmut Hilpert, Gustl Flachenecker, Steff Reisch, Tasso Wild und der junge Kurt Haseneder reiften heran. Andreas Weiß als Jugendleiter und Fritz Kreißel als Jugendtrainer führten die Jugend-Spieler systematisch an die erste Mannschaft heran, so daß sie dort mit ihrem unbekümmerten, technisch versierten Spiel sofort Anschluß fanden.

Bimbo Binder hatte die Mannschaft inzwischen ohnehin erheblich verjüngt. Schaffer hatte die Torwarthandschuhe an den Nagel gehängt, Roland Wabra stand nun zwischen den Pfosten. Als ehemaliger Linksaußen hatte er Übersicht und ein gutes Stellungsspiel. Auf der Linie war er reaktionsschnell und vor allem fangsicher. Wo andere fausten, hielt er den Ball fest. Dank des treffsicheren Sturms, 74 Tore waren die meisten der Liga, spielte der Club von Anfang an oben mit.

Im Schnitt strömten 18.500 zu den Heimspielen der Saison 1957/58 ins Stadion, obwohl der Fußball mit dem Kino eine starke Konkurrenz bekommen hat. Als im November 1957 das Admiral-Kino mit 1.000 Plätzen seine Pforten öffnete, blockierten Menschenmassen die Königsstraße. Zum Musikfilm „Der schönste Tag meines Lebens" waren schließlich die Hauptdarsteller anwesend, ein Tagesfeuerwerk begeisterte die Massen.

Ein Feuerwerk ganz anderer Art war das Oberliga-Finale. Der Karlsruher SC lag einen Punkt vor den punktgleichen 1. FCN und Eintracht Frankfurt. Während der KSC gegen BC Augsburg 5:1 gewann, schlug der Club den FSV Frankfurt am Bornheimer Hang durch einen Elfmeter in der 86. Minute, den Heiner Müller eiskalt verwandelte, denkbar knapp mit 1:0. „Ich dachte dabei nur an den Herrgott", äußerte Müller sich überglücklich nach dem Schlußpfiff. Derweil verlor Eintracht Frankfurt beim bereits als Absteiger feststehenden Jahn Regensburg knapp mit 0:1.

Wieder war der HSV Endstation in der Endrunde. Der HSV zog ins Endspiel ein und unterlag dort Schalke 04 klar mit 3:0. Schalke schloß damit zum Club auf. Beide Altmeister hatten jetzt sieben Titel.

Beim 4:3-Erfolg gegen Köln in der Endrunde machte aber einer von sich reden, der mit dem Club zwei Meisterschaften holen sollte: Heinz Strehl spielte mit seinen 18 Jahren einen exzellenten Rechtsaußen. Schon in der zweiten Minute führte er sich mit einem Pfostenschuß hervorragend ein, dann lieferte er die Vorlage zum zweiten Tor. „Aus dem Burschen wird was", prophezeihte Bimbo Binder. Auch Wenauer debütierte 1958. Als Mittelläufer sicherte er sich dank seiner Qualitäten auf Anhieb einen Stammplatz.

Der Weg nach oben zeichnete sich auch in der Saison 1958/59 deutlich ab. Wieder traf der Club-Sturm am besten. 80 Tore, das waren neun mehr als Meister Eintracht Frankfurt. Für den Club reichte es aber nur zum undankbaren dritten Platz.

Mit Beginn der neuen Saison waren die torgefährlichen Glomb und Schmid zum SV Wiesbaden gewechselt. Ein herber Verlust, den Bimbo Binder mit einem geschickten Schachzug wettmachte. Er stellte Strehl in die Angriffsmitte, die Position, in der er sich am wohlsten fühlte. Nach wenigen Spieltagen stieß der Club schon an die Tabellenspitze vor. Doch dann mußte Morlock fünf Monate pausieren, und die Mannschaft kam aus dem Tritt. Nach Morlocks Comeback jagte ein Sieg den anderen. Am Ende landete der Club immerhin auf dem sechsten Platz.

Auch in dieser Saison hatten wieder Talente aus der Club-Jugend, die später Stützen der Meistermannschaft werden sollten, ihre ersten Auftritte. Paul Derbfuß und Helmut Hilpert bildeten die Verteidigung. Der eine ruhig und überlegt, der andere eine robuste Kämpfernatur, der kei-

Nürnbergs Mittelstürmer Strehl im Spiel gegen Bayern Hof im September 1959 beim Versuch, den Hofer Torwart zu umspielen. Endstand: 3:0 für den Club.

▷ **INTERVIEW: GUSTL FLACHENECKER**

Dynamit in den Beinen

Mit 20 Jahren wurde Gustav „Gustl" Flachenecker 1961 mit dem Club deutscher Meister, 1962 dann noch Pokalsieger. Ingesamt absolvierte er 300 Spiele in der ersten Mannschaft. Besonders gefürchtet waren seine Schüsse aus der zweiten Reihe. 1967 war Flacheneckers Karriere als Mittelfeldspieler und Rechtsaußen (im Pokalspiel 1962 gegen Saar 05 Saarbrücken stand er sogar die letzte Viertelstunde im Tor) aufgrund von Verletzungen zu Ende.

Wann hatten Sie Ihren ersten Ballkontakt?
Oh je, das war als kleiner Bub auf dem Dorf. Dann spielte ich bei Johannis 88, und schließlich hat der Club mich geholt. Mein Vater war nie dagegen, daß ich Fußball gespielt habe. Im Gegenteil. Für jedes Tor hat es 50 Pfennig gegeben. Einmal bin ich nach Hause gekommen und hab' ihm gesagt: „Vater, heut' wird's teuer." Wir hatten gerade gegen Boxdorf 36:0 gewonnen, und ich hatte 20 Tore geschossen. Die zehn Mark hat mir mein Vater anstandslos gegeben.

Wie konnte so eine junge Mannschaft wie die 61er Meister werden?
Wir hatten mit Wabra einen Klassetorwart, mit Derbfuß und Hilpert zwei richtige Decker, in der Mitte stand Wenauer, an dem kam keiner vorbei, und dann hatten wir viele Torschützen. Ich habe 16 gemacht, Morlock 13, Strehl 22, Wild 15 und Albrecht 11. Das heißt, jeder von der Fünferreihe schoß mehr als zehn Tore. Wo gibt es das denn heute noch?

Der „Kicker" nannte sie einmal den Mann „mit dem Dynamit in den Beinen". Haben Sie Ihre Scharfschüsse eigens trainiert?
Nein, ich habe dasselbe Training wie alle anderen gemacht. Bei Freistößen habe ich immer voll draufgehalten. Einmal im Europapokal gegen Istanbul haben sich die türkischen Spieler verkehrt herum in die Mauer gestellt. Ich habe dann den Freistoß einem knapp am Ohrwaschel vorbei ins Tor geschossen. Ich habe manchmal aus unmöglichen Lagen geschossen und so den Torwart völlig überrascht. Ein bißchen frech muß man eben sein, und außerdem darf man sich nicht alles gefallen lassen, auch vom Schiedsrichter nicht. Ich meckerte ziemlich oft, aber vom Platz bin ich nie geflogen. ☐

nem Zweikampf aus dem Weg ging. Dann Tasso Wild, der elegante Techniker, und Gustl Flachenecker, der Mann mit dem Bombenschuß.

Geld spielte inzwischen eine immer größere Rolle im Fußball. Die Summen waren jedoch noch weit von den heutigen Dimensionen entfernt. Die Oberliga spaltete sich in arme und reiche Vereine. Mit Gesamteinnahmen von 712.655 DM (im Jahr 1959) stand der Club noch ganz gut da. Fast die Hälfte davon waren die Zuschauereinnahmen aus den 15 Punktspielen. Nach Abzug aller Ausgaben erwirtschaftete der Verein einen Gewinn von 21.000 DM. Der Präsident des VfB Stuttgart, Fritz Walter, gründete einen Hilfsfond für arme Oberligisten. Von den jeweiligen Heimspieleinnahmen wanderten zwei Prozent in diesen Topf.

Triumphzug der Jungen – der achte Titel

Bimbo Binder war am Ende der Saison zum Fußballclub der Philips-Werke, dem damals schon berühmten PSV Eindhoven, gewechselt, und der Club engagierte Herbert Widmayer als seinen Nachfolger. Der „forsche Draufgängertyp von der Art Eddie Constantines" (Wich/Kelber) konnte auf die tolle Arbeit mit dem Einbau junger Talente in die erste Mannschaft aufbauen, die Binder in den sechs Jahren beim Club geleistet hatte. Widmayer ließ sich zunächst vom erfahrensten Spieler, von Morlock, wichtige Tips geben. Er führte das Aufwärmen vor den Spielen ein. Mit neuartigen Trainingsmethoden übte er Kondition, Spurts und vor allem Starts. Nach Widmayers Ochsentour besaß die Mannschaft zu Saisonbeginn eine Bombenkondition, die als mit ausschlaggebend dafür angesehen wurde, daß die junge Clubmannschaft 1961 die achte Meisterschaft einfahren konnte.

Als besondere Qualität Widmayers hielt Nandl Wenauer im Rückblick fest: „Wir hatten mit Herbert Widmayer damals einen Trainer, der eine echte Kumpel-Vater-Figur darstellte... Er liebte das persönliche Zusammensein mit seinen Spielern, die wie eine Eins hinter ihm standen." Widmayer verstärkte den Verjüngungsprozeß. Er holte aus der Clubjugend Steff Reisch, Kurt Haseneder, später noch Karl-Heinz Ferschl und Horst Leupold, und schweißte die Mannschaft zu einer Einheit zusammen, angeführt von Senior Max Morlock mit seinen 36 Jahren.

Bereits am dritten Spieltag eroberte der Club mit einem 8:0-Kantersieg gegen Bayern Hof die Tabellenführung. Heiner Stuhlfauth war begeistert: „Wenn der 1. FCN solch junge, ehrgeizige Spieler zur Verfügung hat, dann ist es eine wahre Freude zuzusehen." Souverän holte sich die junge Club-Truppe den Südmeistertitel. Strehl (22 Treffer), Flachenecker (16) und Wild (15) hatten den größten Anteil an den 96 Toren. Die nur 30 Gegentore bewiesen die Qualitäten der Abwehr um Wabra, Derbfuß und Hilpert, auf die Widmayer so großen Wert gelegt hatte. Vierzehn von 30 Spielen gewann der Club zu null.

In der Endrunde hatte es der Club mit der Hertha aus Berlin, dem 1. FC Köln und dem SV Werder Bremen zu tun. Zum Auftakt schlug man Hertha BSC im Olympiastadion mit 2:0. Die Club-Spieler hatten schon für Aufsehen gesorgt, als sie im Trainingsanzug nach Berlin anreisten. Der Club-Vorsitzende Franz hatte damit kein Problem: „Schlafwagen hin und zurück. Keine Koffer in Berlin, Bequemlichkeit für die Spieler. In den Endrunden-Spielorten sind wir für die Außenwelt nur zwei Halbzeiten lang vorhanden."

Auf dem Spielfeld zeigte sich die junge Club-Truppe nicht so abgeklärt, sondern ungewohnt nervös. „Die jungen Burschen saßen vorher teilweise käseweiß in der Kabine", erzählte Franz nach dem Spiel. Sie wußten genau, daß schon ein verlorenes Endrundenspiel das Aus bedeuten konnte. Selbst Wabra, mit seinen 25 Jahren noch einer der Ältesten, unterliefen ein paar Fehler. Am meisten litt Flachenecker unter der nervlichen Belastung. Allein Max Morlock gelang es in seinem 800. Spiel für den Club, Ruhe ins Spiel zu bringen. „Wo der Max bloß die Kraft hernimmt", wunderte sich nach dem Schlußpfiff der wegen Verletzung nicht zum Einsatz gekommene Heini Müller.

In der anderen Gruppe erlebte der HSV, im Vorjahr Deutscher Meister, im Volksparkstadion eine böse Überraschung. Die defensiv eingestellte Borussia Dortmund gewann 5:2. Immer wieder ließen sich die Hanseaten von Kontern der Borussen überraschen. Im Volksparkstadion war es erstaunlich ruhig, nicht nur wegen der 2:5-Niederlage. Der HSV hatte nämlich Lärminstrumente und Transparente verboten. Dies galt damals als „Randalieren". Die Club-Fans fielen dagegen ob ihrer vielen kleinen Trompeten, Rasseln und Transparente in Berlin unangenehm auf. Beim nächsten Spiel in Nürnberg sollten auch sie sich zurückhalten und von der Presse postwendend Komplimente erhalten.

Am zweiten Spieltag kam der 1. FC Köln ins Nürnberger Stadion. Ein schwerer Brocken, standen doch in den Reihen der Kölner mit Schäfer, Schnellinger, Sturm, Stollenwerk und Wilden fünf aktuelle Nationalspieler, nahezu die gesamte Nationalverteidigung.

Gegen die großen Namen legten die jungen Cluberer ihre Nervosität weitgehend ab. Schon nach sechs Minuten wähnten sich die Nürnberger

Fans unter den 45.000 Zuschauern im siebten Himmel. Durch einen Bombenschuß von Morlock führte der Club 1:0. Der Club blieb am Drücker, vor allem Morlock, Müller und Strehl waren in Hochform. Lediglich die beiden Flügelflitzer enttäuschten. NN-Reporter Willy Neumeier, kein Freund von kurzen Sätzen, fand dazu schöne Worte: „Aber Albrecht auf Linksaußen, der zwar unablässig umherrannte, als hätte er Ameisen in der Hose, aber nie zur Stelle war, wenn man ihn gebrauchte, der vor Unruhe kaum mehr fähig war, einen angespielten Ball ruhig zu stoppen, war von dem gewiß nicht übermäßig schnellen Stollenwerk ebenso von der ersten Minute an zur Wirkungslosigkeit verurteilt, wie auf der Gegenseite Flachenecker, der bis zur letzten Viertelstunde ebenfalls seine Scheu vor seinem großen Widerpart nicht abzustreifen vermochte.."

Nach dem Führungstreffer des Club nahm der Kölner Druck zu, es entwickelte sich ein dramatisches Spiel. Flachenecker verschoß einen Elfmeter, und Wabra glänzte mit tollkühnen Paraden. Dreimal schoß Morlock den Club in Führung, dreimal glichen die Kölner aus. Nach dem letzten Ausgleich zehn Minuten vor Schluß mußten die Sanitäter den sechsten Zuschauer auf der Bahre über die Aschenbahn tragen. Alle waren vor Aufregung ohnmächtig geworden.

Nach dem Spiel zeigte sich Kölns Coach Oswald Pfau überrascht „von der Moral der jungen Club-Truppe". Schiedsrichter Dusch sprach von einem „wundervollen Spiel, so schnell und farbig sollten sie alle sein". Und Oberbürgermeister Urschlechter, der zum ersten Mal im Stadion saß, war sichtlich angetan: „Großartig, jetzt komme ich öfter."

Im dritten Vorrundenspiel gegen Werder Bremen brachte es der Club fertig, an der Weser einen 1:2-Rückstand in einen 4:2-Erfolg durch Treffer von Flachenecker, Morlock und Müller umzumünzen. Nach der 1:0-Führung des Club hatte die Begegnung kurz vor dem Abbruch gestanden. Die Bremer Spieler und Fans hatten erfolglos gefordert, dem Treffer die Anerkennung zu versagen. Willy Neumeier mußte da schon Ausflüge in die große Politik unternehmen, um dies in Worte zu kleiden: „Die rasenden Zuschauer tobten wie Fidel-Castro-Anhänger gegen die Yankees, und in der Siedehitze in dem Spielfeld und herum schien der sportliche Anstand restlos knockout zu gehen." Nach dem furiosen Club-Sturmlauf war die *Frankfurter Abendpost* hernach des Lobens voll über den 1. FCN: „Die Nürnberger bewegten sich in der drückenden Schwüle, als wären sie an der Copacabana aufgewachsen. Eine Elf von Youngsters mit dem listenreichen Leitwolf namens Morlock."

Ungeschlagen führte der Club nun seine Gruppe an. Drei Unentschieden aus den ausstehenden drei Spielen würden schon für den Einzug ins Finale genügen. Im Rückspiel in Bremen kam Tasso Wild nach langer Verletzungspause wieder zum Einsatz. Der lange schlaksige Halblinke glänzte mit Schnelligkeit und Starts in den freien Raum. Er war es auch, der den Club nach einer bildschönen Kombination mit 1:0 in Führung brachte. Am Ende hieß es 4:0.

Drei Tage später machte der Club in Köln alles klar. Vor dem Anpfiff wollte Morlock dem Kölner Maskottchen, dem Geißbock „Hennes", noch schnell einen Klaps versetzen. Da protestierten die Platzordner: „Was geht Euch unser 'Hennes' an!" Morlock erwischte den Geißbock doch. Ein gutes Omen, denn der Club schlug den 1. FC Köln vor 50.000 Zuschauern mit 2:1 durch Tore von Müller und Zenger. Die Club-Mischung aus Routine und jugendlichem Ungestüm setzte ihren Siegeszug fort.

Mit 9:1 Punkten stand der 1. FCN schon vor dem letzten Endrunden-Spiel zuhause gegen Hertha BSC, es endete 3:3, als Finalist fest. Endspielgegner war Borussia Dortmund mit Trainer Max Merkel. Dank der besseren Tordifferenz war Dortmund ins Finale eingezogen. Im letzten Spiel hatten sie den HSV mit 7:2 geschlagen. Die Stürmerreihe Schütz, Konietzka und Kelbassa hatte restlos überzeugt. Kelbassa tippte für das Finale gegen den Club auf einen 7:1-Kantersieg seiner Elf.

Im Niedersachsenstadion warten dann 82.000 Zuschauer auf das 50. Jubiläumsendspiel um die deutsche Fußballmeisterschaft. In Nürnberg selbst sind die Straßen zwischen 17.00 und 19.30 Uhr völlig menschenleer, wie ausgestorben. Das Leben spielt sich bei den glücklichen Fernsehbesitzern ab. Meist sind deren Wohnungen bis zum letzten Stuhl ausverkauft.

Die Dortmunder mit den vielen Routiniers, die schon 1956 und 1957 Deutscher Meister wurden, und dem Nationaltorhüter Kwiatkowski beginnen unerwartet nervös. Ganz im Gegensatz dazu die junge Club-Elf. Vor dem Spiel hat Senior Morlock die jungen Spieler aufzubauen versucht: „Wir wollen versuchen, gut über die ersten 20 Minuten zu kommen. Dann sehen wir weiter. Wieso sollten wir eigentlich Angst haben?" Nach anfänglichen Dortmunder Sturmläufen wird der Club so souverän, wie man sich eigentlich die Westfalen vorgestellt hätte. Das Abwehrbollwerk um Wabra, Derbfuß und Hilpert und vor allem Wenauer in der Mitte ist unüberwindlich, der Ball läuft wie am Schnürchen durch die eigenen Reihen, und blitzschnell wird in den freien Raum nach vorne gespielt. Dort glänzt vor allem der junge Haseneder, der schon in der 6. Spielminute per Hecht-Kopfball das 1:0 erzielt.

Im Finale 1961 gegen Borussia Dortmund spielt die junge Club-Mannschaft so souverän, wie man es eigentlich von den Dortmundern erwartet hätte. Selbst Club-Verteidiger Paul Derbfuß mischt im Angriff mit und gibt Flanken in die Sturmmitte.

Geschafft! Der Club ist zum achten Mal Deutscher Meister. Stolz hält Senior Max Morlock die Meisterschale in die Höhe.

Die frühe Führung gibt dem Clubspiel zusätzliche Sicherheit. Eine Minute vor der Halbzeit erzielt Müller das 2:0. Er fälscht den von Strehl hereingegebenen Ball um die entscheidenden Zentimeter ab, so daß er für Kwiatkowski unerreichbar ist. Heini Müller spielt das beste Spiel seines Lebens, und dafür hat er auch nach dem Schlußpfiff eine Begründung: „Ach, ich bin ja so froh. Wenn nicht so viele Leute da wären, tät ich am liebsten a bißla weinen. Vielleicht die einzige Deutsche, die du mitmachst, hab ich gedacht. Da hab ich mich halt reingehängt."

Für den Endstand sorgt Strehl in der 67. Minute. Ein Bilderbuchtor. Nach einem Abwehrfehler der Borussen läuft Müller auf der linken Seite auf und davon und gibt dann nach innen, wo Strehl ungehindert einschießt. In der letzten Viertelstunde kommt Dortmund mächtig auf, doch der Club spielt gekonnt. Teilweise wird die Borussia so kläglich ausgespielt, daß sie vom Publikum ausgelacht wird.

Die Clubspieler liegen sich nach dem Schlußpfiff in den Armen. Der erste Gratulant ist der ehemalige Cluberer und 48er Meisterspieler Hans Pöschl. „Ich hab ja gewußt, daß ihr gewinnt, ich hab immer an euch geglaubt", freut er sich über den Endspielsieg. Gemeinsam mit Morlock geht er in die Kabine und anschließend sogar mit unter die Dusche. Trainer Widmayer sitzt zunächst sprachlos auf der Bank. Sprachlos über seinen Erfolg nach nur einjähriger Tätigkeit. Und die Nürnberger Torwart-Legende Heiner Stuhlfauth, ebenfalls im Niedersachsenstadion dabei, spricht vor Freude: „Eure Meisterschaft wird mein Leben um zehn Jahre verlängern."

Der Club wird Meister mit acht Spielern, die aus der eigenen Jugend gekommen sind. Hilpert, Reisch, Wenauer, Flachenecker, Morlock, Strehl, Haseneder und Wild. Das Durchschnittsalter der Endspielelf beträgt 23,7 Jahre, wobei Morlock mit seinen 36 Jahren den Schnitt gewaltig nach oben drückt. Der achte Titel war also ein Triumph der Nürnberger Jugend. „Unsere jungen Spieler haben bewiesen, daß sie schon ausgekochte Füchse sind", kommentiert Morlock die erfolgreiche Saison.

Mit acht Titeln und elf Endspielteilnahmen lag der Club wieder vor Schalke 04 mit sieben Titeln und zehn Endspielen. 200.000 säumten Nürnbergs Straßen zum Empfang des Rekordmeisters. Mühelos drückten die Menschen die Sperrketten der Polizei ein, als die Spieler vorbeizogen. Der Hauptmarkt war bis auf den letzten Millimeter gefüllt. Böllerschüsse krachten, die Spieler bekamen von kleinen Mädchen Girlanden umgehängt. Oberbürgermeister Andreas Urschlechter verkündete spontan: „Wir im Stadtrat wollen unseren Dank alsbald abstatten, indem wir beschließen werden, das Nürnberger Stadion zu vergrößern. Die siegreiche Mannschaft wird uns beflügeln, ihr eine neue Heimstatt zu schaffen!" Auch der stellvertretende Ministerpräsident von Bayern, Rudolf Eberhard, ließ es sich nicht nehmen, das Wort zu ergreifen: „Wenn man in Bayern vom Fußball spricht, schaut man nicht nach München, sondern nach Nürnberg, das ist die Sport-Hauptstadt."

Typisch Club aber, daß man die Teilnahme am Europa-Cup in Frage stellte. Statt sich auf die internationalen Vergleiche und damit auch auf das Geld zu freuen, reagierte man zunächst zurückhaltend. „Es ist für uns eine schwere Aufgabe, diesen Beschluß zu fassen. Wir haben eine junge Mannschaft und müssen beraten, was wir wollen: eine erfolgreiche Verteidigung des Meistertitels oder einen Weg, wie ihn Eintracht Frankfurt und neuerdings der HSV gegangen sind, also Erfolg im Europa-Pokal und damit verbunden das Risiko, im nächsten Jahre nicht im deutschen Endspiel zu stehen." Zum Glück gab sich die Vereinsführung einen Ruck und sprach sich nach langen Beratungen für eine Teilnahme aus.

Als Anerkennung für seine Bestleistungen in der Saison und insbesondere in den Endrundenspielen wurde Max Morlock von den Sportjournalisten 1961 zum „Fußballer des Jahres" gekürt. Von 444 Stimmen erhielt er allein 305. Der Zweitplazierte, Uwe Seeler, bekam nur 80.

Meisterlich, aber ohne Titel

In der Saison 1961/62 standen einige Veränderungen der Meisterelf an. Der alte Kämpe Ucko, seit 1949 in der Vertragsspielerelf, verließ den Verein. Gettinger, dessen Wechsel von Fürth erheblichen Staub aufgewirbelt und eine einjährige Sperre nach sich gezogen hatte, war endlich spielberechtigt. Auch der Sohn von Willy Billmann war bereits im Gespräch. Der Stopper der Club-Jugend machte auf Widmayer einen hervorragenden Eindruck. Aber die Vereinsführung hatte beschlossen, Verträge erst mit 20jährigen abzuschließen. Billmann-Junior stieß erst in der ersten Bundesliga-Saison zur ersten Mannschaft.

Den Meisterschaftselan setzte der Club in der neuen Saison fort. Er wurde abermals Südmeister. Punktgleich zwar mit der Eintracht aus Frankfurt, aber mit der besseren Tordifferenz. Insbesondere die Abwehr mit Wabra, Derbfuß und Hilpert war wiederum der Garant des Erfolges.

Genauso erfolgreich schlug sich der Club im Europapokal. Beinahe im Spaziergang wurde die erste Runde gegen Drumcondra Dublin (5:0 und 4:1) gemeistert. Auch Fenerbahce Istanbul stellte für die junge Club-Truppe kein unüberwindliches Hindernis dar. Man gewann 2:1 und 1:0.

Dann machte die berühmte Benfica aus Lissabon im seit Wochen ausverkauften städtischen Stadion ihre Aufwartung. Schon in der zehnten Minute schienen alle Hoffnungen des Clubs zu zerstieben. Benfica führt 0:1 durch Cavem, der aus acht Meter Wabra keine Chance ließ. Doch dann ist es das Spiel von Gustl Flachenecker. In der 31. Minute bekommt Flachenecker den Ball. Er fackelt nicht lange, zieht sofort ab und überrascht damit Benfica-Torwart Pereira, der an eine Flanke gedacht hatte. Flachenecker ist es auch, der die 2:1-Führung mustergültig vorbereitet. In der 40. Minute zieht er am rechten Flügel davon, lockt Pereira aus dem Tor und schiebt überlegt in die Mitte zum mitgelaufenen Strehl, der mühelos einschießen kann. In der 85. Minute setzt Flachenecker der Club-Leistung die Krone auf. Eine Kopie seines ersten Treffers. Er treibt den Ball gemächlich, läuft in halbrechter Position und plötzlich schießt er. Pereira wirft sich zu spät nach dem Ball. Der Club gewinnt mit 3:1 und hat sich die 50 DM (!) Siegprämie redlich verdient.

Das Rückspiel bedeutet jedoch das Aus. Eusebio und Co. spielen den Club, der ohne den verletzten Wabra antreten muß, im Hexenkessel von Lissabon an die Wand. Vor 70.000 Zuschauern spielt Benfica wie entfesselt auf, und es setzt für den Club eine derbe 0:6-Abfuhr. Heinz Strehl konnte da auch Jahre danach nur staunen: „Ich habe weder vorher noch nachher eine Mannschaft gesehen, die sich in einen solchen Spielrausch steigerte... Der Ballkünstler Eusebio packte seine ganze Trickkiste aus. Er spazierte durch unsere Reihen, als ob wir Luft für ihn seien", erzählt er 1968 den Buchautoren Georg Wich und Hildebrand Kelber.

Benficas Trainer Bela Guttmann nach dem Spiel: „Nürnbergs Elf kann nicht schießen. In Lissabon schossen meine Stürmer 39mal aufs Nürnberger Goal, während die Cluberer nur fünf gezielte Schüsse abfeuerten. Mein Trainingsprogramm bei Benfica lautet: Passen, Köpfen, Stoppen, Dribbeln, Schießen. Und das bei jedem Training, anders geht es nicht. Selbst Virtuosen müssen täglich das ABC ihrer Kunst üben." Herbert Widmayer selbstkritisch: „Wir werden und müssen wieder von vorn beginnen." Das Abenteuer Europapokal war zu Ende, doch der Club hatte international an Renommee gewonnen.

Auch aus der neunten Meisterschaft wurde es (noch) nichts. Der 1. FC Köln erwies sich im Berliner Olympiastadion als übermächtiger Gegner. Der Club enttäuschte die 82.000 Zuschauer auf der ganzen Linie. Gegen die raffinierten, glänzend kombinierenden Kölner fand er kein Rezept, zumal er seine sonstige Stärke, das Direktspiel mit dem überraschenden Paß in die Tiefe, nicht ausspielte. Lediglich Wabra und Strehl und vielleicht noch Reisch fanden zur Normalform, der Rest blieb weit unter seinen Möglichkeiten. Mit 0:4 geriet der Club unter die Räder. Tschik Cajkovski, der seine Kölner glänzend eingestellt hatte, war verständlicherweise hochzufrieden: „Meine Taktik, Tempo, Tempo und genaue Manndeckung. Wir sind heute die am schnellsten spielende deutsche Mannschaft. Dazu viel scharfes, direktes Abspiel – und im richtigen Moment Höchstform." So lautete sein Erfolgsrezept. Zudem machte es sich bezahlt, daß sich die Kölner schon seit geraumer Zeit höchstprofessionell auf die künftige Bundesliga vorbereitet hatten.

Trotz der derben Niederlage wurde der Club in Nürnberg begeistert empfangen. Die Spieler trauten sich schon kaum aus dem Flugzeug, als OB Urschlechter dem Club-Kapitän vorschlug: „Etz fahr'ma zum Hauptmarkt." Morlock erwiderte trocken: „Dös a no." Zehntausende standen auf dem Weg vom Flughafen zum Hauptmarkt und zum Zabo Spalier. Morlock war sichtlich gerührt: „Bei Siegen kann jeder eine Mannschaft empfangen, aber nicht bei Niederlagen." Und Morlock versprach: „Wir kommen wieder."

Zunächst jedoch ohne ihn. Gleich nach dem Endspiel stellte Morlock klar, daß er seine Fußballstiefel an den Nagel hängen werde. Doch das hielt nicht lange. Im März 1963 sollte er sie schon wieder schnüren.

Der dritte Pokalsieg

Zu Beginn der Saison 1962/63 erspielte sich der Club seine zweite Europapokal-Chance. Er holte zum dritten Mal nach 1935 und 1939 den deutschen Pokal und war damit deutscher Rekordpokalsieger.

In den Runden zuvor hatte der Club gegen Saar 05 Saarbrücken (3:0) und den VfL Hildesheim (11:0) klar die Oberhand behalten. Dann kam in der Vorschlußrunde Eintracht Frankfurt ins Stadion. Die Hessen hatten den FC Bayern München mit 5:0 aus dem Rennen geworfen, aber auch gegen einen Club ohne Morlock, Gettinger, Wenauer und Neuzugang Engler hatten sie keine Chance. Gustl Flachenecker und Steff Reisch machten eine ihrer besten Partien. Wild, zweimal Flachenecker und Haseneder sorgten für das 4:2 und damit den Einzug ins Finale. „Jetzt ziehen die Lausbuben schon wieder in ein Finale ein", kommentierte anerkennend die Vereinszeitung.

Ohne Morlock, Zenger und Müller gewann der Club vor 41.000 Zuschauern im Niedersachsen-Stadion das Pokalfinale gegen Fortuna Düsseldorf – wie schon im 36er Meisterschaftsendspiel – mit 2:1 nach

Verlängerung. Nachdem Haseneder die Führung der Düsseldorfer egalisiert hatte, stand es nach 90 Minuten 1:1. Das entscheidende Tor erzielte Tasso Wild in der 3. Minute der Verlängerung. Als der Düsseldorfer Manni Kraft einen Abschlag verzögert hatte, ging der Halblinke dazwischen und schob den Ball ins leere Tor.

Am 30. September 1962 feierten Reisch und Strehl ihr Debüt in der Nationalelf. Sie trugen den Hauptanteil des 3:2-Sieges über Jugoslawien in Zagreb. Strehl schoß einen Hattrick, und Reisch spielte einen hervorragenden Außenläufer.

In der laufenden Oberligasaison lief es nicht so rund. Da mußte Max Morlock wieder ran. Insbesondere Heinz Strehl machte sich für sein Comeback stark. „Der kam zu mir und erklärte, er sei ohne mich nur die Hälfte wert, ihm würden meine Pässe fehlen, die für ihn halbe Tore waren", erinnerte sich Morlock. „Da blieb mir nichts anderes übrig, als es noch einmal zu probieren."

Mitte März 1963 spielte Morlock also wieder mit, und sogleich ging ein Ruck durch die Mannschaft. Sie verdrängten mit einem hart umkämpften 3:2 Sieg gegen Bayern München diese vom zweiten Tabellenplatz, der wiederum zur Teilnahme an der DM-Endrunde berechtigte. Damit stieß der Club den Bayern in letzter Minute das Tor zur Bundesliga zu. Meister wurde unangefochten 1860 München, bei denen Rudi Brunnenmeier allein 24 Tore schoß. Genausoviel hatte Kurt Haseneder bei Saisonschluß auf seinem Konto. Beide teilten sich die Torjägerkrone.

Es kam einer Sensation gleich, daß Haseneder zu Saisonende den Club verließ. Mit 21 Jahren vergab er die Chance, in der Bundesliga zu spielen. Er wechselte, sein berufliches Fortkommen im Auge und die Liebe im Blick, zum Absteiger Schwaben Augsburg, in die Regionalliga Süd. Auch Geld spielte dabei eine große Rolle. Dem vom Club angebotenen Handgeld von 20.000 für einen Zweijahresvertrag setzten die Augsburger 50.000 entgegen.

Im Europapokal der Pokalsieger hatte sich der Club derweil vorgearbeitet. Mit 0:0 und 3:0 wurde der AS St. Etienne aus dem Rennen geworfen. Auch BK 1909 Odense hatte mit 1:0 und 6:0 das Nachsehen. Dann war am 10. April 1963 das Club-Stadion wieder einmal restlos ausverkauft. Der spanische Pokalsieger Atletico Madrid trat zum Halbfinal-Hinspiel an. In der 21. Minute lag der Club 0:1 zurück, doch wie schon gegen Benfica bäumte sich die Mannschaft auf. Mit einer Energieleistung sondergleichen, vor allem von Max Morlock, schafften die Cluberer noch die Wende. Zwei Treffer von Tasso Wild in der 31. und 71. Minute bedeuteten den Club-Sieg.

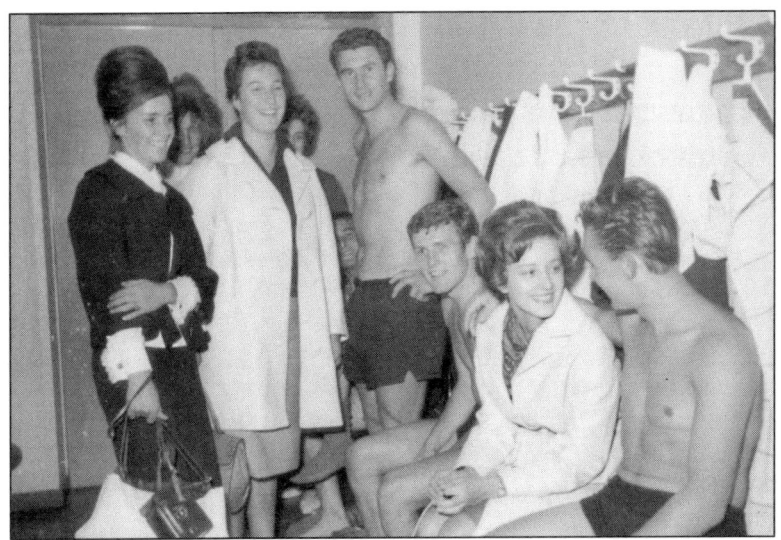

Die Pokalsieger feiern mit ihren Frauen in der Kabine. V.l.n.r. Frau Albrecht, Frau Wenauer mit Mann, Steff Reisch und Frau Flachenecker mit Mann.

Beim Rückspiel vor 117.000 Zuschauern lag eine Sensation in der Luft. Die Tore in der 45. und 57. Minute zum 2:0 für Atletico waren noch nicht die Entscheidung. In der zweiten Halbzeit spielte nur noch der Club, doch die besten Chancen blieben ungenützt. So kam es nicht zu einem Entscheidungsspiel, und der Europapokaltraum war ausgeträumt.

In der DM-Endrunde scheiterte der Club letztendlich am 1. FC Köln. Während man gegen Hertha mühelos 5:0 und 2:0 gewann, spielte man gegen Kaiserslautern zunächst 2:2 und dann zu Hause 5:1. Nach dramatischem Spiel und einem 1:3-Rückstand schaffte man noch ein 3:3 gegen den 1. FC Köln, ging dann aber im Rückspiel im Müngersdorfer Stadion mit fliegenden Fahnen unter. 2:6 hieß es am Ende. Nach 42 Minuten lag der Club schon aussichtslos mit 0:5 hinten. „Elf Kölner hatten im Stil von perfekten Fußballrobotern eine Mannschaft niedergerannt, die zur absoluten deutschen Spitzenklasse zählt", schrieb Andreas Weiß in die Vereinschronik. Doch auch die Kölner schafften es nicht. In Stuttgart mußten sie sich Borussia Dortmund mit 1:3 geschlagen geben.

Das Abenteuer Bundesliga begann, das die FCN-Vorstände lange Zeit vehement abgelehnt hatten, und für die Oberliga fiel endgültig der Vorhang.

▷ INTERVIEW: MAX MORLOCK

„Jawohl Herr Bundespräsident, ich bin der Torwart"

Max („Maxl") Morlock fing im Zabo als Straßenfußballer an, die Zahl der kaputten Fensterscheiben auf seinem Schulweg zum Scharrer-Schulhaus ist nicht überliefert. Zum Club zog es ihn schon in frühen Jahren. Als Ballnrußla lungerte er immer hinter dem Tor von „Hauptmann" Köhl herum. Sein erster Verein war jedoch Eintracht Nürnberg, bis ihn die Club-Späher zur Jugend des 1. FCN holten. Mit sechzehn stand er in der ersten Mannschaft. Das war 1941. Beim Anstoß der Oberliga Süd 1945 war er dabei. Als einziger Spieler auch beim Abpfiff 1963. In der Bundesliga machte er noch einmal 21 Spiele, bevor er 1964 nach 900 Spielen im weinroten Trikot endlich Schluß machte. Allein in der Oberliga schoß er 286 Tore und war damit mit weitem Abstand Torschützenkönig. In 26 Länderspielen machte der „Maxl" 21 Tore, darunter den wichtigen Anschlußtreffer zum 1:2 im WM-Finale 1954 in Bern. Da man damals von der Fußballerei noch nicht leben konnte, übernahm Morlock 1949 eine Hauptannahmestelle für Toto. Er starb am 10. September 1994.

Herr Morlock...
Ach, was soll ich von früher erzählen, ich bin kein großer Redner. Fragen Sie die anderen.
Herr Morlock, es wird behauptet, Ihnen sei der Fußball gleich mit in die Wiege gelegt worden.
Nein, das scheint mir maßlos übertrieben. Erstens hatten wir in der ganzen Verwandtschaft nicht ein derartiges Ding, und dann hätte sich meine Mutter wahrscheinlich sehr heftig dagegen gewehrt, wenn mir irgendwer Fußballschuhe, Schienbeinschützer oder gar einen Ball ins Bettchen geschmuggelt hätte.
Wann haben Sie denn zum ersten Mal gegen einen Ball getreten?
Das weiß ich nicht mehr. Wir haben als Buben immer auf der Straße Fußball gespielt. Zwei Kellerfenster waren die Tore, aus alten Lumpen und einigen Metern Schnur hatten wir einen „Flecklasball" gemacht. Beim Wählen der einzelnen Mannschaften war ich allerdings aufgrund meiner geringen Körpergröße immer der Letzte.

Dynamik und Willenskraft. Max Morlock, der mit Abstand bekannteste und beliebteste Cluberer. Berühmt und gefürchtet waren seine wuchtigen Kopfbälle, hier im Spiel gegen Ulm 46 am 29. September 1949. Endstand 4:0. V.l.n.r. Morlock, Stierle, Höchenberger (Torwart).

„Den Klann dou, den könnt ihr a nuch habn", hieß es immer. Als ich fünf war, war ich einmal mit meinem Vater im Stadion. „Da drunten will ich amol spieln", sagte ich ihm.

Wie kamen Sie überhaupt zum Club?

Ich spielte bei Eintracht Nürnberg. Bei einem Entscheidungsspiel gegen die 1. Jugend des Club bot mir der Betreuer des Club den Wechsel zum 1. FCN an. Ich weiß noch, mein erster Sieg im berühmten weinroten Club-Trikot, das war mit der B-Jugend gegen Vorra. Wir gewannen 5:4, und als Anerkennung bekam jeder einen Sprudel mit Geschmack.

Und Ihr erster Auftritt in der ersten Mannschaft?

Ich war gerade mal 16 Jahre alt, da sagte mir Bumbes Schmidt, ich solle in der Ersten spielen. Schon Tage zuvor war ich aufgeregt. Am Morgen des Spiels wachte ich schweißgebadet auf. Ich zog mich in der Jugendkabine um, Bumbes kam und redete mir wie einer kranken Kuh zu, band mir mein Schuhband besser und ging wieder. Da saß ich nun, ich neugebackener Mittelstürmer. Am liebsten wäre ich kurz vor Spielbeginn davongelaufen. Als wir vom Beifall von Tausenden Zuschauern empfangen wurden, fing ich mich wieder langsam. Nach dem Spiel sagte Bumbes kurz: „War gut so, wird schon noch." Wer den mit Lob sparsamen Haudegen kannte, wußte, daß dies schon etwas bedeutete.

Von Anfang an spielte der Club in der Oberliga oben mit.

Ja, die Mannschaft, insbesondere 1946/47, war einmalig. Wir hatten eine tolle Kameradschaft. Wir spielten modernes WM-System, und wir waren bester Kondition. Das A und O ist sowieso die Kondition. Wir beherrschten das Flachpaßspiel, und jeder gab vollen Einsatz. Ein Fußballspiel ist nun einmal kein Damenkränzchen, und wo gehobelt wird, da fallen auch Späne.

Gute Stimmung in der Mannschaft, wurde man da auch ab und zu mal reingelegt?

Das ging dann oft vom Schorsch Kennemann aus. Das war ein Mensch, der auf der Sonnenseite stand. Der Kennemann konnte trinken. Es war 1946 bei einem Freundschaftsspiel in Pforzheim. Der Schorsch nahm mich mit zu Schwarzhändlern. „Sei ruhig, Klanner, wir kriegen etz an wunderbaren Schnaps. Und wenn du Lauser net trinkst, wirst nie ein Fußballer", sagte er zu mir. Wir tranken also einen nach dem anderen. Doch Kennemann hatte nur angetäuscht, hatte gar nicht getrunken. Ich war dagegen stockbesoffen. Ich durfte dann am nächsten Tag bis kurz vor Anpfiff ausschlafen, wurde von Trainer Michalke von Kopf bis Fuß angezogen, er band mir auch die Schuhe zu. Ich schoß dann vier der fünf Tore zum 5:1-Sieg.

Was war beim Club nach dem Finalsieg gegen Kaiserslautern 1948 los?

Die Freude war überschwenglich. Auf der Heimfahrt im Zug kreisten die Weinflaschen. Ich wollte mich sogar von einem Fenster zum anderen hangeln, aber die anderen zogen mich mit vereinten Kräften wieder in den fahrenden Zug hinein. Der Empfang in Nürnberg war einfach unvorstellbar. Der Bahnsteig war von Menschen übersät.

Sie waren Rekordtorschütze der gesamten Oberliga, sogar in ihren letzten Bundesligaspielen waren sie noch eminent torgefährlich. Nur Elfmeter schossen sie nie gerne. Die Angst des Mittelstürmers vor dem Elfmeter?

Beim Strafstoß bekam ich meistens Zustände. Sonst hatte ich eine eiserne Ruhe, aber wenn zehn- oder zwanzig- oder noch mehr tausend Zuschauer auf mich und den Ball schauten und dazu ganz still waren, dann bekam ich ein bibberndes Gefühl. Deshalb überließ ich das Elfmeterschießen lieber anderen.

900 Spiele für den Club, was war denn das beste Clubspiel?
Ich glaube das war bei unserer zweiten Amerikareise gegen den englischen Erstligisten Sunderland. Es war ein Kampf auf Biegen und Brechen, und die Anstrengungen auf beiden Seiten steigerten sich ins Ungeheure. Die Engländer wollten es genau wissen, wir aber auch. Als ihnen in der 61. Minute ein Tor gelang, glich ich zehn Minuten vor Spielschluß aus. Der Kampf wogte auf und ab, und die Amerikaner waren schier aus dem Häuschen vor Begeisterung.

Sie haben viele Trainer erlebt. Von wem lernten sie am meisten?
Fast jeder hat mir etwas geben können. Bumbes Schmidt faßte uns in der ihm eigenen robusten Weise an. Er war ein Vollblutfußballer ersten Ranges, aber er konnte in seiner bayerischen Urwüchsigkeit oft schonungslos sein. Die Wiener Trainer dagegen machten dies in einem ruhigen, fast gemütlichen Ton und kamen mit ihrer charmanten Art ebenfalls dorthin, wo sie uns haben wollten. Bimbo Binders „Aber gehns" hat die gleiche Wirkung wie ein von Bumbes geschmettertes „Schau doch du Simpel". Mein bester Lehrer war Bundestrainer Sepp Herberger. Ich hatte nie einen Besseren.

Was haben Sie beispielsweise von Herberger gelernt?
Das richtige Essen. Iß also in Gottes Namen nicht zu scharf, denn Salz bindet Flüssigkeit, bleute uns Herberger ein. Iß aber keine schweren Sachen und möglichst kein Schweinefleisch. Nimm nicht zuviel Kartoffeln, die enthalten wieder zuviel Wasser. Das Trinken wird sehr klein, dagegen Salate, Obst und mageres Fleisch sehr groß geschrieben.

Spieler wie Sie könnten sich heute vor Angeboten aus dem In- und Ausland nicht mehr retten. War das damals ähnlich?
Man hat uns allen aus der Nationalmannschaft große ausländische Angebote unterbreitet, und ich finde es schön, daß dieser Verlockung alle Spieler widerstanden haben. Ich z.B. hatte ein Angebot aus Italien. 70.000 DM in bar hätte mir die Unterschrift gebracht und die Zusicherung eines Monatsgehalts in der Höhe eines sehr gutgestellten Ministerialbeamten. Der Haupthintergrund unseres Neinsagens war einfach die Kameradschaft in der Ländermannschaft. Das wurde deutlich beim Endspiel 1954 in Bern gegen die Ungarn. Schon nach neun Minuten führten die Ungarn 2:0. „Jetzt erst recht, Fritz", munterte ich Fritz Walter auf, als wir im Anstoßkreis zusammenstanden nach dem zweiten Tor der Ungarn, „Wir haben doch nichts mehr zu verlieren." Und schon in der nächsten

Minute hatten wir das 2:1 geschafft. Der Boß (Rahn) war mit dem Ball abgezogen, dabei etwas weit nach außen gekommen, und ganz instinktiv stürmte ich auf das ungarische Tor los. Jetzt, jetzt müßte die Flanke kommen! Ich hatte den Gedanken kaum gefaßt, da flankte der Boß auch schon in die Mitte. Auf dem nassen Boden bekam der Ball eine Mordsfahrt. Mit einem energischen Schritt ließ ich mich in die Vorlage hineinrutschen, Grosits schaute entgeistert, und an ihm vorbei rollte der Ball ins Netz. 2:1. Das war mein liebstes und wichtigstes Tor.

Sie werden als „König der Oberliga" bezeichnet, früher galt der Spruch „Kein Länderspiel ohne Morlock-Tor". Wie geht man damit um, wenn jeder auf der Straße einen erkennt und sagt, Mensch, das ist doch der Morlock?

Naja, das mit dem König vergessen Sie mal lieber. Außerdem, jeder erkennt einen nicht sofort. Ich erinnere mich da an das Länderspiel im März 1953 gegen Österreich in Köln. Wir Spieler wurden dem Bundespräsidenten Theodor Heuss vorgestellt. Ich stand als letzter in der Reihe. Als ich Heuss die Hand schüttelte, sprach er mich an: „Und Sie sind sicher der Torwart?" Ich überlegte blitzschnell. Sollte ich Nein sagen und damit eine vielleicht peinliche Situation heraufbeschwören? Lieber nicht. „Ja, Herr Bundespräsident", sagte ich einfach, „ich bin der Torwart". □

(Die Antworten stammen aus: Max Morlock: „Maxl Morlock erzählt", Süddeutscher Verlag 1955, Walter Setzepfand: „Die 13 war meine Glückszahl", München 1961, und aus zahlreichen Interviews in den verschiedensten Zeitungen.)

Max Morlock – dynamisch auch auf dem Motorrad.

Das letzte Hurra
1963 bis 1969

Fehlstart ins große Abenteuer

Der erste „amtliche" Deutsche Meister wurde 1903 gekürt. Er hieß VfB Leipzig, nach einem 7:2-Endspielsieg über den DFC Prag. 30 Jahre lang ermittelte der Deutsche Fußball-Bund (DFB) seinen Titelträger im Pokalsystem unter den Regionalmeistern, weitere 30 Jahre, von 1934 bis 1963, in einer Mischung aus Punktspielen zwischen den Gau- oder Regionalmeistern und später nur noch in „Endspielen", wie im Pokal.

Es gab die verschiedensten Versuche, dieses System zu einer wirklichen Meisterschaft weiterzuentwickeln, in der am Ende die beste Mannschaft einer gesamten Saison triumphieren sollte; alle scheiterten. Noch 1958 lehnte ein außerordentlicher DFB-Bundestag den Antrag auf Einführung der Bundesliga ab. Erst am 28. Juli 1962 in Dortmund, als die Angst vor einem Eingreifen der Steuerbehörden gegen den verworrenen Vertragsspielerstatus immer größer wurde, sagten die Delegierten aus 129 Vereinen mit 103:26 Stimmen „ja" zur neuen Eliteklasse des deutschen Fußballs. Die Monatsbezüge der neuen „Lizenzspieler" durften, inklusive Prämien, nicht mehr als 1.200 Mark im Monat betragen. Nur „besonders qualifizierte Spieler" konnten höhere Bezüge einstreichen, wenn zuvor ein Gutachten des Bundesligaausschusses und eine Genehmigung des Finanzamts eingeholt wurde. Das Grundgehalt eines Lizenzspielers mußte mindestens 250 Mark im Monat erreichen und durfte 500 Mark nicht übersteigen. Neben den Leistungsprämien waren auch „Sonderzahlungen anläßlich bedeutender Erfolge" erlaubt; 2.000 Mark für die Deutsche Meisterschaft und 1.500 Mark für den Pokalsieg.

Der 1. FC Nürnberg und sein Präsident Ludwig Franz zählten bis zuletzt zu den schärfsten Gegnern der Bundesliga. Er sehe keinen Grund, „das bewährte System" mit den vier Oberligen in Nord, West, Süd sowie der Stadtliga Berlin zu verlassen, erklärte Franz immer wieder. Erst als absolut kein Weg mehr an der neuen Klasse vorbeiführte, reihte sich auch der Club in die lange Liste der 46 Bewerber um die 16 Plätze im neuen Oberhaus ein.

Allein aus dem Süden hofften 13 Mannschaften, die strengen sportlichen und wirtschaftlichen Kriterien für eine Aufnahme erfüllen zu können; neben dem Club der TSV 1860 München, Eintracht Frankfurt, der Karlsruher SC, der VfB Stuttgart, Bayern München, Kickers Offenbach, die SpVgg Fürth, Hessen Kassel, Schweinfurt 05, der VfR Mannheim, Bayern Hof und Schwaben Augsburg. Nach langem Hickhack – Alemannia Aachen und Kickers Offenbach zogen sogar vor Gericht – startete die Bundesliga schließlich am 24. August 1963 mit fünf Südvereinen: dem Club, den „Löwen", Frankfurt, dem KSC und dem VfB. Ausgerechnet der 1. FCN, der sich lange so vehement gegen die neue Klasse gesträubt hatte, stellte als erster Verein den Antrag auf Höherbezahlung „besonders wertvoller Spieler". Gleich zwölf Namen zierten die Liste, die Franz-Nachfolger Karl „Bibi" Müller dem Bundesligaausschuß vorlegte. Fast schon beißende Ironie, oder, um es mit Herbert Hisel, Nürnbergs größtem Schallplattenstar der sechziger Jahre, zu sagen: „Jou wergli."

Am ersten Spieltag mußte der nach wie vor von Herbert Widmayer trainierte Club nach Berlin reisen, zu Hertha BSC. Kapitän Max Morlock, neben dem Kölner Hans Schäfer und dem Meidericher Helmut Rahn letzter noch aktiver Spieler aus der Berner Weltmeister-Elf von 1954, erzielte in der 40. Minute das erste von bislang 920 Bundesligatoren für den hoch überlegenen 1. FCN. Insgesamt viermal retteten Pfosten und Latte für Hertha-Torhüter Tillich. In der 63. Minute sprang das Leder im Nürnberger Strafraum an die Hand Morlocks, Schiedsrichter Seekamp entschied auf Elfmeter, den Schimmöller zum glücklichen 1:1-Endstand verwandelte. So feierte der Club seinen ersten Sieg in der neuen Liga erst eine Woche später. Vor 32.000 Zuschauern schossen Heiner Müller, Morlock und Heinz Strehl die Treffer zum 3:0 gegen Werder Bremen. Danach, beim zweiten Auswärtsauftritt, glückte ein 3:2 in Frankfurt. Das große Abenteuer, es hatte erfolgreich begonnen.

Nichts, rein gar nichts deutete darauf hin, daß ausgerechnet Herbert Widmayer keine zwei Monate später unrühmliche Geschichte schreiben sollte. Den 5:1 Punkten zu Saisonbeginn waren nur noch ein Sieg (5:3 in Saarbrücken), aber eine Welle von Enttäuschungen gefolgt, so ein 0:5 in München oder die beiden Heimniederlagen gegen Schalke (0:2) und Kaiserslautern. Beim 0:5 gegen die Pfälzer herrschte Endzeitstimmung im Städtischen Stadion, Hunderte von rot-schwarzen Fahnen brannten lichterloh. Nach stundenlangen Sitzungen glaubten Vereinsführung und Verwaltungsrat, den „Stein der Weisen" gefunden zu haben: Nicht die Lizenzspieler seien schuld am Niedergang, schon gar nicht der Vorstand

Mißlungener Rückrundenauftakt: 2:3 unterlag der Club gegen Hertha BSC. Heinz Strehl und Richard Albrecht rangeln mit Otto Rehhagel um den Ball.

selbst, der es versäumt hatte, die Mannschaft vor dem Aufbruch in die neue Fußball-Ära entscheidend zu verstärken, sondern – Widmayer, gegen den eine Art moderner Hexenjagd einsetzte. Anonyme Anrufe, Briefe, sogar Morddrohungen flatterten dem Club-Trainer ins Haus, ehe er am 30. Oktober als erster von inzwischen weit über 200 Fußball-Lehrern der Bundesliga vorzeitig entlassen wurde.

Die Mannschaft zeigte sich überrascht. „Es ist unfair, Widmayer gerade zu diesem Zeitpunkt abzulösen", sagte Kapitän Ferdinand Wenauer. „Jeder weiß, daß in einer Mannschaft nicht nur Siege erzielt werden können."

Am 1. November nahm Jenö Csaknady, ein Ungar mit Wohnsitz Nürnberg, seine Arbeit beim Club auf, als zweiter ausländischer Bundesliga-Trainer neben dem Österreicher Max Merkel bei 1860 München. Schon nach den ersten Spielen unter dem neuen Mann rätselte man am Valznerweiher, wie es Csaknady wohl geschafft hatte, im Jahr zuvor mit AEK Athen griechischer Meister zu werden. Mit seiner stur defensiven Mauertaktik in fremden Stadien erwarb sich der Club keine neuen Freunde, und auch in den Heimspielen sprang der Funke von Mannschaft zu Zuschauern aufgrund einer wenig attraktiven Spielweise nur sehr sel-

„Erst wenn du einmal rausgeflogen bist, bist du ein richtiger Trainer": Herbert Widmayer (Mitte). Links Maxl Morlock, rechts Nandl Wenauer.

ten über, so beim 4:0 gegen Borussia Dortmund im März, als Strehl gleich dreimal traf. Immerhin, durch eine Serie von vier Siegen gegen Frankfurt, Münster, Saarbrücken und Karlsruhe kurz nach Rückrundenbeginn gelang es Csaknady, die Mannschaft aus den Klauen des Abstiegs zu befreien. Mit 29:31 Punkten schloß der Club seine erste Bundesliga-Saison als Neunter versöhnlich ab; Heinz Strehl sonnte sich mit 16 Toren auf dem sechsten Platz der Torjägerliste.

Die Aufarbeitung dieses turbulenten Auftaktjahres allerdings dauerte noch einige Zeit. Auf der Jahreshauptversammlung im April verdrängte Walter Luther den heftig angegriffenen Karl Müller vom Präsidentenstuhl, und als Csaknady erklärte, erneut auf Reisen gehen zu wollen, weinte ihm keiner eine Träne nach. Der frühere Club-Spieler Gunter Baumann, soeben mit Tasmania Berlin in der Aufstiegsrunde nur knapp gescheitert (gegen Borussia Neunkirchen und Bayern München), löste ihn ab.

Der Zampano im Zabo

Die beiden nächsten Spielzeiten, 1964/65 noch mit 16, 1965/66 nach der Aufstockung der Bundesliga mit 18 Vereinen, beendete der Club jeweils auf Rang sechs. Zu Hause, im Städtischen Stadion, stand er den Spitzenklubs kaum nach; eine unerklärliche Auswärtsschwäche (10:20 bzw. 14:20 Punkte) aber verhinderte den Sprung ganz nach oben.

Nach nur einem Jahr am Valznerweiher hatte Baumann das Zepter im Sommer 1965 wieder aus der Hand gegeben, als ihm Präsident Walter Luther einige Klauseln in den Vertrag einbauen wollte, die seine Kompetenzen beschneiden sollten. „Ich bin doch kein kleiner Junge mehr", grollte „Bello" und heuerte beim FC Schweinfurt 05 an, den er prompt in die Bundesliga-Aufstiegsrunde führte.

Baumanns Nachfolger war auch sein Vorgänger: der inzwischen nach Nürnberg zurückgekehrte Jenö Csaknady. Er und mit ihm die gesamte aufstrebende Stadt – 1964 war die Autobahnverbindung von Nürnberg nach Frankfurt fertiggestellt worden, 1965 hatte der Stadtrat den Beschluß für den Bau eines U-Bahnnetzes von Langwasser bis Fürth gefällt – erwarteten von der Saison 1966/67 den langersehnten Aufstieg in die Bundesligaspitze.

Jenö Csaknady

„Ich bin überzeugt, daß wir heuer unter den Großen mitmischen werden", tönte der Ungar beim Trainingsauftakt. „Auf jeden Fall werden wir besser abschneiden als im Vorjahr." Große Worte, denen ein Fehlstart folgte. „Man darf das erste Spiel nie überbewerten", meinte Csaknady nach dem 0:1 zum Auftakt beim VfB Stuttgart beschwichtigend, „wir haben schließlich erst ein paar Meter einer Marathonstrecke hinter uns."

Auf den nächsten Kilometern legte der Club wirklich einen Zahn zu. Nach einer Heimniederlage gegen Kaiserslautern am vierten Spieltag landete er vier Siege in Serie und kletterte auf Rang drei der Tabelle. Franz Brungs stand in der Torjägerliste mit vier Treffern auf einer Stufe mit dem Dortmunder Lothar Emmerich und nur ein Tor hinter Gerd Müller, die sich später den Titel eines Torschützenkönigs teilten (jeweils 28 Treffer).

Als Brungs für kurze Zeit seine Zielsicherheit einbüßte, ging's bergab in rasantem Tempo. Der FCN kassierte Niederlagen in Hannover und Mönchengladbach und erreichte zu Hause nur ein 2:2 gegen den KSC. Am gleichen 5. November, als die Brüder Hans und Gerhard Wöhrl, gerade mal 19 und 22 Jahre alt, in der Breiten Gasse ihren überaus erfolgreichen „Carnaby Shop" gründeten – hier konnte die Jugend der „Sixties" alles an Mode kaufen, was zur Musik von Elvis, den Beatles und den Stones paßte – empfing der Club Rot-Weiß Essen. Das erbärmliche 1:1 gegen den Aufsteiger erlebten nur noch 10.000 Besucher.

„Von Technik, Spielwitz und Spielanlage nichts mehr zu sehen", kritisierte der *Kicker*. Csaknady hatte abgehalftert, zumal sein in taktischen Fesseln erstickender Reißbrettfußball die Zuschauer vertrieb.

Zwei Tage nach jenem 1:1, am 7. November, wurde er als zweiter Club-Trainer in der Bundesliga entlassen und durch seinen Landsmann Jenö Vincze, einen 26maligen Nationalspieler und Trainer der Nürnberger Amateurmannschaft, ersetzt.

Der Aufschwung, den sich die Führung um Präsident Luther erwartet hatte, blieb aus. Das nächste Heimspiel gegen Frankfurt, in dem der junge Heinz Müller sein Bundesliga-Debüt feierte, ging mit 0:1 verloren. Bis zum Abschluß der Vorrunde holte der neue Mann am Ruder keinen einzigen Sieg. Nur noch ein einziger Punkt trennte den Club Ende Dezember vom Tabellenende.

Wieder geriet Luther ins Grübeln. Noch dachte er an eine interne Lösung, als 170 Kilometer weiter südlich, beim TSV 1860 München, Max Merkel gefeuert wurde. Am 30. Dezember schloß Luther mit dem Österreicher einen Vertrag bis Saisonende; geradezu astronomische 11.000 Mark Monatsgehalt strich Merkel ein. Am 2. Januar des neuen Jahres ergriff der große Zampano, der die „Löwen" zum Meistertitel und ins Europapokalfinale der Pokalsieger geführt hatte, das Zepter im Neuen Zabo.

„Schneller und direkter spielen und laufen, auch wenn der Ball weg ist." Diese, Merkels Kernlehre, setzten vor allem die Flügelstürmer Greif und Volkert schon im ersten Rückrundenspiel um. Beim 3:3 gegen den VfB Stuttgart erzielten die beiden je einen Treffer, Strehl steuerte den dritten bei. „Die Tore habe ich vorausgeahnt", sagte Merkel, „ich bin zufrieden."

Nach den nächsten beiden Begegnungen war er es nicht mehr. 0:2 bei den soeben in „MSV Duisburg" umgetauften Meiderichern, 0:4 zu Hause gegen Schalke, und der Club fand sich wieder einmal auf dem letzten Tabellenplatz wieder. Im Städtischen Stadion brannten erneut die Fahnen, und selbst Merkel schien ratlos: „Was soll man machen?"

Roland Wabra übrigens sorgte in jener Partie gegen die „Königsblauen" für Aufsehen: Nach einer Fingerverletzung verließ er in der 48. Minute sein Tor, Mittelfeldspieler Reinhold Adelmann stellte sich zwischen die Pfosten. Für zehn Minuten kehrte Wabra dann noch einmal zurück, ehe er sich endgültig auf den Posten des Stoppers trollte, wo er eine gute Figur abgab. Auswechslung – damals noch ein Fremdwort im Fußball.

Die „13", einst die Glückszahl Max Morlocks, leitete dann die Wende ein. Im 13. Bundesligaspiel seit dem 4:2 gegen Düsseldorf feierte der Club am 18. Februar wieder einen Sieg. „Es waren bereits zwei Minuten über die Zeit gespielt", schimpfte Hamburgs Trainer Josef Schneider, als Franz Brungs eine hohe Flanke von links mit der Stirn erwischte und unhaltbar ins Tor köpfte. Das 1:0 in letzter Sekunde gegen den HSV löste Freudenausbrüche bei Spielern und Zuschauern aus, wildfremde Menschen lagen sich in den Armen. Ein neues Kapitel Club-Geschichte hatte begonnen.

Vor allem in fremden Stadien hamsterte der Club nun, im letzten Saisondrittel, wichtige Punkte gegen den Abstieg: 1:0 in Dortmund (Wabra hielt einen Elfmeter Emmerichs), 2:2 in Düsseldorf (Wabra flog nach einer Boxeinlage vom Platz und wurde für zwei Monate gesperrt), 1:0 beim Karlsruher SC, 1:1 in Essen, 4:1 in Frankfurt und, Merkels ganz persönlicher Triumph, 2:1 bei 1860 München, das daraufhin die Träume von einer erfolgreichen Titelverteidigung begraben mußte. 16:18 Auswärtspunkte, eine bessere Bilanz als der neue Meister Braunschweig, bedeuteten am Ende den Klassenerhalt. Max Merkel durfte sich feiern lassen.

Merkels Meisterstück

Der Durchbruch also war wieder einmal verschoben worden, auf unbestimmte Zeit. Von der Saison 1967/68 jedenfalls erwartete ihn niemand in Nürnberg. Titelverteidiger Braunschweig und Frankfurt, Bayern München und die „Löwen", Dortmund und Köln, ja selbst Hannover 96 wurden als Favoriten auf den Titelgewinn in der fünften Bundesliga-Saison gehandelt. Vom Club redete keiner. Halt, einer schon: Bayern-Trainer Tschik Cajkovski, der meinte, „meinem Freund Max" sei alles zuzutrauen.

„Freund Max" mistete erst einmal aus. Gleich elf Spieler schickte der Österreicher im Sommer 1967 „in die Wüste", darunter Heiner Müller, Reisch und Flachenecker aus der 61er Meistermannschaft; gleichzeitig lockte er sechs Neue an den Valznerweiher, so Zvezdan „Zick-zack"-Cebinac vom PSV Eindhoven und Gustl Starek von Rapid Wien. „Besonders im Angriff verspreche ich mir eine Wandlung", erklärte Merkel. „Ich hoffe, daß wir ab sofort nicht nur Chancen herausspielen, sondern sie auch verwerten."

Außenstürmer Georg Volkert, bis dahin ein Liebhaber körperlosen Spiels, bekam ein spezielles Einzeltraining zur Verbesserung seiner Wettkampfhärte verordnet: „Ich mußte täglich Zweikämpfe gegen unseren Eisenfuß Fritz Popp bestreiten. Fritz mit 16-Millimeter-Alustollen, ich nur mit Noppen." Der Trick klappte, wie Volkert, der am 6. März 1968, beim 3:1-Sieg in Brüssel gegen Belgien, das erste von zwölf Länderspielen bestritt, erzählt: „Wo ich früher zurückzog, hielt ich nun dagegen und entwickelte Drang zum Tor." Die „Flankenfabrik" Cebinac/Volkert wurde zu einem der ganz großen Club-Trümpfe dieser Saison.

Merkel fand sehr schnell seine Stammelf, eine gesunde Mischung aus Kämpfern („Die müssen beißen") und Technikern („Die müssen spielen"). Meist sah sie so aus: Wabra – Leupold, Popp – Ludwig Müller, Wenauer, Ferschl – Cebinac, Strehl, Brungs, Heinz Müller, Volkert. In der gesamten Saison setzte er nur noch vier (!) weitere Spieler ein, Torhüter Toth, Hilpert, Schöll und Starek.

Der Club startete mit zwei Strehl-Toren und einem 2:0 gegen den KSC. Nach einem glücklichen 2:2 in Neunkirchen (Ausgleichstor durch Ludwig Müller in der Nachspielzeit) und einem 4:0 gegen den HSV kletterte er am 2. September 1967 zum erstenmal überhaupt an die Tabellenspitze der Bundesliga. Merkels Kommentar nach dem Kantersieg: „Unsere Abwehr war schwach, und Starek ist zu langsam."

Eine englische Woche mit 6:0 Punkten folgte. Zunächst siegte der Club dank Roland Wabra, der eine überragende Partie bot, mit 2:1 in Frankfurt. Überhaupt, in seinem zehnten Jahr als Nummer eins lief der Nachfolger Edi Schaffers im Nürnberger Tor zur Form seines Lebens auf. Auch im Schlüsselspiel gegen Mönchengladbach hielt Wabra seinen Kasten sauber. Borussen-Torjäger Peter Meyer, von Luggi Müller liebevoll bewacht, ging erstmals in der Saison leer aus, und in der 70. Minute bejubelten die 65.000 Zuschauer im proppenvollen Stadion das „Tor des Tages" durch Verteidiger „Charly" Ferschl. In der dritten Begegnung binnen sieben Tagen schließlich gewann der FCN bei Meister Braunschweig mit 3:0.

Nürnberg im Fußballtaumel. Vor dem nächsten Heimspiel gegen Frankfurt mußte vor Max Morlocks Kartenvorverkaufsstelle sogar die Polizei vorfahren, um die Stürmung des Ladens zu verhindern. Nach elf Spieltagen wies der Club die sensationelle Bilanz von 19:3 Punkten ohne Niederlage auf und führte die Tabelle mit fünf Zählern vor dem FC Bayern an. Die erste Niederlage, ein 0:2 am ominösen 13. Spieltag beim MSV, sowie zwei Unentschieden in Köln und in Hannover ließen den Vorsprung bis Anfang Dezember auf drei Punkte zusammenschmelzen.

Der 2. Dezember 1967 – ein Tag, der in die Annalen einging. Gegen den Tabellenzweiten FC Bayern, der dem Club neun Monate zuvor die letzte Heimniederlage zugefügt, den gleichen FC Bayern, der ein halbes Jahr zuvor im gleichen Stadion durch einen 1:0-Sieg nach Verlängerung gegen Glasgow Rangers den Europapokal der Pokalsieger gewonnen hatte, lieferte der FCN eines der größten Spiele seiner Geschichte. „Das war das Meisterstück", titelte der *Kicker* nach dem 7:3-Sieg über den gro-

Das Tor zum Titel: Soeben hat Franz Brungs am vorletzten Spieltag in München zum 2:0 für den Club gegen die Bayern eingeköpft.

ßen bayerischen Rivalen. Strehl, Volkert und fünfmal Brungs schossen bis zur 74. Minute ein 7:1 heraus, ehe Brenninger zweimal verkürzte.

„Die Nürnberger legten ein Spiel hin, daß uns Hören und Sehen verging", staunte Bayern-Mittelstürmer Gerd Müller. Zum zweitenmal nach dem 7:2 gegen Tasmania Berlin in der Saison 1965/66 hatte der Club sieben Bundesliga-Tore erzielt; ein Kunststück, das er danach nur noch ein einziges Mal wiederholte, beim 7:2 gegen Blau-Weiß Berlin 1986.

In der Tabelle thronten Merkels Mannen zur Halbzeit sieben Punkte über den Verfolgern Mönchengladbach, 1860, Duisburg und Bayern. Auf die Frage, ob dem Club der Titel noch zu nehmen sei, antwortete Kölns Trainer Willi Multhaup: „Da müßte schon ein Affe aus dem Nest fallen."

Ein knappes halbes Jahr später war der Titel gewonnen. Der Affe fiel nicht aus dem Nest, obwohl der Club in der Rückrunde die Souveränität der ersten Serie verlor. In den ersten fünf Spielen sprang nur ein einziger Sieg, ein 3:0 gegen Neunkirchen heraus, gegen Frankfurt setzte es die erste von zwei Heimniederlagen. „Das ist nicht mehr der flotte, begeisternde 1. FC Nürnberg", schrieben die *Nürnberger Nachrichten.*

Nach dem 1:1 im Spitzenduell bei Verfolger Mönchengladbach, das Merkel den „wichtigsten Punktgewinn der Saison" nannte, und den Siegen gegen Braunschweig (3:1) und bei 1860 München (2:1) war die erste Durststrecke überstanden. Eine zweite mit vier Spielen ohne Sieg und 274 Minuten ohne Tor folgte, ehe Georg Volkert mit seinem Treffer beim 2:1 über den 1. FC Köln die schwarze Serie beendete.

Sein neuntes Meisterstück baute der Club am 18. Mai 1968, dem vorletzten Spieltag, in München. Brungs und Strehl, die zusammen für 43 der insgesamt 71 Nürnberger Tore verantwortlich zeichneten, köpften die Treffer zum 2:0-Erfolg beim FC Bayern.

„So ein Tag, so wunderschön wie heute", schmetterten die Spieler in der Kabine, der Sekt floß in Strömen. Mit einem Sonderzug fuhren Mannschaft und Präsidium um 20.40 Uhr von München nach Nürnberg, wo noch spät nachts Tausende am Bahnsteig warteten, um den neuen Titelträger zu feiern. Auf dem ausgerollten roten Teppich schritten Strehl und Co. ins Nürnberger Nachtleben.

Der Club 1967/68, ein Meister aus dem Nichts. „Von der Qualität her waren wir sicher nicht die Spitzenmannschaft", urteilte Nandl Wenauer, „aber Merkel hat uns so hochgetrimmt, daß es reichte." 14 oder 15 Trainer habe er in seiner langen Karriere erlebt, „Merkel hat es besser als jeder andere verstanden, eine Mannschaft heiß zu machen."

Vom Valznerweiher bis zur Burg: Triumphfahrt des neuen Meisters FCN. Im ersten Wagen sitzen Präsident Luther, Trainer Merkel und Kapitän Strehl.

▷ **INTERVIEW: FRANZ BRUNGS**

Das Spiel der Spiele

Franz Brungs, Jahrgang 1936, bestritt 97 Bundesligaspiele für den Club und erzielte dabei 50 Tore. In der Saison 1967/68 lief der gebürtige Rheinländer zur Höchstform auf, als er mit 25 Treffern die Torjägerkrone nur knapp verpaßte.

Franz, was passierte am 2. Dezember 1967?
Ich werde oft auf dieses Datum angesprochen, deshalb weiß ich es noch genau – an diesem Tag haben wir die Bayern mit 7:3 geschlagen.
Durch fünf Treffer von Dir.
Es war ein Spiel, in dem alles, wirklich alles gepaßt hat, das i-Tüpfelchen auf meiner Karriere. Fünf Tore, und das gegen eine solche Mannschaft, gegen Maier, Beckenbauer, Schwarzenbeck, Müller, die alle voll im Saft standen.
Erinnerst Du Dich noch an jedes einzelne Tor?
Sicher, erst vor ein paar Wochen hat mir mein Sohn eine Videocassette geschenkt, und ich hab' mir die Tore noch einmal angesehen. Fünf Stück und kein einziger Kopfball dabei, so ein Spiel gab's nur einmal in meinem Leben. Obwohl ich sagen muß, ich hab' 97 Bundesligatore erzielt, alles Feldtore, kein einziger Elfmeter und kein einziger Freistoß dabei, und gegen die Bayern hab' ich eigentlich fast immer Tore gemacht, auch, als ich dann in Berlin spielte.
In der Saison zuvor hattet Ihr monatelang gegen den Abstieg gekämpft. Wie erklärst Du Dir den rasanten Aufschwung?
Das war vor allem Max Merkels Verdienst. Vor der Saison legten wir in Wattens die härteste Vorbereitung hin, die ich je erlebt habe. Dreimal am Tag haben wir trainiert, und ich dachte manchmal, das halte ich nicht durch. „Uns läuft in diesem Jahr keiner mehr weg", sagte Merkel, und er sollte recht behalten. Dazu hatte er Glück mit seinen Einkäufen wie Starek und Cebinac, und er hat es verstanden, die richtige Mischung aus alten und neuen Spielern zu finden. Außerdem konnten wir fast die gesamte Saison mit der gleichen Mannschaft bestreiten, es gab keine einzige ernsthafte Verletzung, und es herrschte eine viel bessere Kameradschaft als in den Jahren

zuvor in Nürnberg. Da hatten Dir die Einheimischen immer das Gefühl gegeben: „Du mußt noch viel zeigen, bis Du einer von uns wirst."

Auch die Spielweise des Club hat Merkel stark verändert.

Stimmt. Jahrelang hatte der Club das Mittelfeld unheimlich langsam überbrückt. Der Steff Reisch paßte zu Strehl, der zum Tasso Wild, der Tasso wieder zurück zum Steff undsoweiter. Unter Merkel haben wir ein viel schnelleres Mittelfeldspiel aufgezogen, direkter, und wir haben konsequent mit drei Spitzen gespielt. Der Cebi rechts, der Schorsch links, ich in der Mitte, und der Heinz Strehl direkt dahinter.

Merkel galt auch als großer „Motivationskünstler". Zu Recht?

Auf alle Fälle. Der Max wußte genau, was er tun mußte, um uns bei Laune zu halten.

Zum Beispiel?

Da war zum Beispiel die Geschichte mit den Prämien. Für jeden Sieg gab's 1.000 Mark, die wurden stets am Montag oder Dienstag nach einem Spiel in bar ausbezahlt. Du mußtest an Merkels Zimmer anklopfen, dann zog er ein Kuvert aus dem Schreibtisch mit der Kohle drin. „Für Dich habe ich heute kein Kuvert", hat er manchmal zu mir gesagt, wenn ich schlecht gespielt hatte. „Hast Du überhaupt mitgespielt? Ich hab' Dich nicht gesehen auf dem Platz." Ich war sauer, die anderen hatten ihre Kohle schon, und ich mußte erst noch rauf zu Schatzmeister Winkler und mir die 1.000 Mark dort abholen. So hat er mich für den nächsten Samstag heißgemacht. Der Max hatte eine Superausstrahlung; er und Fischken Multhaup, das waren die Experten damals. Die wußten auch, wie man einen Verein in die Schlagzeilen bringt. Damals stand das 8-Uhr-Blättchen jeden Tag voll vom Club, und die Zuschauer waren richtig heiß und hielten wie ein Mann zu uns.

Mit einem 2:0 bei Bayern habt Ihr den neunten Meistertitel am 33. Spieltag perfekt gemacht. Mußtest Du als Rheinländer den Franken zeigen, wie man feiert?

Nein, das war alles vorbildlich geplant und organisiert. Wir hatten ja am letzten Spieltag ein Heimspiel gegen Dortmund. Es war ein herrlicher Sommertag, der Udo Jürgens ist aufgetreten, wir haben 2:1 gewonnen, danach gab's einen Autokorso vom Valznerweiher bis hinauf zur Burg. Die ganze Region hat mitgefeiert, es war ein einmaliges Erlebnis, das ich nie vergessen werde.

Fünf auf einen Streich: Wieder hat Franz Brungs zugeschlagen und das sechste Club-Tor beim 7:3 erzielt. Mit ihm jubeln Strehl, Starek und Volkert.

Du hast in dieser Bundesligasaison 25 Tore erzielt, viele davon mit dem Kopf, obwohl Deine Gegenspieler häufig einen Kopf größer waren als Du. Gab's ein Erfolgsgeheimnis?

Geheimnis ist vielleicht das falsche Wort, aber Zufall waren die vielen Kopfballtore nicht. Es war einfach so, daß sich der Schorsch, der Cebi und ich vor jedem Spiel zusammengesetzt und uns über den gegnerischen Torwart unterhalten haben. Nehmen wir mal 1860 München. „Da spielt der Radi im Tor", hab' ich gesagt, „der ist ziemlich groß, da dürft ihr keine langen Flanken schlagen, weil der die alle runterholt." Also haben wir in den Tagen vor dem Spiel nur Flanken auf den kurzen Pfosten geübt. Vor Spielen gegen Hannover oder Frankfurt dagegen haben wir ausschließlich lange Flanken auf den zweiten Pfosten trainiert, weil wir wußten, der Podlasly und der Kunter, das sind kleine Torhüter, die haben ihre Schwierigkeiten mit langen Bällen. Natürlich hat's nicht immer geklappt, aber oft hatten wir schon ein, zwei Tore drinnen, bis uns die Abwehrspieler auf die Schliche kamen. Manchmal habe ich das Gefühl, so etwas wird heute überhaupt nicht mehr geübt, weil's keine echten Flügelstürmer mehr gibt, und außer Kalle Riedle oder nun Olaf Bodden gibt's ja auch kaum noch einen guten Kopfballspieler.

Um Deinen Wechsel zu Hertha BSC Berlin nach dem Gewinn der Meisterschaft ranken sich viele Spekulationen und Gerüchte. Warum hast Du den Club damals wirklich verlassen?

Das ist in der Tat eine verworrene Geschichte. Eins muß ich noch einmal klipp und klar sagen: Ich wollte nicht weg. Ich hatte noch einen Vertrag beim Club, und nachdem Starek und Ferschl verkauft waren, hieß es ganz klar: Nun wird keiner mehr abgegeben.

Wie kam's dann zu dem Wechsel?

Eines Abends läutete bei mir daheim das Telefon, und Hertha-Präsident Holst war dran. „Willst Du nach Berlin kommen?" fragte er mich. Ich antwortete: „Nein, schon weil Max Merkel gesagt hat, daß keiner mehr gehen darf." Daraufhin gab mir Holst eine Telefonnummer und meinte: „Ruf mal diese Nummer an." Es war die Nummer vom Bratwurst-Friedel, wo Merkel damals wohnte. Ich rief an, Merkel war auch gleich am Apparat und fing zu reden an. „Alter Bomber", sagte er zu mir, „in meinem Konzept für die nächste Saison sieht's für Dich nicht mehr so gut aus. Ich will Dieter Nüssing und Erich Beer als Mittelstürmer aufbauen, und ich kann noch nicht sagen, ob Du weiterhin erste Wahl bist." Anfangs dachte ich, ich hör' nicht recht, dann fragte ich: „Soll das heißen, daß ich wechseln soll?" „Das liegt allein bei Dir", sagte Merkel, „meine Freigabe hast Du." Also fing ich an, mit Hertha zu verhandeln, und dann wurden wir uns auch schnell einig.

Glaubst Du, daß Merkel an Deinem Wechsel mitverdient hat?

Ich weiß wirklich nicht, was da gelaufen ist. Holst sagte mal zu mir: „In einer stillen Stunde werde ich Dir einiges erzählen", aber ich wollte es gar nicht wissen. Ich weiß nur eins: Wenn der Club mich nicht verkauft hätte, wäre er niemals abgestiegen. Die paar Tore, die zum Klassenerhalt fehlten, hätte ich hundertprozentig gemacht. Merkels Gedanke, die Mannschaft zu verjüngen und eine Fohlenelf aufzubauen wie die in Mönchengladbach, war sicher richtig, aber plötzlich war keiner mehr da, der vorne die Bälle reingemacht hat. Also ist der Club abgestiegen, und davon hat er sich nie mehr erholt. Dabei waren alle Voraussetzungen vorhanden, um auf Jahre hinaus die Nummer eins in Deutschland zu bleiben. Das herrliche Trainingsgelände, der Valznerweiher – ich bin sicher, der Club hätte die Rolle spielen können, die dann der FC Bayern übernommen hat. □

Der Sturz ins Nichts

*Der Mensch muß bei dem Glauben verharren,
daß das Unbegreifliche begreiflich sei.*
(Johann Wolfgang von Goethe)

Das Unbegreifliche, es trat ein in der Saison 1968/69. Als erklärter Favorit, mit stolzgeschwellter Brust, startete der Deutsche Meister 1. FC Nürnberg in die neue Runde. „Natürlich wollen wir wieder vorne mitspielen", sagte Max Merkel im Juli 1968. Warum auch nicht. Sicher, der Club hatte seine Leistungsträger Ferschl, Starek und vor allem Brungs ziehen lassen; nicht einmal 200.000 Mark Ablöse strich er für den Torjäger ein, den die Berliner Hertha aus einem laufenden Vertrag herauskaufte. Dafür holte Merkel gleich dreizehn neue Spieler in den Neuen Zabo: Jürgen Rynio und Klaus Zaczyk (beide Karlsruher SC), Hennes Küppers (1860 München), Hans Rigotti (Bayern München), Peter Czernotzki (Borussia Neunkirchen), den Dänen Johnny Hansen (Vejle BK) sowie die Amateure Erich Beer, Amand Theis, Hans Lehr, Dieter Nüssing, Theo Homann, Walter Pradt und den Jugendlichen Franz Zimmert.

Vor allem der Verkauf von „Goldköpfchen" Franz Brungs sorgte für heftiges Kopfschütteln und großes Unverständnis rund um den Valznerweiher. Doch Merkel, der Wortgewandte, erstickte jede Kritik im Keim: „Wenn wir im Europapokal gleich auf den AC Mailand treffen, sind wir sowieso draußen, ob mit oder ohne den Franz." Und für die Bundesliga, so meinte er, werde es auch ohne Brungs allemal reichen.

Ein knappes Jahr später, am 7. Juni 1969, war das Unfaßbare Wirklichkeit geworden. Vom frühen Aus schon in Runde eins des Europapokals der Landesmeister (1:1 und 0:4 gegen Ajax Amsterdam) sprach längst keiner mehr. Nein, die Bundesliga hatte den dramatischsten Abstiegskampf aller Zeiten erlebt; drei Runden vor Schluß zitterten noch neun Mannschaften, am Ende trennten den Zweiten, Alemannia Aachen, vom Letzten, Kickers Offenbach, ganze zehn Punkte. Letztlich erwischte es neben den Offenbachern auch – den 1. FC Nürnberg.

Zwei Trainerwechsel (Robert Körner für Max Merkel, später Kuno Klötzer für Körner) und das Eingreifen des großen Idols Max Morlock als moralische Stütze konnten den Club nicht retten: Nach dem 0:3 in Köln im letzten Saisonspiel verließen viele Club-Spieler hemmungslos heulend das Müngersdorfer Stadion; bei 29:39 Punkten fehlte ein einziger Sieg zum Klassenerhalt. Bestechungsvorwürfe wurden laut, konnten

Drei Gesichter sagen mehr als tausend Worte: Abgestiegen! Luggi Müller, Horst Leupold und Betreuer Röder verlassen nach der 0:3-Niederlage in Köln das Feld.

aber, anders als beim Bundesliga-Skandal zwei Jahre später, nie nachgewiesen werden.

Die Bundesliga ohne den Club – ein Alptraum wurde Wirklichkeit. Es sollte ein Abschied für lange Zeit werden.

▷ **EINWURF: FERDINAND WENAUER**

Ausgemerkelt!

Der Abstieg des Meisters: So unglaublich, so unfaßbar, daß selbst die direkt Beteiligten keine Erklärung fanden. Einer hat's zumindest versucht: Club-Mittelläufer Ferdinand Wenauer, in seinem Buch „Alle meine Trainer – Aufstieg und Fall des 1. FC Nürnberg". Ein Werk übrigens, das in keiner Buchhandlung mehr zu haben ist. Lediglich Wenauers Sohn Ferdinand junior hat zu Hause in Nürnberg-Katzwang noch eine Handvoll Exemplare aufbewahrt.

„Dieser jähe Sturz kam nicht von ungefähr. Das Gravierendste war die Demontierung der Meisterelf. Das ist der einzige Fehler, den ich Max Merkel anlasten möchte. Der Verkauf von Brungs, Ferschl und Starek war nicht zu verkraften. Ein Jahr lang mußten wir experimentieren, um die Lücke zu schließen, die der Außenläufer Ferschl hinterließ. Er spielte zwar unauffällig, aber in unserem System war er nicht zu ersetzen. Im Sturm fehlte Franz Brungs. Es war keiner mehr da, der die Flanken von Volkert und Cebinac verwertete. Und Bayern München schätzte sich glücklich, einen Spielmacher vom Format des Gustl Starek aus Nürnberg erhalten zu haben.

Im Abstiegsjahr lief alles schief. Das fing mit dem irrsinnigen Höhentraining im Kleinen Walsertal an. Dem dadurch verpatzten Start (1:4 im Heimspiel gegen Alemannia Aachen) folgte das Scheitern im Europacup gegen Ajax Amsterdam. Ein Handicap war, daß auch der vielgepriesene Hennes Küppers die in ihn gesetzten Erwartungen nicht erfüllte. Und je mehr sich die Mißerfolge summierten, desto größer wurde die Unruhe in und um uns.

Max Merkels Schwäche war, daß er einmal gemachte Fehler nicht eingestehen wollte. Eigentlich bedauerlich bei einem Trainer seiner Qualität und Güte. Merkel reagierte bereits bei leisester Kritik allergisch. Die Kontroversen mit Cebinac spitzten sich zu. Meine Meinung ist die: Im Meisterschaftsjahr leistete sich der Tschebi haargenau die gleichen Eskapaden. Nur kann man im Erfolg vieles besser verkraften und viel leichter verzeihen!

Was mit zu unserer Talfahrt beitrug: Max Merkel ging im Meisterschaftsjahr geschäftlich zu viele Verpflichtungen ein, die er in unserem Abstiegsjahr erfüllte. Er fehlte zu oft. Freilich hatte sein Assistent Robert Körner bereits im Meisterschaftsjahr das Training geleitet, doch war Merkel stets als strenger Beobachter dabei. Körner war ohne Merkel im Abstiegsjahr nur eine halbe Portion, ein durchschnittlicher Trainer.

Je tiefer wir in der Tabelle sanken, desto gereizter wurde Merkel. Immer häufiger stellte er jetzt die Spieler an den Pranger. Merkel tönte: „Die Spieler werden heutzutage gehätschelt, getätschelt und verwöhnt. Die Schuhe kriegen's gestellt, den Pausentee gekocht, und Strumpfhosen dürfen's tragen, damit sie bei der Kälte nicht frieren. Es fehlt nur noch, daß ich ihnen eigenhändig Vaseline auf den Hintern streichen muß, bevor sie ins Stadion einlaufen."

Niederlagen waren etwas, was Merkel nicht ertragen konnte. Er tobte und spuckte Gift und Galle. Aus dem Souverän des Meisterschaftsjahres war jetzt ein Hilfloser geworden, von Neidern früherer Monate verspottet, von Fanatikern öffentlich verdammt.

Erst unser tiefer Sturz ans Tabellenende rüttelte Merkel richtig wach. Während er früher im Zivilanzug manchmal unserem Training nur zuschaute, wurde er jetzt selbst wieder trainingsaktiv. Doch da war es bereits zu spät. Max Merkel konnte das Blatt nicht mehr wenden. Er hatte bei den Spielern durch seine sarkastischen Äußerungen und Peitschenhiebe sehr viel Kredit eingebüßt. Mißerfolge hatten ihn mürbe und unsicher gemacht, die Ausstrahlungskraft früherer Monate war dahin. Merkel war ausgebrannt. Er war mit uns auf dem Nullpunkt seiner Trainerkarriere angelangt. Seine Ohnmacht wurde für ihn zur unerträglichen Schmach.

Dennoch waren wir Spieler überzeugt, daß Merkel ein Abschuß in Nürnberg nicht passieren könnte, nicht einmal durch den Tatbestand, daß wir seit Wochen das Tabellenende zierten. Aber das Ende der Merkel-Ära kam schneller, als wir dachten. Als wir am Montag, dem 24. März 1969, in die Münchner Sportschule Grünwald fuhren, um uns auf das Spiel gegen den MSV Duisburg vorzubereiten, platzte die Bombe. Am gleichen Tisch im Gästehaus, wo Sepp Herberger 1954 seine Pläne schmiedete, Fußball-Weltmeister zu werden, trennten sich der Club und Max Merkel. Der große Abschied fand nach dem Abendessen statt. Club-Präsident Walter Luther gab nach stundenlangen Verhandlungen hinter verschlossenen Türen offiziell bekannt: „Herr Merkel hat aus gesundheitlichen Gründen den Vorstand gebeten, aus dem Vertrag vom 1.12.1967 entlassen zu

Der doppelte Ferdinand: Ferdinand Wenauer senior, Spitzname „Nandl", tollt mit Ferdinand Wenauer junior, Spitzname „Ferdl", auf dem Wohnzimmerteppich herum.

werden. Die Vorstandschaft hat diesem Wunsch entsprochen. Die Trainingsleitung wird ab sofort Robert Körner übertragen."

Als Merkel den Club verließ, waren wir das Schlußlicht der Bundesliga. Die untere Tabellenhälfte glich einem Krimi. Ganze vier Punkte trennten den Tabellenachten Hannover 96 von uns. Bei acht ausstehenden Spielen war noch nichts endgültig besiegelt.

So richtig es von Merkel war, daß er ging, so falsch war es von Robert Körner, daß er die Nachfolge antrat. Körner kannten wir bereits 16 Monate. Durch ihn wurden keine neuen Impulse geschaffen. Gute Menschen wie Körner haben im scharfen Fußball-Existenzkampf keine Chance. Wie im harten Leben werden die Guten zerrieben, aufgefressen, erledigt. Körner war ein Mann, der keinem böse sein konnte. Wenn das eine Mannschaft erst einmal merkt, ist es schon zu spät. Körner stolperte über seine eigene Gutmütigkeit.

Robert Körner hielt es nur 19 Tage solo bei uns aus, vom 24. März bis zum 11. April 1969. Nach der 0:1-Niederlage in Duisburg, dem blamablen 0:0 im Pokal bei Sperber Hamburg und der 2:4-Schlappe beim Hamburger SV warf Körner das Handtuch. Er bat noch am Mittwoch abend nach dem HSV-Debakel den Club-Präsidenten Walter Luther, ihn von seinem Amt zu entbinden. Körners Begründung: „Die Mannschaft ist durch nichts mehr zu begeistern." In Wirklichkeit war Robert Körner den Bundesliga-Strapazen und dem Nervenkampf im Abstiegsstrudel nicht gewachsen.

Nur wenn der als Seelenmasseur engagierte Max Morlock sofort zum Trainer gemacht oder Kuno Klötzer vier Wochen früher geholt worden wäre, hätte für den 1. FC Nürnberg noch eine gute Chance auf Rettung bestanden. Als der Club nach dem Scheitern von Robert Körner am 12. April 1969 Kuno Klötzer bei unserem 7:0-Sieg im Pokal-Wiederholungsspiel gegen Sperber Hamburg präsentierte, war wertvolle Zeit verloren und der günstigste Augenblick verpaßt.

Unter Klötzer haben wir acht Spiele bestritten. Im Pokal erreichten wir durch einen 1:0-Sieg über Hannover 96 noch das Halbfinale gegen Bayern München (0:2), im Abstiegskampf erzielten wir in Reihenfolge einen 2:0-Heimsieg über Eintracht Braunschweig, einen 3:2-Sieg beim VfB Stuttgart, den stürmisch umjubelten 2:0-Triumph im Heimspiel gegen den FC Bayern München, das 3:3 in Bremen, das ominöse 2:2 im Heimspiel gegen Borussia Dortmund, das uns zum Verhängnis wurde, und das 0:3 in Köln bei unserem Bundesliga-Abschiedsspiel am 7. Juni 1969.

Ob es bereits in unserem Abstiegsjahr Bestechungen gegeben hat, darüber kann ich nur Vermutungen anstellen. Nicht uninteressant ist allerdings, daß wir uns trotz der 8:4 Punkte aus den letzten sechs Spielen nicht mehr retten konnten. Verblüffend war, daß unsere Rivalen in schöner Regelmäßigkeit unmöglich scheinende Siege errangen. Bekannt ist, daß Borussia Dortmund unseren Torhüter Jürgen Rynio eingekauft hat, der im Schicksalsspiel, dem 2:2 gegen Dortmund, zumindest einen vermutlich haltbaren Treffer passieren ließ. Klaus Zaczyk äußerte sogar nach diesem 2:2 in aller Öffentlichkeit: „Wenn unsere Prämien gestimmt hätten, wäre der zweite Treffer der Dortmunder von mir zu verhindern gewesen."

Die Augen gingen uns erst richtig auf, als wir am 9. Juni in den Montagszeitungen die Bilder von unserem Bundesliga-Abschiedsspiel in Köln erblickten. Neben dem hemmungslos schluchzenden Leo Leupold marschierte im Müngersdorfer Stadion nur ein paar Meter entfernt Jürgen Rynio lachend vom Platz, jener Kollege, der uns auf dem Heimflug noch versicherte, daß er auch in der Regionalliga für den Club spielen würde. Sonntag früh verschwand Rynio mit Frau und Kind für immer aus Nürnberg, sechs Stunden nach seinem Versprechen, dem Club die Treue zu halten. Sein Weg führte ihn direkt nach Dortmund, wo er einen sicherlich lukrativen Zweijahresvertrag unterschrieb!" ◻

Nur zweite Wahl
1969 bis 1978

Aufbruchstimmung

In den siebziger Jahren schlug man in Nürnberg im wahrsten Sinne des Wortes neue Wege ein. 1972 erhielt die Stadt Anschluß an den Rhein-Main-Donau-Kanal und darf sich seitdem voller Stolz eine „Hafenstadt" nennen. Im selben Jahr fand auch die erste Fahrt der U-Bahn von Langwasser-Süd zur Bauernfeindstraße statt. 160.000 Menschen testeten am 1. März das Gefühl der unterirdischen Fortbewegung. Wie Bewohner einer „richtigen" Großstadt durften sich die Nürnberger jetzt vorkommen, und entsprechend „großstädtisch" fiel dann auch die Planung der Innenstadt aus. Als „Lorenzkirche" und „Weißer Turm" zu U-Bahn-Haltestellen geworden waren, wurde das Nürnberger Zentrum Zug um Zug für Autos gesperrt. Ende 1977 durfte sich Nürnberg die Stadt mit der „größten Fußgängerzone Europas" nennen.

Die siebziger Jahre waren aber nicht nur die Zeit der großen verkehrspolitischen Projekte. Sie waren auch das Jahrzehnt der Hippies, der Popfestivals und der progressiven Sozialpolitik. Auch und gerade in Nürnberg war viel von der sozialen Aufbruchstimmung zu spüren, die damals herrschte.

Die Nürnbergerin Käthe Strobel, 1969 Bundesministerin für Jugend, Familie und Gesundheit geworden, machte Furore mit ihren Programmen zur sexuellen Aufklärung. Im November 1971 erklärte der Foto-Millionär Hanns Heinz Porst, daß er in seinen Betrieben die totale Mitbestimmung einführen wolle. Unterstützt von den Jusos, die 1972 in den Stadtrat einzogen, startete Hermann Glaser, seit 1964 Schul- und Kulturreferent, ein bundesweit vorbildhaftes Konzept der Soziokultur. Im Juli 1973 öffnete das KOMM seine Pforten, und in den nächsten Jahren entstand nach und nach ein Netz von Stadtteilläden, die eine bürgernahe Information und Kommunikation ermöglichen sollten. Im Zuge der Ölkrise 1973/74 wurde auch das Thema Umwelt mehr und mehr politikfähig. Aus dem Geist der APO entstanden die Grünen, die in Nürnberg erstmals im Oktober 1978 an die breitere Öffentlichkeit traten.

Während allenthalben Aufbruchstimmung herrschte, dümpelte der 1. FCN in den Niederungen der Zweitklassigkeit vor sich hin. Der Mut zur Innovation, der die Sozial- und Stadtpolitik Nürnbergs in diesen Jahren kennzeichnete, steht in eigenartigem Kontrast zur Verstaubtheit der Methoden, mit denen man beim Club die Rückkehr in die 1. Liga zu erzwingen versuchte. Aufstieg mit der Brechstange statt mit Geduld und Kreativität hieß die Devise. Sieben Trainer und eine Unzahl von Spielern versuchten sich zwischen 1969 und 1977 vergeblich am Projekt Wiederaufstieg. In diesen Jahren der Erfolglosigkeit neigte sich auch die Geduld der Fans allmählich ihrem Ende zu. Hatte am 30. Mai 1971 noch eine Rekordzahl von 75.000 Zuschauern das mit 0:2 verlorengegangene Aufstiegsspiel gegen Fortuna Düsseldorf sehen wollen, so passierten zum letzten Heimspiel der Saison 1976/77 gerade noch 1.743 Unermüdliche die Stadiontore.

Als Borussia Mönchengladbach mit herzerfrischendem Offensivfußball bundesweit die Herzen der Fans eroberte, fand Nürnberg nicht durch den Fußball, sondern durch seine mit großem Aufwand inszenierten Feste überregionale Beachtung. Die Budenstadt des Christkindlesmarktes wurde zu einer touristischen Attraktion ersten Ranges ausgebaut, die mit ihrem Duftgemisch aus Bratwürsten, Lebkuchen und Glühwein Millionen von Besuchern aus aller Welt anlockte. 1971, anläßlich des 500. Geburtstages von Albrecht Dürer, inszenierte die Stadt für 6,6 Mill. DM das laut *Spiegel* „wohl aufwendigste deutsche Kulturfestival aller Zeiten". Etliche Museen wurden neu eröffnet, Nürnberg präsentierte sich und seine Geschichte in der „Noricama" und im Handwerkerhof am Königstor; die Dürer-Ausstellung im Germanischen Nationalmuseum schlug alle Besucherrekorde. 1976, als man in Nürnberg des 400. Todestages des Meistersingers Hans Sachs gedachte, sammelten sich auf den Plätzen der Altstadt erstmals die Barden. Im Juli 1978 schließlich fand der Meister des kritischen Folk-Rock, Bob Dylan, beim Open-Air-Konzert auf dem Nürnberger Zeppelinfeld 70.000 Zuhörer.

Als Dylan seine Visitenkarte in Nürnberg abgegeben hatte, war der Club nach einer langen, entbehrungsreichen Zeit gerade eben wieder in die Bundesliga aufgestiegen. In der erfolgreichen Mannschaft standen auch einige Spieler, die einen neuen Typus des Fußballers repräsentierten. Horst Weyerich beispielsweise, der Deutsche Jugendmeister von 1974, wirkte wie eine Reinkarnation Dürers auf dem Fußballplatz, wenn er seine langen Haare im Strafraum wehen ließ. Der Kriegsdienstverweigerer Weyerich war der wohl profilierteste Vertreter einer neuen, selbstbe-

Horst Weyerich – ein Fußballspieler von der etwas anderen Art.

wußten Spielergeneration – neben Weyerich wären u.a. Dämpfling, Beierlorzer, Stocker, Eder, Schöll und Pausch zu nennen –, die in Nürnberg endlich dafür sorgte, daß es auf die Frage nach der Bundesligatauglichkeit des 1. FCN nicht mehr hieß: „The answer is blowing in the wind".

„Die Auferstehung begann mit dem Ausverkauf", titelte Werner Schilling im *Kicker* nach dem Wiederaufstieg in die Bundesliga. Der Club hatte sich von vielen altgedienten Spielern getrennt, und dies hatte sich, entgegen aller Kritik, die es zunächst gegeben hatte, als Grundstein des Erfolges erwiesen. Dennoch waren es nicht nur Jungspunde, die den Club zurück in die Bundesliga schossen. Unter denen, die wesentlich am Comeback des 1. FCN beteiligt waren, waren auch drei „alte" Spieler: Dani Petrovic, Hans Walitza und Manfred Müller.

Petrovic schnürte 1972 erstmals seine Fußballschuhe für den 1. FCN. Der schußstarke Mittelfeldspieler, der alle Höhen und Tiefen der Zweitklassigkeit miterlebte, hatte mit wichtigen Toren (u.a. das 1:0 im zweiten Aufstiegsspiel 1978) einen großen Anteil an der Rückkehr in die Bundesliga. Das gleiche gilt für Hans Walitza. Seit Juli 1974 beim Club, hatte Walitza, der lange Zeit verletzt war, zunächst Ladehemmung. Dann aber konnte er seine Extraklasse als Torjäger unter Beweis stellen: In drei Spielzeiten hintereinander (1974/75, 1975/76 und 1976/77) gelangen ihm je 21 Treffer! In der Saison 1977/78, als er nur viermal in die Maschen traf, lief es bei ihm nicht ganz so gut, aber in den Endspielen gegen Essen, in denen er je ein Tor erzielte, stellte er seine Qualitäten im entscheidenden Moment wieder unter Beweis. Der zuverlässige Manfred Müller schließlich – nicht nur für Werner Schilling „der beste Club-Schlußmann seit Roland Wabra" – erlebte den Höhepunkt seiner 2 1/2 Jahre dauernden ersten Karriere beim Club am 9. Juni 1978 im Essener Georg-Melches-Stadion, als er in der Endphase dieses entscheidenden Spiels einen Elfmeter von Horst Hrubesch parierte.

Diese drei Spieler stellten im Aufstiegsjahr 1978 gewissermaßen das „Vermächtnis" jener Trainer dar, die in den Jahren zuvor vergeblich versucht hatten, den Club wieder in die 1. Bundesliga zu hieven. Der Jugoslawe Petrovic war ein „Mitbringsel" seines Landsmanns Tschik Cajkovski (Trainer von 1971 bis 1973) aus Jugoslawien, Walitza hatte der Club auf Wunsch Hans Tilkowskis (1973–1976) aus Bochum losgeeist, Manfred Müller schließlich war von Horst Buhtz (1976 – 25.5.1978) aus Wuppertal geholt worden.

Der einzige Spieler, der alle diese Trainer miterlebt hat, wurde zu einer der tragischsten Figuren in der Clubgeschichte: Dieter Nüssing. Nüssing, zur Saison 1968/69 an den Valznerweiher gekommen, bestritt nicht weniger als 544 Spiele für den 1. FCN, neun Jahre lang überzeugte er mit nie nachlassendem Engagement, war so häufig wie kein anderer bester Mann am Platz. Bei den Fans war der treffsichere Kämpfer beliebt wie kein zweiter, aber den großen Erfolg, den Aufstieg nämlich, durfte der langjährige Club-Kapitän nie feiern. Nüssing kam in der Abstiegssaison, scheiterte dreimal in den Aufstiegsspielen und wurde just vor jener Saison für ein „Butterbrot" (200.000 DM) verkauft, in der dem Club der Sprung ins Oberhaus gelang.

Auch wenn der Name Nüssing sich nicht mit den großen Erfolgen des 1. FC Nürnberg verbinden läßt – für diejenigen, die die langen Jahre der Zweitklassigkeit auf den Rängen miterlebt haben, gab es in dieser Zeit nur einen Spieler, der den Club wirklich erstklassig repräsentierte: Dieter Nüssing!

Aufstieg – aber bitte sofort!

Begonnen hatte das Projekt „sofortiger Wiederaufstieg" zunächst recht vielversprechend. Zur Halbzeit der Regionalliga Süd in der Saison 1969/70 stand der von Kuno Klötzer trainierte Club punktgleich mit Kickers Offenbach auf Rang 2. Die „Alten" im Kader – u.a. Leupold, Heinz Müller, Popp, Wenauer, Strehl – funktionierten offensichtlich noch ganz gut, und mit Gerd Welz hatte man einen guten Torhüter aus Saarbrücken geholt. Ritter Kunos Mannen galoppierten, wie es schien, stracks zurück ins Reich der Erstklassigkeit.

Dann, nach einer recht passablen Rückrunde, setzte es am 16. Mai 1970 eine unerwartete 0:3-Niederlage beim VfR Mannheim. So zog der KSC am vorletzten Spieltag am Club vorbei. Da die Badener auch am letzten Spieltag nicht mehr patzten, blieb dem 1. FCN als Tabellendritten der Regionalliga Süd der Zugang zur Aufstiegsrunde verwehrt.

Die folgende Saison nahm einen ganz ähnlichen Verlauf. Der Club spielte ordentlich, setzte, wie es schien, zu einem souveränen Durchmarsch an. Unter dem jungen Trainer Barthel Thomas, der gerade erst das Nachwuchstraining beim Club übernommen hatte, gelang gleich zu Saisonbeginn eine kleine Sensation: Vor 60.000 Zuschauern wurde am 5. August der FC Bayern München mit 2:1 aus dem Pokalwettbewerb befördert. Der Club spielte mit: Welz – Popp, Theis, Wenauer, Schäffner – Löhr, Riemann – Michl, Nüssing, Kröner, Stegmayer. Der *Kicker* bescheinigte der temperamentvoll aufspielenden Mannschaft: „Diese Elf hat Zukunft." Torhüter Welz machte mit großartigen Paraden auch die besten Bayern-Chancen zunichte, im Club-Sturm überzeugten die zu Saisonbeginn neu verpflichteten Außenstürmer Michl und Stegmayer; insbesondere der wieselflinke Michl ließ seine ehemaligen Münchner Kollegen ein ums andere Mal alt aussehen. Der Club ging mit 2:0 in die Pause (Tore: Stegmayer, Kröner), nach Wiederanpfiff machten die Bayern unheimlich Dampf, aber es reichte nur noch zum Anschlußtreffer durch Roth.

Wenig später folgte dann auch in der Punktrunde ein souveräner Erfolg: Mit 3:0 wurde Hessen Kassel nach Hause geschickt. Die Erfolgsserie – Ausnahme: ein 0:4 bei den Stuttgarter Kickers – hielt anschließend weiter an: Zur Halbzeit rangierte der Club mit 30:6 Punkten unangefochten an der Tabellenspitze. Nicht weniger als 27 Punktspiele hintereinander blieb der 1. FCN in dieser Saison ungeschlagen. Erst am 10. April 1971 mußte man die zweite Niederlage hinnehmen (1:2 gegen Bayern Hof).

Als souveräner Südmeister (mit 55:17 Punkten hatte er zehn Punkte Vorsprung vor dem zweiten, dem KSC) zog der Club in die Aufstiegsrunde.

Als es um den Bundesliga-Aufstieg ging, patzte die Mannschaft, die bis dahin so überzeugend aufgetreten war. Der Favorit aus Nürnberg mußte bei Borussia Neunkirchen eine 0:1-Niederlage hinnehmen. Das Mittelfeld mit Nüssing, Kröner und Heinz Müller brachte nichts Produktives zustande, im Sturm erwies sich Drexler auf Linksaußen als Fehlbesetzung, Stegmayer in der Mitte war ein Totalausfall. Erst gegen Ende des Spiels machte der Club mehr Druck, doch es gelang nicht mehr, den Rückstand aus der 28. Minute wettzumachen. Kurz vor Schluß brachte Nüssing den Ball aus sechs Metern nicht im Netz unter.

Wenige Tage später reduzierten sich die Aufstiegshoffnungen bereits auf ein Minimum: 0:2 hieß es am 30. Mai im Städtischen Stadion vor der Rekordkulisse von 75.000 Zuschauern, als dort die Fortuna aus Düsseldorf ihre Visitenkarte abgegeben hatte. Es war der erste Sieg, den die Fortuna jemals in einem Punktspiel gegen den 1. FCN erzielte! Derselbe Hans Fiederer, der kaum ein Jahr vorher der Club-Elf eine große Zukunft bescheinigt hatte, schrieb jetzt im *Kicker*: „Man kann Kräfte wie Popp, Nüssing, Wenauer, Kröner und Müller kaum mehr auf die moderne Spielart umstellen. Sie verzögern das Spiel und drosseln von sich aus bereits das Tempo." Durch das anschließende 2:3 bei Wacker 04 Berlin ging der Club dann restlos k.o.. Vorne machte er nichts aus seinen Möglichkeiten – allein Michl scheiterte viermal in aussichtsreicher Position –, die Abwehr leistete sich herbe Deckungsfehler, die von den Berlinern konsequent genutzt wurden.

Nach der vermurksten Aufstiegsrunde war das Vertrauen in den jungen Barthel Thomas aufgebraucht. Im Spieljahr 1971/72 wollte man einen Neubeginn setzen und natürlich alles viel besser machen. Was dann folgte, war der bis dahin schlimmste Absturz in der Clubgeschichte. Noch in der Vorbereitungszeit ergriff der neue Trainer „Boba" Mihailovic die Flucht – ganze 15 Tage war er im Amt! Dann holte Franz Schäfer – er hatte gerade Werner Höllerer als Obmann abgelöst – einen altbewährten Trainer-Kämpen: Fritz Langner. Aber der „eiserne" Besen, den er mitbrachte, kehrte eher schlecht denn recht. Der Club spielte sich in Richtung Tabellenende. Den drohenden Abstieg ins Amateurlager vor Augen, kam es Ende 1971 zum großen Männleinlaufen am Zabo: Am 19. Oktober trat Obmann Franz Schäfer zurück, und nachdem am 3. Dezember Hans Ehrt den bisherigen Präsidenten Walter Luther abgelöst hatte, erhielt Fritz Langner postwendend die Papiere.

Mit „Tschik" Cajkovski, dem Erfolgstrainer der Münchner Bayern, machte sich wieder Hoffnung breit. Tatsächlich vertrieb der Jugoslawe das Abstiegsgespenst. Er vermochte es aber nicht, den Club in den folgenden Spielzeiten aus der Mittelmäßigkeit herauszuführen. Mit den Altmeistern Brungs und Starek, den Neuzugängen Mrosko und Geinzer sowie mit den Eigengewächsen (Hesselbach, Bittlmayer, Sturz, Geyer, Majkowski u.a.) kam man abermals in bedrohliche Nähe der Abstiegszone. Der 9. Platz in der Saison 1971/72 und der 5. Platz 1972/73 waren nicht dazu geeignet, den Ruhm des 1. FCN zu mehren.

Knapp daneben ist auch vorbei...

1973/74 nahm wieder einmal eine neue Führung das Unternehmen Aufstieg in Angriff. Auf der Trainerbank saß jetzt Hans Tilkowski, Torhüter des Vizeweltmeisters von 1966, ihm zur Seite stand als Obmann der Goalgetter der Meistermannschaft von 1968, Franz Brungs. Mit einer vielversprechenden Mannschaft – Kurt Geinzer führte Regie, Dieter Nüssing trieb an – reichte es diesmal wieder für die Aufstiegsrunde. Nach einer passablen Saison konnte man sich als Tabellenzweiter hinter dem FC Augsburg mit einem Punkt Vorsprung gegenüber 1860 München qualifizieren.

Gegen eben jene Sechziger hatte es am 26. Januar 1974 vor 60.000 Zuschauern eines der besten Spiele gegeben, das der Club in Regionalligazeiten gezeigt hat. Geführt von Dieter Nüssing berannte der Club mit nicht enden wollender Begeisterung das Tor der „Löwen". Nach einem „geschenkten" Führungstor (Nüssing, 11. Minute) ließ, so der *Kicker*, ein „bis zu den Zähnen mit unerhörten Energien gespeister 1. FCN die 'Löwen' nicht mehr aus dem Würgegriff". Sturz (15.), Nahlik (47.) und Bittlmayer (59.) erhöhten auf 4:0, nach dem Anschlußtreffer von Kohlhäufl (85.) stellte wiederum Nahlik (88.) den Endstand her. Angetrieben von den laufstarken Geinzer und Schabacker demonstrierte die Club-Elf eine spielerische Eleganz, wie man sie in Nürnberg schon lange nicht mehr gesehen hatte. Hans Tilkowski, der eben seinen Vertrag um zwei Jahre verlängert hatte, resümierte voller Stolz: „Wir haben 1860 eine Lehrstunde in jeder Beziehung erteilt."

Auch in der Aufstiegsrunde gab es endlich einmal wieder positive Schlagzeilen. Am 9. Mai ließ ein kampfstarker Club vor 58.000 Zuschauern im Städtischen Stadion die routinierten Braunschweiger um Torjäger Gersdorff nicht ins Spiel kommen. Nach dem psychologisch wichtigen

1:0 kurz vor der Pause (Kopfball Nüssing) gelang es der Eintracht in der zweiten Halbzeit nicht mehr, das Blatt noch einmal zu wenden. Dann aber war's schon wieder vorbei mit der Herrlichkeit: Mit 0:5 verlor eine völlig aus den Fugen geratene Mannschaft bei Wacker 04 Berlin. Dieter Nüssing erinnert sich: „Man darf nie mit 0:5 gegen Wacker Berlin verlieren. In Berlin war's sehr heiß, die Mannschaft war irgendwie wie gelähmt. Bevor wir richtig auf dem Platz waren, hatten wir schon ein haltbares Tor drin. Wir waren laufend überlegen, aber ohne große Torchancen. Hinten haben wir immer wieder mal einen Fehler gemacht, und immer wieder hat's geklingelt. Der Gerry Neef hatte einen schlechten Tag erwischt, aber es hat auch nichts genützt, daß Tilkowski ihn dann ausgewechselt hat."

Nach Siegen über Saarbrücken (3:1) und Wattenscheid (2:1), die die Aufstiegshoffnungen am Leben erhielten, hatte der Club am 25. Mai die große Gelegenheit zur Revanche gegen Wacker. Der Club nahm sie wahr und setzte in dem Monat, in dem die Pegnitz-Staustufen geöffnet wurden, eine wahre Torflut in Gang. Während der Wöhrder See sich füllte, wurden 46.000 Zuschauer im Städtischen Stadion Zeuge, wie das junge Club-Team die Berliner mit 9:1 untergehen ließ. An diesem Rekordsieg waren beteiligt: Neef – Sturz, Rüsing, Hannakampf, Schuster – Geinzer (65. Steuerwald), Nüssing (56. Schabacker), Petrovic – Majkowski, Geyer, Bittlmayer. Die Torfolge:

3. Minute: Nüssing köpft nach einem Eckstoß zu Geyer, und der köpft das Leder unhaltbar für den Berliner Torhüter Todten ins Netz.
28. Minute: Petrovic läßt einen unwiderstehlichen „Hammer" ab.
38. Minute: Auf Flanke von Bittlmayer köpft Nüssing ein.
44. Minute: Majkowski gelingt eine Bogenlampe über Todten.
46. Minute: Geyer verwandelt nach einem Eckball von Petrovic.
61. Minute: Hannakampf spielt einen Steilpaß, rennt nach vorne, erhält den Ball wieder und schließt die Traumkombination zum 6:0 ab.
64. Minute: Nach feiner Kombination mit Geyer erhöht Geinzer auf 7:0.
77. Minute: Sturz bringt einen Volleyschuß im Berliner Kasten unter.
80. Minute: Wacker-Mittelstürmer Lunenburg erzielt nach einem Angriff, der von der Club-Abwehr unterschätzt wird, den Berliner Ehrentreffer.
85. Minute: Sturz vollendet nach Zuspiel von Steuerwald zum 9:1.

Nach dem Debakel für seine Mannschaft glaubte Wacker-Trainer Basikow, den künftigen Aufsteiger gesehen zu haben: „Dieser Schwung und diese jugendliche Begeisterung müssen den Ausschlag geben. Da kommt auch Braunschweig nicht mit!" Doch leider sollte sich Basikow täuschen. Nach einem 0:2 in Braunschweig und einem 1:0 in Wattenscheid (Tor:

Jubelnd empfängt Hans Tilkowski den zweifachen Torschützen Dieter Nüssing. Vom Platz genommen wurde er nicht etwa, weil er schlecht gespielt hätte, sondern weil er sich für die noch folgenden Aufstiegsspiele schonen sollte.

Sepp Brunner), reichte ein hart erkämpftes 2:2 in Saarbrücken nicht zum Wiederaufstieg. Die Saarbrücker, für die es ja eigentlich um nichts mehr ging, lieferten das beste Spiel der Saison. Die Nürnberger stürmten kopflos drauflos und kassierten postwendend zwei Kontertore. Unterstützt von 10.000 Schlachtenbummlern berannte der Club nach dem Wechsel das Saarbrücker Tor, doch mehr als der Anschlußtreffer durch Nüssing (64.) und der Ausgleich durch Sepp Brunner (80.) sprangen nicht mehr heraus.

In der Endabrechnung fehlte dem 1. FC Nürnberg ein einziger (!) Treffer gegenüber den punktgleichen Braunschweigern. In sämtlichen Nürnberger Kneipen machte man sich auf die Suche nach dem „fehlenden" Tor. War es das Geinzer-Tor in Saarbrücken, das vom Unparteiischen Hilker nicht anerkannt worden war? War der nicht erfolgte Elfmeterpfiff schuld, der nach einem Strafraumfoul an Sturz ausgeblieben war? Oder war es schon in einem der vorherigen Spiele gefallen? Für Dieter Nüssing ist die Antwort klar: „Das entscheidende Tor war das 0:2 in Braunschweig, denn das hat doppelt gezählt. Das war in der 90. Minute, wir waren mit 0:1 zurückgelegen. Es gab einen Befreiungsschlag von den Braunschweigern, der Dietmar Schabacker stoppte sich den Ball an der Mittellinie als letzter Mann und wollte den Konschal umspielen, blieb hängen, und der Konschal geht durch. 2:0 und Abpfiff."

Eine gute Club-Saison fand so ein tragisches Ende. Mit blendender Kondition und sehenswertem Tempo-Fußball hatte die von Dieter Nüssing unermüdlich zur Offensive angetriebene Mannschaft geglänzt, doch zuletzt war alles umsonst gewesen. Diese Club-Mannschaft – mit Sturz, Rüsing, Hannakampf und Schabacker in der Abwehr, mit Geinzer, Nüssing und Petrovic im Mittelfeld, mit Majkowski, Geyer und Bittlmayer im Sturm – hätte vielleicht das Zeug gehabt, sich in der Bundesliga zu halten. Sie hat es nie beweisen dürfen.

Statt auf dem Erreichten aufzubauen und mit der gewachsenen Mannschaft erneut das Ziel Bundesliga anzupeilen, verfiel man vor Beginn des Spieljahres 1974/75 wieder in alte Fehler. Mit neuen Spielern brachte man wieder Disharmonie in das gerade erst zu einer leistungsstarken Einheit zusammengewachsene Team. Als ob man wegen der neu eingeführten zweigleisigen 2. Liga zu besonderen Ausgaben angespornt worden sei, holte man für die damalige Rekordablöse von 666.666 DM Hans Walitza vom VfL Bochum und neben ihm noch eine ganze Reihe weiterer neuer Spieler. Entsprechend der Walitza-Ablöse endete die Saison folgerichtig auf dem 6. Platz mit 6 Punkten Rückstand auf einen Aufstiegsplatz.

Mittelstürmer Walitza in Aktion.

Trotzdem gelang es Hans Tilkowski, dem die Club-Vorstandschaft auch für die Saison 1975/76 vertraute, immer wieder eine schlagkräftige Elf auf den Platz zu schicken. Im Schnitt 22.480 Zuschauer sahen in den Heimspielen einen 1. FCN, der über weite Strecken der Saison überzeugen konnte. Hinter dem 1. FC Saarbrücken konnte sich der Club als ungefährdeter Tabellenzweiter für die Aufstiegsspiele gegen den Nordzweiten Borussia Dortmund qualifizieren.

Doch erneut wurde nichts aus dem Traum Bundesliga. Schon im ersten Aufeinandertreffen am 17. Juni 1976, das der Club im heimischen Stadion vor 55.000 Zuschauern mit 0:1 verlor, waren die Schwächen der Mannschaft deutlich geworden. Zwar hatte Petrovic kurz nach dem Anpfiff mit einem Lattenknaller für einen Paukenschlag gesorgt, dann aber hatte sich gezeigt, daß das Kampf- und Tempospiel des Club nicht ausreichte, um gegen eine ebenfalls kampfstarke, darüber hinaus aber auch technisch versierte Borussia bestehen zu können. Nicht der Platzverweis für Hannakampf sei spielentscheidend gewesen, sondern, so Hans Fiederer im *Kicker,* daß fast jeder Dortmunder „seinem Nürnberger Gegenspieler balltechnisch überlegen" gewesen sei. Darüber hinaus hatte sich gezeigt, daß der Club-Sturm kaum mehr etwas wert war, wenn die Torjäger Walitza und Nüssing neutralisiert wurden. Beide brachten gegen die von Otto Rehhagel trainierten Dortmunder kein Bein auf die Erde, und auch dem fleißigen Majkowski gelang es nicht, gefährlich zu werden.

Die Mannschaft, die im Rückspiel auflief (Schwarzwälder – Pechtold, Dämpfling, Rüsing, Stocker – Nüssing, Sturz, Petrovic – Majkowski, Walitza, Lieberwirth) spielte dann zwar besser, konnte das Blatt aber nicht mehr wenden. Mit 3:2 gewann die Borussia auch dieses Spiel (Tore für den Club: Sturz, Walitza), wobei sie vor allem, wie der *Kicker* meinte, „von schweren Substanzverlusten der Nürnberger in der kräftezehrenden Saison" profitiert habe. Als der Club in der 2. Halbzeit drängte, hätte es vielleicht noch etwas werden können, „wenn jetzt ein Dieter Nüssing der Kerl wie noch vor kurzem gewesen wäre. Aber der Club-Kapitän war schon vor diesen Spielen der Entscheidung erledigt."

Der „Club '77"

Nach dreijähriger Tätigkeit, der der Erfolg versagt geblieben war, verließ der engagierte Hans Tilkowski den Valznerweiher. Sein Nachfolger wurde Horst Buhtz. Der ehemalige Italienprofi setzte auf das Prinzip Auswahl und sorgte dabei für einen neuen Rekord: Nicht weniger als dreißig (!) Profis tummelten sich zu Beginn der Saison 1976/77 auf dem Trainingsgelände. Doch Buhtz schaffte es nicht, aus dem riesigen Kader eine leistungsfähige Truppe zusammenzustellen. Der Mannschaft fehlte das Feuer, überzeugende Siege blieben aus. Im Winter wurden die Club-Spieler ausgepfiffen, als sie zuhause nur zu einem wenig überzeugenden Unentschieden kamen. Zwar blieben sie lange Zeit ungeschlagen – 18 Spiele lang dauerte die Serie –, als sie dann aber mit einem 0:4 in Stuttgart ihre Aufstiegschancen endgültig verspielten (16. April 1977), war es mit der Geduld der Zuschauer am Ende. Zum letzten Heimspiel der Saison passierten gerade mal 1.743 Zuschauer die Stadiontore – absoluter Minusrekord in der Vereinsgeschichte. Das eben umgebaute Theater, wo im Oktober 1976 „Schweig Bub", das Erfolgsstück von Fitzgerald Kusz, Premiere hatte, war drauf und dran, dem Club den Rang abzulaufen.

Vor Beginn der neuen Saison 1977/78 war die finanzielle Lage des 1. FCN wieder einmal prekär. Es blieb kaum etwas anderes übrig, als aus der Not eine Tugend zu machen. Franz Schäfer, seit Januar wieder Leiter der Lizenzspielerabteilung, setzte auf langfristige Arbeit: Man wolle nun versuchen, in Ruhe eine junge, schlagkräftige Truppe aufzubauen, die nicht unter dem Zwang steht, sofort aufzusteigen. Der aufgeblähte Spielerkader wurde auf 20 Profis reduziert, der Club trennte sich von den bisherigen Leistungsträgern Geinzer, Hannakampf, Majkowski, Nüssing, Pechthold und Rüsing. Was Schäfer bei diesen Transfers schwer angelastet wurde: Finanziell kam nur wenig rüber, beispielsweise ließ man einen Nüssing für ganze 200.000 DM nach Berlin zur Hertha ziehen.

Um die Routiniers Manni Müller, Slobodan Petrovic und Hans Walitza scharte sich eine junge Mannschaft: Die ehemaligen Jugendspieler Dieter Lieberwirth, Reinhold Schöll, Norbert Eder, Horst Weyerich, Günter Dämpfling, dazu Hans Pausch und Bertram Beierlorzer von den Amateuren sowie Siggi Susser (FC Vilshofen) und Alfred Steinkirchner (TSV Straubing).

Die jugendlichen Profis – Durchschnittsalter des Kaders: 22,6 Jahre – schlugen sich gleich in den ersten Saisonspielen wacker. Ein frisch drauflosstürmender Club besiegte den Meisterschaftsfavoriten KSC mit 2:1 (Tore: Petrovic, Susser), behielt in Würzburg beim FV 04 mit 1:0 die Oberhand und setzte sich dann vor 42.000 Zuschauern zu Hause gegen die Offenbacher Kickers mit 2:0 durch (Tore: Zivaljevic, Weyerich). Vom Schwung der neuen Mannschaft begeistert, erfand die Lokalpresse gleich ein neues Gütezeichen für den lange nicht gesehenen Qualitätsfußball Marke 1. FC Nürnberg: „Club '77". Nach weiteren Erfolgen erklomm dieser „Club '77" Anfang Oktober sogar die Tabellenspitze. Nach kurzen Durchhängern – so ein 0:3 bei den Würzburger Kickers – und einem 6:4 über Darmstadt 98 beendete der 1. FCN die Vorrunde auf dem 2. Tabellenplatz.

Zum Start der zweiten Halbserie gab's zwar eine Niederlage in Karlsruhe – Dani Petrovic erhielt einen Platzverweis, dem acht Spiele Sperre folgten –, dann aber fing man sich wieder und konnte mit guten Leistungen den Anschluß an die Spitze halten. Nach einem schwer erkämpften 3:2 über die SpVgg Bayreuth (am 25. Februar vor 42.000 Zuschauern), in dem dem Club deutlich die Grenzen aufgezeigt worden waren, ging den Jungen allmählich die Puste aus. Das Präsidium, in dem mittlerweile Lothar Schmechtig das Zepter schwang, wurde zunehmend nervös. Gerade hatte man den Vertrag mit Horst Buhtz um ein Jahr verlängert, aber nach einem 1:3-Debakel gegen Waldhof Mannheim (19. Mai, letztes Saison-Heimspiel) traute man dem Fußballehrer kurz darauf schon nicht mehr zu, den Aufstieg zu realisieren. Obwohl die Mannschaft für Horst Buhtz stimmte, holte die Clubführung den jungen Werner Kern, Assistenztrainer bei Bayern München. Mit ihm versprach man sich in den Spielen gegen den Nordzweiten Rot-Weiß Essen frischen Wind.

Zuvor aber mußte man noch das letzte Saisonspiel gegen Bayern Hof absolvieren. Zwar war es nicht mehr entscheidend – der zweite Platz und damit die Qualifikation für die Aufstiegsspiele war bereits gesichert –, doch sollte es eine Art Generalprobe sein. Sie ging gründlich in die Hose. Mit 0:4 setzte es für den Club eine herbe Niederlage.

Dann aber gelang der 1. Teil der Aufführung vor 48.000 Zuschauern im Städtischen Stadion zu Nürnberg. Zum Glück für den Club kam Horst Hrubesch, der von Peter Stocker ausgeschaltet werden sollte, kaum mehr über die Mittellinie. Nur einmal konnte er Mill in Szene setzen, der aber weit über das von Müller gehütete Club-Tor zielte. Essens Trainer Quinkert hatte Hrubesch die Order mit auf den Weg gegeben, die Abwehr zu unterstützen. Das „Kopfball-Ungeheuer" wurde vorne nicht gefährlich, räumte aber hinten jeden Ball weg, so daß es für den Club kaum ein Durchkommen gab. Je länger das Spiel dauerte, desto mehr deutete alles auf ein 0:0 hin. Dann kam die 79. Minute: Eckstoß für den Club. Jetzt zahlte sich aus, daß Werner Kern mit seinen Spielern Standardsituationen eingepaukt hatte. Der Ball segelte in hohem Bogen in den Strafraum; dort stand Walitza, und der von seinem Kopf verlängerte Ball senkte sich unhaltbar für Blasey ins Essener Netz. Mit einem dünnen Polster fährt der Club zum Rückspiel ins Ruhrgebiet.

Das Ungeheuer und der Held

Freitag, 9. Juni 1978. In der Essener Hafenstraße läuft ein hektisches, nervöses, teilweise brutales Aufstiegsspiel ab. Im Spielbericht des *Kicker* wird es heißen: „Das war kein Spiel. Das war kein Kampf mehr. Das war eine Schlacht."

Es ist wahrlich kein schönes Match, aber es bleibt spannend und dramatisch bis zum Ende. Im Zentrum der Auseinandersetzung stehen zwei Spieler: RWE-Torjäger Horst Hrubesch auf der einen Seite, Club-Torwart Manni Müller auf der anderen. Nicht weniger als 41 Treffer hat das Essener „Kopfball-Ungeheuer" in der Saison 1977/78 erzielt, aber im entscheidenden Spiel gelingt ihm kein Feldtor. Immer wieder stellen sich ihm Schöll, Stocker, Eder oder der überragende Ausputzer Weyerich in den Weg. Kommt er doch einmal durch, dann landet der Ball an der Latte oder in den Armen von Manfred Müller. Der zuverlässige Torhüter wächst an diesem Tag über sich hinaus und hält alles, was zu halten ist.

Müller meistert unter anderem einen von Hrubesch getretenen Elfmeter und wird so zum Garanten des Aufstiegs. Nach dem Schlußpfiff schleicht der Essener Torjäger, der bereits beim Hamburger SV unterschrieben, aber den Essener Fans zum Abschied den Aufstieg versprochen hat, mit gesenktem Haupt vom Platz. Während Hrubesch weinend in der Essener Kabine sitzt, feiern die Nürnberger ihren jungen Trainer Werner Kern und jenen Mann, der als „Held von Essen" in die Clubgeschichte eingehen wird: Manni Müller. Aber nun der Reihe nach.

In der 1. Minute fährt Kaminski Beierlorzer in die Beine und eröffnet damit den „Aufstiegskrieg". Kurz darauf begeht Schöll ein platzverweisreifes Foul an Hrubesch. Ein Wunder, daß der Essener Torjäger überhaupt weiterspielen kann. Danach geht es munter so weiter. In der 5. Minute foult Fürhoff Schöll, kurz darauf wird Walitza von Hrubesch beharkt. Schöll, Fürhoff, Hrubesch – drei Gelbsünder schon nach fünf Minuten! Erst allmählich beruhigen sich die Gemüter etwas. Die Essener beginnen, sich mehr auf das Spielerische zu besinnen. Sie belagern das Nürnberger Tor, doch dem Club gelingen immer wieder gefährliche Vorstöße. In der 29. Minute erzielt Petrovic mit einem Freistoß aus 24 Metern das 1:0 für den Club. Kurz darauf taucht Zivaljevic frei vor dem

Manni Müller, der „Held von Essen", vor jubelnden Fans auf dem Nürnberger Hauptmarkt.

Essener Tor auf, bringt aber den Ball nicht unter. Wenig später trifft Lieberwirth nur den Pfosten. Der Club hätte also schon alles klarmachen können, geht aber nur mit einem knappen 1:0-Vorsprung in die Kabine.

In der zweiten Halbzeit stürmt dann nur noch eine Mannschaft: Rot-Weiß Essen. Immer seltener kann sich der Club aus der Umklammerung befreien. In der 48. Minute patzt Hans Walitza. Bei einer Tändelei im Mittelfeld verliert er den Ball an Ehmke, der sofort in Richtung Club-Strafraum durchstartet und mit einem plazierten Flachschuß Müller keine Chance läßt. Doch der Club läßt sich nicht schockieren. Nur 10 Minuten später setzt sich Norbert Eder am rechten Flügel durch, seine Hereingabe verwandelt Hans Walitza in sehenswerter Schußhaltung zur erneuten Führung für den Club. Doch während die Nürnberger noch jubeln, haben die Essener den Anstoß schon ausgeführt. Mill schnappt sich das Leder und marschiert in Richtung Clubtor. Peter Stocker muß die Notbremse ziehen: Elfmeter! Horst Hrubesch läuft an, Müller fliegt in die verkehrte Ecke: 2:2.

Angefeuert von 25.000 Fans berennt Essen weiter das Clubtor. In der 82. Minute dann der große Schock für den 1. FCN. Patzke dringt in den Strafraum ein, wird von Schöll attackiert, und Schiedsrichter Linn pfeift ein zweites Mal: Wieder Elfmeter! Erneut tritt Hrubesch an, doch diesmal hat Müller die richtige Ecke gewählt und pariert den Schuß. Unbeschreiblicher Jubel beim Club! Aber das Spiel ist noch nicht vorbei. In der 88. Minute gibt es eine Ecke für Essen. Der Ball fliegt herein, Hrubesch steigt hoch und donnert das Leder mit dem Kopf gegen die Latte. Weyerich wirft sich in den Nachschuß, von seinem Körper prallt der Ball wieder einem Essener vor die Füße. Nun ist es Müller, der die Gefahr bereinigt. Er prallt dabei so heftig mit Weyerich zusammen, daß er nicht mehr weiterspielen kann. Ersatztorhüter Hummel nimmt seinen Platz ein. Noch ein kurzes Bangen, aber dann ist's endlich vorbei. Der Club ist wieder in der Bundesliga!

▷ INTERVIEW: DIETER NÜSSING

„Es hat halt leider nicht sollen sein"

Dieter Nüssing, Jahrgang 1949, trug von 1968 bis 1977 das Trikot des 1. FCN. Der bei Mitspielern und Publikum gleichermaßen beliebte Kapitän war immer beteiligt, wenn es in diesen insgesamt mageren Jahren einmal positive Schlagzeilen über den Club gab. Nüssing beendete seine aktive Karriere nach einer erfolgreichen Zeit bei Hertha BSC (Pokalfinale, Halbfinale des UEFA-Pokals) in der Schweiz und ist heute als Amateurtrainer in Feucht tätig.

Dieter, vielen Nürnberger Fans bist Du als unermüdlicher Kämpfer und Antreiber im Mittelfeld in Erinnerung, der mit seiner Einsatzfreude begeistert hat. Wie siehst Du Dich selbst?

Das kann man so stehen lassen. Ohne Eigenlob, aber ich hab' wirklich viele Spiele noch rumgerissen durch Elan und Leistungswillen und hab' da auch viele von meinen Kameraden mitziehen können. Ich war Mannschaftskapitän, und die haben auf mich gehört und haben gesehen, der geht mit gutem Beispiel voran. Da haben wir schon manches Spiel rumgedreht. Einmal haben wir mit 1:4 zurückgelegen in der Halbzeit und dann noch das 6:4 gemacht.

Trotzdem ist der Club aber im entscheidenden Augenblick immer wieder gescheitert. Bist Du da nie in Versuchung gekommen, den Verein zu wechseln?

Ich hatte jedes Jahr Bundesliga-Angebote, ich bin aber trotzdem in Nürnberg geblieben. Ich hatte den Eindruck, daß ich nicht abhauen kann. Die Leute identifizieren sich mit dir und der Mannschaft, du bist da wer. Und wenn du irgendwo anders hingehst, bist du wieder nur einer unter vielen. Ich wollte unbedingt mit dem Club wieder aufsteigen. Ich hätte mir dann ja auch ein „Denkmal" setzen können. Aus diesem Grund bin ich trotz 2. Liga hiergeblieben. Mir hat's hier immer gefallen. Immer. 1. oder 2. Liga – das war mir an und für sich wurscht.

Du bist also geblieben, weil Du hier so beliebt warst?

Ja, das wurde schon honoriert, der Einsatz und die Tore. Der Club ist ja praktisch für viele wie 'ne Religion. Das ist verrückt, wie sich die Leute identifizieren. Wenn man bodenständig ist, kann man sich auch in so einem Zweitliga-Verein einen Namen verschaffen, wenn man Leistung bringt. Und dann konnte man auch schon was verdienen. Für Zweitligaverhältnisse gab's schon ganz gutes Geld. Die Bundesliga-Angebote, die ich bekam, waren nicht viel besser. Finanziell hätte es sich nicht gelohnt, einen Umzug zu machen.

Und wie lief es in der Mannschaft?

Wir hatten damals eine schöne Zeit. Im heutigen Profitum steht man ja enorm unter Druck. Man kann sich ja nichts mehr erlauben. Bei uns war alles noch ein bißchen lockerer. Bei uns gab's einmal im Monat Mannschaftsabend. Da ging's dann auch mal richtig rund. Zum Zusammenhalt und zur Kameradschaft hat das sicher viel beigetragen.

Du hast 544 Spiele für den Club bestritten und hast immer als besonders torgefährlicher Spieler gegolten. Wieviele Tore waren es denn?

Ich weiß nicht, wieviele Tore ich geschossen habe. Scheinbar hat sie keiner gezählt. Aber in der 2. Liga hab' ich viele Tore geschossen. So zwischen 15 und 23 hatte ich fast immer. Mein schönstes Tor war der Kopfball zum 1:0 gegen Braunschweig in der Aufstiegsrunde 1974.

Der Club ist dann aber gescheitert, weil die punktgleichen Braunschweiger ein einziges Tor mehr geschossen haben. Zwei Jahre später seid Ihr dann an Dortmund gescheitert. In den Zeitungen stand zu lesen, daß die Aufstiegsspiele wohl ganz anders gelaufen wären, wenn Dieter Nüssing voll bei Kräften gewesen wäre.

Ich hatte da in der Rückrunde viel mit Verletzungen zu kämpfen. Tilkowski hat aber so auf mich gestanden, daß er mich immer wieder auf den Platz geschickt und in die Verantwortung genommen hat. Aber das konnte nicht gutgehen. Ich konnte kaum trainieren. Ich war am Ende der Saison wirklich platt.

1977 hast Du dann den Club in Richtung Berlin verlassen. Wollte Dich der Verein loshaben oder wolltest Du selber weg?

Beides. 1977 hatte der Verein wie schon so oft wieder mal kein Geld. Es sollten die Leistungsträger verkauft werden – Pechthold, Geinzer, Hannakampf und eben ich. Sie haben gesagt, daß sie mein Gehalt nicht mehr bezahlen können. Entweder sollte ich einen neuen Vertrag abschließen oder den Verein wechseln. Aber ich wollte auch selber weg. Das waren soviel Nackenschläge für mich. Ich war ja schon das siebte Jahr zweitklassig. Den Abstieg '69 mitgemacht. Dreimal – 1971, 1974 und 1976 – am Aufstieg gescheitert. In

Dieter Nüssing, der unermüdliche Kämpfer und Antreiber im Club-Trikot.

der nächsten Saison hatte ich dann nicht mehr so die Kraft gehabt. Der Frust hat sich derart festgesetzt, daß ich beschlossen hab', nach der Saison den Verein zu wechseln. Ich war ja schon 27 und wollte noch ein paar Jahre in der Bundesliga spielen.

Was hast Du empfunden, als der Club dann nur ein Jahr später aufgestiegen ist und Du aber nicht mehr dabei warst?

Ich bin ja trotzdem im Herzen immer ein Cluberer geblieben. Zu den Aufstiegsspielen 1978 bin ich extra aus Berlin eingeflogen. Ich war auch beim 2:2 in Essen hinterher in der Kabine. Mich hat es wirklich gefreut, daß der Club wieder in der Bundesliga war. Ich hab' mich da nicht geärgert. Sicher, es wär' für mich das Größte überhaupt gewesen, wenn ich mit denen wieder aufgestiegen wär'. Aber es hat halt leider nicht sollen sein.

Wenn Du so zurückblickst – was war für Dich das Entscheidende, daß der Club zu Deiner Zeit nie den Aufstieg geschafft hat?

Die Trainer – Thomas, Tilkowski, Buhtz – waren eigentlich immer relativ gut. Auf einigen Positionen aber hat halt immer irgendwie was gefehlt. Wir hatten von 1969 bis 1976, als der Manni Müller kam, keinen gescheiten Torwart, zumindest keinen bundesligareifen. Das ging los mit Rynio, das hat vermutlich den Abstieg bedeutet. Der Welz war gut, aber den hat gleich der 1. FC Köln abgekauft. Und dann hat der Club grundsätzlich den Sprung ins Professionelle nicht geschafft. Das hat eigentlich gar nichts mit der Mannschaft zu tun. Bayern München hat was geleistet mit einem gescheiten Management. Und wir haben im Management versagt. Wir hatten sowieso nie einen richtigen Manager. Das waren immer so Hobbysachen.

Seit Jahren bist Du selbst als Trainer von Amateurmannschaften tätig. Wie schaut' eigentlich da die Bilanz aus?

Mir macht es Spaß, mit jungen Leuten zusammenzuarbeiten, ein bissel meine Erfahrung weiterzugeben. Ich hab' eigentlich immer Erfolg gehabt. Anders als beim Club bin ich mit meinen Mannschaften immer wieder aufgestiegen oder hab' sie vor dem Abstieg gerettet. □

Höher und tiefer
1978 bis 1988

Der Mann aus München

Neun magere Jahre waren vorüber, neun fette sollten folgen. „Bundesliga, das klingt einfach herrlich", schwärmte der junge Stürmer Klaus Täuber. Mit einer kaum veränderten Mannschaft, dem jüngsten aller 18 Trainer und vielen guten Vorsätzen stürzte sich der Club in sein erstes Bundesligajahr nach fast einem Jahrzehnt. „Das solide Gehaltsgefüge darf nicht angetastet werden", warnte Präsident Lothar Schmechtig, „Stars, die unseren Rahmen sprengen, werden in Nürnberg künftig keine Chance mehr haben."

Schon die Ergebnisse der wichtigsten Testspiele gegen den VfB Stuttgart (0:4), die SpVgg Fürth (1:1), die Stuttgarter Kickers (0:2) und Viktoria Aschaffenburg (1:3) zeigten an, daß dem Club eine Saison im Zeichen des Abstiegskampfes drohte. Das erste Bundesligaspiel vor 40.000 Zuschauern im Städtischen Stadion verlor der FCN gegen den VfL Bochum auch prompt mit 0:2, danach setzte es ein deftiges 0:4 in Stuttgart. Vor allem im Angriff hakte es. Schmechtig handelte und holte zwei spektakuläre Verstärkungen für den offensiven Bereich, den Düsseldorfer Torjäger Detlef Szymanek und den Stuttgarter Mittelfeldspieler Bernd Schmider. Erfolg gleich null; nach elf Spieltagen hatte der Club ganze zwölf Tore auf seinem Konto und krebste auf Abstiegsplatz 17 herum.

Dann, auf der Jahreshauptversammlung am 30. Oktober, landete der Präsident seinen vermeintlich größten Coup: Nachdem er 25 seiner 26 Manuskriptseiten langen Rede vorgelesen hatte, ließ er einfließen, „daß ich mich gestern mit meinem Münchner Kollegen Wilhelm Neudecker geeinigt habe: Uli Hoeneß spielt bis Saisonende beim Club". Der frisch am Knie operierte Nationalspieler, der bei den Bayern unter Trainer Gyula Lorant keine Chance mehr sah, sollte, für 150.000 Mark ausgeliehen, mit seinen Toren das Tor zum Klassenerhalt wieder aufstoßen. Minutenlang klatschten und tobten die 300 anwesenden Mitglieder, als Schmechtig anfügte, das Brutto-Monatsgehalt des Weltmeisters von 1974 betrage nur 5.000 Mark.

56.000 Zuschauer strömten am folgenden Samstag ins Stadion, um Hoeneß treffen und den Club gegen Schalke 04 siegen zu sehen; eineinhalb Stunden später war der Rausch verflogen. Trotz einer kämpferisch starken Leistung des Neuen hieß es am Ende der 90 Minuten 0:2. „Wie konnte Werner Kern den wertvollen, ganz auf sich allein gestellten Hoeneß in die unerbittliche Deckungszange Rüssmann/Fichtel stürzen lassen?" fragte der *Kicker,* um Kern dann massiv anzugreifen: „Mit dieser Fehlplanung versagte Nürnbergs Trainer."

Schmechtig wies alle Vorwürfe zurück, hatte er doch seine Zukunft mit der des Trainers verknüpft: „Solange ich Präsident bin, heißt unser Trainer Werner Kern." Anders als viele Club-Präsidenten vor und ebensoviele nach ihm stand der Industriemanager zu seinem Wort. Als sich die Lage zuspitzte und Kern im Dezember nach weiteren Niederlagen in Frankfurt, München und Bremen nicht mehr zu halten war, nahm Schmechtig seinen Hut. Schon einen Tag später wurde der Trainer durch Interimspräsident Waldemar Zeitelhack und Geschäftsführer Willi Kallert beurlaubt.

Turbulente Tage folgten. Zunächst sollte Max Merkel verpflichtet werden, was einige Vorstandsmitglieder verhinderten. Dann bemühte sich Zeitelhack um Uwe Klimaschefski, der jedoch nicht zur geplanten Vertragsunterschrift aufkreuzte. Im letzten Spiel des Jahres 1978 gegen Mönchengladbach schließlich saß erstmals ein neuer Mann auf der Bank. Sein Name: Robert Gebhardt. Trainer „seines" Vereins, des 1. FC Nürnberg – für den „Zapf" hatte sich ein großer Traum erfüllt. „Wir wollen das Unmögliche noch möglich machen", kündigte er an. „Wir müssen wieder lernen, zu Null zu spielen." Vor allem Ordnung und Disziplin wolle er der Mannschaft einimpfen, „die Spieler können viel mehr, als sie bisher gezeigt haben".

Die Partie gegen die Borussia schien Gebhardt zu bestätigen. Mit einem 1:0-Sieg machte der Club den 35.000 Zuschauern das schönste Weihnachtsgeschenk. Im neuen Jahr, mit einem neuen Präsidenten – Michael A. Roth setzte sich in einer Kampfabstimmung gegen Zeitelhack durch – jedoch ging's nach vielversprechendem Auftakt (1:0 gegen den VfB Stuttgart) weiter bergab. Der Sturm erwies sich trotz der drei Neuverpflichtungen als nicht bundesligatauglich; Uli Hoeneß, nur noch ein Schatten großer Tage, erzielte bei elf Einsätzen kein einziges Tor. Mit einer dürftigen Leistung beim 1:2 in Bochum verabschiedete er sich noch vor Saisonende, am 21. März, Richtung München, wo er auf den Managerstuhl kletterte. Schon als Club-Spieler hatte Hoeneß einen Großteil

Das große Mißverständnis: Uli Hoeneß beim Torschuß im Club-Trikot. Ohne den Gegner in diesem Spiel zu kennen: Ein Tor wurde es nicht.

seiner Energie für seinen neuen und alten Arbeitgeber FC Bayern verwendet. „Mich interessiert nicht, was der Uli in seiner Freizeit anstellt", sagte Gebhardt, doch nicht nur der *Kicker* fragte sich: „Heute Nürnberg, morgen Frankfurt, übermorgen München: Konzentriert sich ein Spieler so auf den Abstiegskampf?" Hoeneß und der Club – kaum mehr als ein großes Mißverständnis.

Ein ernüchterndes 0:3 im Heimspiel gegen Braunschweig Ende März stellte die Weichen endgültig Richtung 2. Liga. „Zapf" Gebhardt, dessen

Arbeit durch ständige Spekulationen um seinen Posten nicht gerade erleichtert wurde, war außer sich. „Was manche unserer Spieler boten, war eine Frechheit. Wir hatten fünf Totalausfälle. Jetzt müssen wir umschalten und für die 2. Liga neu aufbauen, Ballast abwerfen. Diese Mannschaft war nur noch ein Trümmerhaufen."

17:19 Punkte hamsterte der „Trümmerhaufen" unter dem scheidenden Gebhardt in der Rückrunde, vier Punkte zuwenig für den Klassenerhalt. Hans Walitza, Slobodan Petrovic und Torhüter Manfred Müller verabschiedeten sich aus Nürnberg, der Club wiederum aus der Bundesliga. Neun Jahre hatte er zum Aufstieg gebraucht, ein einziges zum neuerlichen Abstieg.

Der Mann mit dem Schuhkarton

In der Saison 1979/80 gelang dem Club der Sprung zurück in die Bundesliga. Nach mißglücktem Start und 1:5 Punkten mit einer nur unwesentlich veränderten, bundesligaerfahrenen Mannschaft mußte der neue Trainer Jef Vliers schon nach drei Spieltagen die Koffer packen. Mit einem Schuhkarton unter dem Arm und um 60.000 Mark Abfindung reicher verließ der Belgier, der in seiner Heimat als Trainer in Beringen (Aufstieg in die 1. Liga), bei Standard Lüttich und Thor Waterschei (ebenfalls Aufstieg in die 1. Liga) durchaus beachtliche Erfolge erzielt hatte, verärgert den Valznerweiher. Auch der für die Verpflichtung von Vliers verantwortliche Vizepräsident Eduard Zippmann trat zurück, „Zapf" Gebhardt, nach dem Abstieg zum Berater degradiert, stieg erneut zum Cheftrainer auf.

Mit Gebhardt und seiner bekannten „harten Welle" stellte sich der ersehnte Erfolg schnell ein. Der Club eilte von Sieg zu Sieg, beendete die Vorrunde als Tabellenzweiter hinter dem Karlsruher SC und hatte vier Spieltage vor Schluß sechs Punkte Vorsprung. 50.000 Zuschauer wollten am 18. Mai 1980 das Nürnberger Meisterstück gegen den direkten Verfolger KSC feiern, doch trotz eines frühen Elfmetertores von Horst Weyerich mußte die große Sause verschoben werden; der KSC holte ein 1:1.

Den Wiederaufstieg machte der FCN am vorletzten Spieltag perfekt. Bertram Beierlorzer schoß in der 63. Minute das goldene Tor zum 1:0-Erfolg beim MTV Ingolstadt. In der Kabine knallten die Sektkorken, und Kapitän Norbert Eder stimmte den Jubelgesang an: „Und so zogen wir in die Bundesliga ein, und wir werden wieder Deutscher Meister sein." Schöne Worte.

Wieder in der Bundesliga: Nach dem 1:0-Sieg beim MTV Ingolstadt feiern Herbert Heidenreich (links) und Kapitän Norbert Eder den Club-Aufstieg.

Der Strohmann

Die Saison 1980/81 begann mit einem Paukenschlag. Drei Wochen vor dem Bundesliga-Auftakt schickte „Zapf" Gebhardt ein Telegramm an die Geschäftsstelle: „Ich bitte Sie, mich von meinem Vertrag mit sofortiger Wirkung zu entbinden."

Grund für Gebhardts nur auf den ersten Blick überraschenden Schritt war die beabsichtigte Entlassung seines Co-Trainers Erich Tauchmann. Nach der Rückkehr aus einem Urlaub auf Mallorca, so erzählte er später, hätten mehr als zehn Fußball-Lehrer bei ihm zu Hause angerufen, um sich als neuer Co-Trainer zu bewerben, „dabei wollte ich bei Tauchmann bleiben. Es ist doch unmöglich, so etwas während meiner Abwesenheit zu inszenieren". Zudem sah der „Zapf" seine erfolgreiche Arbeit vom Präsidium nicht genügend gewürdigt.

Kündigung per Telegramm: Kurz vor der Saison 1980/81 warf Robert Gebhardt das Handtuch.

Michael A. Roth lag an jenem 11. Juni nach einem Motorradunfall im Krankenhaus. Gebhardts Kündigung dürfte die Genesung des Präsidenten beschleunigt haben – den Plan, einen jüngeren Nachfolger für den 59jährigen zu verpflichten, hatte er seit längerem verfolgt. Eine Woche später stellte sich der Neue vor: der 36jährige Horst Heese, bis dahin Trainer der Offenbacher Kickers.

Anders als nach dem ersten Aufstieg 1978 investierte der Club 1980 viel Geld und kaufte für rund zwei Millionen Mark erfahrene Spieler ein. Georg Volkert, inzwischen fast 35jährig, wechselte vom VfB Stuttgart zurück an den Valznerweiher, Wolfgang Frank kam aus Dortmund, Werner Heck aus Saarbrücken, Michael Eggert aus Bochum.

Klangvolle Namen, die die Nürnberger in der ersten Saisonhälfte in Scharen ins Stadion lockten. Trotz eines 1:2 zum Auftakt beim VfB Stuttgart strömten 51.000 Zuschauer zum ersten Heimspiel gegen den HSV. Nach einem Platzverweis für Horst Weyerich hielt der Club mit zehn Mann bis kurz vor Schluß ein 2:2, ehe Norbert Eder ein Eigentor zum

2:3-Endstand unterlief. Ein 4:2-Sieg bei 1860 München leitete den Aufschwung ein; je zweimal Frank und Volkert erzielten die Treffer. Unter einem neuen Manager, Frank Fleschenberg, und mit dem neuen Torhüter Rudi Kargus, der aus Hamburg in die Noris wechselte, legte der Club zum Vorrundenschluß eine Serie von fünf Spielen ohne Niederlage mit 8:2 Punkten auf den Rasen. Rang neun zum Jahreswechsel ließ am Valznerweiher kurzfristig sogar Träume vom Einzug in den UEFA-Pokal aufblühen.

Die eklatante Heimschwäche machte diesen Träumen schnell ein Ende, mehr noch, sie preßte den Club nach der Winterpause mitten hinein in den Abstiegsstrudel. Sieben Niederlagen (!) kassierte der 1. FCN in der Saison 1980/81 vor eigenem Publikum, soviele wie nie zuvor in der Bundesliga. Mit jeder weiteren Pleite wurde es für die Mannschaft schwieriger, die Fans durch Auswärtserfolge zu versöhnen, der angepeilte Zuschauerschnitt von 33.000 rückte in weite Ferne. Nun wirkte sich auch die kräftige Erhöhung der Eintrittspreise vor der Saison – der Stehplatz kostete plötzlich zwölf Mark – negativ aus.

„Die Profis erkennen nicht, daß sie an dem Ast sägen, auf dem sie selbst sitzen", grollte Michael A. Roth, und Schatzmeister Bernhard Keltsch kündigte eine radikale Kursänderung an: „Wir können in der bisherigen Form einfach nicht mehr weitermachen und uns mit teuren Neueinkäufen verstärken." Zumal sich Frank und Eggert, die zusammen 1,5 Millionen Mark gekostet hatten, als bis dahin größte Flops der Vereinsgeschichte erwiesen.

Noch prekärer wurde die finanzielle Lage am Faschingsdienstag. Nach einer 1:2-Heimniederlage gegen 1860 München beurlaubte Roth Horst Heese und ersetzte ihn durch Amateurtrainer Fritz Popp. Heeses Monatsgehalt von 13.000 Mark lief weiter...

Aus Protest gegen diesen 20. Trainerwechsel beim Club seit 1963 (!) trat Norbert Eder von seinem Amt als Kapitän zurück. Auch der DFB legte Protest ein, weil der neue Mann auf der Nürnberger Bank keine Fußball-Lehrerlizenz besaß. Mit „Altmeister" Fred Hoffmann schob Roth in den letzten drei Saisonspielen einen Strohmann vor, mit dem der Club die entscheidenden vier Punkte zum Klassenerhalt einfuhr: 1:1 in Gelsenkirchen, 2:0 gegen Bielefeld und 1:1 in Leverkusen.

Weiter in der Bundesliga, nach einer Saison des Zitterns. Zum gleichen Zeitpunkt stürmten die Handballer des TuSpo erstmals in die Erstklassigkeit. Diese sportlichen Erfolge konnten die negativen Schlagzeilen, die Nürnberg in diesem Jahr schrieb, jedoch nicht übertünchen. Am 5. März

1981 erregte die Stadt mit den „Nürnberger Massenverhaftungen" ein unglaubliches Medieninteresse. Bei einer Demonstration nach der Ausstrahlung eines Films über Hausbesetzer im Kommunikationszentrum KOMM waren einige Schaufensterscheiben zu Bruch gegangen. Die Polizei verhaftete sofort 164 meist jugendliche KOMM-Besucher und stellte ohne individuelle Prüfung 141 gleichlautende, maschinell vorgefertigte Haftbefehle aus. Empörte Proteste der Öffentlichkeit und der Rathausmehrheit gegen den Justizskandal zeigten immerhin, daß sich das Klima im roten Nürnberg doch erheblich vom CSU-regierten Bayern unterschied.

Der Mann ohne Erfahrung

„Willst Du in die Ferne schweifen? Sieh, das Gute liegt so nah." Knallharte Auflagen des DFB – der Club ergatterte seine Bundesliga-Lizenz erst in letzter Minute am 1. Juli – zwangen Michael A. Roth vor der Saison 1981/82, sich an das geflügelte Wort Goethes zu erinnern. „Wir werden die Order befolgen", sagte er, „denn dieses Theater vor den DFB-Gremien möchte ich nicht noch einmal mitmachen."

Gute Vorsätze – zunächst hielt er sich wirklich daran. Der Präsident verkaufte teure Spieler wie Bertram Beierlorzer (zu Bayern München) und Franz Oberacher (nach Holland zu AZ Alkmaar), junge Talente aus den eigenen Reihen wie Ferdinand Glaser sowie aus dem fränkischen Umland wie die Torjäger Dieter Trunk und Richard Vollath wurden mit Profiverträgen ausstaffiert. Auch der neue Trainer trug keinen großen Namen. Fritz Popp zog sich auf den Assistenten-Posten zurück, sein Chef wurde Heinz Elzner, ein Mann ohne jede Bundesliga-Erfahrung.

Schon nach zwei Spielen fiel Roth um. Zwei Niederlagen in Bochum und gegen Köln, und er gab grünes Licht für den Einkauf eines neuen Stars für den Sturm. Vier Tage später meldete er Vollzug: Der aus der Nürnberger Jugend hervorgegangene Werner Dreßel, Linksaußen des Hamburger SV und nach einer Knieverletzung fast ein Jahr lang verletzt, wurde für den Rest der Saison ausgeliehen.

Nach dem fünften Spieltag verstieß Roth erneut gegen seine neuen Grundsätze. 0:10 Punkte nach Niederlagen in Bochum, gegen Köln, in Frankfurt, gegen den HSV und in Duisburg bewogen ihn, sich nicht nur vom Trainer, sondern auch vom Manager zu trennen. Ganze 450 Minuten hatte Heinz Elzner Bundesliga-Luft schnuppern dürfen. Der 53jährige nach der Entlassung nüchtern: „Ich wußte von vornherein, daß es schiefgehen kann. 0:10 Punkte sind eine Tatsache, andere Vorwürfe habe ich mir nicht zu machen."

Nur in einem Punkt fuhr Roth weiter auf seinem vollmundig angekündigten Sparkurs: Der neue Trainer, Udo Klug, von dem sich die Frankfurter Eintracht gerade als Manager getrennt hatte, übernahm gleichzeitig den Managerposten. „Wir haben noch 29 Spiele", erzählte der 53jährige Hesse bei seinem Amtsantritt. „Wenn wir aus jedem Spiel einen Punkt holen, schaffen wir es."

„Eichhörnchen-Methode" taufte die *Abendzeitung* diesen Plan. Er ging (fast) auf. Die Angst lief bis zum letzten Spieltag mit, aber die 28 Punkte, die Klugs „Eichhörnchen" hamsterten, reichten zum Klassenerhalt. Zwei dieser 28 Zähler sicherte sich der Club im Februar 1982 in Stuttgart. 1:1 stand es in der 90. Minute, als Werner Dreßel eines der kuriosesten Tore der Bundesliga-Geschichte schoß. Nach einem Pfostenabpraller säbelten zwei Stuttgarter, Erwin Hadewicz und Rainer Adrion, über den auf der Torlinie trudelnden Ball, Dreßel drückte ihn zum 2:1 ins Netz.

Am Ende belegte der Club Rang 13, und zum ersten Mal seit dem dritten Triumph 1962 gelang ihm der Sprung ins DFB-Pokalfinale.

Der Mann mit Geld

In der Saison 1982/83 leuchtete Michael A. Roths Firmenzeichen „ARO" auf den Trikots aller Fußballmannschaften des 1. FC Nürnberg. Auf denen der Profis wie auf denen der F-Jugend. Roths Finanzspritzen verliehen Sicherheit, doch der Club blieb auf dem Teppich. Das Geld für prominente Neuzugänge fehlte, nachdem der kalkulierte Zuschauerschnitt von 22.000 in der Vorsaison verpaßt worden war. Auch, als sich Spielmacher Reinhold Hintermaier im Testspiel gegen den FC Zürich einen Schienbeinbruch zuzog und fast die gesamte Saison über ausfiel, änderte sich nichts.

Mit einer starken Vorrunde, Siegen in Mönchengladbach (2:1) und Gelsenkirchen (1:0) und 16:18 Punkten verschaffte sich der Club eine gute Grundlage. Schon nach dem 25. Spieltag, als im Städtischen Stadion durch Tore von Horst Weyerich, Werner Dreßel und Werner Heck ein 3:2-Sieg gegen Schalke 04 heraussprang, durfte gejubelt werden. Abstieg? Kein Thema mehr.

2:12 Punkte zum Saisonabschluß, die verheerende Auswärtsbilanz (0:24 Punkte in den letzten zwölf Spielen in fremden Stadien), peinliche Pleiten wie das 0:5 zu Hause gegen den VfB Stuttgart, das 0:6 in Bochum oder das 1:5 bei Absteiger Hertha BSC und die Flut von 70 Gegentoren trübten das positive Bild. In der Abwehr um Libero Weyerich herrschte häufig heillose Verwirrung, trotz eines Rudi Kargus im Kasten. Der Kapitän entwickelte sich in der Saison 1982/83 zur überragenden Spielerpersönlichkeit des 1. FCN.

„Wenn sich die Einstellung der Mannschaft nicht ändert", sagte Klug kopfschüttelnd, bevor er die Profis in den Sommerurlaub schickte, „bin ich ungeeignet für sie."

Vier Männer ohne Erfolg

Am Anfang stand ein großes Wort. „Wir wollen Tuchfühlung zu den Mannschaften bekommen, die um die UEFA-Pokalplätze kämpfen", kündigte Udo Klug zu Beginn der Saison 1983/84 an. Der Trainer wußte, „daß es optimal laufen muß, wenn unsere Hoffnungen in Erfüllung gehen sollen. Aber mit dem Abstieg, glaube ich, haben wir auch diesmal nichts zu tun."

Im vierten Jahr nach dem Wiederaufstieg setzte der Club zu einem weiteren Schritt nach vorne an. Manfred Burgsmüller (von Borussia Dortmund), Stefan Lottermann (Eintracht Frankfurt), Werner Habiger (VfB Stuttgart) und Roland Grahammer (FC Augsburg) sollten den Durchbruch in höhere Regionen der Tabelle ebnen. „Der Club darf keinesfalls eine graue Maus werden", warnte Roth.

Graue Maus? Keine Sorge. Die Saison 1983/84 wurde zu einem Jahr der Rekorde – der negativen. Nach einer nie erwarteten 2:4-Auftaktpleite zu Hause gegen Aufsteiger Uerdingen nahm das Unheil seinen Lauf, und am Ende war nichts mehr, wie es war.

Der Niedergang in Zahlen: 18. Tabellenplatz, 38:85 Tore, 14:54 Punkte, wobei die Auswärtsbilanz ganz besonders ins Auge sticht – 9:46 Tore und 0:34 Punkte. Es werden sogar 0:58 Punkte, zählt man die zwölf Niederlagen in fremden Stadien zum Ende der Vorsaison hinzu. Selbst die Berliner Tasmania, die sich 1965/66 mit 8:60 Punkten als schlechtester Absteiger aller Zeiten aus der Bundesliga verabschiedete, errang einen Auswärtspunkt. Der Club nicht.

Zwei Jahre lang war es Klug gelungen, das Nürnberger Trainer-Karussell anzuhalten, 1983/84 rotierte es wieder. Vier verschiedene Männer saßen in den 34 Spielen auf der Bank. Klug wurde nach einem 1:3 zu Hause gegen den 1. FC Köln entlassen (nach immerhin 8:14 Punkten) und zog sich ganz auf den Managerposten zurück. Sein Nachfolger Rudi

▷ EINWURF: REINHOLD HINTERMAIER

„Ich weiß noch jeden Ball"

Reinhold Hintermaier, Jahrgang 1956, spielte von 1979 bis 1984 für den 1. FC Nürnberg. Im Sommer 1992 kehrte der Österreicher zum Club zurück, wo er Amateur- und später Jugendtrainer wurde.

In 76 Bundesligabegegnungen trug er das Trikot des 1. FC Nürnberg. Auch in der 2. Bundesliga schnürte er seine Stiefel für den Club. Er stürmte für Altheim, Vöest Linz, Eintracht Braunschweig und den 1. FC Saarbrücken, und 1982 mischte er mit der österreichischen Nationalmannschaft bei der Weltmeisterschaft in Spanien mit.

19 Jahre lang, zwischen 1974 und 1993, reihte der Fußballprofi Reinhold Hintermaier Spiel an Spiel. Einige laufen noch heute ab und zu schemenhaft in seinem Kopf ab, viele andere hat er weitestgehend vergessen. „Doch es gibt eine einzige Begegnung", sagt der 40jährige, „von der ich noch immer jede Situation, jeden Ball von der ersten bis zur letzten Sekunde weiß." Selbst an die Worte, die vor dem Anpfiff und in der Halbzeit in der Umkleidekabine fielen, erinnert er sich heute, 14 Jahre danach, noch genau. Eine Begegnung, die einen der ganz großen Höhepunkte seiner Laufbahn markiert, obwohl sie mit einer der bittersten Niederlagen endete: Das Pokalfinale 1982.

Frankfurt, 1. Mai 1982. Das erste bayerische Derby in einem Endspiel des deutschen Cup-Wettbewerbs. Durch Erfolge gegen den FC Haßfurt, Arminia Bielefeld, Fortuna Düsseldorf, Hannover 96, Borussia Mönchengladbach und schließlich den Hamburger SV hatte sich der Club genau 20 Jahre nach seinem dritten und (bislang noch immer) letzten Pokalsieg 1962 wieder einmal ins Finale vorgedribbelt, wo er auf den großen Favoriten traf: die Münchner Bayern, ihres Zeichens Deutscher Meister der Jahre 1980 und '81, erneut heißer Titelanwärter in der Saison 1981/82 und qualifiziert für das Endspiel des Europapokals der Landesmeister gegen Aston Villa. „Keiner hat vorher auch nur einen Pfifferling auf uns gewettet", erzählt Hintermaier. „Deshalb hatten wir nichts zu verlieren."

Aber alles zu gewinnen. Ohne jeden Respekt trumpften die Franken in der ersten Halbzeit vor 61.000 Zuschauern im ausverkauften Waldstadion auf. Schon nach 13 Minuten prallten Club-Vorstopper

Alois Reinhardt und Bayern-Mittelstürmer Dieter Hoeneß bei einem Kopfballduell zusammen. Beide spielten weiter; Reinhardt mit einem Cut über dem Auge, Hoeneß mit einem dicken Kopfverband. Hintermaier: „Je länger das Match dauerte, desto deutlicher merkten wir: Die Bayern schaffen es nicht, Druck zu machen, die erspielen sich kaum eine Torchance. Das ist was drin für uns."

Auch dem Österreicher im Club-Dress gelang nicht eben viel in der ersten halben Stunde, „mir unterliefen drei, vier Fehlpässe. Jedesmal flog der Ball viel zu weit." In der 31. Minute dann führte er das Leder wieder am Fuß, vier, fünf Meter jenseits der Mittellinie. Was nun? Einen erneuten Fehlpaß wollte er nicht riskieren, also lief er noch zwei, drei Schritte und setzte zum Schuß an, knapp vierzig Meter vor dem von Manfred Müller gehüteten Münchner Kasten. „Peter Stocker schrie noch 'Nein', aber da war's schon zu spät." Der Supertechniker hatte abgezogen. Der Ball segelte sekundenlang durch die laue Frankfurter Frühlingsluft, wurde lang und immer länger und paßte schließlich genau in den Winkel. „Ich hab' viele Tore aus größerer Distanz gemacht, aber das war mein schönstes." Kurz vor dem Halbzeitpfiff des Duisburger Schiedsrichters Hennig erzielte Werner Dreßel nach feiner Einzelleistung auf herrlichen Hintermaier-Paß sogar das 2:0 für den Club. Die Sensation, 45 Minuten zuvor noch blanke Utopie, lag plötzlich in der Luft.

Pausengeflüster in der Nürnberger Kabine. „Geht raus und habt keine Angst, selbst wenn die Bayern ein Tor schießen", meinte Trainer Udo Klug. „Die müssen immerhin drei Stück machen. Vielleicht können wir den einen oder anderen erfolgreichen Konter setzen."

Die zweite Halbzeit, die Partie kippte. Plötzlich hatte der zuvor so unbelastet, frisch-frech-frei aufspielende Außenseiter doch etwas zu verlieren – die sensationelle Führung. Angst schlich sich ein in die Aktionen von Hintermaier, Heidenreich und Co. Der frühe Anschlußtreffer zum 1:2 durch Karl-Heinz Rummenigge in der 53. Minute schließlich wurde zum Knackpunkt. „Danach bekamen die Bayern noch mehr Aufwind, wir gaben das Mittelfeld fast kampflos preis und standen nur noch in der Abwehr." Allein Herbert Heidenreich hätte der Begegnung noch einmal eine Wende geben können; der Pfosten verhinderte das 3:1. Wolfgang Kraus glich in der 65. Minute aus und setzte sieben Minuten später mit einer bühnenreifen Schauspieleinlage noch einen drauf. Paul Breitner verwandelte den Elfmeter zum schon entscheidenden 3:2, Sekunden vor Schluß

Sein größtes Spiel: Reinhold Hintermaier (links) im Pokalfinale 1982 gegen „Ober-Bayer" Paul Breitner. Eine 2:0-Halbzeitführung reichte nicht zum Sieg.

köpfte Dieter Hoeneß den sechsten und letzten Treffer dieses denkwürdigen Finales.

Die Wut vieler Club-Fans über den unberechtigten Strafstoß mochte Hintermaier nie teilen. „Sicher ist es bitter, daß solch ein Spiel auf diese Art und Weise entschieden wurde, aber man muß einfach sagen, daß die Bayern nach der Pause ihre internationale Erfahrung ausgespielt und enorm aufgedreht haben. Wir konnten sie nicht mehr kontrollieren."

Am nächsten Tag, nach einer langen, feuchten Nacht, empfingen 5.000 Anhänger die Club-Mannschaft auf dem Hauptmarkt. Ovationen für die Verlierer, die sich allerdings kaum trösten ließen.

In den folgenden Wochen zerplatzten die Nürnberger Träume vom Einzug ins internationale Geschäft vollends, weil die Bayern weder die Deutsche Meisterschaft noch den Europapokal holten. Zwei Jahre später, in der Saison 1983/84, stieg Reinhold Hintermaier mit dem 1. FCN aus der Bundesliga ab und wechselte nach Braunschweig. Was nichts daran ändert: „Die frühen achtziger Jahre beim Club, in einer Mannschaft, in der alles stimmte, das war die schönste Zeit meines Lebens."

Kröner, zu Beginn der siebziger Jahre selbst Profi in Nürnberg, gab ein erfolgloses 41-Tage-Gastspiel (1:9 Punkte, darunter das 0:7 beim VfB Stuttgart, die höchste Club-Niederlage der Bundesliga-Geschichte), das mit einer 3:4-Heimschlappe gegen Kaiserslautern endete. Fritz Popp, noch immer ohne Fußball-Lehrer-Lizenz, verlor sein einziges Spiel mit 1:3 in Dortmund und erkannte prompt, „daß zu viele unserer Profis den Bundesliga-Ansprüchen nicht genügen".

Nach der Vorrunde schließlich trat Heinz Höher im Neuen Zabo an. „Er wird es schwer haben", sagte Michael A. Roth, „aber er hat auch eine einmalige Chance, außergewöhnliches Können zu beweisen." Da täuschte sich der Präsident. Höher sammelte in der Rückrunde erbärmliche 5:29 Punkte, doch an ihm und seinen Vorgängern lag's am allerwenigsten, daß der Club die blamabelste Saison seiner Vereinsgeschichte spielte.

Auch ein Führungswechsel fruchtete nicht. Kurz vor Weihnachten machte der amtsmüde Roth den Weg frei für den ebenso ehrgeizigen wie mutigen Gerd Schmelzer, der den Club drei Monate lang kommissarisch leitete, ehe er im März 1984 zum Präsidenten gewählt wurde.

Nein, es gab nur einen Verantwortlichen für die 26 Niederlagen in 34 Spielen: die Mannschaft, die keine war. Von der ersten Saisonminute an zerfiel sie in kleinere Grüppchen und größere Cliquen. Mit jeder Niederlage brachen die Risse innerhalb des zerstrittenen Kaders weiter auf. Die *Nürnberger Zeitung* sprach treffend von der „Bankrotterklärung einer zerkauften Mannschaft".

Nur ein Beispiel: Das 0:6-Debakel gegen den späteren Meister Stuttgart, die höchste Heimniederlage des Club in der Bundesliga überhaupt. Im *Kicker* analysierte Heinz Wiskow: „Jeder spielte nur für seinen eigenen Marktwert, keiner lief für den anderen, es fehlte das Verständnis und die Bindung, und deshalb versagte die Elf als Mannschaft total." Nach einer Stunde, Spielstand 0:4, wandten sich auch die treuesten der 20.000 Zuschauer ab und schauten sich statt des Trauerspiels auf dem Rasen lieber das große Volksfest-Feuerwerk über dem Dutzendteich an.

Wie gesagt, ein Beispiel von vielen. Mit zehn Niederlagen in Serie verabschiedete sich der Club mal wieder aus der Bundesliga.

Drei Lichtblicke blitzten durch das pechschwarze Dunkel: Erstens die unwiderstehlichen Flügelläufe und die acht Saisontore des Dieter Trunk. Die halbe Bundesliga jagte den Stürmer mit der hohen Stirn, der so gerne beim Club geblieben wäre, aus akuter Geldnot heraus jedoch verkauft werden mußte. Zweitens der junge Roland Grahammer, der sein großes Talent in seinem ersten Profijahr andeutete, drittens der im November

Zieht sich warm an: Heinz Höher.

verpflichtete norwegische Abwehrspieler Anders Giske, der, die ganz große Ausnahme im Nürnberg dieser Tage, bis zum 34. Spiel vollen Einsatz zeigte.

Logisch, daß der freie Fall in den Abgrund auch einen horrenden Zuschauerschwund auslöste. Nur noch 5.000 Unentwegte verloren sich beim letzten Heimspiel gegen Dortmund (0:2) im Stadion. Die Folge: Im Juni 1984 stand der Club nicht nur im sportlichen Abseits, sondern auch dicht vor dem finanziellen Ruin.

Das Wunder nach der Wende

Mitte der achtziger Jahre veränderte sich die politische Landschaft in Nürnberg entscheidend. 1984 wählten die Bürger drei Grüne in den Stadtrat, die Grünen erlangten erstmals Fraktionsstatus. Da die SPD, wie schon 1978, mit knapp über 46 Prozent der Stimmen die absolute Mehrheit verfehlte, entschied sie sich für eine Zusammenarbeit mit der neuen Fraktion.

Auch am Valznerweiher ging's rund. Der dritte Abstieg aus der Bundesliga löste Veränderungen aus, die ohne Beispiel sind in der Geschichte des 1. FCN. Zum neuen, jungen Vorstand mit Gerd Schmelzer an der Spitze, Sven Oberhof als zweitem Vorsitzenden und Peter Karg als Schatzmeister stießen: Ein neuer Manager und Trainerassistent in Personalunion – Manfred Müller, der „Held von Essen", kehrte nach fünf Jahren im Tor des FC Bayern nach Nürnberg zurück; ein neuer Geschäftsführer, Dr. Alfons Madeja, und, vor allem, eine völlig neue Mannschaft. Rüdiger Abramczik, Manfred Burgsmüller, Norbert Eder, Anders Giske, Werner Habiger, Werner Heck, Herbert Heidenreich, Reinhold Hintermaier, Alois Reinhardt, Jürgen Täuber und Dieter Trunk mußten ihre Zelte im Zabo abbrechen, zwölf neue Spieler wurden geholt.

Heinz Höher durfte bleiben. Ein bemerkenswerter Vorgang: Das Präsidium um Gerd Schmelzer sprach einem bis dahin völlig erfolglosen Trainer das Vertrauen aus – und sollte belohnt werden. Höher schickte sich an, um die beiden neuverpflichteten Routiniers Udo Horsmann (von Stade Rennes) und Uli Bittorf (VfL Bochum) und die sieben letzten Mohikaner des alten Kaders (Rudi Kargus, Herbert Heider, Thomas Brunner, Roland Grahammer, Dieter Lieberwirth, Stefan Lottermann und Horst Weyerich) eine junge Mannschaft mit Perspektive aufzubauen. Der Präsident steckte das Saisonziel ab: „Ich erwarte keinen sofortigen Wiederaufstieg, sondern einen Platz im ersten Tabellendrittel. Wir haben eine routinierte Abwehr und den jüngsten Sturm, auf einen teuren Regisseur haben wir bewußt verzichtet. Der muß sich aus dem Material herauskristallisieren."

Was dann auch geschah. Hans Dorfner hieß der Mann, der den Club nach einem der turbulentesten Jahre der Vereinsgeschichte auf Anhieb wieder nach oben führte. Nach einem verkorksten Start, einer Spielerrevolte gegen Höher und der fristlosen Entlassung von sechs Club-Profis im Oktober '84 stürmte der neue, junge Club dank einer begeisternden Rückrunde mit 29:9 Punkten zurück in die Bundesliga.

Nur ein einziges Mal in jener Saison sonnten sich „Höhers Fohlen" auf Platz eins der Tabelle: Am 34. und letzten Spieltag, nach einem 2:0-Sieg gegen Hessen Kassel. Unglaublich, aber wahr: Die Bundesliga hatte ihn wieder, den Club.

Triumph der Milchgesichter: Torhüter Herbert Heider und Stefan Reuter nach dem „Herzschlagfinale" der Saison 1984/85, dem 2:0 gegen Hessen Kassel.

▷ **EINWURF: HANS DORFNER**

Die Spielerrevolte

Hans Dorfner, Jahrgang 1965, wurde 1984 vom FC Bayern München an den 1. FC Nürnberg ausgeliehen und stieg 1985 mit dem Club in die Bundesliga auf. Der Mann, den Heinz Höher zu seinem Spielmacher und zum Nationalspieler machte, erinnert sich an die turbulenteste Saison seiner Karriere.

„Es ist schon seltsam. Ich bin mit dem FC Bayern München dreimal Deutscher Meister geworden und habe im Halbfinale des Europapokals der Landesmeister gegen Real Madrid gespielt. Siebenmal habe ich das Trikot der deutschen Nationalmannschaft getragen, auch im entscheidenden Qualifikationsspiel zur WM 1990, beim 2:1 gegen Wales in Köln. Doch das ereignisreichste Jahr meiner Karriere, das Jahr mit den schönsten Erlebnissen, war die Saison 1984/85 beim Club.

Lange vor Saisonbeginn stand fest, daß mich die Bayern nach Nürnberg ausleihen würden. Dann bestritten wir das erste Ablösespiel für Karl-Heinz Rummenigge bei Inter Mailand; ich wurde in der Halbzeit eingewechselt und machte ein Superspiel als Stürmer. Unter anderem habe ich meinem Bewacher Bergomi einen Beinschuß versetzt, worauf mich Trainer Udo Lattek nicht mehr gehen lassen wollte. Erst nach zähen Verhandlungen erreichte Manfred Müller, der damals als Manager beim Club einstieg, meine Freigabe.

Die Saison selbst begann sehr schlecht für mich. Im Trainingslager in Lam im Bayerischen Wald zog ich mir eine Knochenabsplitterung zu und fiel für die ersten drei Spiele aus. Wir starteten mit 1:5 Punkten, obwohl ich eigentlich dachte, wir würden vorne mitspielen mit unserer Mischung aus erfahrenen Profis wie Kargus, Horsmann, Weyerich und jungen Spielern wie mir. Im vierten Spiel, beim 2:1 gegen den MSV Duisburg, feierte ich mein Debüt beim Club – als Manndecker gegen Rudi Gores. Obwohl ich mehr als skeptisch war, als Heinz Höher die Aufstellung bekanntgab, klappte es überraschend gut. So gut, daß ich zunächst Manndecker blieb, entweder in der Verteidigung oder im Mittelfeld gegen den gegnerischen Spielmacher.

Spielmacher wider Willen: Heinz Höher formte nach der Spielerrevolte aus dem Torjäger Hans Dorfner den vielumjubelten Regisseur seiner neuen Mannschaft.

EINWURF: HANS DORFNER

Insgesamt aber lief es sehr schlecht für uns, wir kamen einfach nicht in die Gänge. Vor dem 13. Saisonspiel am 27. Oktober zu Hause gegen Rot-Weiß Oberhausen lagen wir nur auf Rang acht, mit 13:11 Punkten. Nur noch knapp 8.000 Zuschauer verloren sich im Stadion, und uns glückte erneut kein Sieg. Ich schoß das 1:0, Manfred Burgsmüller glich aus zum Endstand, die Fans pfiffen und buhten, weil wir wirklich ein grauenvolles Spiel hingelegt hatten, und plötzlich kam sogar so etwas wie Abstiegsangst auf. Nach dem Abpfiff, das werde ich nie vergessen, betrat Heinz Höher die Kabine und erklärte: „Morgen um sechs Uhr früh wird trainiert."

Es war stockfinster am Valznerweiher, als uns Höher am nächsten Morgen zum Laufen schickte. Eine Stunde lang trabten wir durch die Dunkelheit; danach saßen wir stocksauer in der Kabine. Einer der älteren Spieler, ich weiß nicht mehr wer, sagte: „Das lassen wir uns nicht mehr bieten. Mit diesem Trainer werden wir niemals Erfolg haben." Ich war damals 19 und habe mich wie die anderen jungen auch beeinflussen lassen. Es wurde einstimmig beschlossen, mit unserer Kritik an die Presse zu gehen und dort die Ablösung Höhers zu fordern. Udo Horsmann, Stefan Lottermann, Rudi Kargus, Horst Weyerich und Thomas Brunner übergaben unseren offenen Brief an die Sportredaktionen der Nürnberger Tageszeitungen.

Am nächsten Tag, nach einem Treffen bei Horsmann, stand für uns endgültig fest, daß wir unter Höher nicht mehr weitermachen würden. Tatsächlich fanden sich zum nächsten Training ganze fünf Spieler ein: Fred Klaus, Rudi Stenzel, Dieter Eckstein, Reiner Geyer und Frank Nitsche. Danach ging alles verdammt schnell. Präsident Schmelzer rief jeden einzelnen von uns zu sich, redete mit ihm und sprach danach vier Kündigungen aus, für Horsmann, Kargus, Weyerich und Lottermann. Thomas Brunner, so hieß es, habe sich „einsichtig" gezeigt, so daß er ungeschoren davonkam. Diese knallharte Reaktion schockte uns zwar, doch wir entschieden uns, auch am nächsten Tag nicht zum Training zu erscheinen. Udo Horsmann fragte mich: „Sagst Du's dem Präsidenten?" Ich entgegnete: „Nein, ich sage gar nichts." Manfred Walz meldete sich und meinte: „Ich mach' das." Kurz darauf hatte auch er seine Kündigung, und Detlef Krella dazu.

Am folgenden Freitag stand unser Auswärtsspiel in Aachen an. Wir dachten an Boykott, schließlich fühlten wir uns nach wie vor solidarisch mit den sechs Entlassenen. Die älteren Spieler hatten längst einen Anwalt eingeschaltet; der riet uns, die Begegnung keinesfalls ausfallen zu lassen, weil sonst eine Prozeßlawine auf uns zurollen würde. Also tauchten wir um zehn Uhr morgens am Treffpunkt auf, fuhren nach Aachen und traten dort mit einer Mischung aus Profis, Amateur- und Jugendspielern an. Mit der jüngsten Club-Elf aller Zeiten – unser Durchschnittsalter lag unter 21 Jahren – verloren wir mit 1:2. Dennoch gilt dieser Abend seitdem als Wiedergeburt des 1. FC Nürnberg.

In den Tagen danach sagten die Älteren zu uns, wir sollten nun auf jeden Fall weiterspielen. Sie würden schon zurechtkommen, außerdem gebe es ja Abfindungen. Ich persönlich wurde von Heinz Höher in sein Büro gerufen. Es war ein Gespräch, das meine sportliche Zukunft entscheidend beeinflußte. Unvermittelt sagte er zu mir: „Charly, Du bist ab sofort mein Spielmacher, meine zentrale Figur. Um Dich herum möchte ich eine neue Mannschaft aufbauen." Am Ende unserer Unterhaltung sprach er das große Wort zum ersten Mal offen aus: „Wenn alle richtig mitziehen", meinte er, „dann steigen wir noch in dieser Saison in die Bundesliga auf."

Ich erinnere mich noch genau an meine Gedanken, als ich die Treppe wieder hinunterlief. „Ich und Spielmacher? Bundesliga? Der spinnt wirklich ein bißchen", sagte ich zu mir; schließlich waren wir dem Abstieg fast näher als dem Aufstieg. Es war die erste Voraussage Höhers, die sich hundertprozentig erfüllte, aber längst nicht die letzte. Es hat mir unglaublich imponiert, daß seine Prophezeiungen so häufig eintrafen. „Mindestens drei von Euch werden Nationalspieler", hat er mir einmal erklärt – und auch damit recht behalten, auch wenn ihn zum damaligen Zeitpunkt jeder für verrückt erklärt hätte.

Stefan Reuter, Dieter Eckstein und ich schafften den Sprung in die Nationalelf, und doch waren wir eine Mannschaft ohne Stars. Wir waren praktisch alle unverheiratet, kaum einer hatte eine feste Freundin, also sind wir mindestens dreimal pro Woche abends zusammen fortgegangen. Es herrschte eine unglaubliche Kameradschaft, und wir entwickelten uns zu einer verschworenen Gemeinschaft, in der jeder für den anderen durchs Feuer ging.

In unseren Heimspielen wurden wir von 30.000, 40.000 Zuschauern nach vorn getrieben. Wir stürmten drauf los, unbekümmert und ohne taktische Fesseln. Höher schaffte es in den Mannschaftsbesprechungen vor dem Anpfiff, uns jegliche Nervosität zu nehmen. Wir gingen mit einer unglaublichen Sicherheit ins Spiel; jeder war überzeugt: „Das Ding gewinnen wir auf alle Fälle." Genauso war's dann auch, wie einst die Mönchengladbacher „Fohlen" galoppierten wir von Sieg zu Sieg. Natürlich mußten wir auch den einen oder anderen Rückschlag einstecken, doch am letzten Spieltag gab's wirklich ein „Endspiel" um den Aufstieg: Wir als Tabellenzweiter empfingen Spitzenreiter Hessen Kassel, der nur noch einen Punkt Vorsprung hatte.

„Wir wollen einmal Erster sein in dieser Saison", sagte Höher zu uns in der Kabine, „nach diesem Spiel." Die ganze Region spielte verrückt, erstmals seit Jahren war unser Stadion ausverkauft, und auch diesmal hatte ich das Gefühl: „Uns kann nichts passieren." Trotzdem dauerte es eine Stunde, bis Dieter Eckstein das 1:0 erzielte. Am Ende wurde es noch einmal richtig eng, unser Torhüter Herbert Heider legte einige tolle Paraden hin, ehe Thomas Brunner kurz vor dem Schlußpfiff bei einem Konter das 2:0 machte. Die Entscheidung, der Aufstieg. Die Zuschauer flippten aus, und in der Kabine war die Hölle los. Danach sind wir in offenen Kutschen zum Valznerweiher hinübergefahren, wo eine große Feier stieg. Wir Spieler allerdings haben uns schnell abgeseilt und in der Stadt die große Sause gemacht. Eine ganze Woche lang jagte eine Feier die andere, es waren herrliche Tage.

Der Kontakt zu den entlassenen „Rebellen" übrigens war schon sehr bald abgerissen. Im Lauf der Zeit kamen immer mehr Fakten ans Tageslicht, die wir nicht gekannt hatten, und es stellte sich heraus, daß sie uns in manchen Dingen die Unwahrheit gesagt hatten. Ich glaube heute, daß Heinz Höher auch den Verlauf dieser „Oktoberrevolution" vorhergesehen, ja vielleicht sogar geplant hat. Irgendwie hat er gespürt, daß er mit den älteren Spielern keinen Erfolg haben würde, und das 6-Uhr-Training hat er angesetzt, um den Aufstand zu provozieren.

Für mich war Höher der beste Trainer, den ich je hatte. Sicher ist nicht jeder mit seiner Art zurechtgekommen, aber er hatte einen unglaublichen Fußballverstand. Alles, wirklich alles wäre möglich gewesen, wenn diese Mannschaft damals zusammengeblieben wäre." □

Jugend forsch

Die Frage ist so alt wie die Bundesliga selbst. Für die Aufsteiger stellt sie sich jedes Jahr aufs neue: „Wie vermeide ich den sofortigen Wiederabstieg?"

Die drei Neuen in der Saison 1985/86 versuchten es auf unterschiedliche Art und Weise. Der 1. FC Saarbrücken und Hannover 96 gingen einen Weg, den auch der FCN nur zu allzugut kannte. Sie „verstärkten" ihre erfolgreiche Zweitligamannschaft mit klangvollen Namen, zogen den einen oder anderen abgetakelten Star an Land und – stiegen prompt wieder ab.

Der Club, aus der Erfahrung der Jahre 1978/79 und 1983/84 klug geworden, schlug die entgegengesetzte Richtung ein. „Wir stehen vor einer schweren Saison", wußte Präsident Gerd Schmelzer, „aber wir brauchen keine Stars, um die Klasse zu halten." Mit Joachim Philipkowski (FC St. Pauli), Jörg Neun (Offenbacher Kickers), Stefan Hafner (1860 München) und Heinz Schneider (SpVgg Weiden) stießen nur vier bundesligaunerfahrene Ergänzungsspieler zur „Mannschaft der Milchgesichter".

Wie schon 1978 begann die Runde erneut mit einer ernüchternden Heimniederlage gegen den VfL Bochum. Nach einem 1:1 im ersten Auswärtsspiel in Frankfurt (Torschütze Dieter Eckstein) aber machten sich die Nürnberger Himmelsstürmer daran, auch die Bundesliga zu erobern. Angetrieben vom überragenden Spielmacher Hans Dorfner und gelenkt vom erfahrenen Dieter Lieberwirth – der einzige Routinier der Mannschaft schraubte den Altersschnitt auf bedenkliche 21,6 Jahre hoch – startete der Club zum Höhenflug. 3:1 gegen Kaiserslautern, 4:1 in Dortmund, 3:2 gegen Leverkusen: Am 5. Spieltag reiste er als Tabellenzweiter zum Spitzenreiter nach Bremen. „Wir müssen jetzt die Euphoriebremse treten", erklärte Heinz Höher, und auch Schmelzer ließ sich nicht blenden: „Vor uns liegt nach wie vor ein langer Weg!"

Ein langer, vor allem aber steiniger Weg. Im Weserstadion hielt der Club nach Toren von Rudi Völler für Werder und Günter Güttler bis zur 82. Minute ein 1:1, ehe Bruno Pezzey doch noch der Bremer Siegtreffer gelang. Das einwöchige, vom Winde verwehte Trainingslager auf Sylt, das der Club auf Höhers Wunsch nach dieser unglücklichen Niederlage bezog, bekam ihm ganz und gar nicht. In den folgenden Wochen galoppierten die „Fohlen" bis an den Rand des Abgrunds heran, der da Abstieg heißt. Das 1:2 in Bremen eingerechnet, schlitterten sie in eine Negativserie von 1:19 Punkten.

Die Gründe: Viel Pech, miserable Schiedsrichterleistungen wie beim 1:2 bei Bayern München oder beim 0:1 gegen den VfB Stuttgart, die schwere Verletzung Dorfners (Höher: „Er ist die Seele unseres Spiels") nach brutalem Foul des Stuttgarters Nushöhr, aber auch die eigene Unfähigkeit, sich zumindest phasenweise vom attraktiven, aber auch riskanten Hurra-Stil zu lösen. „Wir können nur offensiv spielen, etwas anderes geht nicht", verteidigte Höher sich und seine junge Mannschaft, während die *Nürnberger Zeitung* meinte: „Auch die Offensive muß Grenzen haben."

Das ganz große Plus in diesen schweren Tagen: Die Franken standen wie ein Mann hinter „ihren" Jungs. Mit keiner zweiten Mannschaft seit 1968 hat sich das Nürnberger Publikum so stark identifiziert wie mit dieser. Keine andere durfte sich auch in Zeiten einer tiefen Krise über so viel Sympathie und Unterstützung in den Heimspielen freuen. Am Ende der Saison hatte der Club fast 500.000 Fans zu seinen 17 Heimspielen gelockt, was ihm den (inoffiziellen) Titel eines „Deutschen Zuschauermeisters" einbrachte.

Zwei Neuverpflichtungen aus Norwegen, Torjäger Jörn Andersen von Valerengen Oslo und der aus Leverkusen nach Nürnberg zurückgekehrte Abwehrspieler Anders Giske, halfen mit, daß der Club doch noch die Kurve kriegte. Ein 3:2-Heimsieg gegen Düsseldorf nach Toren von Eckstein, Andersen und Philipkowski am vorletzten Vorrundenspieltag läutete die Wende ein. Die „Fohlen" hüpften längst nicht mehr so frisch-frech-fröhlich-frei umher wie zu Saisonbeginn, doch sie hatten gelernt, auch einmal „zu Null" zu spielen, so daß sie wichtige Auswärtspunkte in Mannheim (1:0), Kaiserslautern (3:0) und Leverkusen (0:0) ergatterten. „Toll war's nicht", bekannte Eckstein etwa nach dem 2:0 gegen Saarbrücken, „aber Hauptsache gewonnen."

Wie schon in der Saison zuvor, stieg am letzten Spieltag erneut ein Endspiel im Stadion; vor der Partie gegen Mannheim fehlte noch ein Punkt zum Klassenerhalt. Der Club holte gleich zwei, in der Aufstellung Heider – Reuter – Grahammer, Giske – Thomas Brunner, Lieberwirth, Güttler, Philipkowski, Wagner – Andersen und Eckstein. Nach dem 2:0-Sieg durch Treffer von Grahammer per Elfmeter und Eckstein hatte es die Mannschaft der Namenlosen und Grünschnäbel geschafft. Die gleichen 29:39 Punkte, die dem Club 1968/69 die schwärzeste Stunde der Vereinsgeschichte bescherten, reichten diesmal zur Rettung.

„Zum Glück haben wir einen Dieter Eckstein", sagte Heinz Höher und atmete dreimal tief durch. „Im entscheidenden Augenblick ist er da."

Höhepunkt und Ende

Vor der Saison 1986/87 verlor der Club seinen Spielmacher. Hans Dorfner wechselte nach langem Versteckspiel zurück zum FC Bayern, der seinerseits Manfred Schwabl nach Nürnberg verkaufte. Dazu holte Heinz Höher von der ins Amateurlager abgesunkenen Berliner Hertha einen 24jährigen Torhüter namens Andreas Köpke.

Im Jahr zwei nach dem Wiederaufstieg atmeten die jungen Wilden Höhenluft; Eckstein und Reuter stiegen zu Nationalspielern auf. Nach klassischem Fehlstart, neun Spielen ohne Sieg und 4:14 Punkten, leiteten Tore von Philipkowski und Schwabl zum 2:1-Erfolg über Schalke den Umschwung ein. Der Club sammelte Punkt um Punkt und legte zwischenzeitlich eine Serie von fünf Siegen hin, so daß am Ende stolze 35:33 Punkte und 62:62 Tore zu Buche standen. Nur zweimal, 1965/66 und in der Meistersaison 1967/68, hatte er besser abgeschnitten.

Noch eine gute Nachricht: In der Halbzeit des Heimspiels gegen Uerdingen (1:1) stellte Bayerns Ministerpräsident Franz-Josef Strauß einen Zuschuß von „mindestens zehn Millionen Mark" für den Stadionausbau in Aussicht. Nürnberg blinzelte ins Licht am Ende des Tunnels, nachdem der Stadtrat vor der Weltmeisterschaft 1974 die einmalige Chance ausgeschlagen hatte, die hoffnungslos veraltete Arena für wenig Geld auf einen modernen internationalen Standard zu bringen. „Bald wird der Club in einem der schönsten Stadien Deutschlands spielen", versprach Gerd Schmelzer, einer der engagiertesten Befürworter des Umbaus.

Schon in der Saison 1987/88 liefen die Planungen für das neue Frankenstadion auf Hochtouren. Ebenso der Club-Motor. Zum ersten Mal seit 1967 stürmte der FCN in einem Bundesliga-Auftaktspiel zu zwei Punkten. Rudi Stenzel und Eckstein schossen die Mannschaft beim 2:0 in Uerdingen auf die Wolke, auf der sie durch das gesamte Jahr 1987 schwebte. So errang der Club mit einem 4:0 in Homburg (Torschützen zweimal Jörn Andersen, Jörg Dittwar und Schwabl) einen seiner beiden höchsten Auswärtssiege in der Bundesliga, neben dem 4:0 in Bremen 1967/68.

An Weihnachten las sich die Tabelle so: Platz fünf, 20:14 Punkte, 26:15 Tore. Selbst der große Schweiger Heinz Höher streifte seine Zurückhaltung ab: „Wir sind auf dem besten Weg, in den UEFA-Pokal einzuziehen."

Gesagt, getan. Zwar mußten die „Fohlen" ihrem kraftraubenden Spielstil Tribut zollen, mehr schlecht als recht mogelten sie sich durch die Rückrunde, doch es reichte. 14. Mai 1988, vorletzter Spieltag. Nach einer Durststrecke von 5:13 Punkten sahen 20.400 Zuschauer – der Stadion-

Die Symbolfigur: Mit Dynamik, Schnelligkeit, Einsatzfreude und einem nie erlahmenden Kampfgeist verkörperte Stefan Reuter wie kein zweiter den „jungen Club".

umbau hatte gerade begonnen – das dritte „Endspiel" binnen vier Jahren. Nicht, wie 1985, um den Aufstieg, auch nicht, wie 1986, gegen den Abstieg. Gegen den 1. FC Kaiserslautern ging's diesmal um einen UEFA-Pokalplatz. Ecksteins 15. Saisontor zum 1:0 in der 12. Minute und dem Ausgleich durch Wuttke ließ Andersen noch in der ersten Halbzeit zwei Treffer zum 2:1 und 3:1 folgen. Nach dem Anschlußtreffer durch Roos kurz nach der Pause fieberten die Fans volle 40 Minuten lang dem Abpfiff entgegen. Endlich, endlich blies Schiedsrichter Broska in seine Pfeife. Geschafft! „Nürnberg grüßt Europa", brüllte Günther Koch, Radioreporter des Bayerischen Rundfunks, in sein Mikrophon.

„Diese Mannschaft hat das Image des Vereins wieder aufpoliert", erklärte Gerd Schmelzer. Die Freude über den größten Erfolg seit 1968 aber hielt sich in Grenzen. Der seit Monaten feststehende Wechsel Reuters und Grahammers nach München überschattete alles. „Die Bayern", so der Präsident, „haben uns das Herz herausgerissen." Mittelstürmer Andersen ließ der Club freiwillig ziehen, um einen Ausländerplatz für den superschnellen Senegalesen Souleymane Sane vom SC Freiburg freizuschaufeln. „Jetzt haben wir den schnellsten Sturm der Bundesliga", sagte Schmelzer.

Der Club im Umbruch – das Aus für eine der hoffnungsvollsten Mannschaften, die der FCN je hatte. „Ich hätte meine Arbeit hier gerne zu einem richtigen Ende geführt", meinte Höher. Nach der Rekordzeit von viereinhalb Jahren auf der Nürnberger Trainerbank setzte sich der 49jährige, enttäuscht und gebrochen, in den Managersessel und holte seinen früheren Schüler Hermann Gerland, „der Eiserne" genannt, aus Bochum als Cheftrainer. Höhers Lebenstraum, wie einst Hennes Weisweiler mit 50 Jahren die Deutsche Meisterschaft zu erringen, war zerstört.

Der „schnellste Stürmer der Bundesliga" liebte auch schnelle Autos: Souleymane Sane.

Sturz in die Drittklassigkeit
1988 bis 1996

Von Rom bis Degerloch

Im Flaminio-Stadion von Rom endete für den Club am 7. September 1988 eine Zeit langen Wartens. Nach zwei Jahrzehnten im internationalen Abseits meldete er sich in der ersten Runde des UEFA-Pokals 1988/89 zurück und sorgte prompt für einen Paukenschlag. Der „schnellste Sturm der Bundesliga" bewies, daß er nicht nur sprinten, sondern auch zielen kann: Dieter Eckstein und Souleymane Sane machten mit ihren Toren den 2:1-Erfolg beim AS Rom, dem mit Stars gespickten Verein Rudi Völlers, perfekt.

Im siebten Himmel auf den sieben Hügeln Roms. Grenzenlose Begeisterung bei den rund 2.000 mitgereisten Fans, die die 90 Minuten wie Gefangene verfolgt hatten – eingepfercht in einen engen Block, bei stickiger Luft und fast ohne Sicht aufs Feld. Auch Gerd Schmelzer verlor für ein paar Sekunden den Überblick.

„Das ist der größte Triumph der Vereinsgeschichte", jubelte der Präsident nach dem Abpfiff. Ein bißchen sehr hoch gegriffen, angesichts neun Deutscher Meisterschaften und dreier Pokalsiege, und doch irgendwo verständlich: An jenem 7. September erklomm der 1. FCN den höchsten Gipfel seit dem neunten Meistertitel 1968. Der „eiserne Hermann" schien den Club in eine goldene Zukunft zu führen. In Wahrheit ging es fast nur noch bergab.

Schon im Rückspiel gegen Rom prasselte die erste kalte Dusche nieder. Vor nur rund 20.000

„Hermann, deine Zeit ist abgelaufen": Präsident Gerd Schmelzer macht Trainer Hermann Gerland unmißverständlich klar, was die Stunde geschlagen hat.

Zuschauern – nach einer völlig mißglückten Kartenverkaufsaktion von Manager Heinz Höher blieben selbst in der „Baustelle Frankenstadion" einige tausend Plätze leer – erlitt der Club eine 1:3-Niederlage nach Verlängerung. Aus im UEFA-Pokal schon in der ersten Runde. Eckstein schoß per Elfmeter zum 1:1 sein vorerst letztes Tor für den Club, ehe er völlig überraschend nach Frankfurt wechselte: „Ich habe einfach keine Lust mehr, weiter in Nürnberg zu spielen." Publikumsliebling „Eckes" erklärte seinen Entschluß mit dem attraktiven finanziellen Angebot der Eintracht, der schlechten Stimmung im Neuen Zabo und einem ganz persönlichen Schicksalsschlag: Sein dritter Sohn Dennis war, gerade sieben Wochen alt, nach einem Herzstillstand gestorben.

Stichwort „Stadionbaustelle". Schon nach dem ersten Bundesliga-Heimspiel, dem 0:2 gegen den 1. FC Köln, warnte Klaus Schlappner, der frühere Trainer des SV Waldhof: „Ich finde es schade, daß die Nürnberger ausgerechnet nach einer Saison, in der sie Großartiges erreicht haben, in einer solchen Trümmerarena spielen müssen. Wenn die Hälfte des Stadions fehlt, fehlt auch ein Großteil der Zuschauerunterstützung und damit die Stimmung, die gerade für eine junge Mannschaft enorm wichtig ist."

Ob Schlappner das heraufziehende Unheil ahnte? 11:23 Punkte, darunter eine Serie von 2:16 Punkten ohne Sieg, verbuchten Gerland und seine Mannschaft in der Vorrunde; nur die bessere Tordifferenz bewahrte den Club vor dem Sturz auf Relegationsplatz 16. Co-Trainer Dieter Lieberwirth, der sich beim 0:1 im Bremer Weserstadion erstmals nach fast eineinhalb Jahren wieder das Club-Trikot über die Brust streifte, zählte noch zu den besten Spielern.

Der FCN auf Talfahrt. Doch nicht der Trainer geriet in die Schußlinie, sondern der Manager, dem in erster Linie seine verfehlte Ein- und Verkaufspolitik zur Last gelegt wurde. Trotz eines Transfererlöses von mehr als sieben Millionen Mark hatte Höher nicht einen einzigen bundesligaerfahrenen Spieler als Ersatz für Reuter und Grahammer geholt. Auch der leichtfertige Verzicht auf Andersen wirkte sich überaus negativ aus – der Club hatte plötzlich keinen kopfballstarken Angreifer mehr in seinen Reihen. Schon nach der 1:4-Niederlage gegen den Hamburger SV Anfang Oktober schallten erstmals „Höher-raus"-Rufe durchs Stadion. Am 13. Februar 1989, fünf Tage vor Rückrundenstart, trennte sich der Club von seinem hochbezahlten Manager. Höher ging, nicht ohne seinem früheren Vertrauten Hermann Gerland, mit dem er sich längst entzweit hatte, den „schwarzen Peter" zuzuschieben: „Es war ein Fehler von mir, ihn nach Nürnberg geholt zu haben. Dieses Boot ist zu groß für ihn."

Der „Eckes" in Aktion: Leichtfüßig läßt Publikumsliebling Dieter Eckstein Werder-Abwehrspieler Uli Borowka aussteigen und strebt dem Bremer Tor zu.

Von wegen. Die mit den drei Neueinkäufen Uli Bayerschmidt (vom FC Bayern), Christian Hausmann (Bayer Leverkusen) und einem unbekannten Stürmer namens Rainer Wirsching (Schweinfurt 05) verstärkte Mannschaft schaffte unter Gerland den Klassenerhalt, vor allem dank des großartigen Bundesliga-Einstands Wirschings. Der 26jährige Medizinstudent, der noch ein halbes Jahr zuvor bei seinem Heimatklub SV Stammheim in der Bezirksliga herumgekickt hatte, brachte es auf sechs Saisontore.

Nach Siegen gegen St. Pauli sowie Uerdingen und 5:1 Punkten zum Rückrundenstart und anschließenden 8:16 Zählern stellte der Club erst am vorletzten Spieltag die entscheidenden Weichen. Wirsching und Sane trafen vor rund 42.000 Zuschauern zum 2:1-Erfolg gegen die Münchner Bayern. In die überschäumende Freude über den ersten Derbysieg seit über zehn Jahren mischte sich ein fader Beigeschmack, hatten sich die Bayern ihren elften Meistertitel doch längst zuvor gesichert. Die abstiegsbedrohte Club-Konkurrenz des VfL Bochum, der Frankfurter Eintracht und der Stuttgarter Kickers schleuderte Worte wie „Manipulation" und „Nachbarschaftshilfe" in die Runde. Bayern-Manager Uli Hoeneß redete gar nicht erst um den heißen Brei herum: „Natürlich wünschen wir uns, daß der 1. FC Nürnberg in der Bundesliga bleibt, weil er uns immer das Stadion vollmacht."

Trotz eines 0:1 bei den Stuttgarter Kickers kletterte der Club zum Abschluß bei 26:42 Punkten auf Tabellenplatz 14 hinauf. Nach dem Schlußpfiff im „Degerloch" ließ Schmelzer die Saison Revue passieren: „Aktion blaues Auge gelungen."

Schilda in Nürnberg

„Aktion blaues Auge" klappte auch in der Saison 1989/90 wieder. Die durch die Verkäufe von Manfred Schwabl (schon in den letzten Wochen der Vorsaison zurück zum FC Bayern) und Anders Giske erneut geschwächte Mannschaft erkämpfte sich zwar nur vier Punkte mehr als der VfL Bochum, der die beiden Relegationsspiele gegen Saarbrücken bestreiten mußte. Doch mit 33:35 Punkten landete der Club immerhin auf Rang acht, kein einziges Mal rutschte er auf einen Abstiegsplatz.

Drei Höhepunkte hielt diese 27. Bundesligasaison für den 1. FCN bereit, einen positiven und zwei negative. Der positive zuerst: Am ersten Rückrundenspieltag, dem 25. November 1989, führte der Club die Bayern aufs Glatteis. Auf rutschigem, schneebedecktem Boden feierte er seinen vielleicht größten Sieg der gesamten achtziger Jahre, ein 4:0 gegen den Rivalen, der ihn 1987 als Deutscher Rekordmeister entthront hatte (und 1989/90 seinen zwölften Meistertitel einheimste). Ein Erfolg mit vier Toren Unterschied, genau wie damals, beim legendären 7:3 rund 22 Jahre zuvor. Andreas Köpke, der das Duell der WM-Torhüter gegen Raimond Aumann um Längen gewann, rieb sich die Augen: „Ich hätte nie gedacht, daß wir die Münchner mal so hoch schlagen würden." Nach den Toren von Thomas Brunner, Frank Türr, Ralf Dusend und Thomas Kristl stand das ausverkaufte Stadion kopf, in den letzten Minuten beklatschten die 46.500 Zuschauer jede Kopfballabwehr und sangen „So ein Tag, so wunderschön wie heute". Schon eine Woche nach dem Triumph bot der Fan-Shop einen neuen Aufkleber an. „4:0 gegen die Bayern – Ich war dabei."

Die negativen Höhepunkte: Am 24. Februar 1990 mußte das Heimspiel gegen Borussia Dortmund abgesagt werden. Nicht wegen des Winterwetters – der Platz im Stadion war mit einer Mischung aus Quarzsand und Glasscherben bestreut worden. Fußball-Deutschland lachte über den neuesten Nürnberger Schildbürgerstreich.

4:0 – ich war dabei: Thomas Brunner setzt Bayern-Torhüter Raimond Aumann einen Elfmeter zur 1:0-Führung ins Netz.

Am 9. April 1990 schließlich wurde Hermann Gerland entlassen. Nach einem wochenlangen Kesseltreiben und Psychokrieg gegen den ungeliebten Trainer nahm Schmelzer einige unglückliche Äußerungen Gerlands in einem *Spiegel*-Interview („Der Gerd Schmelzer hätte seine Glatze nicht so oft in die TV-Kamera halten sollen") zum Anlaß der Kündigung. Es sei ein Fehler gewesen, Gerland verpflichtet zu haben, meinte nun auch der Präsident, „doch da habe ich auf das Urteil Höhers vertraut".

Gerland fühlte sich vom *Spiegel* hinters Licht geführt, „denn ich wollte das Interview nicht. Es war ein lockeres Gespräch, die haben dann ein Frage- und Antwortspiel daraus gemacht". Dann griff er seinerseits Schmelzer heftig an: „Er ging mit Kritik an die Öffentlichkeit, ohne mit mir vorher gesprochen zu haben, rief nicht zurück, wenn ich ihn sprechen wollte. Sein Taktieren mit der Presse kam hinzu. Da standen wörtliche Zitate über mich in den Zeitungen, die er anschließend nicht gemacht haben wollte. Ich war völlig verunsichert, und irgendwann platzt einem eben der Kragen."

Keine 48 Stunden nach Gerlands Entlassung gab Gerd Schmelzer im „Maritim"-Hotel, bei Champagner und Schnittchen, die Verpflichtung des Holländers Arie Haan bekannt, der zwei Wochen zuvor beim VfB Stuttgart geflogen war. Haan stieg zunächst als Berater ein, um dann ab der Saison 1990/91 neben der Trainer- auch die Managerrolle zu bekleiden. „Sportchef" nannte er sich in seiner neuen Doppelfunktion. Mit einem einfachen Co-Trainer Dieter Lieberwirth auf der Bank errang der Club in den letzten sieben Saisonspielen nicht weniger als acht Punkte.

Der fliegende Holländer

Die frühen neunziger Jahre, Aufbruchstimmung in Nürnberg. Der starke Zustrom von neuen Bürgern nach dem Fall der deutsch-deutschen Grenze führte einerseits zu extremem Wohnungsmangel, andererseits zu hektischer Bautätigkeit. Bislang als Gewerbegebiete ausgewiesene Flächen wie die am Goldbachpark und am Tafelhain wurden in Wohngebiete umgewandelt. Rund 10.000 neue Wohnungen entstanden in kurzer Zeit, was den Bedarf an teurem Wohnraum, nicht jedoch den an Sozialwohnungen sättigte.

Aufbruchstimmung auch am Valznerweiher. Im Jahr des 90jährigen Bestehens strebte der Club zu neuen Ufern. Obwohl sich die Fertigstellung des Frankenstadions nach falschen statischen Berechnungen verzögerte, atmete Gerd Schmelzer tief durch. Sechs Jahre lang habe er Krisenmanagement betrieben, seine ganze Kraft eingesetzt, um die Rahmenbedingungen für eine erfolgreiche Zukunft zu schaffen, „nun verfügen wir mit dem neuen Stadion und der weiteren Infrastruktur über optimale Bedingungen". Vor allem aber, so der Präsident weiter, „haben wir nun einen Trainer mit einer positiven Ausstrahlung. Ich kann beruhigt sagen: Arie Haan, übernehmen Sie!"

Nun ja. Haan übernahm, aber Schmelzer konnte sich nur drei Monate lang beruhigt zurücklehnen. Eine 2:3-Heimniederlage gegen Bremen markierte nach 8:8 Auftaktpunkten den Beginn eines achtmonatigen Abstiegskampfes. Nach fünf Niederlagen in Folge, darunter ein happiges 0:4 zu Hause gegen Köln, sackte der Club tiefer und tiefer. „Wir haben keinen, der vorne die Dinger reinhaut", erkannte Haan. Die Stürmer Wirsching und Türr trafen nicht, Neueinkauf Sead Kajtaz entpuppte sich als großer Flop. Derweil schoß Souleymane Sane, vom neuen Sportchef vor der Saison in die Wüste gejagt, Tor um Tor – für die SG Wattenscheid. Nach 673 tor- und freudlosen Minuten brach Jörg Dittwar mit einem verwandelten Elfmeter beim 2:0-Sieg in Dortmund den Bann. Als Vorletzter, mit mageren 10:22 Punkten, ging der Club in die Winterpause.

Spätestens zu diesem Zeitpunkt war allen klar, daß sich Champagner und Bratwürste nicht vertrugen. Zwischen dem Präsidenten und seinem Sportchef herrschte Eiszeit, und trotz gähnender Leere in den Kassen betrieb Schmelzer zum Jahreswechsel eifrig die Entlassung Haans. Auch einen Nachfolger hatte er sich bereits ausgeguckt: seinen alten Kumpel Heinz Höher.

Am 9. Januar 1991, dem Tag vor dem ersten Freilufttraining im neuen Jahr, legte Schmelzer im Springer-Blatt *Sportbild* wortreich die Gründe dar, „warum Haan gehen mußte". 24 Stunden später leitete der gleiche Arie Haan das Club-Training. Weil sich der Finanz- und Wirtschaftsrat plötzlich gegen die teure Trennung von Spitzenverdiener Haan sperrte, wandten sich Vizepräsident Sven Oberhof und Schatzmeister Dr. Ingo Böbel in einer stundenlangen

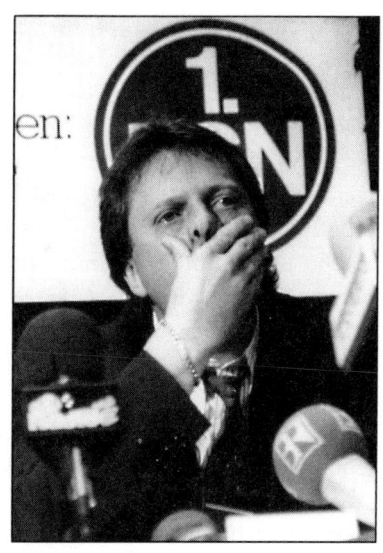

Bruchlandung eines „fliegenden Holländers": Arie Haan.

Nachtsitzung erstmals gegen ihren Präsidiumskollegen Schmelzer. Der, viel zu weit vorgeprescht, trat voller Verbitterung zurück: „Der Club war für mich eine Lebensphilosophie. Ich gebe eine Liebe ab."

Sieben Jahre lang hatte Schmelzer die Club-Geschicke gelenkt, nun ruhte die Verantwortung satzungsgemäß auf den Oberhofs und Böbels. Ihre erste Amtshandlung: Ein Maulkorberlaß für die Profis. „Wir haben 27 Lizenzspieler", erklärte Oberhof, „wenn jeder öffentlich seine Meinung sagt, bricht das Chaos aus."

Haan stimmte einer Kürzung der Laufzeit seines Vertrages zu („Ich bin kein Absahner") und schickte eine umgekrempelte Mannschaft in die zweite Serie. Der Kontrakt mit Kajtaz war aufgelöst, drei neue Spieler verpflichtet worden. Neben dem Argentinier Sergio Zarate von Velez Sarsfield (Ablöse 1,1 Millionen Mark) tauchten zwei „verlorene Söhne" wieder auf: Dieter Eckstein, der für 2,4 Millionen aus Frankfurt kam, und Hans Dorfner (für zwei Millionen aus München). Der schmächtige Regisseur erhielt den längsten Vertrag, den je ein Spieler am Valznerweiher unterschrieben hat: Laufzeit viereinhalb Jahre.

Zur Finanzierung der drei Neuen wurden Werbeflächen im Stadion für vier Jahre im voraus vermietet, Sponsor Gerhard Junge streckte zwei Millionen vor. „So ein Kraftakt ist nicht wiederholbar", sagte der neue

Vereinschef Sven Oberhof. Im Neuen Zabo hatte sich längst ein Schuldenberg in zweistelliger Millionenhöhe aufgetürmt.

Ruhe kehrte nicht ein, weil sich Junge anschickte, in einem bislang nicht gekannten Ausmaß Einfluß auf die Vereinspolitik zu nehmen. Nach seinen Vorstellungen sollte Haan von seinen Traineraufgaben entbunden werden, Höher als Trainer sowie Schmelzer als Präsident zurückkehren. Oberhof und Böbel wiesen ihn in die Schranken.

Die drei Millionenmänner rechtfertigten die hohen Investitionen bereits im ersten Spiel nach der Winterpause. Dorfner dirigierte, Zarate und Eckstein trafen beim 4:2 gegen Wattenscheid. Danach blieb Torhüter Andreas Köpke 366 Minuten ohne Gegentor, ehe er beim 0:1 gegen den VfB Stuttgart erstmals wieder bezwungen wurde – vom eigenen Libero Vlado Kasalo. Noch dachte sich keiner etwas dabei. Als der Jugoslawe jedoch im folgenden Auswärtsspiel, beim 0:2 in Karlsruhe, erneut einen Ball ins eigene Netz köpfte, regte sich Mißtrauen. Die Polizei begann wegen Wettbetrugs und illegalen Glücksspiels gegen Kasalo zu ermitteln, der Club beurlaubte ihn, der DFB entzog ihm die Spiellizenz. Ob Kasalo seine Eigentore wirklich mit Absicht erzielte, um so zwei Niederlagen herbeizuführen und satte Gewinne auf dem schwarzen Wettmarkt einzustreichen, konnte nie geklärt werden.

Nach 0:8 Punkten in Folge und Tabellenplatz 17 nach 24 Spieltagen sah sich die neue Führung im April erneut zu hektischem Handeln gezwungen. Zunächst wurden Uli Bayerschmidt und Christian Hausmann vom Trainings- und Spielbetrieb suspendiert, weil sie laut Haan nicht mehr mitzogen. Dann stellten Oberhof und Böbel den Schwaben Willi Entenmann als Trainer an die Seite des Sportdirektors Haan, um der Mannschaft neue Impulse zu geben. „Unglaublich, was sich bei uns alles abspielt", schimpfte Hans Dorfner.

Unglaublich, aber wahr: Dank des Gespanns Haan/Entenmann und überragender Torhüterleistungen Köpkes zog der Club den Kopf noch aus der Schlinge. Drei Eckstein-Treffer beim 3:2-Erfolg gegen den VfL Bochum läuteten eine Serie von 13:7 Punkten aus den letzten zehn Begegnungen ein. Am letzten Spieltag siegte der Club durch ein Dorfner-Tor 1:0 in Wattenscheid – 29:39 Punkte, Platz 15, die Rettung. Nach dem Schlußpfiff trennten sich der Club und Arie Haan im berühmten „gegenseitigen Einvernehmen", Entenmann erhielt einen Zweijahresvertrag als Cheftrainer.

Was für ein Jahr. Sven Oberhof: „So etwas können wir unseren Anhängern nicht mehr zumuten."

Knapp am Konkurs vorbei

Drei Jahren des Zitterns folgte eine sportlich sorgenfreie Saison – die letzte bis zum heutigen Tag. Nach der deutschen Vereinigung und der Eingliederung Dynamo Dresdens und Hansa Rostocks umfaßte die Bundesliga 20 Vereine. Im herrlichen neuen Frankenstadion gewann der Club elf von 19 Spielen und kassierte nur drei Niederlagen (1:3 gegen Frankfurt, 1:2 gegen den Karlsruher SC und 0:1 gegen Schalke). Auswärts stürmte er zu sieben Siegen, so zu einem vielumjubelten 3:1 (Torschützen zweimal Zarate und Wück) im Münchner Olympiastadion gegen die Bayern. Der schlitzohrige und langmähnige Sergio Zarate stürmte mit spektakulären Dribblings in die Herzen der Zuschauer, der junge Christian Wück wurde mit acht Toren zum besten „Joker" der Liga. Nach 38 langen Spieltagen fehlten ganze zwei Punkte zur Qualifikation für den UEFA-Pokal.

Sergio, „die schnellste Maus der Bundesliga": Sergio Zarate, „el raton", die Maus, genannt, läßt Leverkusens Kapitän Jorginho stehen wie eine Slalomstange.

Überschattet wurde die erfreuliche sportliche Entwicklung von einer finanziellen Mißwirtschaft, die um ein Haar den Konkurs noch während der Saison nach sich gezogen hätte. Der Club übertraf seinen kalkulierten Zuschauerschnitt von 21.000 um mehr als 16.000 und schlitterte doch in die größte wirtschaftliche Krise seiner Geschichte. (Siehe dazu auch das Kapitel „Die Skandale".) Losgetreten wurde die Lawine Ende November 1991 durch einen offenen Brief Peter Kargs. Der frühere Schatzmeister deckte auf, daß der Club 174.000 Mark in der Saison 1990/91 an Schiedsrichterkosten aufgewendet hatte; Dr. Ingo Böbel und Schiedsrichterobmann Hans Mausser traten zurück. Der neue Schatzmeister Dr. Horst Pitroff verschaffte sich schnell einen Überblick über die finanzielle Gesamtsituation und fiel aus allen Wolken: Im Januar 1992 drückten den Club zwischen 21 und 22 Millionen Mark an Verbindlichkeiten.

Eine Zeitbombe tickte. „Die Höhe der Schulden ist zweitrangig", meinte Pitroff. „Die Frage ist vielmehr: Habe ich morgen das Geld für Löhne und Gehälter?"

In einem dramatischen Wettlauf gegen die Zeit gelang es der Vereinsführung, durch zähe Verhandlungen mit den Gläubigern (zu denen auch die Bundesligisten St. Pauli, Uerdingen, Bayern München und Frankfurt zählten) und die Bildung eines Förderkreises die Liquiditätskrise zu überwinden und den weiteren Spielbetrieb zu sichern. Bis zum letzten Spieltag mußte der Club um seine Lizenz für die neue Saison bangen, andere Vereine forderten seinen Zwangsabstieg. „Der Club hat mehr als nur Wettbewerbsverzerrung betrieben", wetterte Rainer Zobel, Trainer der Stuttgarter Kickers, „das grenzt schon an Betrug, der bestraft werden muß."

Der DFB hörte nicht auf Zobel und Co. Zwei Wochen nach Saisonschluß flatterte die heiß ersehnte Post auf den Tisch der Geschäftsstelle am Valznerweiher: Die Lizenz für die Saison 1992/93.

Der Club im Schottenrock

Mit einem neuen Trio an der Vereinsspitze ging der Club in die Saison 1992/93. Gerhard Voack, 44jähriger Unternehmer aus Lauf, löste Sven Oberhof ab, „Vize" Georg Haas und Schatzmeister Hans Schmidt an seiner Seite. Der Verein solle wieder „fränkisch-solide geführt werden", kündigte Voack an, „der eingeleitete Sparkurs muß fortgeführt werden".

Spendierhose aus, Schottenrock an. Die Auflagen, die der DFB an die Lizenzerteilung geknüpft hatte, ließen nichts anderes zu. Der Club

Kleiner Mann, warum? Mit der Entlassung Willi Entenmanns durch Präsident Gerhard Voack (rechts) nach dem 2:0 gegen die Bayern nahm das Unheil seinen Lauf.

mußte rund zwei Millionen Mark Verbindlichkeiten (Steuer und Stadionmiete) beim Finanzamt tilgen und kurzfristig eine Summe von 1,58 Millionen erwirtschaften. Dies klappte durch den Verkauf wichtiger Spieler: Für André Golke (zum VfB Stuttgart), Martin Wagner (zum 1. FC Kaiserslautern) und Publikumsliebling Sergio Zarate (zu Ancona Calcio nach Italien) flossen rund fünf Millionen Mark in die Kassen. Auch Günter Drews, Hans-Jürgen Heidenreich, Uwe Weidemann, Rainer Wirsching und Joachim Philipkowski verließen Nürnberg; Uwe Rösler (Dynamo Dresden) und Jürgen Kramny (vom VfB Stuttgart ausgeliehen) kamen. Kurz nach Saisonbeginn stießen noch drei Ausländer zum Kader: Percy Olivares, Kapitän der peruanischen Nationalmannschaft, Thomas Weissenberger aus Österreich und der Argentinier Sergio Bustos. Beim ersten Versuch hatte der DFB-Gutachterausschuß, der alle Handlungen des Club nun mit Argusaugen verfolgte, die Spielgenehmigung für das Trio noch verweigert. Allein an Gehältern sparte der Club gegenüber der Vorsaison drei Millionen Mark ein.

Die Turbulenzen im Umfeld hielten an. Präsident Voack und Trainer Entenmann, dies zeigte sich von Woche zu Woche deutlicher, funkten nicht auf einer Wellenlänge; auch mit Spielmacher Dorfner und Torhüter Köpke legte sich Voack an. „Ich weiß ganz genau, was ich wann und wo zu sagen habe", antwortete der „J. R. aus Lauf" auf heftige Kritik an seinen Äußerungen, „und ich brauche mich nicht zu rechtfertigen."

Wie nicht anders zu erwarten, kroch die geschwächte Mannschaft von Anfang an im Tabellenkeller herum. Schon am zweiten Spieltag warf sie eine 0:3-Niederlage in Stuttgart auf Rang 17 zurück, niemals konnte sie sich ein beruhigendes Polster erspielen. Am 12. Spieltag drosch Andreas Köpke einen Elfmeter ins Netz hinter seinem großen Konkurrenten Bodo Illgner; Olivares markierte das Siegtor beim 2:1 gegen den 1. FC Köln. Am 20. Spieltag, nach dem 1:0 im Heimspiel gegen den Hamburger SV (Torschütze Eckstein), wies der Club noch einmal ein positives Punktekonto (21:19) auf – zum allerletzten Mal in seiner Bundesliga-Geschichte.

Obwohl in der Winterpause Manfred Schwabl vom FC Bayern ausgeliehen wurde, spitzte sich die Lage im letzten Saisondrittel zu. Nach zwei happigen Niederlagen (0:4 in Bochum, 1:4 gegen Schalke) mußte Hans Dorfner im April am Knie operiert werden. Ohne den Regisseur, der in seinen gut zwei Jahren in Nürnberg bereits drei Präsidenten, vier Schatzmeister, zwei Geschäftsführer und zwei Obmänner erlebt hatte, setzte sich der freie Fall Richtung Tabellenende fort. Der Club blieb 598 Minuten ohne Torerfolg und knauserte überhaupt mit Treffern. 30 Saisontore, noch einmal acht weniger als im Abstiegsjahr 1983/84, bedeuteten Minusrekord.

Fünf Spieltage vor Saisonschluß, in katastrophaler personeller Situation, schnürte der frühere Spielmacher Reinhold Hintermaier, inzwischen Amateurtrainer beim Club, noch einmal seine Fußballstiefel. Im Heimspiel gegen den FC Bayern bestritt er sein Bundesligaspiel Nummer 100, acht Jahre nach Nummer 99. „Es war ein Traum", sagte der 37jährige nach seiner überragenden Leistung beim wertvollen 0:0.

Zwei Spiele lang ohne Köpke nach einem Platzverweis in Wattenscheid, aber mit Hintermaier als Libero taumelte der Club dem Saisonende entgegen. Zum Abschluß mußte gegen den 1. FC Saarbrücken ein Sieg her. Nach Sawitschews 0:1 in der 19. Minute war der Club für zwei Minuten Zweitligist, ehe Eckstein, Hintermaier, Kristl und Thomas Brunner mit ihren Toren zum 4:1 das Blatt noch ein letztes Mal wendeten.

Geschafft, aber um welchen Preis. Der Schock saß noch lange in den Gliedern der Nürnberger. „Ich konnte noch Tage nach dem Saisonfinale nicht richtig schlafen", erzählte Willi Entenmann. Dabei sollte es noch viel schlimmer kommen.

Ende mit Schrecken

Zurück in die Zukunft, lautete das Motto vor der Saison 1993/94. Beim Trainingsauftakt blickte Entenmann, von Präsident Voack trotz aller Querelen mit einem neuen Zweijahresvertrag ausgestattet, in zwei vertraute Gesichter: André Golke und Sergio Zarate, in Stuttgart bzw. Ancona nicht glücklich geworden, schlüpften wieder ins Club-Trikot. Dazu wurden Alain Sutter von Grasshopper Zürich und die beiden bislang nur ausgeliehenen Manfred Schwabl und Jürgen Kramny fest verpflichtet, außerdem die talentierten Amateure Michael Wiesinger (vom FC Starnberg) und Oliver Straube (von TSF Ditzingen). Uwe Rösler, Dirk Fengler und Markus Bäurle mußten gehen.

Wo der Club so plötzlich das viele Geld auftrieb? Eine Frage, die sich auch die argwöhnische Konkurrenz stellte. Voack setzte bei der Finanzierung auf einen anhaltenden Zuschauerboom – 1992/93 hatte der Club den angepeilten Schnitt von 25.000 um rund 30 Prozent übertroffen – und außerordentliche Werbeeinnahmen. Der neue Hauptsponsor „Trigema" beispielsweise ließ 1,1 Millionen Mark jährlich springen, eine halbe Million mehr als Vorgänger „reflecta".

„Wir sind besser besetzt als im Vorjahr", glaubte Entenmann. „Für uns wäre ein Mittelplatz ein gutes Ergebnis. Wenn es mit einem UEFA-Pokalplatz klappen sollte, wäre das natürlich eine tolle Sache." Voack, gar nicht leise, erklärte gar, „daß ich einen einstelligen Tabellenplatz erwarte". Nun, der Traum von einem UEFA-Pokalplatz erfüllte sich nicht, auch nicht die Erwartungen des Präsidenten. Nicht einmal ihr Minimalziel „Klassenerhalt" erreichte die Mannschaft: Am Ende der Saison 1993/94 mußte der Club zum vierten Mal den bitteren Weg in die Zweitklassigkeit antreten.

Schon der Auftakt mißriet. Zwei herrliche Tore Zarates änderten nichts an der 2:5-Schlappe beim Hamburger SV. Erneut fünf Gegentore beim 1:5 zu Hause gegen Frankfurt wiesen erstmals auf eine verfehlte Einkaufspolitik hin. Zu sehr hatte man sich von der schlechten Torausbeute der Vorsaison leiten lassen, ausschließlich offensive Spieler zu holen. Entenmanns Ruf nach einem Abwehrspezialisten verhallte ungehört.

Nach der 0:1-Niederlage gegen Bremen am fünften Spieltag (2:10 Punkte) begann das Personalkarussell am Valznerweiher zu rotieren. Zunächst verscherbelte Voack gegen den vehementen Widerstand des Trainers Eckstein für 1,5 Millionen Mark an Schalke 04. Vorwürfe, er schwäche die Mannschaft trotz der akuten Abstiegsgefahr, wischte der

Unternehmer mit eines Bundesliga-Präsidenten unwürdigen Worten vom Tisch: Eckstein sei in einem „körperlich furchtbar schlechten Zustand", zudem „in einem Vierteljahr ohnehin ein Sozialfall". Sätze, die selbst den ruhigen Kapitän Andreas Köpke auf die Palme trieben: „Die Sache mit dem Dieter war eine Riesensauerei und lief ab wie Menschenhandel."

Danach machte sich Voack an die systematische Demontage Entenmanns. Sprechchöre für Eckstein und den Trainer sowie gegen Voack beim 1:1 gegen den KSC schoben die geplante Entlassung noch einmal hinaus. Entenmann gewann, sehr zu Voacks Leidwesen, weitere Schicksalsspiele gegen Dresden (3:0) und, mit dem Tschechen Lubos Kubik vom FC Metz als neuem Libero, den VfB Leipzig (5:0).

Im Auswärtsspiel in Duisburg stürmte Hans-Jörg Criens, aus Mönchengladbach nach Nürnberg gelotst, erstmals für den FCN, der dennoch 0:1 verlor. Voack ging erneut in die Offensive: „Andere Vereine wären froh, wenn sie so eine gute Mannschaft hätten. Mit diesem Potential dürfen wir mit dem Abstieg nichts zu tun haben." Nun wartete der mit allen Wassern gewaschene CSU-Politiker nur noch auf eine Niederlage am folgenden Samstag im Derby gegen den FC Bayern…

Tore von Golke und Criens zum überraschenden 2:0-Sieg versalzten ihm die Suppe. Doch unter Voack war nichts unmöglich: Nach dem Triumph im Derby wurde Entenmann geschaßt, Co-Trainer Dieter Renner zum Chef befördert. „Es geht nicht primär um die sportliche Bilanz", erklärte der kleine Präsident nun, „es geht um die Art und Weise der Zusammenarbeit." Die Fans reagierten verständnislos und wütend. Auf dem Fußweg vor dem Scandic-Crown-Hotel am Valznerweiher lag einsam eine Autogrammkarte des Präsidenten, mit einem Loch in der Mitte. Irgendjemand hatte mit einem Feuerzeug das Gesicht herausgebrannt.

Den Vorwurf, mit Entenmanns Entlassung habe er sich zum „Totengräber" des Club aufgeschwungen, weist Voack noch heute energisch zurück: „Eine Unverschämtheit. Wir haben etwas riskiert, und wenn eine Mannschaft mit anerkannt starken Spielern wie Köpke, Sutter, Kubik, Wück und Zarate absteigt, kann ich doch keine Totengräber-Funktion haben."

Wie auch immer. Der große Verlierer des Duells Voack gegen Entenmann hieß 1. FC Nürnberg. In fünf Spielen unter Renner verlor der Club dreimal und feierte nur einen einzigen Sieg, ein 1:0 in Köln. Mit dem Jahreswechsel ordnete der Präsident in einer seiner letzten Amtshandlungen die Vereinsstrukturen neu. Er machte Renner zum neuen Manager und den arbeitslosen Rainer Zobel zum Trainer, nachdem der ursprünglich vorgesehene Hans-Peter Briegel kurzfristig absagte, „weil Herr Voack meine Verpflichtung viel zu früh hinausposaunt hat". Fehler über Fehler: Am 1. Februar trat Voack zurück, wobei er einen Schuldenberg von mehr als 20 Millionen Mark hinterließ. Georg Haas leitete den Verein kommissarisch bis Saisonende.

Zobel verpatzte die Heimpremiere gegen seinen früheren Verein Kaiserslautern (0:2), gewann dann das „Vierpunkte-Spiel" gegen Schalke durch ein Eigentor Anderbrügges mit 1:0 und „ermauerte" ein 0:0 in Freiburg. Drei Spieltage vor Schluß, bei vier Punkten Vorsprung auf den 16., den SC Freiburg, schien der Tanz auf dem Drahtseil ein glückliches Ende zu finden.

Der bittere Rest: Im Derby im Münchner Olympiastadion unterlag der Club 1:2, nach Thomas Helmers „Phantomtor" und einem verschossenen Elfmeter Schwabls. In dem nach erfolgreichem Protest angesetzten Wiederholungsspiel ging er 0:5 unter. Der 4:1-Sieg gegen Wattenscheid schürte noch einmal Hoffnungen, doch eine 1:4-Niederlage in Dortmund am letzten Spieltag bedeutete das Aus – der SC Freiburg hatte aus seinen letzten drei Begegnungen 6:0 Punkte eingefahren. „Wenn ihr weinende Männer sehen wollt", sagte Andreas Köpke, „dann schaut in unserer Kabine nach."

Abstieg aufgrund der um elf Treffer schlechteren Tordifferenz. Zurück in die Zukunft? Zurück in die Zweite Liga.

Vier Ausländer und ein Abstieg

Nach dem Abstieg wurde der Club in alle Einzelteile zerlegt. Der Ligaausschuß verweigerte ihm in erster Instanz die Lizenz für die 2. Liga, erst nach einem Protest und zähen Verhandlungen in der Frankfurter Zentrale erteilte der DFB-Vorstand die Spielgenehmigung. Aus finanziellen Zwängen heraus mußte der Club jedoch fast alle Leistungsträger verkaufen.

Mit nur noch zehn Profis aus Erstliga-Zeiten stürzte sich Rainer Zobel in die Arbeit: Thomas Brunner, Kay Friedmann, Lubos Kubik, Oliver Straube, Rainer Zietsch, André Golke, Jürgen Kramny, Marc Oechler, Michael Wiesinger und Hans-Jörg Criens. „Ziel ist die finanzielle Gesundung", sagte der Trainer, „der Aufstieg ist nur ein Wunsch." Nach 8:2-Punkten ohne Niederlage zum Start aber begann auch der Trainer zu träumen.

Im Herbst zogen schwere Stürme auf. Als durchsickerte, daß sich erneut ein Schuldenberg in schwindelerregender Höhe um 20 Millionen Mark auftürmte, kündigte Haas seinen Rücktritt an. Die Jahreshauptversammlung am 25. Oktober ebnete den Weg für die Rückkehr Michael A. Roths. Das Konzept des Unternehmers, den Gesamtverein in neun Einzelvereine, entsprechend den neun Abteilungen, zu splitten, wurde ohne Gegenstimme angenommen. Roth rückte zunächst in den Verwaltungsrat, im März 1995 wählten ihn die Mitglieder zum ordentlichen Präsidenten. „Im Oktober 1994 war der Club wirtschaftlich tot", sagt er heute.

Schuldenberg hier, sportliche Talfahrt da. Eine Serie von acht Spielen ohne Sieg und 4:12 Punkten verstärkte den Druck auf Zobel. Nach der 0:3-Niederlage in Homburg verknüpfte Roth den Niedergang erstmals mit der Person des Trainers: „Der Auftritt war eine Blamage für den Club. An der Mannschaft aber kann es nicht liegen, es sind noch genug gute Spieler da." Nur die katastrophale finanzielle Situation – Mitte Dezember konnte Roth einen drohenden Konkurs in letzter Sekunde abwenden – verschaffte Zobel eine letzte Galgenfrist bis zum 22. Dezember. Dann war's vorbei.

Zobels Nachfolger Günter Sebert unterschrieb einen Halbjahresvertrag und mußte noch vor dem ersten Spiel einen Tiefschlag verdauen: Wenig feinfühlig begann Roth, mit dem Namen Hermann Gerland, Amateurtrainer des FC Bayern, zu jonglieren. Immerhin erhielt Sebert drei neue Spieler: Die ausgeliehenen Thomas Eichin von Borussia Mönchengladbach und Lutz Braun vom TSV 1860 München sowie A-Jugendtrainer Reinhold Hintermaier, der zum Nulltarif aushalf.

Sebert startete mit einer 1:2-Niederlage beim SV Waldhof. In seinem ersten Heimspiel gegen den SV Meppen errang der Club einen 2:0-Sieg, aber keine Punkte. In der 81. Minute, das Spiel war längst entschieden, wechselte der neue Trainer seinen Assistenten Hintermaier ein – als vierten Ausländer. Die Partie ging mit 2:0 Punkten und 2:0 Toren an Meppen. Thomas Brunner: „In der Kabine hätte man nach dem Schlußpfiff eine Stecknadel fallen hören."

Nach 5:1 Punkten aus den folgenden drei Begegnungen in Leipzig, gegen Düsseldorf und in Chemnitz schien sich die Lage zu entspannen. Vor dem Heimspiel gegen Fortuna Köln präsentierte Roth seine runderneuerte sportliche Führungsriege für die Saison 1995/96: Cheftrainer Hermann Gerland, Co-Trainer Wolfgang Sandhowe, Jugendtrainer Kurt Eigl und Manager Günter Gerling. „Ein Abstieg in die Regionalliga würde unseren Weg sehr dornig machen", sagte Gerland.

Hohe Sprünge, tiefer Fall: Freistoßmauer mit Störzenhofecker, Wiesinger, Kurth, Knäbel, Moore und Brunner (von links). Am Ende der Saison 1995/96 stand der Abstieg in die Regionalliga.

Magere zwei Siege, ein 2:1 beim FSV Frankfurt und ein 3:0 gegen den FC Homburg, und 10:14 Punkte in den letzten zwölf Spielen warfen den Club auf Rang 15 der Abschlußtabelle zurück. Nach dem enttäuschenden 0:1 gegen Hansa Rostock zum Finale war er sportlich erneut abgestiegen. Auch die Lizenz für die Saison 1995/96 hing wegen erwiesener Verstöße gegen Auflagen des DFB in den zurückliegenden Jahren lange an einem seidenen Faden. Erst in zweiter Instanz und dank Roths finanziellem und persönlichem Engagement erhielt der FCN die Spielberechtigung – zwei andere Profivereine nicht. Aufgrund der Lizenzentzüge für Dynamo Dresden und den 1. FC Saarbrücken durfte der Club auch 1995/96 im Profifußball mitmischen, bestraft mit dem Abzug von sechs Punkten. „Der Fall Nürnberg hat bei vielen einen ungüten Nachgeschmack hinterlassen", meinte Christoph Schickhardt, einer der profiliertesten Rechtsanwälte des deutschen Profifußballs. „Es ist der Eindruck entstanden, daß sich die Nürnberger alles leisten können."

Glück gehabt, zum allerletzten Mal.

„Der Club ist ein Depp"

1994 Abstieg aus der Bundesliga, 1995 nur dank der beiden Lizenzentzüge gerettet. „Schlechter kann es nicht werden", glaubte Michael Wiesinger. Ein schwerer Denkfehler: Der Verlauf der Saison 1995/96 schlug dem Faß den Boden aus. Oder, wie es Klaus Schamberger, der „Spezi" der *Abendzeitung*, ausdrückte: Der Club bewies eindrucksvoll, „daß er ein Depp ist".

Elf Zugänge, fünfzehn Abgänge: Die neue Mannschaft erwischte mit fünf Punkten aus den ersten drei Spielen (auch in Deutschland galt nun die Drei-Punkte-Regel) einen guten Start. Im September ergänzte Gerland seinen Mini-Kader um den Hofer Angreifer Christian Möckel, der beim 2:1-Pokalsieg gegen den SV Meppen prompt den Siegtreffer beisteuerte. Trotz einer eklatanten Sturmschwäche – im Oktober fiel 426 Minuten lang kein einziges Club-Tor, ehe der Amerikaner Joe-Max Moore beim 1:0 gegen den VfB Leipzig die Flaute beendete – nistete sich der Club im gesicherten Mittelfeld ein. Kurz vor der Winterpause wechselte Gerlands „Wunschspieler" Sammy Kuffour vom FC Bayern auf Leihbasis an den Valznerweiher. An Weihnachten hatte der 1. FCN 28 Punkte aus 19 Spielen auf seinem Konto, Rang acht, oder, nach Abzug der sechs Punkte, Rang 12.

Nur im Umfeld breitete sich die obligatorische Unruhe aus. Vor allem Michael A. Roth sorgte für Wirbel mit seinem Versuch, Gerling zu entmachten und Dieter Hoeneß als Manager nach Nürnberg zu locken. Vom Trainer aber zeigte sich der Präsident begeistert: „Da kann kommen, was will, Hermann Gerland wird nie zur Debatte stehen."

Anfang Mai war der Hochgelobte seinen Job los. Fünf lange Monate ohne Sieg vor eigenem Publikum, ein dramatisches Absacken in der Tabelle, zwei Heimpleiten gegen Schlußlicht Mainz (1:2) und Spitzenreiter Bochum (0:1) und „das vergiftete Klima zwischen Spielern und Trainer" veranlaßten Roth zum Handeln. Auf einer Spielersitzung, so erzählte der Präsident, hätten sich große Teile der Mannschaft gegen Gerland ausgesprochen. „Er ist mit der Mannschaft nicht zurechtgekommen", urteilte Roth, „und wir müssen alles tun, um den Verein vor der Regionalliga zu bewahren."

Zu spät. Auch der neue Mann am Ruder, Willi Entenmann, schaffte es nicht, den freien Fall zu bremsen. „Die Mannschaft besitzt keine Hierarchie", erkannte er, „und ist durch die vielen Niederlagen selbst gekippt." Schon nach dem unglücklichen 0:1 am 28. Spieltag gegen den VfB

Lübeck sanken die Hoffnungen auf den Nullpunkt. Dieter Eckstein, ausgerechnet er, besiegelte mit seinem Kopfballtor zum 0:2 bei der 2:4-Heimniederlage gegen Mannheim im vorletzten Spiel den dritten Abstieg in Folge.

„Charly" Ferschl, rechter Verteidiger der 68er Meistermannschaft, spricht für viele. „Die Geschichte ist so traurig", sagt der 52jährige, „ich finde gar keine Worte dafür. Ich bin wirklich erschüttert."

Im herrlichen Frankenstadion, wo noch vor gut zwei Jahren der FC Bayern und Borussia Dortmund gastierten, werden in der Saison 1996/97 die Bayern-Amateure auftauchen, der SC Weismain und die SG Egelsbach. Unglaublich, aber wahr.

Trotz allem: Sie lebt weiter, die Legende vom Club und von den großen Duellen gegen den Nachbarn aus Fürth. 44.181 Zuschauer im ausverkauften Frankenstadion sahen am 31. August 1996 das DFB-Pokalspiel zwischen dem Club und der SpVgg Greuther Fürth – neuer Rekord für ein Spiel zweier Regionalligisten. Nach hochklassigem Spiel unterlag der Club mit 1:2. Hier gewinnt Frank Baumann ein Kopfballduell gegen den Fürther Sbordone.

▷ **INTERVIEW: ANDREAS KÖPKE**

„Ich wollte mit dem Club Meister werden"

Acht Jahre lang, zwischen 1986 und 1994, hechtete Andreas Köpke, Jahrgang 1962, zwischen den Pfosten des 1. FC Nürnberg hin und her. Nach einem zweijährigen Intermezzo bei der Frankfurter Eintracht sagte der Europameister von 1996 zunächst beim VfB Stuttgart zu, ehe er dann zu Olympique Marseille wechselte.

Andreas, woran denkst Du als allererstes, wenn Du den Namen „1. FC Nürnberg" hörst?
Ans Frankenstadion, das Stadion an sich und die Superstimmung darin.
Also sind Deine Erinnerungen überwiegend positiv?
Auf jeden Fall. Es ist natürlich so, daß im nachhinein immer nur das Positive hängenbleibt. Die negativen Seiten verdrängt man.
Auch den Abstieg aus der Bundesliga 1994?
Nein, den Abstieg kann man nicht verdrängen. Das würde ich vielleicht dann schaffen, wenn der Club einmal wieder in der Bundesliga spielt.
Was waren Deine positivsten Erlebnisse in den acht Jahren in Nürnberg?
Der UEFA-Pokalplatz 1988, ganz klar, als wir eine wirklich tolle Mannschaft hatten und Fünfter geworden sind. Ausgerechnet in diesem Jahr fand dann der Umbruch statt, Reuter und Grahammer gingen zu Bayern, und die Mannschaft fiel auseinander. Trotzdem gewannen wir in der ersten Runde bei AS Rom mit 2:1 und verloren dann zu Hause 1:3 nach Verlängerung. Da haben wir in Nürnberg schon auf einer Baustelle gespielt, und es ist so gut wie keine Stimmung aufgekommen. Damals war sicherlich mehr drin, ganz klar.
Hattest Du irgendwann einmal die Hoffnung, mit dem Club Deutscher Meister werden zu können?
Klar wollte ich mit dem Club Meister werden. Ich glaube, wir hätten gute Chancen gehabt, wenn die Mannschaft zusammengeblieben wäre und wir uns auf zwei, drei Positionen verstärkt hätten. Aber so haben wir im Jahr nach dem Einzug in den UEFA-Pokal direkt gegen den Abstieg gespielt, an Meisterschaft war nicht mehr zu denken.

Der fliegende Klassemann: Nationaltorhüter Andreas Köpke.

Wurden in dieser Phase Fehler gemacht?

Schwer zu sagen. Vielleicht hätte man versuchen sollen, die Verträge mit den entscheidenden Spielern frühzeitig zu verlängern. Als dann aber Bayern an die Spieler herangetreten ist, war klar: Da ist nichts mehr zu machen.

Also hat es Versäumnisse von seiten der Club-Führung gegeben?

Großartige Vorwürfe will ich dem Vorstand nicht machen. Wenn die Bayern einen Spieler wollen, dann kaufen sie ihn auch aus einem laufenden Vertrag heraus. Von daher ist es immer eine Sache, ob der Spieler bleiben oder weggehen will.

War der Wechsel Reuters und Grahammers nach München das Ende eines großen Traums?

Nein. Der Club hat das Geld eben nicht in neue Spieler investiert, sondern um die neuen Rahmenbedingungen zu schaffen, Stadion und so weiter. Damals habe ich mir eigentlich keine großen Gedanken gemacht. Eine neue Saison fing an, und man versucht, das Beste daraus zu machen. Auf alle Fälle sind wir von da an schweren Zeiten entgegengegangen und haben fast ständig nach unten schauen müssen. Die ganze Situation haben wir nur so lange überstanden, weil es innerhalb der Mannschaft gestimmt hat und die Kameradschaft sehr gut war.

Hast Du persönlich eine besondere Beziehung zu Bayern?

Nein. Wir haben zwar 1993 einmal miteinander verhandelt, aber im Endeffekt habe ich mich für den 1. FCN entschieden, weil mir die Perspektive in Nürnberg recht gut erschien. Ich habe mich sehr wohlgefühlt und hatte eigentlich auch vor, meine Laufbahn hier zu beenden. Von den Namen her sind wir 1994 ja mit der stärksten Mannschaft der neunziger Jahre abgestiegen. Vom Zusammenhalt innerhalb der Mannschaft aber war es nicht mehr so wie in den Jahren zuvor, und dann ist natürlich auch alles gegen uns gelaufen. Freiburg hat sicher den besseren Fußball gespielt als wir, aber wie das gelaufen ist, das war schon Wahnsinn.

Du meinst den verschossenen Elfmeter Manfred Schwabls beim 1:2 in München?

Klar, ohne das Ding wären die Bayern nicht Meister geworden und wir nicht abgestiegen. Die ganze Saison wäre auf den Kopf gestellt worden – durch einen Elfmeter!

Warum hast Du in München nicht geschossen?

Eigentlich bin ich davon ausgegangen, daß ich den Elfmeter schieße; ich war schon an der Mittellinie. Aber der Manni hat sich den Ball genommen, und damit war das Thema für mich erledigt.

Im gleichen Spiel im Olympiastadion fiel das berühmte „Phantomtor" Thomas Helmers zum 1:0. Wie hast Du damals reagiert?

Ich kann es noch heute nicht glauben, daß der Schiedsrichter damals auf Tor entschied. Ich lag am Pfosten, der Ball daneben, der Thomas Helmer half mir hoch, und ich fragte ihn noch: „Wie hast Du denn das geschafft, den noch danebenzuschießen?" Er antwortete nur: „Ich weiß es auch nicht." Dann schauten wir zu Schiedsrichter Osmers, und der zeigte auf „Tor". Ich dachte: Das kann doch nicht wahr sein. Er war aber auch nicht bereit, diese Entscheidung zurückzunehmen. Der Linienrichter dachte sicherlich, der Ball wäre zuvor schon hinter der Linie gewesen.

Thomas Helmer hat damals auch sehr schnell die Arme zum Jubel hochgerissen. Warum geht er in dieser Situation nicht zum Schiedsrichter und sagt: „Der war nicht drin!"

Thomas hat nachher zu mir gesagt, daß er glaubte, der Ball sei vielleicht schon während des Gewühls zuvor hinter der Linie gewesen.

Viele haben behauptet, schon die Entlassung Willi Entenmanns nach dem 2:0-Sieg gegen die Bayern habe die Weichen für euren Abstieg gestellt.

Das war der Knackpunkt, das sage ich auch.

Hättest Du als Kapitän damals nicht aufstehen müssen und sagen: Herr Voack, so geht's nicht?

Nein, als Spieler hast Du da absolut keine Möglichkeit. Der Rauswurf kam für uns alle ja auch total überraschend. Wir haben abends noch den Sieg gegen Bayern gefeiert, dann hörte ich im Sportstudio von der Entlassung. Das Ganze hatte mit sportlichen Dingen nichts mehr zu tun, der Willi und Herr Voack lagen einfach ständig im Clinch.

War Entenmann Dein bester Trainer in Nürnberg?

Eine Superlösung war meiner Meinung nach das Duo Arie Haan und Willi Entenmann, das hat einfach gepaßt. Die Mannschaft war topfit dank Willi, und der Arie kümmerte sich um die Taktik und die Spielvorbereitung. Der Willi kam ja zu einem Zeitpunkt, als jeder mit der Entlassung von Arie rechnete, und wie er uns aus dem Keller rausgeführt hat, das hat mir schon imponiert.

Der Abstieg entschied sich erst am letzten Spieltag mit dem 1:4 in Dortmund. War dieser Tag der absolute Tiefpunkt Deiner Karriere?

Ja. Nach dem Abpfiff herrschte absolute Leere in mir, und im Endeffekt hat mich dieser Abstieg wohl auch die Weltmeisterschaft in den USA gekostet. Für mich war schon vorher klar, daß ich die WM nicht spielen würde, wenn wir absteigen.

Was waren Deine ersten Gedanken in der Kabine?

Man registriert erst einmal gar nichts, ist absolut leer. Man kommt in die Kabine, manche Spieler haben geheult, es war absoluter Wahnsinn. Dann kam Matthias Sammer zu uns herein und hat zwei oder drei Sätze zur Mannschaft gesagt. Das hat mich sehr beeindruckt, weil so etwas nicht selbstverständlich ist. Aber in einem solchen Moment kann dich nichts trösten. Danach sind wir nach Hause gefahren und abends zu einem Italiener gegangen – die ganze Mannschaft, komplett mit Spielerfrauen. Nicht einer hat gefehlt.

Bei der WM hast Du dann tatsächlich nicht gespielt.

Das war mir schon klar, als ich nach Malente fuhr. Enttäuscht war ich auch nicht darüber, daß Bodo Illgner zu WM-Beginn im Tor stand, sondern darüber, daß Berti Vogts auch während des Turniers, als es nicht lief, den Wechsel nicht vollzogen hat. Daß Vogts seine Meinung darüber heute revidiert hat und dies auch in der Öffentlichkeit eingesteht, freut mich.

Bodo Illgner und Andreas Köpke – da denkt jeder zuerst an den Elfmeter, den Du im Club-Heimspiel 1992 gegen Köln getreten hast. Was ging in Dir vor, als Du unter den „Köpke,-Köpke"-Sprechchören der Zuschauer über das gesamte Spielfeld in den Kölner Strafraum liefst?

Ich hörte nichts, absolut nichts. Wir hatten zuvor zwei Elfmeter ziemlich leicht verschossen, einfach so ins Eck geschoben, und ich war ein bißchen sauer, weil ich sage: Man kann einen Elfmeter verschießen, aber nicht so. Vor dem Spiel gegen Köln habe ich noch mit Hans Dorfner gesprochen, weil da gerade dieser Zweikampf in der Nationalmannschaft zwischen Bodo und mir tobte. Ich sagte zu ihm: „Charly, wenn wir einen Elfmeter kriegen, dann mußt Du ihn schießen. Ich kann und will nicht gegen Bodo antreten." Mir war ja klar, daß ich eigentlich nur verlieren konnte. Ich wußte: Wenn der Bodo den hält, dann zerreißen sie mich. Dann kriegen wir den ersten Elfmeter, der Charly Dorfner verschießt ihn, und dann, beim zweiten, war's klar, daß ich hingehen mußte.

Was dachtest Du, als der Ball im Netz zappelte?

Es war schon eine große Befreiung; schließlich stand es vor dem Schuß 0:1, und wir haben das Spiel dann noch 2:1 gewonnen. Als ich nach vorne bin, lief unser Ersatztorwart Kurt Kowarz übrigens hinter mein Tor und sagte: „Wenn Du nicht triffst und die einen Konter fahren, stelle ich mich einfach in den Kasten rein." Der Kurt und ich sind gute Freunde geworden im Lauf der Jahre.

Wieviele Elfmeter hast Du für den Club verwandelt?

Zwei – eine hundertprozentige Ausbeute.

Und wieviele hast Du gehalten?

Weiß ich nicht, ich führe keine Statistik. Vor der WM in den USA hab' ich im Fernsehen gesehen, daß meine Quote der gehaltenen bei knapp über 30 Prozent liegt, aber ich weiß es wirklich nicht.

Andreas, laß uns noch ein paar Worte über Deine Anfangszeit beim Club reden. Was hast Du mit Nürnberg verbunden, als Du 1986 für 125.000 Mark aus Berlin kamst?

125.000 plus Ablösespiel, das dann nie stattfand. Was ich mit Nürnberg verbunden habe? Gar nichts eigentlich. Lebkuchen, ja, aber sonst nichts. Ich bin damals ja auch nur als zweiter Torwart geholt worden. Natürlich habe ich mir gute Chancen ausgerechnet, über kurz oder lang in den Kasten zu kommen, schließlich stand beim Club kein Toni Schumacher drin, aber daß es dann so schnell ging, das hätte ich nicht gedacht. Der Herbert Heider wurde plötzlich Sportinvalide, und auf einmal war ich die Nummer eins.

Erinnerst Du Dich noch an Dein erstes Bundesligaspiel für den Club?

Klar, das erste Spiel habe ich in Bremen gemacht und gleich fünf Stück gekriegt. Zur Halbzeit haben wir noch 2:0 geführt, dann hat der Rehhagel den Burgsmüller eingewechselt, alle Dämme sind gebrochen und wir haben 3:5 verloren. Danach kam ein 3:3 zu Hause gegen Bochum.

Acht Tore in den ersten beiden Spielen – ganz schön happig.

Stimmt, es hat ziemlich holprig angefangen. In Bremen fiel zwar kein Tor, von dem du sagen kannst, den muß ich halten. Aber wenn du fünf bekommst in deinem ersten Spiel, dann ist schon mal klar, in welche Richtung es läuft. Gegen Bochum war ich dann auch ein bißchen unsicher und hab' schlecht ausgesehen bei einem Tor. Im dritten Spiel in Frankfurt verloren wir 0:1, aber da stand ich ziemlich unter Beschuß, und es lief richtig gut für mich. Von da an ging's ständig bergauf, und ich habe mir das Vertrauen der Mannschaft, des Trainers und der Fans nach und nach erarbeitet.

Bist Du anders als andere Torhüter?

Es hat sicherlich extreme Torhüter gegeben, wie Uli Stein, das ist sicherlich nicht meine Art. Ich habe nie meinen Mund groß aufgerissen oder bin anders negativ aufgefallen, aber es gibt genügend Torhüter, die genauso normal sind wie ich. Das ist eben dieses alte Klischee von Torwart und Linksaußen; dabei gibt es genügend Feldspieler, die eine noch größere Meise haben.

Hättest Du mehr Länderspiele bestritten, wenn Du öfter mal den Mund aufgerissen hättest?

Schwer zu sagen. Wenn du natürlich ständig gegen den Abstieg spielst und da unten drinhängst, fällt es schwer, aus dir rauszugehen und zu sagen: „Bundestrainer, jetzt muß ich mal spielen!" Da sagt doch jeder gleich: „Was will denn der? Der soll sehen, daß er mit seiner Mannschaft in der Bundesliga bleibt und die Klappe halten!"

Umso verwunderlicher, daß Du acht Jahre in Nürnberg geblieben bist.

Ich habe ja immer gehofft, daß wir mal eine bessere Mannschaft haben, daß wir uns kontinuierlich nach oben arbeiten und dann irgendwann eine andere Rolle in der Bundesliga spielen können. Diese Fans, dieses Stadion, dieses ganze Umfeld, die Trainingsmöglichkeiten, das Hotel, wenn du das siehst und vergleichst etwa mit Frankfurt, das ist absoluter Wahnsinn.

Ist Vereinstreue im modernen Fußball noch zeitgemäß?

Für mich schon. Ich habe mich mit dem 1. FC Nürnberg absolut identifiziert, ich habe dem Verein viel zu verdanken und auch alles für ihn gegeben. Natürlich bin ich so weit Profi, daß ich dann auch in Frankfurt bereit war, genauso alles zu geben. Sicherlich zählt die Mannschaft, aber in erster Linie trainiere und spiele ich für mich und meinen Erfolg. Obwohl ich sagen muß, daß mein Herz auch heute noch an Nürnberg hängt. Wir haben unser Haus in Nürnberg, wir werden auch irgendwann zurückgehen, ganz klar.

Wie ein roter Faden zieht sich eine Serie von Skandalen durch Deine Zeit beim Club. Schiedsrichterbestechungsaffäre, schwarze Kassen, die ganzen Querelen um die verschiedenen Präsidenten – siehst Du darin ein spezifisches Problem des 1. FC Nürnberg oder des Profifußballs schlechthin?

Ich glaube nicht, daß dies ein spezielles Problem eines einzigen Vereins ist. Obwohl, was damals für Fehler gemacht wurden, ein schwarzes Buch, in das man auch noch alles hineinschreibt, das ist schon Wahnsinn. Oft sind es die Traditionsklubs, Schalke, Nürnberg, Hertha BSC, wo Selbstdarsteller in der Führung am Werk sind, die einfach nur in der Presse stehen wollen. Für mich hat damals in Nürnberg ein kompetenter Manager gefehlt, einer mit einem guten Namen, der diese sportliche Seite im Griff hat. Zu meiner Zeit aber hatten wir Präsidenten, die wollten unbedingt in der Zeitung stehen, die haben sich in sportliche Bereiche eingemischt, obwohl sie nicht einmal ihren eigenen Bereich, das Finanzielle, im Griff hatten.

Nach Deinem Abschied hast Du Dich mit dem Club monatelang vor Gericht um Geld gestritten. Kannst Du Dir noch vorstellen, Deine Karriere in Nürnberg zu beenden?

Natürlich war ich enttäuscht, daß ich gegen den 1. FC Nürnberg prozessieren mußte, um mein Geld zu bekommen. Ich habe acht Jahre lang alles für den Verein gegeben, ich habe mit Spritzen gespielt, wo ich normalerweise nicht hätte spielen dürfen, und ich habe ja auch nie gesagt: „Morgen will ich mein Geld haben." Es hat Gespräche gegeben über Ratenzahlung, doch der Vorstand hat sich nie an irgendwelche Abmachungen gehalten, so daß mir nur noch zwei Möglichkeiten blieben: Dem Club das Geld zu schenken oder vor Gericht zu ziehen. Nur, das Geld verschenken wollte ich dann auch nicht. Aber ich bin nicht nachtragend, ich kann mir schon vor stellen, meine Karriere in Nürnberg zu beenden oder irgendwann in anderer Funktion beim Club einzusteigen. ☐

Rund um den Club

Die Club-Familie in den zwanziger Jahren.

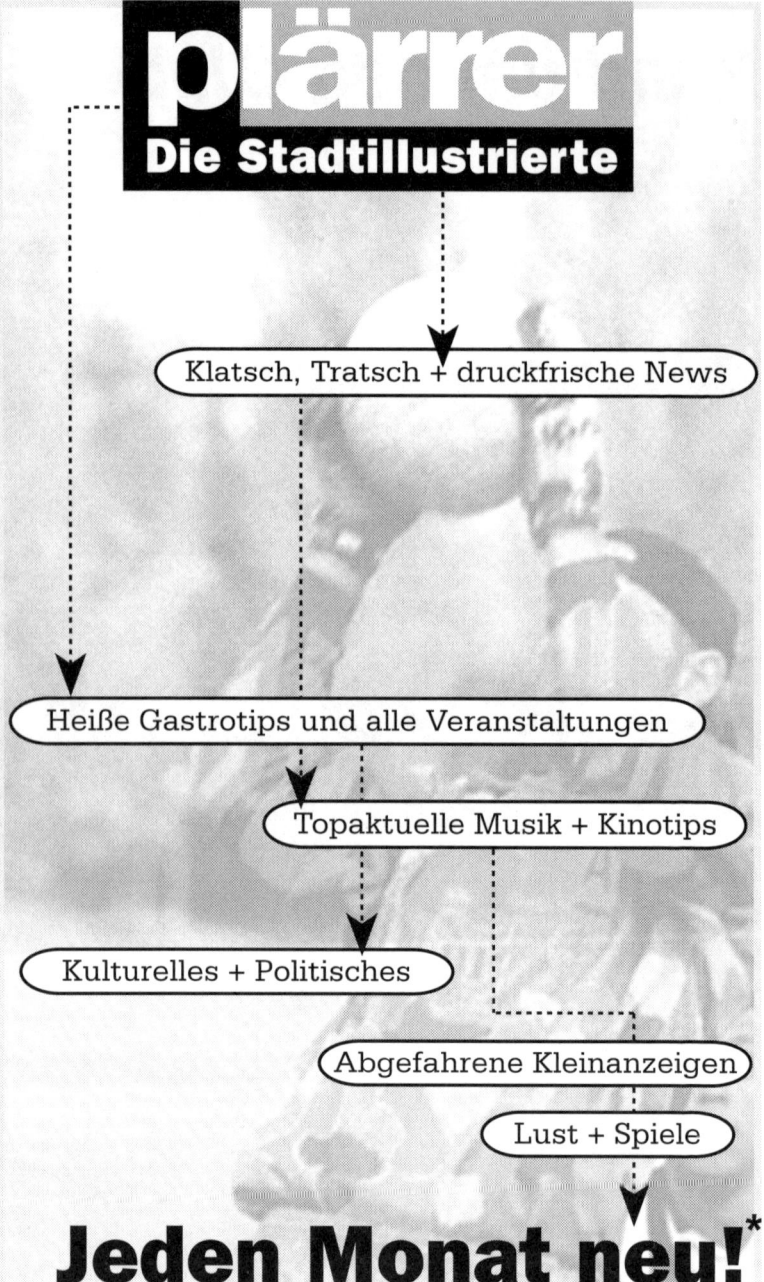

Die Freunde

Sonderzüge und Sodawasser

Im Mai 1909 hingen überall in Nürnberg Plakate, die eine Sensation ankündigten: „Sunderland kommt!" Das Gastspiel dieser englischen Spitzenmannschaft, das am 1. Juni 1908 vor 3.000 Zuschauern auf dem damaligen Clubgelände in Schweinau stattfand, gab einen ersten Vorgeschmack auf die Massenbegeisterung, die der Fußball in den folgenden Jahren auslösen sollte. Auch wenn es mit 3:8 deutlich verlorenging, hatte die *Nordbayerische Zeitung* sicherlich recht, wenn sie schrieb, daß es gerade diese Spiele gegen auswärtige Berufsspielermannschaften gewesen seien, „die den Fußballsport in Nürnberg auf seine jetzige Höhe brachten und dazu beitrugen, denselben immer populärer zu machen".

Eine weitere Stimulanz für das Publikumsinteresse war die Entwicklung der fußballerischen Rivalität zwischen Nürnberg und Fürth. Das erste Derby im 1913 neu errichteten „Zabo" wollten ca. 9.000 Zuschauer sehen. In einer Tageszeitung hieß es, daß die Begeisterung rund um das runde Leder vor allem deswegen so stark angestiegen sei, weil die „Formverbesserung der Fürther Mannschaft in den letzten Jahren" zu einer Erhöhung der Spannung geführt habe.

Trotzdem gab es damals noch viele unter den rund 300.000 Einwohnern Nürnbergs, denen das Fußballspiel so seltsam vorkam wie die exotische Fauna, die seit 1912 im Tiergarten zur Schau gestellt wurde. Zum großen Durchbruch des Fußballs, ja zu zu einer regelrechten Explosion der Zuschauerzahlen kam es denn auch erst nach dem 1. Weltkrieg. Der Fußball wurde nun zu einem Massenereignis, das sein Publikum vornehmlich in der Arbeiterschaft fand. Entscheidend für diese Entwicklung waren nicht zuletzt die revolutionären Veränderungen des Jahres 1918, die die Einführung des 8-Stunden-Tages zur Folge hatten. Erst jetzt waren entsprechende Freizeit-Ressourcen freigesetzt, die es den Arbeitern ermöglichten, am Samstagnachmittag ihrer Fußball-Leidenschaft zu frönen.

Aus der Kombination von Fußballbegeisterung, Freizeit und Eisenbahn ergab sich gleichsam nebenbei auch die Möglichkeit des Kurzurlaubs für Leute mit kleinem Geldbeutel: Vor dem ersten Nachkriegs-Endspiel – 1. FCN gegen SpVgg Fürth in Frankfurt – wurden erstmals in der Geschichte des deutschen Fußballs Sonderzüge eingesetzt, um die zahlreichen Fans aus Nürnberg und Fürth zum Ort des Geschehens zu transportieren. Im Zug nach Frankfurt saß damals ein 15jähriger Clubfan, der über sein außergewöhnliches Erlebnis einen kleinen Aufsatz verfaßte: „Im Bahnhof Nürnberg machte sich schon in aller Frühe eine Bewegung bemerkbar. Es geht zum Extrazug. ... Fahnen wurden verteilt mit der Aufschrift 1. FCN und trotz der Anordnung, sie erst am Nachmittag zu öffnen, flatterten sie bald auf beiden Seiten des Zuges zum Fenster hinaus. ... Endlich kam Frankfurt in Sicht ... auf zum Sportplatz. Es hatte noch 1 1/2 Stunden zum Beginn des Spieles, trotzdem waren die Straßenbahnen zum Erdrücken voll. Am Ziele selbst ein nicht enden wollender Strom von Menschen, alle hatten einen Weg. Auto an Auto, Droschken und Omnibus standen da und gehorchten dem gebieterischen Winke eines berittenen Schutzmannes. Mindestens zwölf Kassahäuschen und doch ein Stauen, trotzdem wenig Karten mehr gelöst wurden. 25.000 sollen im Vorverkauf abgegeben worden sein. Stühle und Leitern brachten die Leute mit, um sich rings um den Platz zu lagern, neue standen Kopf an Kopf schon zu Tausenden, nicht fähig, sich nach rechts oder links zu bewegen. Die hinteren trugen Backsteine herbei und bauten sich so eine primitive Erhöhung. Manche stürzte ein, unverdrossen wurde sie wieder aufgebaut. Andere boten wieder 100 bis 200 Mark für einen Sitzplatz. Leitern wurden verpachtet, die obere Sprosse kostete 25 Mark, jede weitere nach unten 5 Mark weniger, und dann standen sie auf der Leiter und klammerten aneinander, trotzdem noch eine halbe Stunde bis Beginn."

Ein Jahr später, nach dem 5:0-Sieg über Vorwärts Berlin, gab es bereits im Bahnhof ein derartiges Gedränge, daß die Mannschaft kaum aus dem Gebäude herausfand. Dennoch gelang es irgendwie, die Spieler mit Blumensträußen und -girlanden zu schmücken, die im Auftrag des Herausgebers des *Fußball*, Eugen Seybold, bereitgestellt worden waren. Wie es dann weiterging, konnte man einige Tage später in Seybolds Fachzeitschrift nachlesen: „Vor dem Bahnhof eine Menschenmenge, die jeden Rekord schlug. 40-50.000 Menschen waren es sicher. Die Polizeiwehr hatte alle Hände voll zu tun und konnte nur mit größter Mühe die Menschenmenge zurückdrängen. Mit einem erderschütternden Gebrüll wurde die bekränzte Meisterelf empfangen und in einen Fremdenwagen verstaut. Die Herren von der Spitze placierten ihre Leiber in eine Chaise, während die Reisebegleiter und die Frauen der Spieler in einen weiteren

Nach dem Endspielsieg 1921: Die Nürnberger warten auf ihre Meister...

...die sich dann blumenbekränzt am Bahnhof zeigen.

Fremdenwagen geschleudert wurden. Die Kapelle der Polizeiwehr brach in einen brausenden Tusch aus. Die Menge schrie mit einer Begeisterung, wie es kein Fürst und kein Kaiser am Bahnhof in Nürnberg je erlebt haben. Alles war in einem Freudentaumel und in einem Begeisterungswirbel, wie man es noch nie gesehen."

Im 5. August 1922, einen Tag vor Anpfiff des berühmt-berüchtigten zweiten Endspiels zwischen dem 1. FCN und dem HSV in Leipzig, wurden erneut Sonderzüge eingesetzt. Nun setzten die Nürnberger Fans, entsprechend dem Geschehen auf dem Rasen, keine Maßstäbe im Jubeln, sondern im Randalieren. Erste Enthemmungen gab es bereits auf der Anreise. Wegen der extremen Hitze, die in jenen Augusttagen herrschte, floß der Alkohol bereits im Zug in Strömen. Geradezu panisch müssen die Schlachtenbummler dann ein Bier nach dem anderen in sich hineingestürzt haben, als das Gerücht durchsickerte, daß in Leipzig Kellnerstreik herrsche und am Spieltag womöglich nichts mehr zu bekommen sei. Tatsächlich gab's dann im Stadion statt Bier nur Sodawasser.

Bei tropischen Temperaturen drängten sich 60.000 Zuschauer ins Stadion, dessen Fassungsvermögen eigentlich nur für 45.000 berechnet war. Tausende kletterten über den Zaun oder durchbrachen gewaltsam die Eingänge. In dem lebensgefährlichen Gedränge fielen Hunderte in Ohnmacht, überall wurden Leute auf Bahren fortgetragen. Machtlos mußten Polizisten zusehen, wie immer mehr erregte Fußballfans die Aschenbahn stürmten. Auf einer extra für das Endspiel errichteten Nottribüne, deren Fundamente noch während des Spiels von eiligst herbeigerufenen Pionieren gestützt werden mußten, waren die Nürnberger Fans zusammengepfercht. Sie forderten lautstark die vor ihnen postierte Masse auf, die Sicht auf das Spielfeld freizugeben. Als nichts geschah, warfen sie mit Steinen und Flaschen, bis sich das Ganze zu einem regelrechten Bombardement auswuchs. Noch zwei Jahre nach diesen Ereignissen schrieb ein Nürnberger Fan beeindruckt: „Ich sehe vor meinem geistigen Auge auch das famose Mauergerüst in Leipzig, das eigens für die Nürnberger Proleten errichtet wurde, die drangvoll fürchterliche Enge hinter dem Völkerschlacht-Denkmal und den frisch fröhlichen Kampf, den die hinteren Reihen im Zuschauerraum mit Sodawasserflaschen gegen die vorderen Linien geführt haben. Wie das flog, klirrte und in der Sonne glitzerte, als so einige tausend Sodawasserflaschen auf einem Frontabschnitt von 200 Meter hoch im Bogen auf die vorderen Reihen niederprasselten. Es war lieblich anzusehen, wie sie da im schwarzen Dreck zur Deckung gegen die feindlichen Geschosse niedergestreckt lagen, die Damen mit den weißen Sommer-Kleidern. Sowas muß man gesehen haben! Da muß man dabei gewesen sein!"

Das Spiel, das beim Stande von 1:1 von Schiedsrichter Bauwens nach 105 Minuten abgebrochen worden war, endete damit, daß 60.000 erregte Menschen durch einen einzigen (!) Ausgang den Weg ins Freie suchten und dann die Schrebergärten im Umfeld des Stadions niedertrampelten. Wie durch ein Wunder kam es trotz dieser chaotischen Zustände nicht zu einer Katastrophe.

Trotz vielfacher Kritik am pöbelhaften Benehmen der Fans etablierte sich der Fußball in den folgenden Jahren als das Massenereignis schlechthin. Überall in Deutschland wurden Stadien ge- und ausgebaut, die großen und wichtigen Spiele fanden regelmäßig vor vollen Rängen statt. Beim Finale 1927 in Berlin, als das Stadion mit 50.000 Zuschauern bis auf den letzten Platz gefüllt war – laut Heiner Stuhlfauth ist es so voll gewesen, „daß wir über den Zaun klettern mußten, um überhaupt reinzukommen" – gab es die erste große Rundfunkübertragung eines Fußballspiels. Presse- und Rundfunkberichte etablierten jetzt endgültig den Mythos Fußball und mit ihm die Legende von seinem Rekordmeister, dem Club. Bei einer Tour, die der 1. FCN Ostern 1928 in Oberschlesien machte, hatten die Spieler im weinroten Trikot mit Staunen feststellen können, wie ihnen der Ruhm bereits vorausgeeilt war. Seppl Schmitt erinnerte sich: „Die Einfahrt in Beuthen glich einem Einzug der Gladiatoren. Blumenübersät machte die Stadt, von der bekannt ist, daß sie aus Kohle, Ruß und Arbeit besteht, auf uns den Eindruck, als würde es sich um ein königliches Kleinod handeln, um eine Erinnerungsschatulle aus der Glasvitrine unserer Großeltern oder um eine Kulisse für einen amerikanischen Farbfilm. Festlichkeit reihte sich an Festlichkeit!"

Leider war der Club zu dieser Zeit nur noch selten in der Lage, seinen Ruf mit entsprechenden Taten zu begründen. Das Halbfinale 1929 in Berlin ging mit 2:3 gegen Hertha BSC verloren. In Verkennung der Tatsache, daß der Club sportlich nachgelassen hatte, machte der Kommentator der Club-Zeitung in erster Linie das „schlechte" Berliner Publikum für die Niederlage verantwortlich. Ein Stück Wahrheit steckt in dieser Auffassung freilich insofern, als die Berliner Fans ein „professionelles", sehr modern anmutendes Fanverhalten an den Tag legten: „Mit Ratschen, Trompeten, Pfeifen, Hupen, Glocken, Kuhschellen und sonstigem Teufelswerkzeug wurde 2 1/2 Stunden lang ohrenbetäubender Lärm geschlagen, durch den nicht nur die Zuschauer sich selbst in eine gelinde Art von Blutrausch hineintobten, sondern selbstredend die Spieler auf dem Felde so betäubt und 'gedopt' wurden, daß man sich fast wundern könnte, wenn sie nicht öfter die Grenzen des sportlichen Anstandes vergaßen."

Ob Begeisterung, Jubel und Ehrfurcht oder Randale und Fanatismus – alles gehört zum Fußball, und von all dem war das Geschehen auf den Rängen der Stadien seit den zwanziger Jahren geprägt.

Club-Fans im Städtischen Stadion in den siebziger Jahren.

Alle Wege führen nach Rom
Von Axel Ballreich

Knapp 60 Jahre später. Erstmals nach 20 Jahren spielt der Club wieder in einem internationalen Wettbewerb, dem UEFA-Pokal. Gegner: der AS Rom. Die Fahrt in die „ewige Stadt" organisierte Stefan Peric, damals Mitte 20. Er gehörte seit den frühen siebziger Jahren zu den treuesten der Fans, den „Clubjacken", oder, neuhochdeutsch, „Kutten" (ein Ausdruck, der in Franken nicht eben zum allgemeinen Sprachgebrauch zählt).

Es war ganz einfach nötig, daß da eine Fahrt gemacht wurde, und irgend jemand mußte es ja in die Hand nehmen. Wir hatten überhaupt kein Geld, um irgendwas vorzufinanzieren, null, bloß unseren guten Namen in Funkkreisen als Seerose. Wir sind dann zur Bahn gegangen und wollten einen ganzen Sonderzug organisieren. Letztendlich wurde schnell klar, daß wir Wagen an einen normalen Zug anhängen würden, vier Stück mit 276 Plätzen, mehr ging nicht, sonst hätte der Zug Überlänge gehabt. Dann mußten wir mal langsam anfangen, Geld einzusammeln. Es ging schließlich um fast 60.000 Mark nur für die Bahnfahrt. Mit den knapp dreihundert Leuten hat es dann so gepaßt für uns, schon weil es in der

Clubgeschäftsstelle mit dem Kartenvorverkauf viel mehr Probleme gab als mit der Bahn, ganz typisch eigentlich. Die Karten haben 80 Mark gekostet, eh schon ein Schweinepreis, den wir aber zahlen wollten, wir mußten ja unsere Fahrt mit Karten anbieten; aber man kann wirklich nicht sagen, daß die beim Club anfangs besonders kooperativ waren. Es war eine ständige Nerverei und Telefoniererei, bis wir dann am Ende unsere Tickets für über 20.000 Mark abholen konnten.

Sehr günstig, und allein deswegen wohl auch für Durchschnittsbürger interessant, war der Preis für die Fahrt (im Endeffekt ca. 270,- DM incl. Eintrittskarte) vor allem im Vergleich zum Angebot des 1. FCN. Da wurde zum ungefähr fünffachen Preis ein Flug mit Ticket und Übernachtung angeboten, das Ganze vorbereitet unter der Ägide des damaligen Managers Heinz Höher. Das Hotel befand sich schließlich 50 km außerhalb, es gab Probleme mit den Transfers und manch anderen Details, und die örtliche Presse ergoß ihren Spott auf die treffliche Organisation der Club-Offiziellen. Wie sich später auch auf dem Spielfeld herausstellen sollte, war der Verein den Anforderungen internationaler Auftritte weder sportlich noch logistisch gewachsen. Ganz anders die Fans, die sich im europäischen Rahmen mit der gleichen Sicherheit und Souveränität bewegten wie in den heimischen Bundesligastadien:

Was wir dann auch einplanen mußten, war der Bierkonsum: man fährt ja schließlich zu keinem Auswärtsspiel, ohne Bier dabei zu haben! Man kann zwar ohne Alkohol lustig sein, aber mit schließlich noch viel lustiger. Kalkuliert waren mal so 2.000 Dosen Bier, und über einen Bekannten bei der Tucher haben wir es erreicht, daß das Bier uns direkt an den Bahnsteig geliefert wurde, zu einem guten Preis obendrein. Natürlich haben die Leute auch noch palettenweise Getränke dabei gehabt, das hat immerhin fast bis zur ersten Grenze gereicht, danach haben wir mit dem Verkauf begonnen. Zwei Stangen Trockeneis, 2.000 Dosen Bier und zwei Abteile zum Verkauf. Die den Verkauf gemacht haben, das waren die, die eh kein Geld gehabt hätten und sich so ihre Fahrt verdienen konnten. Mit dem ganzen Bier und sonstigem Rümpel haben wir natürlich Sitzplätze verloren, die eigentlich verkauft waren; hat aber auch keinen gestört, genausowenig wie andere Leute mit normalen Fahrkarten, die sich bald dazugesetzt haben.

Auf jeden Fall ist uns das Bier nicht ausgegangen, ganz wichtig, weil, auch wenn Du nicht besoffen bist, aber man möchte doch immer was in der Hand haben, ist halt so eine Gewohnheit. Geschlafen hat fast keiner auf der Hinfahrt, Hullygully in den Gängen und auf jedem Bahnhof ein Riesengeschrei. „Hurra, hurra, die Nürnberger sind da!" Die paar Mann von der Bahnpolizei, die im Zug mitgefahren sind, die waren äußerst zurückhaltend, gab ja auch keinen Grund zum Eingreifen. Es gab ja auch praktisch keine Schäden.

Am Ende hatten wir zwar laut Bundesbahn 14 kaputte Scheiben, was ja aber nach zwei fast 20stündigen Bahnfahrten fast schon normal ist. Die Bundesbahn hat sich da ganz korrekt verhalten: Die haben uns gefragt, ob es nicht sein könnte, daß die AS Roma-Fans an der Stazione Termini für den Glasschaden verantwortlich gewesen seien. Wir haben dann gesagt, genau, die haben den Zug mit Steinen beschmissen, und damit war die Sache geregelt.

In Rom sind wir dann irgendwie herdenweise immer hinter irgend jemand anderem hergelaufen, haben uns das Kolosseum angeschaut und den Morgen im Café verbracht. Wir waren ja eh recht müde und haben uns in kleineren Gruppen in der Stadt umgeschaut. Vor dem Spiel hat's auch praktisch keinen Ärger gegeben, wir haben ja auch erst kurz vor dem Stadion die ersten Roma-Fans gesehen. Im Stadion hat sich dann herausgestellt, daß wir wirklich die allerschlechtesten Stehplätze abgekriegt hatten, auf denen ich jemals bei irgendeinem Spiel gestanden bin. Für 80 Mark bist du praktisch mit den Füßen unter der Ebene des Spielfelds gestanden, mit dem Kopf konnte man gerade so den Rasen sehen. Außerdem hat es die Karten von der Qualität, die wir hatten, vor dem Stadion für einen Bruchteil des Geldes gegeben.

Mit der Stimmung war's auch nicht so toll, wie man es sonst im Fernsehen immer aus italienischen Stadien mitkriegt, wahrscheinlich haben die den Club als Gegner gar nicht so richtig ernst genommen.

Durchaus nicht erstaunlich, daß die Mannschaft von AS Rom den Club nicht als würdigen Gegner in einem europäischen Pokalwettbewerb ansah: Hatten doch die Römer mit Ruggiero Rizzitelli soeben für umgerechnet 18 Millionen Mark einen Spieler in ihre Reihen geholt, dessen Wert somit ungefähr dem doppelten des damaligen Club-Teams entsprach. Außerdem war der 1. FCN seit seiner letzten Meisterschaftssaison vor exakt 20 Jahren für keinen internationalen Wettbewerb mehr qualifiziert gewesen. In der römischen Vereinszeitung war vor der sensationellen 1:2-Niederlage der Roma gegen den Club noch leicht erstaunt festgestellt worden, daß Nürnberg ja weder in Finnland noch auf Malta liege, also nicht dort, wo normalerweise die leicht zu schlagenden Gegner der ersten Europacuprunden herzukommen pflegen.

Die römischen Fans waren durch Kunststoffwände von uns getrennt, sie haben das ganze Spiel durch provoziert und mit Münzen nach den Clubberern geschmissen. Aber während bei uns im Block natürlich trotzdem eine Superstimmung war, weil der Club so gut gespielt hat, war es insgesamt doch sehr ruhig im Stadion. Nach dem Spiel, das war eh so ausgemacht, haben wir noch 20 Minuten auf oder vor dem Block gewartet, uns dort gesammelt und sind dann erst losgezogen. So konnten wir geschlossen abwandern und auch sofort bemerken, wenn wir ange-

griffen werden und uns zur Wehr setzen. Wir wurden dann aber nicht direkt attackiert, sondern die Roma-Fans haben aus einem Wäldchen heraus mit Steinen nach uns geschmissen. Immer wenn unsere Jungs dorthin gerannt sind, waren die Gauner schon wieder weg. Mehr haben sich die nicht getraut gegen uns, und wenn, sie hätten ja auch einen guten Gegner gehabt. Wir sind dann mit Polizeibegleitung zur U-Bahn eskortiert worden und dann wieder Richtung Bahnhof gefahren und dort in kleineren Gruppen noch fortgegangen, nachdem die erwarteten Roma-Fans am Bahnhof nicht zu sehen waren. Den Rest der Nacht haben wir mit vielen anderen Club-Fans in der Nähe des Bahnhofs verbracht. Römische Fans sind uns dabei überhaupt nicht begegnet. Die Rückfahrt ist dann trotz der guten Stimmung nach dem Sieg etwas ruhiger abgelaufen. Schließlich macht sich dann doch mal der Schlafmangel bemerkbar. Einzig so ein Getränkeverkäufer an der Grenze, der wohl mit der Fanszene nicht so vertraut war, hat sich gewundert, warum sein Wägelchen ganz schnell völlig leer war, obwohl er praktisch nichts verkauft hatte... Aber es war eine wirklich ruhige Rückfahrt, nicht zuletzt, weil ja auch die Beschaffung von Bier, sieht man von dem armen Kerl ab, eher schwierig war.

So endete dann die nach zwei Jahrzehnten erste Fahrt von Clubfans zu einem, auch noch erfolgreichen, Auswärtsspiel des 1. FCN bei einem international renommierten Gegner. Wahrscheinlich fast unnötig zu bemerken, daß der Club trotz des Auswärtssieges in Rom *nicht* die nächste Runde im UEFA-Cup erreichte: Eine Heimniederlage in Nürnberg machte alle schönen Träume der Clubberer von weiteren Fahrten durch Europa ganz schnell zunichte. Eine Episode, die sich nahtlos in die endlose Reihe großer und kleiner Mißerfolge einreiht, die den Club seit nunmehr bald 30 Jahren begleitet.

Club und Schalke: Neue Freunde

Fanfreundschaften gibt es viele. Vermutlich sind sie fast so zahlreich wie Fanfeindschaften. Daß die Öffentlichkeit den gemeinen Fußballfan so häufig auf Gewaltbereitschaft und Aggression reduziert, liegt, so der renommierte Sportsoziologe Dr. Gunter A. Pilz, „vor allem an der einseitigen Berichterstattung in den Medien und der Dramatisierung und Vermarktung der Hooliganrandale".

In einer durchaus weitgefächerten friedlichen Szene also nimmt eine Fanfreundschaft eine exponierte Stellung ein: Die zwischen Schalke und dem FCN. Pilz bezeichnet die seit 1980 existierende Zweierbeziehung in einem Beitrag für Rainer Raaps Buch „Die Fanfreundschaft zwischen den Schalkern und Nürnbergern" als „einmalig in Deutschland" und erklärt seine Einschätzung so: „Es ist eine Freundschaft, die nicht irgendeiner Laune entsprungen und von vorübergehender Natur, sondern langsam gewachsen und nunmehr so gefestigt ist, daß sie allen Stürmen und Brandungen trotzt."

Wie alles angefangen hat, weiß keiner mehr so ganz genau. In den beiden Fanlagern kursieren rund ein halbes Dutzend grundverschiedener Geschichten und Anekdoten über die Entstehung der Beziehung vor eineinhalb Jahrzehnten. Zwei Versionen:

1. Irgendwo in einem Bahnhof in Süddeutschland sollen gleichzeitig Schalker, Nürnberger und Bayern-Hooligans eingetroffen sein. Die Bayern seien daraufhin von Schalkern und Nürnbergern gemeinsam durch das Bahnhofsgebäude gejagt und schließlich gezwungen worden, sich völlig auszuziehen. Der Beginn einer Freundschaft durch eine gemeinsame Feindschaft.

2. Vermutung: „Ausgangspunkt war eine Reportage des *Stern* über Schalke-Fans, die als 'Ruhrpott-Asoziale' etikettiert, beschrieben und fotografiert wurden. Auf den abgebildeten Schalker Kutten waren außer Schalke-Emblemen nur noch Abzeichen des 1. FC Nürnberg aufgenäht. Dieser Artikel kreiste in den Fanlokalen und begründete eine Verbundenheit zwischen den Fans von Schalke und Nürnberg, die in der deutschen Fußballandschaft als einmalig, allerdings auch, von anderen Fanklubs, als äußerst bedrohlich eingeschätzt wird."

Sicher ist, daß jede neue Fan-Generation diese Freundschaft fast wie ein Gesetz achtet. Bei Spielen des 1. FCN im Westen und bei Schalker Auftritten im Süden mischen sich Königsblaue und Rot-Schwarze, wachsen zwei Fanlager zu einem einzigen zusammen. Gemeinsame Aktionen vor, während und nach den Spielen untereinander, Treffen und Turniere der verschiedenen Fanklubs sind an der Tagesordnung.

Die erste Bundesligabegegnung „unter neuen Freunden" übrigens stieg aufgrund der langen Nürnberger und Schalker Zweitklassigkeit erst am 14. Dezember 1991. Bengalische Feuer im winterlichen Frankenstadion – der Club hatte beim DFB eigens eine Ausnahmegenehmigung erwirkt –, Fahnenkorso, Verbrüderungsfeste und Freundschaftsgesänge als stimmungsvoller Rahmen für ein ganz schwaches Spiel, das der Club mit 0:1 verlor. Es war eine der ganz wenigen Niederlagen in der Geschichte des Club, die von den Fans stürmisch gefeiert wurde: „Schaaalke und der FCN."

„Zweimal Rentner, Block 1"

Heiß ist es heut' am Platz. Doch das spielt keine Rolle. Charlotte und Alfons Scheidel sind zur Stelle. Fast jeden Tag, ob es regnet oder schneit, beobachten sie das Training der Profis vom 1. Fußballclub Nürnberg. Eine ganze Clique von Kiebitzen im Rentneralter wacht am Valznerweiher über jedes Dribbling. Ihre Köpfe wiegen sich im Takt des Balles hin und her, sie registrieren jede Freistoßvariante und goutieren jeden Spurt. Am Wochenende pilgern sie dann ins Frankenstadion, egal, wie schlecht der Club in der letzten Zeit auch gespielt haben mag.

Charlotte Scheidel ist 77, genauso alt wie ihr Mann. „Ich habe schon oft versucht, mein Wochenende zu retten. Aber das hat nie geklappt", sagt sie. Dann schüttelt sie den Kopf, lacht und läßt dabei das Trainingsspielchen nicht aus den Augen. Ihr Mann rückt die Schirmmütze zurecht: „Uns kann nichts mehr erschüttern, ändern kann man sowieso nichts." Auch er lacht und mischt sich wieder in den Expertenstreit am Rande des Platzes. Lautstarke Schimpfkanonaden über Spieler, Trainer und Vorstandschaft. Der Liebe zum Verein tun sie jedoch keinen Abbruch. „Ich finde des albern, wenn sich Leute ärgern und dann sagen, sie gehen nie mehr zum Club", sagt Charlotte Scheidel.

Leicht hat sie es nicht gehabt, als einzige Frau unter all den selbsternannten Experten. „Aber ich habe mich durchgesetzt und mir nie die Butter vom Brot nehmen lassen", sagt sie resolut. Für Charlotte Scheidel ist Fußball eben keine Männersache. Der Jungspund (65) neben ihr bekommt das zu spüren. Soeben hat der dem Club-Eigengewächs Marc Oechler wegen dessen Herkunft aus einer Metzgerfamilie den wenig schmeichelhaften Kosenamen „Leberkäs" verliehen. „Sei bloß ruhig", schnauzt Charlotte Scheidel ihn postwendend an.

„Die anderen haben spitzgekriegt, daß man ihr kein X für ein U vormachen kann", sagt ihr Mann Alfons. Er sagt es augenzwinkernd – und nicht ohne Stolz. Seit 26 Jahren begleitet ihn seine Frau zu den Punktspielen im Stadion. Oder er sie. „Es war an einem schönen Sommerabend, da hat mein Mann zu mir gesagt: 'Heute gehen wir ins Stadion.' Ich war richtig begeistert, es war Liebe auf den ersten Blick", erinnert sich Charlotte Scheidel an das erste Mal. Das war 1970, und der Club gerade abgestiegen aus der Bundesliga. „Ich hätte nicht damit gerechnet, daß sie dann immer mitgeht", gesteht Alfons Scheidel. Heute ist er froh darüber, daß es so kam.

Ganz früher nämlich war er noch mit seinen Bekannten zu seinem geliebten Club gefahren. Schon 1936 war er Mitglied geworden – aller-

Sie bleiben dem Club treu: Charlotte und Alfons Scheidel, beide 77 Jahre alt, „kiebitzen" nicht nur regelmäßig beim Training, sondern auch im Stadion – und das auch in der Regionalliga.

dings in der Leichtathletikabteilung. Da lernte Scheidel in Nürnberg Dreher. Dann kamen Krieg und Gefangenschaft. Kaum war er wieder in Nürnberg, zog es ihn zum Club. Zu seinen Idolen, die Maxl Morlock, Edi Schaffer und „Schorsch" Kennemann hießen und 1948 den Meistertitel holten. Zwei Jahre später heiratete er dann seine Charlotte.

In den Nachkriegsjahren schuftete er bis zu 55 Stunden die Woche bei der MAN – am Wochenende schwitzte er eineinhalb Stunden für und mit seinem Club im Stadion. Seine Frau Charlotte arbeitete derweil in Fürth beim Quelle-Versand. Der Versuch, die Fußballbegeisterung auch auf Sohn Peter zu übertragen, schlug fehl. An einem Sonntagnachmittag im Sommer 1953 nahm Alfons den damals Achtjährigen mit zum Club. „Doch der schaute gar nicht aufs Spiel, der stocherte nur im Sand herum." Seitdem hat er seinen Sohn nicht mehr mitgenommen.

Als der Club 1968 seinen letzten Meistertitel geholt hatte, waren die Scheidels bei der großen Feier auf dem Hauptmarkt dabei. „Das Gefühl kann man gar nicht beschreiben", erinnert sich Charlotte Scheidel. Ein bißchen Wehmut schwingt in ihrer Stimme mit. Dann verstummt sie und schüttelt ein paar Mal den Kopf. Wahrscheinlich spuken nun alte Geschichten darin herum.

Die stammen aus einer anderen, einer ruhmreichen Zeit, in der der „Club" neunmal Meister und dreimal Pokalsieger wurde. In der jüngsten Zeit hat der 1. FCN jedoch mehr durch Schuldenrekorde oder inhaftierte Schatzmeister und Ex-Präsidenten von sich reden gemacht. Statt wie früher, wo in der Kiebitzrunde nur die Frage kreiste, wie hoch der Club denn im nächsten Spiel gewänne, wird heute abgewogen, ob der Club gegen Egelsbach oder gegen Ditzingen die besseren Chancen habe.

Beenden die Kicker dann mehr oder minder verschwitzt ihr Trainingspensum, geht es für die Kiebitze noch weiter – in der Kneipe am Rande des Geländes. Dort sitzen sie auf Biergartenbänken, schimpfen über die Gegenwart, schwelgen in der Vergangenheit und hoffen auf die Zukunft. Ob Bundesliga, 2. Liga oder Regionalliga – „wir bleiben dem Club treu". Charlotte Scheidel sagt es, und es klingt wie ein Schwur. Ihr Mann nickt zustimmend, und den anderen Kiebitzen geht es ähnlich.

„Ein Leben ohne den Club kann ich mir schlecht vorstellen", gesteht auch der 78jährige Hermann Schmidt. „Man hängt halt an dem Verein, wenn man seit Kriegsende da hinrennt. Ich habe immer gesagt, wenn das so weiter geht, trifft mich hier noch einmal der Schlag." Helmut Fischer (71) war mal Polizist. Wie Fritz Huber (84) glaubt auch er an die Wende irgendwie zum Guten: „Schlimmer kann es ja gar nicht mehr werden." Für die Fischers, Schmidts, Hubers und Scheidels dauert die Sommerpause jedes Jahr länger. Und immer zu lange. Sie sehnen die neue Saison herbei, auch wenn die jeweils vergangene in den letzten Jahren mächtig an ihren Nerven gezerrt hat. Immer der Kampf um die Lizenz und gegen den Abstieg. Unbeeindruckt davon nur die Profis, die lustlos auf dem Spielfeld herumkickten und sich derweil schon nach anderen Vereinen umsahen.

Die Scheidels werden nicht mehr weggehen. Das wissen sie und deshalb sind sie schon mit wenig zufrieden. Wenn sich ein Kicker ein bißchen Mühe gibt, das ist doch schon was. „Lust haben sie, aber sie können nicht, das ist ein Unterschied", analysiert Charlotte Scheidel messerscharf das Fußballspiel der Cluberer. „Es ist oft einfach nicht mehr drin in der Mannschaft."

Wenn die Kicker trotz aller Schwächen gewinnen, ist die Welt vorerst wieder in Ordnung – und die Scheidels gönnen sich Samstag abend daheim in der Zweizimmer-Neubauwohnung in Steinbühl den verdienten Schnaps. Den genehmigen sie sich nach jedem Club-Sieg. Zum Alkoholiker kann man dabei aber nicht werden. Und die Freude, die man empfindet, ist meist schon eine Woche später wieder entschwunden. „Mir ist dann das ganze Wochenende verdorben, und mein Mann sagt immer: Hoffentlich gewinnt der Club, sonst ist mit dir nichts anzufangen", muß Charlotte Scheidel fast beschämt gestehen. Aber am Montag drauf ist eine Niederlage längst vergessen. Da wird wie jeden Morgen im Hause Scheidel beim Frühstück die Zeitung, sprich der Sportteil, studiert. „Dann reden wir noch eine Stunde über den Club, aber dann reicht es für den Tag." Für diesen Tag. Aber morgen ist wieder einer. Und am Wochenende heißt es dann wieder an der Stadionkasse: „Zweimal Rentner, Block 1."

Vom Zabo zum Frankenstadion

Deutschherrenwiese

Von der Vereinsgründung im Mai 1900 bis Ostern 1902 spielte der 1. FCN auf dem Exerzierplatz auf der oberen Deutschherrenwiese. Da das Gelände zu dieser Zeit noch häufig vom Militär genutzt wurde, mußten die Fußballer Torstangen und Eckpfosten mitbringen und nach dem Spiel wieder abbauen. Die nebenan liegende „Burenhütte", die von einem fußballbegeisterten Wirt geführt wurde, fungierte als Vereinsheim und Umkleideraum.

Der erste Umzug erfolgte aufgrund eines enormen Regengusses, der am 1. Osterfeiertag das gewohnte Gelände unbespielbar gemacht hatte. Weil ein Ausfall des geplanten Wettkampfes gegen den 1. FC München drohte, zog man kurzgeschlossen auf den trockenen, unteren Teil der Deutschherrenwiese um. Auf diesem Platz, den man mittels einer Holzplanke abtrennte, verlangte man erstmals Eintrittsgelder, das heißt, man versuchte, durch den Verkauf von Programmen (Preis: 10 Pfg.) ein bißchen Geld zu verdienen. Da sich viele Sportsfreunde entfernten, sobald sie den Programmverkäufer nahen sahen, erkannte man bald, daß es notwendig sein würde, die Wiese zu umzäunen. Als das vom Magistrat nicht genehmigt wurde, mußte man sich auf die Suche nach einer neuen Spielstätte machen.

Ziegelgasse

Nachdem sich ein zunächst favorisiertes Gelände unterhalb des Schmausenbucks als zu sumpfig erwies, pachtete man einen Platz an der Ziegelgasse (Steinbühl). Die Einweihung des 10.000 qm großen Sportfeldes – voll umzäunt, mit Umkleidehütte und Kassenhäuschen – fand am 21. September 1905 statt. Die Kosten für die Anlage, deren Holztribüne 300 Sitzplätze faßte, betrugen 14.000 Mark. Auf dem neuen Platz flossen nun regelmäßige Einnahmen, so daß die entstandenen Unkosten recht schnell wieder eingebracht werden konnten. Weil sich der Schauplatz des DM-Endspiels von 1906 (der VfB Leipzig siegte vor 1.100 Zuschauern über den 1. FC Pforzheim) für das wachsende Zuschauerinteresse schon bald als zu klein erwies, mußte man sich erneut Gedanken über einen Umzug machen.

Das Klubheim des 1. FCN in Schweinau. In der Tür, mit gestreiftem Trikot, Club-Gründer Christoph Heinz.

Schweinau (Maiachstraße)

Am 28. Februar 1908 wurde der neue Platz in Schweinau – Pachtsumme: 25.000 Mark – mit einem Spiel gegen Wacker München eröffnet. Die Vereinsanlagen, von einem Bretterzaun umgeben, waren nun mehr als doppelt so groß wie vorher. Es gab ein Clubhaus mit Bewirtschaftung sowie, ein Novum in Nürnberg, eine kleine Holztribüne mit Umkleideraum, incl. Wasch- und Duscheinrichtungen. Rund um die Laufbahn des A-Platzes gab es Ansätze von Zuschauerwällen, aber bereits im Herbst 1911, als wenigstens 6.000 Zuschauer das Derby gegen Fürth sehen wollten, war auch dieses Proto-Stadion dem Andrang nicht mehr gewachsen.

Zabo

Da die Schweinauer Anlage noch vor Ablauf der Pachtzeit (1913) zu klein geworden war, stellte sich die Frage, ob man nicht lieber gleich selbst ein Grundstück kaufen solle, um unrentable Investitionen zu vermeiden. 1911/12 beschloß der Vorstand, einen eigenen Platz zu erwerben. Um die im Stadtgebiet Nürnberg verhängte Lustbarkeitssteuer, die auch alle Fußballspiele betraf, für die Eintritt verlangt wurde, zu umgehen, erwarb man in Zerzabelshof ein ca. 47.000 qm großes Grundstück. Aufgrund seiner bisherigen Erfolge kreditwürdig geworden, konnte es der 1. FCN mit

Der alte Zabo in der Glanzzeit des 1. FCN.

Übungsplätzen, Stadion, Clubheim und Tennisplätzen (Kosten: knapp 300.000 Mark) großzügig gestalten. Der neue, nach damaligen Verhältnissen vorbildliche „Zabo" (Kurzform von Zerzabelshof), der 8.000 Zuschauern Raum bot, wurde am 24. August 1913 dem Publikum übergeben. „Das stattliche Clubhaus und die imposante Tribüne riefen einen mächtigen Eindruck in der Sportwelt hervor", schrieb Georg Hertel zum 25jährigen Jubiläum. Neben „Club" wurde nun auch das Kürzel „Zabo" zu einem Begriff für Nürnberg und erstklassigen Fußball.

Nach dem 1. Weltkrieg baute man den Zabo weiter aus. 1921/22 wurde das Fassungsvermögen der Zuschauerwälle auf 25.000 Zuschauer erhöht und eine Laufbahn mit halbkreisförmigen Kurven angelegt. Als der Sportpark Zabo 1926 seinen letzten Schliff erhielt, galt er wiederum als die schönste vereinseigene Sportanlage Deutschlands.

1945 mußte der Club seine Heimspiele vorübergehend im Ronhof austragen – der Zabo war von den Amerikanern beschlagnahmt worden –, und nachdem man in die Ruine des Zabo zurückgekehrt war, mußte man, wenn man die hohen Platzmietkosten für das Städtische Stadion vermeiden wollte, neue Pläne fassen. Der Zabo wurde neu auf- und ausgebaut. Bei der Einweihung am 29. Mai 1950 gab es wieder ein schmuckes Stadion mit einem Fassungsvermögen von 35.000 Zuschauern zu bewundern. Insbesondere die nach einem Entwurf des bekannten Architekten Ruff gestaltete Tribüne wußte zu gefallen.

In den nächsten Jahren zeigte sich allerdings, daß das alte, verwinkelte Zerzabelshof dem zunehmenden Autoverkehr nicht mehr gewachsen war. Der Club konnte die polizeilichen Auflagen nicht mehr erfüllen, und zudem genügte auch der ausgebaute Sportpark selbst den Anforderungen nicht mehr. Am 1. September 1966 wurde die Haupttribüne abgebrochen. Die 1. Mannschaft mußte ins Städtische Stadion umziehen.

Neuer Zabo

Am 31. Oktober 1968 wurde der „Neue Zabo" eingeweiht, seine Geschichte begann jedoch bereits 1951. In diesem Jahr wollte der Club ein Gelände rund um den Valznerweiher samt zugehöriger Ausflugswirtschaft erwerben. Als man bei der Stadtverwaltung davon hörte, stieg diese, weil das Gebiet als Erholungsraum erhalten werden sollte, selber als Käufer ein und bot als Ersatz die gegenüberliegende Fläche der ehemaligen „Kraft-durch-Freude-Stadt" (die alten, betonierten Keller wurden mit Schutt gefüllt und liegen noch heute unter den Sportplätzen).

Heute existiert nur noch ein entkernter „Neuer Zabo". Im Dezember 1973 kaufte die Stadt Nürnberg für 1,085 Mio DM den Viatisstreifen auf dem Vereinsgelände, um dem Club die Sanierung seiner Finanzen zu ermöglichen. Im Dezember 1988 wurde ein Teil des Geländes per Erbpacht – 350.000 DM jährlich bei einer Laufzeit von 50 Jahren – an eine Hotelkette abgetreten.

Frankenstadion

Das Nürnberger Stadion, in der zweiten Hälfte der zwanziger Jahre erbaut, konnte schon im Spieljahr 1967/68, als der Club seine 9. Meisterschaft errang, kaum mehr den Ansprüchen genügen, die an eine moderne Sportarena zu richten waren. Kurz darauf gab es im Stadtrat heftige Diskussionen, ob das alte Stadion anläßlich der WM 1974 durch ein neues zu ersetzen sei. Im Gegensatz zu anderen Städten – acht Stadien wurden damals bei einem Gesamtaufwand von 260 Mill. DM neu- bzw. umgebaut – nahm man jedoch in Nürnberg die historische Chance, günstige Finanzierungsmöglichkeiten für einen Stadion-Neubau zu nutzen und WM-Spielort zu werden, nicht wahr. DFB-Präsident Hermann Neuberger schüttelte den Kopf: „Wenn Nürnberg glaubt, auf die gewaltige WM-Werbung verzichten zu können, dann müssen wir das akzeptieren."

In den folgenden Jahren mußte man sich mit einem zwar durch Stahlbetontribünen erheblich erweiterten, ansonsten aber nur recht provisorisch instandgesetzten Stadion begnügen (Kapazität: 56.000 Zuschauer, davon ein Drittel Sitzplätze). 1986, als ein Gutachten der Landesgewerbeanstalt ergab, daß aufgrund der Brüchigkeit des Tribünendaches eine Gefährdung der Zuschauer gegeben sei, wurde das Ende des bröckelnden Gemäuers eingeleitet. Im Vorfeld der 1987 anstehenden Kommunalwahl wurde die Aussicht auf ein neues Stadion schließlich zum populärsten Argument der OB-Kandidaten Schönlein (SPD) und Beckstein (CSU), um die Gunst der Wähler zu gewinnen. Als der Nürnberger Architekt Günter Wörrlein den vom Stadtrat ausgeschriebenen Ideen-Wettbewerb gewann, war es Günter Beckstein, der den Bayerischen Ministerpräsidenten Franz-Josef Strauß nach Nürnberg locken und während eines Clubspiels davon überzeugen konnte, daß das Projekt unterstützt werden müsse. Strauß versprach, daß der Freistaat die Hälfte der geschätzten Kosten von 52 Mill. DM zu übernehmen bereit wäre. Der Gesamtauftrag wurde zu diesem Festpreis an eine Arbeitsgemeinschaft vergeben.

Probleme verursachte in der Folge vor allem die denkmalgeschützte Haupttribüne. Bei der Sichtung der Fundamente und Stützen hatte sich herausgestellt, daß diese beim Bau des in den zwanziger Jahren preisgekrönten Städtischen Stadions nicht fachgerecht errichtet worden waren. Der Erhalt des Tribünenrumpfes verursachte eine Kostensteigerung des Projekts auf 68 Mill. DM, zudem wurde beim unsachgemäßen Abbau des Tribünendaches ein Bauarbeiter schwer verletzt.

Am 29. September 1991 wurde das neue „Frankenstadion" eingeweiht. Mit seiner Kapazität von 52.000 Zuschauern, davon zwei Drittel Sitzplätze, brachte es dem 1. FCN bei ausverkauftem Haus gut 900.000 DM Brutto-Einnahmen. Heute ist es, da nur noch einige wenige Fanblöcke übriggeblieben sind, beinah ein reines Sitzplatzstadion. Doch auch mit der reduzierten Fassungskraft (46.500 Plätze) hat der Club eine selbst im internationalen Vergleich konkurrenzfähige Spielstätte. Bleibt zu hoffen, daß in diesem allgemein gelobten Prunkstück irgendwann mal auch ein prachtvoller Fußball stattfindet.

Die Feinde

Die Konkurrenz mit dem Kleeblatt

Im *Sport-Brockhaus* kann man lesen: „Das traditionsreichste deutsche Fußball-Lokalderby ist das Zusammentreffen des 1. FC Nürnberg mit der SpVgg Fürth." Los ging's, als Reinhardt Barthel im Sommer 1902 seinen Kumpels von der Faustball-Riege des TV 1860 Fürth von den Fußballern des Club auf der Deutschherrnwiese erzählte. Als eine Abordnung einige Male die Übungsspiele des Club besucht hatte – Barthel selbst wurde sogar vorübergehend Mitglied des 1. FCN –, war man sofort hellauf begeistert und versuchte sich selbst im neuen Spiel. Schon nach wenigen Wochen wollten es dann die Fürther wissen: Man forderte den 1. FCN heraus. Das Problem, daß man als Herausforderer einen eigenen Platz stellen mußte, wurde pragmatisch gelöst: „Da spielen wir einfach auf dem Jugendspielplatz am Schießanger."

Im Herbst des Jahres kam dann der Club, sah die Anfänger und siegte erbarmungslos. 15:0 hieß es nach der ersten Auseinandersetzung auf holprigem Geläuf. Auch die nächsten Spiele brachten ähnlich herbe Kantersiege, was aber die Fürther – seit dem 23. September 1903 ein regulärer Fußballverein – erst dazu motivierte, ganz gezielt die Spielstärke ihrer 1. Mannschaft zu verbessern. Unter dem Jahre 1908 heißt es in einer Jubiläumsschrift der SpVgg: „Der damals gegründete Spielausschuß war bestrebt, unsere Spielerqualität gegenüber unserem Rivalen von der benachbarten Noris zu verbessern, und es ist ihm in der Gewinnung des damals schon 'international' spielenden Karl Burger auch tatsächlich gelungen." Am 11. März des Jahres trug sich der exzellente Techniker als 77. Mitglied des jungen Vereins ein. Mit dem erfahrenen Burger als Mittelläufer entscheidend verstärkt, erzielten die Kleeblättler auf Anhieb Siege am laufenden Band. Am 6. Dezember 1908 gelang schließlich der heißersehnte erste Punktgewinn gegen den mächtigen Konkurrenten aus Nürnberg (3:3), zwei Jahre später zog der Club gegen den Emporkömmling erstmals den kürzeren: 1:2 lautete das Ergebnis.

Mit der Spielstärke wuchs auch das Interesse an den Fußballdarbietungen der Grün-Weißen: Immer mehr Jugendliche drängten zum Fußballsport, immer mehr Zuschauer wollten die Spiele der 1. Mannschaft sehen. In dieser Situation traten bei der SpVgg modern denkende Geschäftsleute ans Werk. Der Aufstieg Fürths zur respektablen Industriestadt war nicht zuletzt darauf zurückzuführen, daß sich hier neue Gewerbe aufgrund eines fehlenden Zunftzwangs besonders leicht hatten ansiedeln können – auch der hohe jüdische Bevölkerungsanteil hatte mit dieser „Fürther Freiheit" zu tun –, und nun wollte man auf gleiche Weise im Fußball mit innovativen Methoden zu Werke gehen. Am 11. September 1910 – also drei Jahre, bevor die Nürnberger mit ihrem „Zabo" nachziehen konnten – wurde das ehrgeizige Ronhof-Projekt vollendet, und am Eröffnungstag gelang vor 8.000 Zuschauern ein respektables 2:2 gegen den Deutschen Meister Karlsruher FV. Durch die Zuschauereinnahmen finanziell gerüstet, verpflichtete man anschließend kurzerhand den Karlsruher Trainer William Townley. Der Engländer, ehemaliger Profi bei Blackburn Rovers und einziger Spieler, dem bis dahin in einem Cup-Final ein Hattrick gelungen war, lehrte die Fürther den legendären schottischen Flachpaß. Bald mußten die Nachbarn in Nürnberg erstaunt zusehen, wie schön und trickreich die Fürther kombinierten. Kernpunkt seiner Fußball-Lehre war das Platztauschen, das dann in späterer Zeit von dem Fürther Paradesturm mit Franz und dem Ex-Cluberer Seiderer in Perfektion vorgeführt wurde.

Mit dem elffachen Nationalspieler Burger auf dem Platz und Townley an der Seitenlinie eilten die Kleeblättler in rasenden Schritten von Erfolg zu Erfolg. Mit dem Titel des Deutschen Meisters von 1914 (3:2 gegen VfB Leipzig), zu dem auch der gelehrige Townley-Schüler und zukünftige Cluberer Bumbes Schmidt beitrug, hatte die kleine Nachbarstadt das große Nürnberg überflügelt. Aber was heißt da eigentlich klein? Im Jahre 1914 war die SpVgg, zum Entsetzen aller Nürnberger, nicht nur berühmter als der Club, sondern mit mehr als 3.000 Mitgliedern auch der größte Sportverein Deutschlands!

Sechs Jahre mußte man beim Club warten, bevor man mit den Fußballern aus der kleinen „Vorstadt" im Westen gleichziehen konnte. Fürth hieß der Gegner im Endspiel von 1920, und die Nürnberger freuten sich ausgelassen, als sie es ihren Rivalen endlich zeigen konnten. Danach sprach die ganze Nation von der „Hochburg Nürnberg-Fürth", und in der Folgezeit war das, was im Derby gezeigt wurde, der Maßstab für die Qualität des deutschen Fußballs. Nicht nur die Clubstars, auch die Helden vom Ronhof – neben dem Stürmerduo Franz und Seiderer vor allem „Teddy" Lohrmann, der gutaussehende Torwarthüne, sowie die Läufer Hans Hagen und Ludwig Leinberger, – wurden auch außerhalb Frankens verehrt.

Aus der großen Zeit des Derbys: Zweikampf zwischen Wellhöfer (SpVgg) und Träg (1. FCN).

Regelmäßig stellten die Spieler beider Vereine den Kern der deutschen Fußball-Nationalmannschaft, zweimal setzte sie sich ausschließlich aus Nürnbergern und Fürthern zusammen. Im Jahr des letzten großen Erfolges der Fürther – 1929 war man zum dritten Mal Meister geworden – feierte man auch den letzten gemeinsamen Triumph: Eine Kombination Nürnberg-Fürth, die als „Auswahl Süddeutschland" angetreten war, fegte eine Auswahl „Niederösterreich" – die Mannschaft war nahezu identisch mit der später als „Wunderteam" berühmt gewordenen Nationalauswahl – mit 5:0 vom Platz. Hiden, Sindelar, Gschweidl & Co. waren fassungslos.

So einträchtig, wie es der Titel „Fußballhochburg" suggeriert, war das Verhältnis zwischen beiden Städten natürlich nicht. Für die Nürnberger waren die Fürther nie mehr als Blödel, die westlich des „Plärrer" siedeln, und je mehr sich der Nachbar zu einer Industrie- und Handelsstadt entwickelt hatte, die als Konkurrent ernstgenommen werden mußte, desto hochnäsiger sah man auf den Emporkömmling herab: In Fürth, so hieß es, hausen nur die, die es in Nürnberg zu nichts gebracht haben. Umgekehrt waren die Fürther nie gewillt, sich als „Vorstädter" abkanzeln zu lassen. Das Streben nach Selbständigkeit bei den Nachbarn Nürnbergs zeigte sich insbesondere Anfang der zwanziger Jahre, als Bestrebungen, beide Städte zu einer „Großstadt" zu vereinigen, am heftigen Widerstand der Einwohner scheiterten. Der Verein „Treu-Fürth" zwang den Nürnbergfreundlichen Stadtrat zum Rücktritt, und nach den Neuwahlen am 14. Mai 1922 hatte die eben erst gegründete Partei „Fürther Selbständigkeit" nicht weniger als die Hälfte aller Sitze im Stadtparlament inne. Eines der prominentesten Opfer der nun zementierten Trennung zwischen beiden

Städten war der flinke Rechtsaußen Hans Sutor: Er mußte zum Club wechseln, weil er es gewagt hatte, eine Nürnbergerin zu heiraten.

Gegen keinen anderen Verein trug der 1. FCN so viele Spiele aus wie gegen die SpVgg Fürth. Mengenmäßiger Höhepunkt war das Spieljahr 1918/19, als man, weil der reguläre Spielbetrieb in den Wirren der Nachkriegsjahre noch nicht so richtig funktionierte, händeringend nach spielstarken Gegnern suchte. Nicht weniger als acht Mal kam es in diesem „Derbyspieljahr" zu Begegnungen mit dem „Notgegner" aus dem benachbarten Ronhof. Die Ergebnisse: 0:1, 2:1, 2:1, 3:0, 4:3, 2:0, 4:1, 1:1. Nimmt man die bloßen Zahlen, dann ist zwar deutlich, daß der Club meist die Nase vorne hatte, aber die entscheidenden Niederlagen setzte es immer gegen die SpVgg. Daß die einmalige Rekordserie des 1. FCN, der vom 8. Juli 1918 bis zum 5. Februar 1922 in 104 Verbandsspielen unbesiegt blieb, ohne den Gegner Fürth noch um etliches länger angehalten hätte, darf nicht nur vermutet, sondern kann sogar bewiesen werden. Die Serie beginnt und endet mit Niederlagen gegen die SpVgg: Am 1.7.1918 hatte es ein 1:2 gegeben, am 12.2.1922 ein 2:3. Die SpVgg war dem 1. FCN während der zwanziger Jahre nicht nur ein ständiger Begleiter, sondern häufig auch ein Stolperstein. Wenn es der Club mal nicht bis ins Endspiel brachte und die Fürther nicht selbst, wie 1920, als Gegner aufliefen, dann war in der Regel die SpVgg dran schuld.

Wenn man einmal selbst nicht gewinnen konnte, dann zählte in Nürnberg immerhin noch der Stolz der Franken. So im Jahr 1929, als der Club im Halbfinale gegen Hertha BSC mit 2:3 ausgeschieden war. Die Hertha war mit demselben Ergebnis im Endspiel in Nürnberg gegen die Spielvereinigung Fürth unterlegen, und die Cluberer labten sich am „schwachen Trost, daß der Meistertitel in Nürnberg-Fürth verblieb".

In den dreißiger Jahren errangen die Fürther noch dreimal die Bayerische und einmal die Süddeutsche Meisterschaft, dann wurde es langsam etwas stiller um die Mannschaft mit dem Kleeblatt auf der Brust. Einen letzten Höhepunkt gab es unmittelbar nach dem 2. Weltkrieg, als die Fürther in der Saison 1949/50 von Sieg zu Sieg eilten, mit einem Vorsprung von fünf Punkten sich den Titel in der Oberliga Süd holten und dann erst im Halbfinale um die Deutsche am Südzweiten VfB Stuttgart mit 1:4 scheiterten. Dieser letzte große Erfolg der SpVgg war umso schöner, als er ein tragisches Vorspiel in der Saison 1947/48 hatte. Zum Match gegen den VfB Mühlburg, der damals genau wie die SpVgg stark abstiegsgefährdet war, schrieben die *Nürnberger Nachrichten* am 13.6.1948: „Als Mühlburg nach der von Fürth vorher erzielten 2:0-Führung das An-

Die Nürnberg-Fürther Nationalmannschaft, die am 21. April 1924 in Amsterdam mit 1:0 gegen die Niederlande gewann.

schlußtor errungen hat, dringen im Verlauf der zweiten Halbzeit wiederholt Zuschauer in das Spielfeld ein. Sie würgen und drosseln bei diesen Gelegenheiten den Schiedsrichter Eberle (Stuttgart), der nicht den Mut findet, durch Abbruch des Treffens die Konsequenzen zu ziehen." Begünstigt durch die Tumulte erzielten die Mühlburger Anschluß- und Ausgleichstreffer. Der von wilden Demonstrationen der Bevölkerung begleitete Fürther Einspruch gegen die Spielwertung wurde abgelehnt. Fürth mußte absteigen, schaffte aber postwendend den Wiederaufstieg und den Durchmarsch bis ins Halbfinale um die Deutsche Meisterschaft.

Als die SpVgg in ihrer letzten großen Saison das 159. Derby mit 2:1 gewann (am 6.11.49 vor 30.000 Zuschauern im Ronhof), lautete die Gesamtbilanz für den Club: 91 Siege, 24 Unentschieden, 44 Niederlagen; Torverhältnis 403:221.

In den fünfziger Jahren war es dann mit der Herrlichkeit des Kleeblatts allmählich vorbei. Vielleicht, so sinnierte ein Journalist, spielten die Kleeblättler, denen man seit jeher einen besonders eleganten, aber nicht immer effektiven Stil nachgesagt hatte, „zu fein für diese Welt", um auf Dauer mitzuhalten. Eher wahrscheinlich ist freilich, daß kleine Vereine wie die Spielvereinigung umso weniger konkurrenzfähig wurden, je mehr sich der Fußball zu einem von professionell geführten Großstadtklubs dominierten Unterhaltungsereignis wandelte. Die Klassespieler verließen den Ronhof. Schon im Juli 1953 hatte man den Torjäger von

1950, den zweifachen Nationalspieler Horst Schade, nach Nürnberg ziehen lassen müssen. Die Angst vor dem „Ausbluten", die man in Fürth hatte, dokumentiert die Klausel, die 1961 in den Transfervertrag beim Wechsel Reinhold Gettingers aufgenommen wurde: In den nächsten fünf Jahren, hieß es da, sei ohne Zustimmung der Vorstandschaft kein Spielerwechsel zwischen Nürnberg und Fürth mehr zuzulassen. Als die Wechsel-Absicht Gettingers bekannt geworden war, war ganz Fürth in Rage geraten. Karl Müller hatte in der Clubzeitung vom Juli 1960 kommentiert: „Es scheint für die Cluberer ungefährlicher, mit bloßen Armen in ein Kreuzotternest zu greifen, als sich um einen Fürther Spieler zu bemühen."

Über den Weggang anderer Spieler – Mai und Kuhnert etwa, die zu Bayern München gewechselt waren – hatte man sich weniger aufgeregt. Was aber nichts daran änderte, daß die Spielvereinigung ihre Topspieler nicht zu halten vermochte. Nach „Charly" Mai – 21facher Nationalspieler und Teilnehmer des WM-Endspiels 1954 – wechselte zu den Bayern 1962 auch Ertl Erhardt, ebenfalls Mitglied des Weltmeister-Kaders, der es in der Nationalmannschaft, teilweise als Kapitän, zu 50 Einsätzen brachte. Während man bei der Spielvereinigung damals kaum 500 DM im Monat verdienen konnte, hatte ein Bayernspieler bereits ein ordentliches Einkommen. Erhardt: „Wir waren damals praktisch schon Profis."

Als die Fürther im Jahre 1963 keinen Bundesligaplatz erhielten, liefen die „großen" Derbys fortan zwischen den Bayern und dem Club, wobei in dieser Konstellation jetzt zunehmend der 1. FCN den Part des „Kleinen" spielen mußte. Nach dem Abstieg des Club waren die Derbys mit den Fürthern in der Regionalliga und später in der 2. Liga nur noch von lokalem Interesse. Nach 1980, als der Club wieder erstklassig wurde, gab es überhaupt keine Punktspiele mehr zwischen den Rivalen. Fürth mußte 1983 den Abstieg in die Bayernliga hinnehmen, 1987 versank man gar in den Niederungen der Landesliga. Seit dem Wiederaufstieg 1991 und der Aufnahme der SpVgg in die neugegründete Regionalliga hofft man in Fürth wieder auf bessere Zeiten.

In der Saison 1996/97 sieht die Regionalliga Süd wieder das Derby Fürth gegen Nürnberg. Es wird jedoch ein Derby unter veränderten Vorzeichen sein. Denn seit der Fusion der Kleeblättler mit dem TSV Vestenbergsgreuth gibt es einen neuen Verein mit dem schrecklichen Namen „SpVgg Greuther Fürth". So betrachtet fand das „letzte Derby" bereits statt. 235mal haben beide Traditionsvereine die Klingen gekreuzt, zum letzten Mal am 11. Juli 1995 vor 5.600 Zuschauern im Ronhof. Die SpVgg gewann verdient mit 2:1.

▷ **EINWURF**

Derby-Geschichten

„Gegen SpVgg Fürth müssen wir immer damit rechnen, daß wir verlieren können...", meinte Club-Schatzmeister Ferdinand Küspert nach der deprimierenden 1:3-Niederlage, die ein durch Verletzungen geschwächter 1. FC Nürnberg am 17.12.1922 im Fürther Ronhof erlitten hat. Respekt, aber auch Neid, ja manchmal sogar offene Feindschaft prägte über die Jahrzehnte das Verhältnis zwischen den lokalen Kontrahenten.

Steinleins Magenstoß

Das rohe Derby, das im Februar 1910 in Fürth stattfindet, erfährt einen Höhepunkt, als der ansonsten so faire Nürnberger Verteidiger Steinlein seinem Gegenspieler Stegitz mit dem Ellenbogen in den Magen trifft und dieser bewußtlos niedersinkt. Als aus dem Publikum laute Pfui-Rufe ertönen, bringt Steinlein die Atmosphäre mit dem provokanten Ruf „Ihr Lausbuben!" endgültig zum Kochen. Nach dem Spiel, das trotz anschließender Zuschauerausschreitungen knapp vom Club gewonnen wird, sind beide Vereine verschnupft. Die Spielvereinigung verlangt wegen der rohen Holzereien der Clubspieler ein Wiederholungsspiel und droht damit, daß sie sich künftig weigern werde, in Nürnberg anzutreten.

Beim Club dagegen trägt man sich mit dem Gedanken, einen Antrag auf Sperre des Fürther Platzes wegen Publikumsausschreitungen einzubringen. Stattgegeben wird dem Protest der Fürther. Der Club gewinnt das Wiederholungsspiel mit 5:0, muß aber am 20. November wieder in Fürth antreten. In diesem Spiel, das mit 1:2 verlorengeht, gibt es wieder etliche Fouls und unflätige Beschimpfungen durch das Fürther Publikum. Ausschlaggebend sind diesmal einige Ohrfeigen, wie in der Montagszeitung zu lesen ist: „Infolge eines von einem Fürther Spieler erhaltenen Schlages sah sich ein Nürnberger veranlaßt, demselben einige schallende Ohrfeigen zu verabfolgen, die der Fürther Herr in gleicher, vielleicht noch kräftigerer Weise erwiderte. Der Schiedsrichter nahm dann pflichtschuldigst Veranlassung, den beiden Herren Gelegenheit zu geben, sich das Spiel von außen mit Muße anzusehen."

Verfeindete Nationalspieler

Als die Fürther am 13. April 1924 im Zabo zum Endrundenspiel um die Süddeutsche Meisterschaft antreten, wollen das Match nur 12.000 Zuschauer sehen. Daß die Zuschauer jetzt ausbleiben, hat wohl, neben dem schlechten Wetter, auch damit zu tun, daß die letzten Derbys sämtlich alles andere als sehenswert waren.

Das Spiel steht von Anfang an unter einem schlechten Stern. Beim Club ist man sauer, weil das Gerücht kursiert, daß die verlorenen Spiele der Fürther gegen Mannheim und Stuttgart wegen Satzungsverletzungen als gewonnen gewertet werden sollen – was für den Club das „Aus" im Rennen um die Meisterschaft bedeuten würde. Als Fürth dann auch noch mit Wellhöfer und Löblein antritt, Spielern, die wegen Platzverweisen eigentlich hätten gesperrt sein sollen, ist's bei den Nürnbergern mit der guten Laune endgültig vorbei. Ein Zuschauer eilt auf den Platz und tritt dem Schiedsrichter, der für die in seinen Augen widerrechtliche Spielerlaubnis verantwortlich ist, derart in die Beine, daß dieser vom Clubarzt Dr. Haggenmiller verbunden werden muß. Anschließend treten die Fußballer weiter. „Ringkampf, Boxkampf, Schlägerei, ja Rauferei möchte man nennen, was die beiden Mannschaften vorgeführt haben", urteilt der Reporter der *Nürnberger Zeitung*.

Das Spiel endet natürlich torlos, und man ist nun noch weniger gut aufeinander zu sprechen als zuvor. Der DFB hat daher keine leichte Aufgabe, beide Parteien zu einem Länderspiel gegen Holland zu gewinnen, das für den 21. April in Amsterdam angesetzt ist. Eine Nationalmannschaft ohne Spieler aus der Fußball-Hochburg scheint undenkbar, und man fürchtet bereits das Allerschlimmste, als es von beiden Seiten Absagen hagelt. Nur unter größten Mühen gelingt es dem DFB, die verfeindeten Lager zur Zusage zu bewegen. Eine Bedingung: Man werde zwar im selben Zug, jedoch nur in getrennten Waggons die Reise nach Amsterdam antreten. Tatsächlich steigen dann die einen hinten und die anderen vorne ein, und einsam dazwischen sitzt „Papa" Blaschke, der Betreuer der Nationalmannschaft. Als man in Düsseldorf Zwischenstation macht, würdigt man sich keines Blickes, im Hotel sitzt man an getrennten Tischen. Auch in Amsterdam geht's so weiter, die Nürnberger tun so, als seien die Fürther Luft, und genauso ist's umgekehrt.

Seltsam, aber wahr: Die zerstrittene Kombination aus fünf Nürnbergern (Stuhlfauth, Kugler, Kalb, Schmidt, Träg) und sechs Fürthern (Müller, Hagen, Auer, Franz, Seiderer, Ascherl) liefert dennoch eine recht ansehnliche Partie. Das Spiel ist entschieden, als Träg in der 26. Minute die von den Holländern perfekt einstudierte Abseitsfalle überwindet, geschickt Ascherl in den Lauf spielt und dessen direkte Flanke von Auer mit dem Kopf verwandelt wird. Dann folgt ein seltsames Bild: Während die Fürther jubeln, wenden die Nürnberger – immerhin ja für die Vorlage verantwortlich – dem Schützen ungerührt den Rücken zu. Nach getaner Arbeit fährt man in getrennten Waggons wieder nach Hause.

Wer nun denkt, daß die Geschichte jetzt beendet ist, sieht sich getäuscht. Nur wenige Tage später – es ist der 27. April – treffen die Kontrahenten im Fürther Ronhof erneut aufeinander: Das Rückspiel in der Endrunde um die Süddeutsche steht auf dem Programm. 20.000 Zuschauer wollen das Spiel sehen, und diesmal hat man, auf Ausschreitungen vorbereitet, vorsorglich 80 Kriminalbeamte strategisch auf den Rängen verteilt. Überraschenderweise findet tatsächlich ein richtiges Fußballspiel statt. Der Club stürmt vehement, Fürth, bei dem der etatmäßige Mittelstürmer Seiderer im Tor steht, verteidigt mit Mann und Maus. Man trennt sich 1:1, so daß die Entscheidung um die Süddeutsche Meisterschaft indirekt gefällt werden muß: Der Club verliert in der Endrunde nur ein einziges Spiel (gegen Waldhof Mannheim, 0:2), Fürth hingegen hat zweimal das Nachsehen (jeweils 1:3 gegen Stuttgarter Kickers und ebenfalls Waldhof). Nürnberg zieht mit zwei Punkten Vorsprung vor Fürth in die Endrunde ein und erreicht – da der schärfste Konkurrent bereits ausgeschieden ist – in souveränem Stil seine dritte Meisterschaft.

Das Derby des Angelo Rossi

Angelo Rossi, beleibter Schiedsrichter und Clubfan („Unser Rossi"), pfeift 1926 das Derby im Ronhof. Es artet wieder einmal zu einer fürchterlichen Holzerei aus, aber der Italoschweizer greift nicht ein, übersieht vor allem so manches Foulspiel der von ihm heiß verehrten Clubspieler. Nach dem Match, in dem die Nürnberger wunschgemäß mit 1:0 die Oberhand behalten, hat er die Konsequenzen zu tragen: Der Süddeutsche Fußballverband erteilt nicht nur den Spielern Kalb und Kleinlein (Fürth), sondern auch dem Schiedsrichter Rossi ein Spielverbot von drei Monaten.

„Das Debakel!"

So titel die Vereinszeitung, als den 1. FC Nürnberg am 1.10.1956 die wohl sensationellste Niederlage in der Geschichte des Derbys ereilt hat: „Man sollte es nicht für möglich halten, daß den Fürthern auf dem frischgestrichenen, geheiligten Boden des gerammelt voll besetzten Zabos ein solch nahrhafter Sieg gelingen konnte, der in seinem Ausmaß wie ein Blitz aus heiterem Himmel kam und die Optimisten bis ins Mark traf. Ich meine, 4:2 für die Kleeblättler hätte es auch getan, aber 7:2, das ist doch gegen alles Herkommen." Ähnlich arg hatte der Club schon einmal Federn lassen müssen – nämlich am 10.4.1927, als man von den Fürthern mit 0:5 abgefertigt worden war. Damals war Bumbes Schmidt noch auf Seiten des Club, und auch jetzt, als Trainer der SpVgg, wollte er sich über den Sieg nicht freuen: „Die Tränen haben mir in den Augen gestanden, wie die gespielt haben! Und ausgerechnet die Blödel aus Fürth gewinnen das!"

Die Signalrakete

Das 209. Derby findet am 21.1.1973 vor 22.000 Zuschauern im Ronhof unter völlig irregulären Bedingungen statt: Die Fürther hatten auf den eisigen Rasen jede Menge Salz gestreut, so daß auf dem schmierigen Geläuf kaum ein ordentlicher Spielzug mehr zustandekommen kann. Jedenfalls gelingt den Nürnbergern in der ersten Halbzeit keiner. Die SpVgg geht mit 3:0 in die Pause, erhöht kurz nach Wiederanpfiff sogar auf 4:0. Kurz darauf verstummen plötzlich die Jubelgesänge der Kleeblattfans: Elfmeterpfiff für Nürnberg! Nüssing verwandelt, und plötzlich spielt nur noch der Club, verkürzt durch ein Tor von Sturz in der 61. Minute auf 2:4. Nur zwei Minuten später geschieht es: Als ein Platzverweis für einen Nürnberger Spieler droht, fliegt eine Rakete nahe an Schiedsrichter Riegg vorbei, und der bricht sofort das Spiel ab. Club-Fan Heino Hassler erzählt heute noch mit einem gewissen Stolz: „Da haben wir den ersten Spielabbruch in der Geschichte des bezahlten Fußballs provoziert." Wie auch immer – jedenfalls mußten einige Nürnberger Fans mit den Gummiknüppeln von Fürther Polizisten schmerzhafte Bekanntschaft machen. □

„Zieht den Bayern die Lederhosen aus!"

„Wenn man in Bayern vom Fußball spricht, schaut man nicht nach München, sondern nach Nürnberg." Lang, lang ist's her. 1961, der Club war gerade zum achten Mal Meister geworden, sprach dies der stellvertretende Ministerpräsident von Bayern, Rudolf Eberhard, am Hauptmarkt aus.

Die Zeiten sind vorbei, aber es ist noch gar nicht so lange her, da durfte der Club sich mit Fug und Recht als Deutscher Rekordmeister bezeichnen. Erst im Juni 1987 überflügelte der Rivale von der Isar mit dem zehnten Titelgewinn die Nürnberger. Als der Club 1968 seinen neunten Titel gewann, hatte der FC Bayern gerade mal einen Meistertitel (1932) aufzuweisen. Der kometenhafte Aufstieg der Bayern begann mit ihrem zweiten Titel 1969, genau zu dem Zeitpunkt, an dem der Abstieg des Club anfing.

Immer wieder kreuzte sich in der Vergangenheit das Schicksal der beiden Traditionsvereine. Der Sieg des einen über den anderen besiegelte dessen Abstieg und umgekehrt. Die Spieler wechselten hin und her,

23. April 1994 im Olympiastadion: Manni Schwabl, der ehemalige Bayern-Spieler im Dienste des 1. FCN, tritt kurz vor Spielende zum Elfmeter an. Es steht 2:1 für Bayern München, der Club braucht nur noch einen Punkt zum Klassenerhalt. Schwabl vergibt den Strafstoß, der Club steigt ab, und Bayern wird Meister.

schon Wochen im voraus beherrschte das Derbyfieber die Fans und die Vereine, die Stadien waren nahezu immer ausverkauft. Ominöse Schiedsrichterentscheidungen, verschossene Elfmeter, Torschützen mit blutigen Kopfverbänden, immer wieder waren die bayerischen Derbys dieser Vereine von besonderer Dramatik und Brisanz. Zu Bundesligazeiten bevölkerten ganze Kolonnen von rot-schwarzen Fahnen die Autobahn von Nürnberg nach München, wenn der Club im Olympiastadion antrat. In Münchens U- und S-Bahnstationen intonierten die Club-Fans unerschrocken das Lied „Zieht den Bayern die Lederhosen aus". Und bot der Club mal wieder grausame Leistungen im heimischen Stadion, dann konnten sich die Fans noch immer an einem auf der Anzeigetafel gemeldeten Bayern-Rückstand erfreuen.

Stellvertretend wurden auf dem Fußballplatz grundsätzliche Gegensätze ausgetragen. Die Franken, die keine Bayern sein wollen, blicken mit Argwohn, Neid und nicht selten auch mit einer gehörigen Portion Wut auf die Landeshauptstadt. Hier zweistellige Arbeitslosenzahlen, dort die prosperierende „Weltstadt mit Herz". Hier ein nervenaufreibendes Gerangel um minimale Landeszuschüsse, dort läßt der Freistaat eine Million nach der anderen fließen. Hier die Arbeiterstadt Nürnberg, dort die Beamten- und Yuppie-Metropole. Hier die 50 Jahre von der SPD dominierte Stadt, dort die Hauptstadt des seit 50 Jahren von der CSU regierten und dominierten Freistaats. Hier der Club, mittlerweile der „underdog" im Fußballgeschäft, dort der „Bonzenverein", der schier übermächtige Rivale.

München hat Nürnberg, das König Ludwig der II. gar zur bayerischen Hauptstadt machen wollte („In keiner Stadt fühle ich mich so heimisch wie hier"), längst den Rang abgelaufen. Seit 1806 Napoleon der freien Reichsstadt die Souveränität raubte und sie gewaltsam dem mit Frankreich verbündeten Königreich Bayern einverleibte, gibt es immer wieder zaghafte Versuche von fränkischen Freiheitsbewegungen, für die Unabhängigkeit Frankens zu kämpfen. Doch umsonst. Franken gehört nach wie vor zu Bayern. Auch in Nürnberg regieren mittlerweile die Schwarzen, und die erste Adresse des bayerischen Fußballs ist längst die Säbener Straße in München.

Den Start unternahmen beide Vereine gemeinsam: Ihre Geburtsstunde schlug im gleichen Jahr: 1900. Der FC Bayern München wurde damals im Gasthof „Bäckerhöfl" aus der Taufe gehoben. Da die Gründer außerhalb des Spielfeldes mit einheitlichen Strohhüten auftraten, hieß der Verein bald „Kavaliersklub". Ende 1901 stieg das erste Derby. „Nun, wie hoch glaubt's denn, daß ma's machn", hatten die überheblichen Bayern-Spieler vor dem Spiel die Nürnberger gefragt und frech auf ein 15:0 getippt. Es wurde „nur" ein 6:0. „Es war ein Katz- und Mausspiel, der Ball war immer bei den 'Bayern'", schrieb der Chronist.

Auf den ersten Sieg über die Bayern mußte der Club bis zum Jahre 1906 warten. Man gewann mit 4:3, das Blatt schien sich zu wenden. Der Club siegte zwar öfter, aber Bayern spielte regelmäßig den schöneren Fußball. Im Januar 1925 hatte man 35 Derbys ausgetragen. 17mal gewann der Club, 15mal die Bayern. Schon im Laufe der zwanziger Jahre hatte das Derby viel von seinem Reiz eingebüßt. Der FC Bayern war ins Hintertreffen geraten, mit der SpVgg Fürth saß der Rivale des Club jetzt direkt vor der Haustüre. Als im Januar 1929 wieder einmal der Club gegen Bayern antrat, hieß es in der Vereinszeitung: „Das Spiel der Spiele? Nein, das war es einmal ein paar Jahre lang, aber da kam Fürth dazwischen, und dann blieb Nürnberg–Fürth das Spiel der Spiele, und das ist recht gut so... Wir Nürnberger wissen recht wohl, daß unser stärkster Gegner nicht in München oder Karlsruhe oder sonstwo sitzt, sondern ausgerechnet in Fürth, und hoffentlich bleibt es noch recht lange so."

Es blieb zumindest bis 1932 so. Dann war der erste Siegeszug der Bayern nicht zu stoppen. Zunächst verlor der Club mit einer Niederlage in einer wüsten Schlamm- und Wasserschlacht in München das Rennen um die Bayerische Meisterschaft, dann bedeutete eine erneute Niederlage das Aus für die Deutsche Meisterschaft. Die holten sich die Bayern. Doch der Münchner Meistertitel blieb eine Eintagsfliege. Dann hieß es, wenn es um die Meisterschaft ging, nur noch Club oder Schalke. Auch nach dem Krieg entschied der Club gleich die allererste Oberligabegegnung mit 1:0 für sich. Ende 1949 lautete die Bilanz: 41 Siege des Club, bei 21 Niederlagen und 14 Unentschieden.

In der Oberliga standen 17 Club-Siege nur acht Bayern-Erfolgen gegenüber. Im April 1955 besiegelte das klare 6:1 des Club den Abstieg der Bayern aus der Oberliga. Beim Club bedauerte man den Bayern-Abstieg, wie später auch Uli Hoeneß den Club-Abstieg stets bedauerte: „Wir werden das gewohnte Bayernspiel ein Jahr lang vermissen, vielleicht dauert es noch länger, vielleicht sehen wir uns wieder im Fußballorkus, wir wollen's nicht hoffen. Ein halbes Dutzend Treffer schossen vor 55 Jahren die Bayern als Meister dem Lehrling in das Gestänge, mit der gleichen diesmal aufgebürdeten Trefferzahl nahmen sie Abschied. Wir möchten unserem alten Gegner etwas Tröstliches sagen: Es müßte mit dem Teufel zugehen, wenn mit dieser technisch begabten, guten Angriffsreihe der Wiederaufstieg nicht geschafft werden könnte."

Es ging nicht mit dem Teufel zu. Bayern schaffte den sofortigen Wiederaufstieg und holte sich im Dezember 1957 gleich den Pokal. Neben dem Club war Bayern München der Zuschauer-Krösus der Oberliga. Der Isar-Verein hatte Geld und zahlte gut. So gut, daß der DFB 1960 hellhörig wurde und den Verein wegen unerlaubter Zahlungen an Spieler zu vier Punkten Abzug und 10.000 Mark Geldstrafe verdonnerte.

Im April 1962 begann mit der Wahl des Bauunternehmers Wilhelm Neudecker der rasante Aufstieg des FCB. Das einfache Mitglied Neudecker hatte bisher nur einmal von sich reden gemacht, als er eine Holzbaracke auf dem Trainingsgelände des FC Bayern errichten ließ, und das kostenlos. Als erstes versprach er dann den Bayern-Mitgliedern ein eigenes Klubhaus.

Ein herber Rückschlag, daß Bayern München vom DFB nicht in die Bundesliga aufgenommen wurde. Auch daran war der Club nicht ganz unschuldig. Bayern segelte in der Saison 1962/63 voll auf Bundesliga-Kurs, nur 1860 rangierte in der Tabelle vor ihnen. Da stürzte der Club mit einem 3:2-Sieg die Bayern vom zweiten Platz und stieß ihnen damit das Tor zur Bundesliga zu. 1860 wurde Meister, und dem DFB erschien es „im allgemeinen Interesse des gesamten Fußballs nicht ratsam, zwei Vereine am gleichen Ort eine Lizenz für die Bundesliga zu erteilen". Neudecker: „Wir haben den ganzen DFB verflucht, aber dann haben wir uns gesagt: Was nicht ist, kann noch werden."

Und es wurde. Neudecker setzte auf junge Talente wie Franz Beckenbauer, Sepp Maier und Gerd Müller. Den kleinen „dicken" Gerd Müller hatte Neudecker persönlich bei Tschik Cajkovski durchgeboxt. Zunächst hatte der Club den Wunderstürmer vom TSV Nördlingen, der dort in einer Saison 48 Tore erzielt hatte, an der Angel. Alles war schon fast perfekt, bis Neudecker 6.000,- DM Handgeld und 500,- DM Anfangsgehalt bot. Nicht auszudenken, was der Club mit einem Gerd Müller alles vollbracht hätte.

1965 schaffte der FC Bayern unter Trainer Cajkovski den Aufstieg in die Bundesliga. Ihm folgte die ununterbrochene Zugehörigkeit zur Eliteklasse bis heute. Schon in der ersten Saison reichte es für den 3. Platz. Dann ging es Schlag auf Schlag. 1966 Pokalsieger und 1967 durch einen 1:0-Sieg gegen Glasgow Rangers am 31. Mai in Nürnberg (!) Europapokalsieger, im gleichen Jahr holte man erneut den DFB-Pokal. 1969 trennten sich die Wege von Club und Bayern. Die Münchner wurden souverän mit acht Punkten Vorsprung Meister, der Club jedoch stieg ab. Im gleichen Jahr holte der FC Bayern den Pokal. Es folgen elf weitere Meistertitel, vier

Pokalsiege, sechs Europacup- und ein Weltpokalsieg. Das Olympiastadion entwickelte sich zur Goldgrube.

Das Rennen der beiden Rivalen war damit längst klar entschieden. In einer Deutlichkeit, wie sie sich in der Derby-Bilanz bislang noch nicht niedergeschlagen hat: Von den 160 Spielen gewann der Club 62, die Bayern 69, 29 endeten unentschieden. Beim Torverhältnis hat der Club sogar die Nase vorn. 305mal landete das Leder im Bayern-Tor, nur 262mal mußten die Club-Torhüter hinter sich greifen. Ganze zwei Mal war der Club in Bundesliga-Zeiten vor den Bayern am Ende einer Saison plaziert: 1968 als Meister und 1991/92, als Bayern die bislang schlechteste Plazierung, den zehnten Platz, erreichte und der Club als Siebter nur um einen Punkt einen UEFA-Cup-Platz verpaßte.

7:3 und 4:0

Bevor die Club-Spieler 1968 die Meisterschale jubelnd hochstemmen konnten, lieferten sie am 2. Dezember 1967 im heimischen Stadion ihr Meisterstück ab. Das triumphale 7:3 über den Erzrivalen von der Isar läßt noch heute so manches Nürnberger Fußballherz höher schlagen. Damals führte der Club die Tabelle an, bedrängt von Bayern München. Das Städtische Stadion war mit 65.000 Zuschauern bis auf den letzten Platz gefüllt. Noch nie hatte der Club seit Gründung der Bundesliga zu Hause gegen Bayern gewinnen können. Tschik Cajkovksi tat geheimnisvoll: „Ich habe meinen Plan". Und Club-Trainer Merkel prophezeihte: „Wir gewinnen – und zwar hoch!"

Der Club spielte den amtierenden Europapokalsieger an die Wand. Kein Sepp Maier, kein Franz Beckenbauer, Georg Schwarzenbeck, Franz Roth oder Gerd Müller konnten da helfen. Der *Kicker* kam ins Schwärmen: „Der Club war von Anfang an in einem Spielrausch. Er fegte Münchens Abwehr fast vom Boden weg... Nürnberg zeigte modernen Fußball in Vollendung. Moderner kann man nicht mehr spielen. Die Mannen um Strehl und Wenauer waren pausenlos in Bewegung. Da gab es kein Spiel aus dem Stand. Blitzschnell wurden die Positionen gewechselt. Die Verteidiger Leupold und Popp waren oft gefährliche Stürmer. Ein Mittelfeldmann wie Starek half in der Abwehr aus und tankte sich dann Sekunden später schon wieder an vier, fünf Münchnern vorbei nach vorn, schoß aufs Tor oder bereitete mit haargenauen Pässen Tore vor."

Schon zur Halbzeit stand es durch Strehl, Volkert und Brungs 3:0. Doch dann drehte der Club und insbesondere Franz Brungs voll auf. Er erzielte einen lupenreinen Hattrick. Nach seinen Treffern in der 57., 62. und 72. Minute führte der Club mit 6:0. Müllers Anschlußtreffer folgte postwendend ein Fallrückzieher von Brungs zum 7:1. Sein fünfter Treffer in diesem Spiel. Zwei Tore von Brenninger in der 77. und 89. Minute stellten den 7:3-Endstand her. Der Club hatte wie aus dem Lehrbuch gespielt. Die beiden Außenstürmer Cebinac und Volkert vernaschten ihre Gegenspieler Kupferschmidt und Schwarzenbeck. Ihre Flanken verwertete in der Mitte Franz Brungs. Cebinac: „Das war der schönste Tag in meinem Leben. So gut habe ich noch nie gespielt."

„Oh mei", stöhnte Gerd Müller nach dem Spiel. Bayern-Trainer Tschik Cajkovski lobte den 1. FCN in höchsten Tönen: „Club hat sehr gut gespielt, großartig. Vier Jahre war in Nürnberg nichts los, jetzt marschiert die Mannschaft." Selbst Bundestrainer Helmut Schön staunte nicht schlecht: „So gut wie heute habe ich den Club noch nie gesehen." Und Max Merkel kommentierte den Sieg in der ihm eigenen Art: „Die drei Gegentore waren nicht nötig. Aber wir waren nicht unsportlich zu den Bayern, wir haben sie auch ihre Tore schießen lassen." Während Bayern-Direktor Robert Schwan konsterniert in der Kabine saß („Meine Herren, wir haben uns heute blamiert"), sangen die Club-Fans „So ein Tag, so wunderschön wie heute".

Ganze 22 Jahre vergingen, bis die Fans wieder so einen wunderschönen Sieg über den FC Bayern erleben konnten. Am 25. November 1989 gewann der Club im heimischen Stadion mit 4:0 gegen die Münchner. Club-Präsident Gerd Schmelzer glaubte an die endgültige Heilung des 1. FCN: „Jetzt ist er weg, dieser schreckliche Bayern-Komplex." Noch Jahre nach diesem Superspiel zierte ein Aufkleber mit dem bekennerhaften Slogan „4:0 – Ich war dabei" das Autoheck so manchen Clubfans. Seit jenem Novembertag gibt es auch das Fanzine mit dem Titel „4:0".

Der rasante Aufstieg des FCB

Den entscheidenden Schritt, mit dem die Münchner dem Club und letztendlich der ganzen Bundesliga davoneilten, tat Wilhelm Neudecker 1979. Hatte der Verein mit dem Bau des Olympiastadions schon die besten Voraussetzungen, über Eintrittsgelder Summen zu erzielen, von denen andere Vereine nur träumen konnten, gelang Neudecker mit dem Engagement von Uli Hoeneß als Manager ein Glücksgriff. Der 29jährige, Fußballweltmeister von 1974 und Besitzer einer Bratwurstfabrik in Nürnberg (!), machte dank seines kaufmännischen Geschickes und seiner

Kompetenz im Bereich Profifußball aus dem FC Bayern ein prosperierendes Großunternehmen. Noch während Neudecker mit Uli Hoeneß, der für die Bayern in 239 Spielen 86 Tore schoß, den Vertrag perfekt machte, stand der – wie könnte es anders sein – in den Diensten des Club. Man hatte den Münchner, den schon das Knie zwickte, für ein Jahr ausgeliehen. Damals, im Februar 1979, stand der Club wie schon so oft in höchster Abstiegsgefahr. Zweifel wurden laut, ob Hoeneß, der am 1. Juli seinen „Traumjob" in München antreten sollte, sich noch ganz für den Club einsetzen würde. „Es wird nie den Tag geben, wo der Zuschauer sagt, der strengt sich ja nicht mehr an", räumte Hoeneß solche Befürchtungen aus. Auch daß ihm Neudecker aufgetragen hatte, sich bereits nach Spielern für die nächste Saison umzusehen, ließ Hoeneß nicht gelten. „Ich habe schon immer in meiner Freizeit Geschäfte gemacht, das hat meine Form nie beeinträchtigt." Der Club stieg als Vorletzter ab.

In seiner Rolle als Manager lief Hoeneß schnell zu einer Form auf, die ihm zeitweise den Zorn der ganzen Bundesliga und natürlich noch viel mehr der Club-Fans einbrachte. Beim Club-Fan ist das nicht nur der blanke Neid, sondern auch Bewunderung für den Ideenreichtum des Bayern-Managers, gepaart mit einer gehörigen Portion Wut und schierer Verzweiflung über die oft unsägliche Inkompetenz der Club-Funktionäre.

Neudecker stürzte kurz nach seinem Coup mit Uli Hoeneß, weil er im Alleingang Max Merkel verpflichten wollte, Hoeneß aber blieb bis heute. Er überlebte sie alle, die Präsidenten Willi Hoffmann und Fritz Scherer, die Trainer Lattek, Heynckes, Ribbeck, Trapattoni und Rehhagel. Hoeneß zieht nach wie vor die Fäden, und das mit großen wirtschaftlichem Erfolg. 1979, als er seine Arbeit begann, hatte der FC Bayern 8.000 Mitglieder und 300 Fanklubs. Mehr als 80 Prozent des Umsatzes von 12 Millionen Mark machten die Zuschauereinnahmen aus. Heute zählen die Münchner rund 50.000 Mitglieder und bald 2.000 Fanklubs, und sie sind nahezu unabhängig von den Eintrittsgeldern. Nur noch 18 Millionen des Gesamtumsatzes von 150 Millionen zahlt der Fan an der Stadionkasse. Ein Riesenapparat mit 80 Angestellten wickelt Ticketverkauf, Fanartikel-Bestellung und Versand ab. 4,5 Millionen Bundesbürger gaben bei einer Umfrage an, Fans der Bayern zu sein. Jahre früher als andere Fußballvereine hat Hoeneß das gewaltige Potential des Fanartikel-Verkaufs erkannt. Sein Ziel ist es, in den nächsten fünf bis zehn Jahren einen Umsatz von 100 Millionen Mark zu erreichen.

Der Metzgersohn hat in München einen unbefristeten Vertrag als

Manager. Während seine wirtschaftlichen Leistungen jenseits aller Kritik sind, löst seine Spieler-Einkaufspolitik oft Kopfschütteln, aber auch Zorn bei der Konkurrenz aus. Vielen drängt sich der Eindruck auf, die Bayern kaufen so manchen Spieler nur, um damit mögliche Konkurrenten zu schwächen. Die Käufe von Stefan Reuter und Roland Grahammer und damit die Demontage der jungen erfolgreichen Club-Elf, die schließlich in den UEFA-Cup stürmte, ordnen viele Club-Fans in diese Kategorie ein.

Die ominösen Entscheidungen

Die Reihe der merkwürdigen Schiedsrichterentscheidungen zugunsten der Bayern stellte den Club-Fan in den letzten Jahren auf eine harte Probe. Die Spiele Club-Bayern glichen zwar dem Kampf zwischen David und Goliath, doch nicht David gewann das ungleiche Duell, sondern zumeist Goliath – und das oft dank der Gunst des schwarzen Mannes.

Am 1. Mai 1982 stand der Club nach einer langen Durststrecke mal wieder in einem Finale: im Pokalfinale im Frankfurter Waldstadion. Die Nürnberger waren krasse Außenseiter, jeder tippte auf einen Sieg der Münchner. Schon in der 17. Minute hatte Schiedsrichter Gerd Hennig aus Duisburg seinen ersten großen Auftritt. Club-Stürmer Werner Dreßel war im Bayern-Strafraum eindeutig regelwidrig zu Fall gebracht worden. Der fällige Pfiff blieb jedoch aus. Trotzdem stand es zur Pause 2:0 für den Club. Die Sensation lag in der Luft. Doch keiner hatte die Rechnung mit Schiedsrichter Hennig gemacht. Beim Stande von 2:2 zeigte er in der 72. Minute auf den Elfmeterpunkt im Nürnberger Strafraum. Bei einem Laufduell zwischen Stocker und Kraus war der Münchner zu Fall gekommen. Die Fernsehkamera bewies eindeutig, daß Stocker Kraus nicht berührt hatte. Breitner vollstreckte zum 3:2. 120 Sekunden vor Schluß erhöhte Hoeneß, der seit einem Zusammenprall zu Spielbeginn einen blutdurchtränkten Kopfverband trug, noch auf 4:2. Der Club erhielt hohes Lob, selbst DFB-Präsident Hermann Neudecker sprach von einer „imponierenden Leistung", aber Bayern holte den Cup.

Solch fragwürdige Schiedsrichterleistungen gab es in der Folge immer wieder. Zum Beispiel am 21. September 1985 im Olympiastadion. Schon nach 21 Minuten hatte Stefan Reuter den Bayern-Torhüter Jean Marie Pfaff auf dem falschen Fuß erwischt und den Club in Führung gebracht. Drei Minuten später griff dann der Mann in Schwarz in das Geschehen ein. Nach einem Schuß von Lerby, den Thomas Brunner eindeutig auf der Linie abgewehrt hatte, entschied Schiedsrichter Rainer Jupe auf Tor.

Stefan Reuter und Roland Grahammer waren die Stützen der aufstrebenden Club-Elf, die Trainer Heinz Höher 1988 in den UEFA-Cup führte. Doch der Traum von einem neuen Aufstieg des 1. FCN war bald ausgeträumt. Bayern-Manager Uli Hoeneß lockte die beiden Club-Stars für rund sechs Millionen Mark an die Isar.

In der zweiten Halbzeit brachte Rummenigge die Bayern mit 2:1 in Führung. Dann entschied Jupe nach einem Foul an Dorfner auf Elfmeter. Pfaff bewegte sich viel zu früh. Etwa auf Höhe der Fünfmeterlinie parierte er den Schuß von Grahammer, und der Club verlor mit 1:2. Jupe wurde dann zwar vom DFB für zwei Monate aus dem Verkehr gezogen, und auch DFB-Schatzmeister Egidius Braun betonte, daß Nürnberg „klar benachteiligt worden" war, doch die Punkte blieben bei den Bayern.

Ein Jahr später das gleiche Bild. Im ausverkauften Städtischen Stadion gelang Dieter Eckstein zunächst der Führungstreffer für den Club. Zwei Minuten nach der Pause dann wieder eine eigenwillige Schiedsrichter-Aktion. Nach einem harmlosen Zusammenprall von Thomas Brunner und Lothar Matthäus zeigte Schiedsrichter Tritschler auf den Elfmeter-Punkt. Dem Ausgleich folgte der Münchner Führungstreffer durch Augenthaler in der 56. Minute. Zwei Minuten später scheiterte Grahammer wie schon im Vorjahr mit einem Elfmeter an Pfaff.

„Wenn wir besser sind, gewinnen die Bayern. Wenn es ausgeglichen ist, gewinnen die Bayern. Und wenn die Bayern besser sind, gewinnen sie sowieso." So faßte der langjährige Club-Trainer Heinz Höher die Kette solcher merk- und fragwürdigen Bayern-Erfolge zusammen.

Die vorerst letzte dramatische Folge im Duell Club gegen Bayern ereignete sich am 23. April 1994. Der Club kämpfte gegen den Abstieg und benötigte nur noch einen Punkt, um vorzeitig gerettet zu sein. Im ausverkauften Olympiastadion spielte diesmal Schiedsrichter Hans-Jürgen Osmers aus Bremen die unrühmliche Hauptrolle: Er gab ein Tor, das nachweislich keines war. In der 21. Minute herrschte Getümmel im Nürnberger Fünf-Meter-Raum. Helmer versuchte, den Ball mit der Hacke ins Tor zu bugsieren, doch aus kürzester Distanz schob er ihn vorbei und raufte sich die Haare. Dann Jubel im Stadion. Helmer drehte sich verdutzt um, Köpke sauste los in Richtung Seitenlinie. Der Linienrichter hatte die Fahne gereckt, und Osmers rannte zum Anstoßpunkt. Die Fernsehbilder waren jedoch eindeutig: Der Ball ging neben das Tor. Osmers: „Ich hätte nicht auf Tor entschieden, ich habe mich auf meinen Linienrichter verlassen." Linienrichter Jörg Jablonski brauchte sich die Szene nur einmal im Fernsehen anzusehen, um zu folgender Erkenntnis zu kommen: „Eindeutig kein Tor."

Trotzdem – Bayern führte 1:0. In der 65. Minute erzielte Helmer dann ein reguläres Tor, es stand 2:0. Dann wurde der Club immer stärker. Matthäus zog die Notbremse, doch statt der fälligen roten Karte zückte Osmers regelwidrig nur die gelbe. In der 79. Minute gelang Sutter der Anschlußtreffer. Und eine Minute später gab es Elfmeter für den Club. Helmer hatte Wück von den Beinen geholt. Der Ausgleich und damit der rettende Punkt war denkbar nahe. Köpke, ein sicherer Elfmeterschütze, rannte aus dem Tor, doch Schwabl, der Ex-Bayer, schnappte sich den Ball. Er trat an und schob das Leder Aumann in die Arme. Aus und vorbei.

Der Club legte zwar Protest ein, dem auch stattgegeben wurde. Im Wiederholungsspiel ging man aber sang- und klanglos mit 0:5 unter. Wäre das erste Spiel unentschieden ausgegangen, man hätte leichten Herzens auf den Protest verzichtet. Der Club wäre in der Bundesliga geblieben. So stieg der Club ab, und der FC Bayern München wurde Deutscher Meister – welch eine Parallele zu 1969!

Die Skandale

Es war einmal...

„Hertha BSC ist mit 350.000 DM verschuldet. Beim früheren Deutschen Meister Hannover 96 ist großer Finanzkrach, und insgesamt gibt es weit weniger Vereinskassierer, die sich zufrieden die Hände reiben, als solche, die über vorzeitige graue Haare jammern. Da ist nun das Beispiel des 1. FCN. Der Verein des einstmaligen Deutschen Fußballmeisters reißt seit Jahren gewiß keine Bäume mehr aus... Trotzdem strahlt der Säckelverwalter in voller Zufriedenheit... Noch immer zieht der Altmeister eine sonst kaum erreichbare Menge von Zuschauern auf die Plätze. Macht das bloß der Ruf der einmal so berühmten Elf im roten Dreß?... Nein, gewiß nicht. Da ist etwas ganz anderes. Was die heutigen Nürnberger vorführen, ist gar nicht immer das Bessere, sonst wären die alten Erfolge damit verbunden. Es ist nicht der bessere, es ist der schönere Fußball. Die Künste, mit denen die Nürnberger auch heute noch die Plätze füllen, vom Brotlosen ins Erfolgreiche übersetzt, von der reinen Demonstration mittels moderner Taktik ins Meßbare erhoben, das wäre das fußballerische Zaubermittel unserer Zeit. Zuschauer und Kassierer wären zufrieden. Und das Antlitz des vielzitierten Fußballgottes würde sich verklären."

Das waren noch Zeiten, als Anfang 1960 der *Rheinische Merkur* in einer langen Abhandlung den Club zum Vorbild des deutschen Fußballs erhob. Schon seit Jahrzehnten hat niemand mehr einen Club-Kassierer strahlen sehen, und der Fußballgott verbirgt eher sein Antlitz, bevor er sich dem in den Spielzeiten 1994/95 und 1995/96 bis zum Höhepunkt getriebenen lustlosen Gekicke der Club-Profis zuwendet. Einmal hatte er in Gestalt des Deutschen Fußballbundes jedoch noch Erbarmen, als der sportlich abgestiegene und schon mit Lizenzentzug bestrafte Club doch noch einmal die Spielberechtigung für die Saison 1995/96 in der zweiten Liga bekam. Doch selbst da erwiesen sich die Spieler dieses Mitleids nicht würdig und trudelten sportlich ins Nichts, in die Regionalliga Süd.

Es streiten sich die Geister, wann genau der tiefe Sturz des Club begann, wann man den Weg vom Rekord- zum Schuldenmeister einschlug und in dieser Disziplin den deutschen Rekord mit rund 25 Millionen Verbindlichkeiten aufstellte. Ein Weg, gepflastert mit Skandalen und Peinlichkeiten aller Art, angefangen von diversen Trimmgeräten für Schiedsrichter bis hin zu einem inhaftierten Ex-Präsidenten und einer Haftstrafe für den Schatzmeister. Es würde den Rahmen dieses Buches bei weitem sprengen, würde man versuchen, alle Details dieser unrühmlichen Ereignisse aufzulisten, und den insbesondere wirtschaftlichen Niedergang des einst vorbildlichen Vereins zu analysieren.

Sicher ist jedenfalls, daß der Club nicht die ganze Zeit seines Vereinsbestehens auf Rosen gebettet war. Schon Ende der zwanziger Jahre hatte der Kassierer wahrlich genug Grund zum Jammern. Angesichts grassierender Inflation und hoher Arbeitslosigkeit hatten die Menschen anderes im Sinn, als Geld für den Besuch eines Fußballspieles auszugeben. Anfang 1930 klebte auf einer Schreibmaschine der Club-Geschäftsstelle der Kukkuck des Finanzamtes. Sportliche Erfolge, insbesondere der Einzug in das Finale 1934, der Pokalsieg 1935 und schließlich die sechste Deutsche Meisterschaft 1936 sanierten den Club. Alle Altlasten konnten abgetragen, ja sogar Rücklagen gebildet werden.

Auch die Währungsreform 1948 ließ die Augen des Club-Kassiers leuchten. Die in den letzten Jahren des Krieges aufgelaufenen Schulden von einer halben Million Reichsmark waren auf einen Schlag auf 50.000 Deutsche Mark reduziert. Die verschwanden schnell angesichts der sportliche Erfolge in der Oberliga-Süd. Immerhin war der Club nicht nur die erfolgreichste Mannschaft dieser Zeit, er war auch zu Hause wie auf fremden Plätzen ein Publikumsmagnet. Dem Verein war es ohne größere Probleme möglich, die aufwendigen Sportanlagen inklusive Schwimmbad, Rollsport- und Tennisanlage zu unterhalten. Lediglich nach der Fußballweltmeisterschaft 1954 schauten die Schatzmeister der Fußballvereine leicht betrübt auf die sinkenden Zuschauerzahlen. Doch nur wenige Jahre später strömten die Massen wieder in die Stadien.

Beim Club hatte man sich gut auf die Oberliga-Verhältnisse eingerichtet. Zu gut. Man klammerte sich an das Alte, blockte Neuerungen ab und verschlief dabei die Zukunft. Man wehrte sich insbesondere gegen die Einführung des Profitums im deutschen Fußball. Dennoch attestierten Experten dem Club noch Anfang 1963, er sei zumindest seinen süddeutschen Konkurrenten um Längen voraus. Doch als nach einem relativ guten Bundesligastart vier zum Teil deftige Niederlagen folgten, mehrten sich die Stimmen der Skeptiker. Nach einem 0:5-Heimdebakel gegen den 1. FC Kaiserslautern verbrannten Club-Fans im Nürnberger Stadion die Vereinsfahnen. Der Club schob das Trainer-Karussell an. Als erster Verein in der Bundesliga entließ er den Trainer. Ein Beispiel, dem viele folgen sollten. Herbert Widmayer, jener Mann, der die junge Club-Elf 1961 zur 8. Deutschen Meisterschaft und 1962 zum 3. Pokalsieg geführt hatte, mußte gehen. Mit Csaknady als Nachfolger von Widmayer verabschiedete man sich dann gleich vom attraktiven Fußball und richtete sich darauf ein, die Widernisse der neuen Zeit mit einer Mauertaktik zu überstehen.

Herbert Widmayer

Mit Max Merkel als Trainer gelang dann 1968 der bislang letzte Triumph, die neunte Meisterschaft – so viele hatte bis dahin kein Verein gesammelt. Die „Peterslesboum" brachten eine Schallplatte auf den Markt und sangen in den Bier- und Festzelten: „Jetzt sin' mer neunmal Master wor'n, und die Zehnte hol'n mer a'." Doch daraus wurde bis heute nichts. Im Gegenteil. Was bis heute noch keinem zweiten Verein gelungen ist, das schaffte der Club: Er stieg als Meister in der folgenden Saison ab. Max Merkel hatte das Meisterteam zerrissen und sich selbst saniert. Im Überschwang der Meisterfeierlichkeiten hatte er dem Club-Schatzmeister Adam Winkler einen Sechs-Jahres-Vertrag abgerungen. „Adam, wir zwei als Gespann, da ist immer das Stadion voll, und das Geld fließt so reichlich, daß wir uns mit dem Hintern gegen die Tür stemmen müssen, um den Tresor zuzubringen."

Der Anfang vom stetigen, manchmal auch steilen Abstieg des Club war getan. Der Tresor wurde nicht nur nicht voll, langsam kam es ans Tageslicht, daß sich der Club beim Bau eines neues Sportparks am Valznerweiher hoffnungslos übernommen hatte. Immer wieder mußte die Stadt Nürnberg fällige Stadionmieten stunden oder gar ganz erlassen, um dem 1. FCN die Liquidität zu erhalten. Ungewollt segnete man damit aber auch immer wieder die Mißwirtschaft im Verein ab.

Dennoch blieben die negativen Schlagzeilen über den Club zu dieser Zeit noch auf die Region beschränkt. Bundesweit machten damals andere unrühmlich auf sich aufmerksam. Im Sommer 1971 schockte Horst Gregorio Canellas, Präsident der abgestiegenen Offenbacher Kickers, die ganze Republik. Mit Tonbandaufzeichnungen wies er nach, daß wichtige Entscheidungen der Saison 1970/71 mit dem Einsatz von Schmiergeldern erzielt worden waren. Im Abstiegskampf war kräftig geschoben worden, bündelweise hatten die Banknoten ihre Besitzer gewechselt. Die Namen Köln, Braunschweig, München, Berlin, Oberhausen, Offenbach, Bielefeld, Duisburg und Schalke fielen, also die Hälfte der Liga. Letztlich gelang der Nachweis nur in wenigen Fällen. So steht heute zweifelsfrei fest, daß am 17. April 1971 Arminia Bielefeld 40.000 DM Schmiergeld für den 1:0-Sieg bei Schalke 04 zahlte. Das Geld wurde gleichmäßig in der Schalker Mannschaft verteilt: 2.300 DM für jeden. Es hagelte Dementis, Meineide, vom DFB ausgesprochene lebenslange Sperren und später entsprechende Begnadigungen. Ein Skandal, der die Bundesliga in Verruf brachte, den Club jedoch nichts anging.

Der Club kickte derweil in der zweiten Liga, und bei jedem Aufstieg, ob 1978, 1980 oder 1985, glaubte man, jetzt müsse endlich die zehnte Meisterschale her und man müsse kräftig investieren. Die Liste der Fehleinkäufe ist lang. Oft ließ sich die Vereinsführung von großen Namen blenden und erkannte nicht, daß die Stars entweder längst ihren Zenit überschritten hatten, übertevert angeboten wurden oder einfach nicht zum Team paßten. Max Merkel, selbst einer der großen Einkäufer, lästerte einmal über die Nürnberger Transferpraxis: „Der Club hat Spieler eingekauft, die hätte ich nicht einmal zum Kilopreis am Schlachthof abgeholt."

Wie man mit dem Transfer von sieben Spielern einen Verlust von mehr als vier Millionen machen kann, dieses Kunststück zeigte beispielsweise Gerd Schmelzer in seiner Amtszeit (1984-1991). Souleymane Sane wurde für 680.000 DM vom SC Freiburg gekauft, zwei Jahre später für 482.000 DM nach Wattenscheid verkauft. Stefan Kuhn holte man für 1,3 Millionen aus Wattenscheid. Zwei Jahre später gab man ihn für 458.000 DM dorthin wieder zurück. Von Bayern München kaufte man für 450.000 Uli Bayerschmidt, von Leverkusen Christian Hausmann für 650.000. Beide zusammen verkaufte man für 300.000 DM an Hertha BSC. Günter Drews holte man für 822.000 DM aus Hannover und verkaufte ihn für 200.000 in die 2.Liga in die Schweiz. Vlado Kasalo kam für rund eine Million von Dynamo Zagreb, er produzierte Eigentore, war in diverse Skandale verwickelt, tauchte unter und wurde an Mainz 05 ausgeliehen. Sead Kajtaz wurde von Mostar für 650.000 DM gekauft. Er verschwand spurlos.

Die Schulden stiegen immer schneller und höher. Jeder Präsident, der den Club verließ, sprach davon, daß er einen nahezu schuldenfreien Verein hinterlasse – und jeder neue, der kam, jammerte plötzlich über verheerende Altlasten und feilte an Entschuldungskonzepten. „Wir sanieren seit Jahrzehnten den Verein, und nach jeder Sanierung haben wir mehr Schulden", bringt es Andreas Weiß auf den Punkt.

Dabei waren und sind die Rahmenbedingungen für den Profifußball in Nürnberg äußerst günstig. Das 70 Mill. DM teure Frankenstadion gilt als eines der schönsten in Deutschland. Der 1. FCN besitzt ein riesiges Hinterland, aus dem die Fans, die ihrem Club nahezu alles verzeihen, nur so strömen. Selbst zur Zweitliga-Zeit gab es in Nürnberg ausverkaufte Häuser. Auch als der Club dort nur im Mittelfeld dümpelte, schrieb er Zuschauerzahlen, die manchem Bundesliga-Verein gut anstünden. Trotzdem wuchs und wuchs der Schuldenberg.

Keiner der Präsidenten, ob der Immobilien-Kaufmann Gerd Schmelzer (1984-1991), der Rechtsanwalt Sven Oberhof (1991-1992), der geschäftsführende Teilhaber an einer Baumarkt-Kette und CSU-Kommunalpolitiker Gerhard Voack (1992-1994) oder der „waschechte Cluberer" Georg Haas (1994), schenkte den Fans und den Mitgliedern reinen Wein ein. Erst im Dezember 1994, als der Club endgültig vor der Pleite stand und der Teppichgroßhändler Michael A. Roth das Kommando übernommen hatte, bekam man Zahlen geliefert, die etwas mit der Realität zu tun hatten. Doch der DFB war längst alarmiert und beobachtete mit Argusaugen das wirtschaftliche Gebaren des Vereins. Längst versah man dort die Bescheide zur Erteilung der Lizenz mit zum Teil empfindlichen Auflagen für den Club.

Die Sünden der Vergangenheit führten schließlich im Mai 1995 zum Entzug der Spielberechtigung im Profifußball. Als man die Lizenz dann doch bekam, entging man nur dank des Lizenzentzugs anderer Vereine dem schon sportlich besiegelten Abstieg. Die Geldstrafe von 500.000 DM konnte der Club noch verschmerzen, den Sechs-Punkte-Abzug jedoch nicht. Diese Hypothek war zu hoch und der finanzielle Rahmen, den der DFB für Neuzugänge nach dem Spielerausverkauf eingeräumt hatte, zu eng. Nur 780.000 DM durfte man für neue Spieler ausgeben, um die Liga zu erhalten. Zudem zog sich das Lizensierungsverfahren so lang hin, daß die Personalplanung des Vereins erst erfolgen konnte, als die Wunschkandidaten anderweitig untergekommen waren. So kam es wie es kommen mußte: Der freie Fall des Club endete in der Regionalliga Süd.

Schwarze Kasse – Ordnung muß sein

Ein grauer Blechkasten, 40 mal 30 Zentimeter groß, war dem DFB besonders übel aufgestoßen – die „schwarze Kasse". Es darf wohl angenommen werden, daß so mancher Verein eine derartige Kasse führt, aber daß jede Einnahme und Ausgabe akribisch in einem gesonderten Kassenheft aufgezeichnet wurde und dies der Staatsanwaltschaft dann auch noch in die Hände fiel, dürfte den Club wohl von anderen Vereinen unterscheiden.

In die schwarze Kasse flossen Einnahmen aus Freundschaftsspielen und Hallenturnieren, die nicht in der offiziellen Buchhaltung auftauchten. Aus der Kasse wurden dann Extra-Honorare gezahlt, um Spieler bei Laune zu halten oder an Land zu ziehen. Manfred Schwabl, Dieter Eckstein, Rainer Wirsching, Kay Friedmann, Uwe Wolf und Sergio Zarate wurde so das „harte" Leben beim Club versüßt. Der Herr der schwarzen Kasse war der ehemalige Club-Schatzmeister Ingo Böbel.

Im November 1986 trat Böbel die Nachfolge des aus persönlichen Gründen zurückgetretenen Schatzmeisters Peter Karg an. Schon im zarten Alter von neun Jahren war Böbel dem Club beigetreten. Er war als Schwimmer und Fußballer aktiv. Sein Engagement in der Club-Führung sah er als „willkommenen Kontrast" zu seiner wissenschaftlichen Arbeit an. Er charakterisierte sich als „kritikfähigen Beamten, der nicht in wirtschaftliche Verflechtungen eingewoben" wäre.

Im April 1991, als längst die Spatzen von den Dächern pfiffen, daß monatliche Aufwandsentschädigungen für Präsidiumsmitglieder in fünfstelliger Höhe durchaus realistisch seien, dementierte Böbel noch energisch: „Wir sind kein Selbstbedienungsladen. Es gibt keine verdeckten Aufwandsentschädigungen, und von Bereicherung kann keine Rede sein." Am 6. Oktober 1992 erhielt er dann unangemeldeten und ungebetenen Besuch. Kriminalbeamte stellten sein Haus auf den Kopf und beschlagnahmten jede Menge Unterlagen. Es dauerte bis Ende November 1993, bis sich die Staatsanwaltschaft beim Landgericht durch den Aktenberg durchgewühlt hatte und den ehemaligen Schatzmeister wegen Untreue in 36 Fällen und fortgesetzter Umsatzsteuerhinterziehung anklagte.

Was die Staatsanwälte bis ins Detail auflisteten, überstieg sogar die Phantasie eingefleischter Kritiker des 1. FCN. Nicht nur, daß Böbel Start- und Preisgelder in Gesamthöhe von 134.000 DM, die dem Club aus Freundschaftsspielen und Hallenturnieren zustanden, in die eigene Tasche steckte und zum Teil damit seine Eigentumswohnung abzahlte. Nein, er zweigte unter phantasievollen Vorwänden erkleckliche Summen aus der schwarzen Kasse direkt für sich ab. Mal eine „Eingliederungshilfe" für einen Spieler, eine „zusätzliche Transfersumme", mal eine „Honorarabschlagszahlung für Werbepartner-Unterstützung", dann eine „Kostenerstattung für Vertragsverhandlung". Die in den Belegen genannten Empfänger hatten dieses Geld nie gesehen.

Im November 1991, nachdem der Club wegen finanzieller Unregelmäßigkeiten schon längst Schlagzeilen schrieb, löste Böbel die schwarze Kasse auf und steckte die darin noch befindlichen 10.000 DM in die eigene Tasche.

Schatzmeister Ingo Böbel

Sein aufwendiges Leben in der Glitzerwelt der Fußball-High-Society finanzierte Böbel zu Lasten des 1. FCN. Private Flugreisen nach Monte Carlo, Rom und Venedig samt Aufenthalt im noblen Hotel Danieli bezahlte er einfach mit der Lufthansa AirPlus Card des 1. FCN. Die Flüge zu seinen Vorlesungen in Flensburg und Leipzig zahlte Böbel natürlich nicht selbst. Als „Reisekosten Vorstand" beglich er sie. Von der Universität Leipzig rechnete er die vom Club bezahlten Flüge noch einmal ab.

Nicht nur überhöhte Abrechnungen für Kilometergeld, Telefon-, Taxi- und Bewirtungskosten ließ sich der Schatzmeister vom Verein erstatten. „Die behaupteten Benzinkosten stimmten nicht mit den gefahrenen Kilometern überein, offensichtlich sammelte der Angeschuldigte Tankstellenquittungen bei allen Angehörigen", hieß es in der Anklageschrift. Käufe von Schallplatten, Glühbirnen, Blumen, Lebensmittel und sogar Tabak- und Süßwaren stellte er dem Club in Höhe von zigtausenden Mark in Rechnung und bekam das Geld auch anstandslos.

1991 ließ er sich die Einnahmen aus dem Kartenvorverkauf für die Club-Heimspiele vom Fanshop am Valznerweiher in bar auszahlen. Anstatt die 210.000 DM als Einnahmen zu verbuchen, behielt er sie für sich. Erst als Notschatzmeister Horst Pitroff dies entdeckt hatte, entschloß sich Böbel im Juni 1992 zur Rückzahlung des Betrages.

Alles in allem legte die Staatsanwaltschaft Böbel zur Last, rund 800.000 DM unterschlagen und zudem die gleiche Summe an Steuern hinterzogen zu haben. Bei dem hochverschuldeten Verein mit einem Jahresetat von 15 Mill. DM ging es laut Anklageschrift zu wie in einem Selbstbedienungsladen. Böbel machte jährlich 120.000 DM Spesen, aber der eigentliche Skandal ist es, daß ihm diese Rechnungen erstattet wurden, ohne daß ein anderes Präsidiumsmitglied gegenzeichnen mußte oder Verdacht schöpfte. Aber warum Verdacht schöpfen, kassierten doch der damalige Präsident Gerd Schmelzer und sein Vize Sven Oberhof ebenfalls sehr üppige „Aufwandsentschädigungen".

1986, als sich Böbel „aus tiefer Verbundenheit zum Verein" zum Schatzmeister wählen ließ, plädierte er für eine „solide Finanzplanung". Fünf Jahre später war der Club bundesweit ein Synonym für desolates Wirtschaften. Im Juli 1993 wurde Böbel dann verhaftet. Im Prozeß gestand er im wesentlichen die ihm vorgeworfenen Punkte, um so zu einem Strafnachlaß zu kommen. Seine Taten seien „nicht zu entschuldigen", sagte er mit brüchiger Stimme. Er habe „in einer Glitzerwelt gelebt und dabei den Boden unter den Füßen verloren". Böbel bestätigte, daß schon vor seinem Amtsantritt die schwarze Kasse existiert habe. „Die anderen Herren von der Vorstandschaft waren sehr wohl über eine schwarze Kasse unterrichtet und über deren Geldbewegungen. Wenn wir zum Essen mit den hohen Herren gingen, hieß es immer, der Schatzmeister übernimmt das schon."

Der Staatsanwalt forderte für ihn fünfeinhalb Jahre Haft. „Der Angeklagte handelte aus Geldgier", lautete sein Resümee. Böbels Verteidiger legten Wert auf die Mittäter in den Vorstandsetagen und im Sponsorenpool des Vereins. Ihr Fazit: „Man muß zugunsten des Angeklagten berücksichtigen, daß man in schlechte Gesellschaft kommen kann."

Im September 1994 wurde Böbel schließlich wegen Veruntreuung von Vereinsgeldern in Höhe von 700.000 DM und wegen Steuerhinterziehung von 675.000 DM zu drei Jahren und sechs Monaten Haft verurteilt. Der Schatzmeister, der einst in Saus und Braus lebte, befand sich seit Juli 1993 in Untersuchungshaft. Da die „Mischung aus Hasardeur, Betrüger, Phantast und gutgläubigem Trottel", so die *Abendzeitung* über Böbel, zum Musterhäftling avancierte und die Gefängnisbibliothek vorbildlich verwaltete, kam er im Sommer 1995 wieder frei.

Im Zuge des Verfahrens gegen Böbel kamen auch einige Spieler, Club-Funktionäre und Sponsoren nicht ungeschoren davon. Insgesamt verhängte die Nürnberger Justiz gegen 21 Personen strafrechtliche Sanktionen, darunter auch gegen die ehemaligen Präsidenten Schmelzer und Oberhof sowie Spieler wie Schwabl, Zarate und Eckstein. Neben der Haftstrafe für Böbel gab es noch zwei Freiheitsstrafen mit Bewährung: neun Monate für die Chef-Buchhalterin und elf für einen Geschäftsführer. Die Summe aller Geldstrafen, Geldbußen und Geldauflagen betrug 685.000 DM.

Die „ehrenwerten" Präsidenten . .

Als die Präsidenten noch Ludwig Bäumler, Hans Hofmann oder Ludwig Franz hießen, war die Welt beim Club noch weitgehend in Ordnung. Männer, die sich nicht über den Verein selbst darstellen wollten, die nicht mit den Millionen winkten, um diese noch einmal zu versilbern und die sich nicht übermäßig in die sportlichen Belange einmischten. Nach dem Rückzug von Lothar Schmechtig Ende 1978 kamen die Männer mit Geld. Der Stahlfabrikant Waldemar Zeitelhack, dann ARO-Chef Michael A. Roth, Immobilienkönig Gerd Schmelzer. Nach einem kurzen Intermezzo des Rechtsanwalts Sven Oberhof erklomm der Chef der OBI-Baumarktkette Gerhard Voack den Präsidentensessel. Dem Ingenieur Georg Haas folgte wieder Roth.

Der Selbstdarsteller

Bei seinem Amtsantritt im Dezember 1983 war der Immobilienkaufmann Gerd Schmelzer der jüngste Präsident im bezahlten Fußball. Die *Nürnberger Nachrichten* nannten den 32jährigen einen „Lichtblick in dieser dunklen Stunde des Traditionsvereins". Schmelzer sei „selbst hart genug, die Ziele, die er sich setzt, mit aller Konsequenz zu verfolgen".

Schon kurz nach seiner Wahl legte Schmelzer ein Geständnis ab: „Ich wollte aus drei Gründen Präsident werden: Mich hat die Aufgabe gereizt, weil ich Cluberer bin, Gruppenmensch, Führertyp. Der zweite Punkt: Eitelkeit. Wer so eine Sache eingeht, muß auch ein gewisses Darstellungsbedürfnis haben, sonst würde er es ja nicht tun. Zum dritten habe ich mir gewisse Vorteile versprochen, einfach aufgrund der Kontakte. Und dazu stehe ich auch. Jeder, der etwas anderes sagt, heuchelt."

Schmelzers Ziel hieß, den Club wieder in die Beletage des deutschen Fußballs zu führen. Dazu schlug er erst den Spieleraufstand im Herbst 1984 nieder, peilte mit dem Bau des Scandic-Crown-Hotels am Valzner-

Präsident Gerd Schmelzer im Jahr 1983.

weiher und der Stadionrenovierung die Sanierung des Vereins an. Der Erbpachtzins, auf zehn Jahre hinaus auf 360.000 DM pro Jahr festgeschrieben, sollte eine Säule davon sein. „Auch wenn es dem Club, sobald das Stadion und das Hotel am Valznerweiher stehen, wesentlich besser gehen wird, werden wir auf dem Boden bleiben, werden uns nicht an Vereinen wie Bayern München, HSV oder Leverkusen messen", verkündete Schmelzer Anfang 1989.

Es bestand auch keinerlei Anlaß abzuheben. Eine nachträgliche Erhöhung des Kaufpreises an den Freistaat Bayern für die Nutzung eines Teils des Geländes für den Hotelbau in Höhe von 1,6 Mill. DM ließ, gerechnet auf zehn Jahre, den Zinsgewinn um 160.000 DM pro Jahr geringer ausfallen. Das erfuhren die Mitglieder aber erst später. Im Sommer 1992 brachte Interims-Schatzmeister Willi Hoffmann die Sache auf den Punkt: „Es ist ein schönes Hotel, aber es steht am falschen Platz."

Doch schon lange vor dieser Offenbarung kursierten bereits Gerüchte, Schmelzer und seine Freunde hätten sich selbst am Bau des Hotels bereichert. Ein Schmelzer-Freund erhielt zudem die Generalbauleitung für die Renovierung am Valznerweiher. Ex-Schatzmeister Böbel präsentierte später in der *Sport-Bild* Rechnungen, wonach die Club-Führung sich für jeweils fünfstellige Summen in den Restaurants von Schmelzers Bruder bewirten ließ. Geschenkartikel soll der Verein demnach von der Firma einer Freundin von Schmelzers Ehefrau bezogen haben.

Wirtschaftlich ging es mit dem Club, nicht nur dank Schatzmeister Böbel, bergab, sportlich jedoch zunächst steil nach oben. Nach dem Spieleraufstand formte Trainer Heinz Höher eine junge Mannschaft mit Talenten wie Stefan Reuter, Roland Grahammer, Hans Dorfner und Dieter Eckstein zur Erfolgstruppe. Man schaffte den Aufstieg in die Bundesliga und stürmte mit forschem Angriffsfußball in den UEFA-Cup. Doch dann zerbrach das Dreamteam. Eckstein wechselte für 3,4 Mill. DM zur Frankfurter Eintracht, Bayern München holte sich Reuter und Grahammer im Doppelpack für rund sechs Millionen. „Das zeigt doch, welch gute Arbeit bei uns geleistet wird", kommentierte Schmelzer die drei Transfers.

Dann ging es auch sportlich steil bergab. Trainer Höher wurde auf eigenen Wunsch Manager und verpflichtete seinen „Lehrbuben" Hermann Gerland aus Bochum als neuen Club-Trainer. Im Februar 1989 feuerte Schmelzer seinen einstigen Intimfreund Höher, ein Jahr später mußte auch Gerland gehen.

Im Juni 1990 übernahm der holländische Vizeweltmeister Arie Haan das Kommando beim Club. „Nur Erfolgsmenschen können Erfolg vermitteln", stellte ihn Schmelzer vor, mächtig stolz, einen solchen Star an Land gezogen zu haben. Doch schnell überwarf sich der Provinzfürst Schmelzer mit dem Weltmann Haan. Die sportlichen Erfolge blieben aus, der Club schwebte in höchster Abstiegsgefahr. Schmelzer hatte sich bereits für Heinz Höher als Nachfolger von Arie Haan festgelegt. Doch der Finanzrat des Vereins machte ihm einen Strich durch die Rechnung. Die für Haan fällige Abfindung von einer halben Million DM konnte man sich nicht mehr leisten. Die „richtungsweisende Entscheidung", die Schmelzer mit der Kündigung von Haan hatte herbeiführen wollen, wurde für ihn selbst im Januar 1991 zum Blattschuß. Im Profifußball wohl eine ausgesproche Rarität, daß ein Trainer letztendlich den Präsidenten stürzt.

Seine größten Erfolge verbuchte Schmelzer zusammen mit Heinz Höher. Nach Aussagen von Ingo Böbel lag hier gar ein „Abhängigkeitsverhältnis" vor. Höher soll demnach im Januar 1988 bei Schmelzer eine Zusatzvereinbarung zum Arbeitsvertrag durchgesetzt haben, wonach Höher prozentual an den Verkäufen der Spieler Eckstein und Reuter beteiligt war. Zum Saisonende 1987/88 wechselte Reuter zum FC Bayern, im Herbst 1988 ging Eckstein zu Eintracht Frankfurt. Heinz Höher war zu dieser Zeit zwar nicht mehr als Trainer, aber als Manager im Amt.

Jeder fragt sich auch, wo die 9,4 Mill. DM verschwanden, die der Club allein aus den Verkäufen von Eckstein, Reuter und Grahammer kassiert hatte. Weitere Spielerverkäufe folgten. Schmelzer führt stets an, bei seinem Amtsantritt 1983 Schulden aus der Ära Roth in Millionenhöhe übernommen zu haben. Für diesen Zweck zückte er bei so mancher Mitgliederversammlung ein Blatt Papier mit der Bilanz vom 31. Dezember 1983. „Verbindlichkeiten 4.773.628,76 Mark" stand da zu lesen. Roth bestreitet dies bis heute heftig. Als Schmelzer 1991 abtrat, hatte der Schuldenberg jedenfalls eine stattliche Größe von 15,3 Mill. DM (Bilanz zum 31.12.1990) erreicht.

„Wir haben die Basis geschaffen, die der 1. FCN braucht, um sportlich langfristig erstklassig zu sein. Wir riskieren Kritik und teilweise Diffamierung, um dem 1. FCN das Überleben in den neunziger Jahren bis hinein ins Jahr 2000 zu schaffen." Die Worte, die Schmelzer auf der Jahreshauptversammlung 1990 sagte, waren schon bei seinem Abgang im Januar 1991 Schall und Rauch. Der Mann, der unter dem Motto „Kontinuität und Solidität" angetreten war, hinterließ seinem Vize Oberhof einen Berg von Problemen: hohe Schulden, sportlich auf Abstiegskurs, im Falle eines Abstiegs vor dem finanziellen Ruin stehend und ohne Aussicht auf die Lizenz für die zweite Liga.

„Der Professor und ich"

Nach Schmelzers Rücktritt fand beim Verein unter der Leitung des Rechtsanwalts Sven Oberhof eine geheimnisvolle Geldvermehrung statt. „Wir haben uns fürs Investieren entschieden", betonte Böbel in einem Interview. Für insgesamt 4,7 Millionen kaufte man die beiden Nationalspieler Dieter Eckstein und Hans Dorfner. Zwei verlorene Söhne kehrten in die Heimat zurück, um fortan gegen den Abstieg zu kämpfen. Die beiden teuersten Einkäufe in der Vereinsgeschichte waren gewagte Drahtseilakte. Auf vier Jahre im voraus hatte man den Werbevertrag mit dem Hauptsponsor Gerhard Junge, Chef des Diaherstellers „reflecta", ausgeschöpft. Es kamen dann noch Sergio Zarate und mit Willi Entenmann ein zweiter Trainer, der im Juni 1991 Cheftrainer wurde. Mit diesem Kraftakt konnte der Abstieg gerade noch vermieden werden.

Dann wurde munter weitergekauft, als gäbe es keine Schulden und entsprechende Auflagen des DFB. Andre Golke wurde für 1,8 Millionen von St.Pauli und Dirk Fengler für 1,2 Millionen von den Stuttgarter Kikkers geholt. Der Scheck für St. Pauli war nicht gedeckt, er brachte die Hamburger an den Rand der Zahlungsunfähigkeit. Gewagte Konstruktionen wurden gebildet, um die anderen Transfers zu finanzieren. Meist gehörten die Spieler gar nicht dem Verein, sondern Sponsoren. Der Verein wies sie aber als „Kapital" in den Lizenzunterlagen aus. Präsident Oberhof segnete alle Transaktionen ab. „Der Professor und ich", pflegte er seine Reden einzuleiten, solange er noch mit Schatzmeister Böbel ein schier unzertrennliches Duo bildete.

Die Krise beim Club spitzte sich zusehends zu. Im März 1992 bewahrten drei Sponsoren den mittlerweile mit 23 Mill. DM verschuldeten Verein mit einer Bürgschaft von knapp über 4 Mill. DM vor dem Konkurs.

Sie bremsten damit den Teppichgroßhändler Michael A. Roth aus, der dem Club mit einer Finanzspritze von 15 Mill. DM aus dem Gröbsten befreien wollte, dazu aber knallharte Bedingungen zur Sanierung und Entflechtung des riesigen Vereinsgebildes stellte. „Der soll von mir aus den AC Milan kaufen", beschied Hauptsponsor Gerhard Junge knapp. Roth, der ein Entgegenkommen der Gläubiger forderte, winkte daraufhin ab: „Der Club ist ein Faß ohne Boden."

Schatzmeister Böbel verschwieg den 6.000 Vereinsmitgliedern den wahren Schuldenstand. Er nutzte die Affäre um die großzügigen Geschenke des 1. FCN an die Schiedsrichter, um sich rechtzeitig von seinem Schuldenthron abzuseilen. Stolze 134.000 DM hatte der Club jährlich zu den obligatorischen 40.000 DM, die jeder Bundesliga-Verein für An- und Abreise, Unterkunft und Spesen an den DFB abführen muß, für die Pfeifenmänner übrig. Wo andernorts nur mal eine Uhr (Schalke 04), eine Krawatte (VfB Stuttgart) oder drei Flaschen Pfälzer Wein (1. FC Kaiserslautern) den Referees gereicht wurden, waren in Nürnberg neben einer „fürstlichen Bewirtung" (DFB-Ankläger Kindermann) auch ein paar Trimmgeräte aus dem Sportgeschäft der Frau des Nürnberger Schiedsrichter-Obmannes gang und gäbe. 75.000 DM Strafe für den Club sowie ein zweijähriges Amtsverbot für Böbel und den Obmann verhängte der DFB als Strafe. Schwerer wogen jedoch die negativen Schlagzeilen und das erneut notwendige Eingreifen des DFB.

Während im Mai 1992 die Fanklubs ihre Spendenkampagne „Rettet den Club" begannen, mehrten sich die Stimmen der Liga-Konkurrenten aus Dresden, Rostock, Stuttgart und Bremen, die den DFB der Wettbewerbsverzerrung beschuldigt. „Alle Vereine haben sich an die Auflagen gehalten. Nur der Club nicht. Diesem Verein gehört die Lizenz entzogen", monierte Rainer Zobel, damals Trainer der Stuttgarter Kickers und zwei Jahre später selbst beim Club unter Vertrag. Von Tag zu Tag nahmen die Turbulenzen beim Club zu. Mit Willi Hoffmann, einem ehemaligen Brauerei-Vorstandsvorsitzenden, war nach Böbel und Horst Pitroff schon der dritte Schatzmeister in der laufenden Saison im Amt.

Schließlich Aufatmen am Valznerweiher. Der Club erhielt die Lizenz, mußte aber Golke, Wagner und Zarate verkaufen. Doch zu früh gefreut: Der DFB-Ligaausschuß stellte den Antrag, gegen den Club ein Sportgerichtsverfahren wegen „nicht korrektem Verhalten unter wirtschaftlichen Gesichtspunkten" einzuleiten. Sogar der Lizenzentzug war im Gespräch. Vier Tage später kündigte Oberhof an, am 7. Juli auf einer außerordentlichen Mitgliederversammlung zurückzutreten.

Später hatte sich Rechtsanwalt Oberhof stets zur Mitverantwortung an der Finanzkrise beim Club bekannt. Er hatte seinen Schatzmeister Böbel auch dann noch gedeckt, als dieser den Schuldenstand statt korrekt mit 21 Millionen nur mit 15,5 Millionen bezifferte. Oberhof hatte, laut Ingo Böbel, auch von seinem Vorstandsamt beim Club profitiert. Böbel führte Belege an, wonach lukrative Aufträge in sechsstelliger Höhe für Oberhofs Kanzlei ergangen seien.

In Oberhofs Amtszeit hagelte es grobe Verstöße gegen die Auflagen des DFB für die Saison 1991/92. Beim Lizensierungsausschuß wurden falsche Angaben gemacht, die Bilanzen stimmten nicht. Golke wurde mit einem ungedeckten Scheck gekauft, Spieler wie Dorfner, Eckstein und Golke hatten Einkünfte, die nicht in den Verträgen standen. Verstöße, die schließlich für die nächste Saison eine Geldstrafe in Höhe von 480.000 DM nach sich zogen. Ein Punkteabzug konnte noch knapp abgewehrt werden, doch der Unmut beim DFB über den Club wurde abermals ein Stück größer.

Der Provinzpolitiker

Im Juli 1992 wählte eine außerordentliche Mitgliederversammlung den Unternehmer Gerhard Voack aus Lauf zum Präsidenten. Auf der von 1.050 Mitgliedern besuchten Versammlung sorgte das Gutachten eines unabhängigen Wirtschaftsprüfers für Entsetzen. Demnach hatte der Verein von 1983 bis Mitte 1992 fast 20 Mill. DM Schulden „erwirtschaftet". Das war auch kein Wunder, wuchsen doch in diesen acht Jahren die Erträge lediglich um acht Prozent, während die Personalkosten allein um 40 Prozent stiegen. Der scheidende Schatzmeister Willi Hoffmann rechnete den Mitgliedern zudem vor, daß in diesem Zeitraum trotz leerer Kassen 25 Mill. DM investiert worden waren.

Doch den untersetzten Mittvierziger Voack, der als Geschäftsführer und Teilhaber an einer Kette von Heimwerkermärkten in den Augen der Mitglieder als Hoffnungsträger galt, schreckten solche Horrorzahlen nicht. Daß kleinwüchsige Männer sich oft zu Großem berufen fühlen, stellte der Mann mit der „unnachahmlichen Selbstüberschätzung" *(Nürnberger Zeitung)* sogleich unter Beweis. Nachdem er sich im Präsidenten-Amt des 1. FCN sonnte, teilte er in einem Zeitungsinterview mit, daß er den Posten eines bayerischen Wirtschaftsministers durchaus für „erstrebenswert" halte.

In Bayern sind so manche Karrieren möglich. Eine Verurteilung wegen Trunkenheit am Steuer und eines Unfalls mit tödlichem Ausgang steht einer Karriere als Wirtschaftsminister durchaus nicht im Wege, wie der Fall des CSU-Mannes Otto Wiesheu verdeutlicht. Doch für Gerhard Voack wird dieses Amt wohl tabu bleiben, denn Mitte April 1996 wurde er unter dem Vorwurf, 900.000 DM an Umsatzsteuer hinterzogen zu haben, verhaftet und saß für knapp eine Woche in Untersuchungshaft. Erst nachdem er die Rechnung des Fiskus beglichen hatte, kam er wieder frei. Doch, und das muß angemerkt werden, hatte diese Steuerhinterziehung mit dem 1. FCN nichts zu tun, und Voack war schon längst nicht mehr Club-Präsident, als er die Bekanntschaft mit der Gefängniszelle machte.

Gerhard Voack

Schon am 24. Januar 1994 war seine Zeit beim Club abgelaufen. Per Telefax teilte er seinen Rücktritt mit. Das „dynamische Wachstum" seiner Unternehmensgruppe erfordere seine ganze Person. Außerdem wolle er nicht länger Mord- und Bombendrohungen aufgebrachter Club-Anhänger erhalten.

Deren Zorn hatte sich Voack nicht zuletzt dadurch zugezogen, daß er sich – ganz Alleinherrscher – zu sehr in sportliche Belange eingemischt hatte und vor allem, weil er den beliebten Trainer Willi Entenmann ausgerechnet nach einem 2:0-Heimsieg gegen den Erzrivalen FC Bayern München entlassen hatte. Voack hatte schon zuvor kein Hehl daraus gemacht, daß er Entenmann als zu bieder und zu provinziell für seine eigenen Ambitionen halte. Er sonnte sich lieber neben anderen Größen: „Es macht Spaß, neben kompetenten Leuten wie Bayern-Präsident Scherer oder dem Bremer Manager Lemke zu sitzen."

Voack, der bei Amtsantritt betonte, er wolle „keine Grabenkämpfe", sorgte durch so manche Nacht- und Nebelaktion für Unruhe im Verein. In jener Saison verscherbelte er den beliebten Stürmer Dieter Eckstein an den damaligen direkten Konkurrenten im Abstiegskampf, Schalke 04. Dann rüffelte er öffentlich Mannschaftskapitän Andreas Köpke, der nach dem Eckstein-Transfer empört sagte: „Was da gelaufen ist, war eine Sauerei. Es darf nicht vergessen werden, daß die Leute im Stadion die Mannschaft sehen wollen und nicht Herrn Voack oder irgendein anderes Präsidiumsmitglied."

Dann demontierte Voack systematisch den Trainer der abstiegsbedrohten Mannschaft in aller Öffentlichkeit. Gerade als sich der Club sportlich wieder etwas gefangen hatte und mit dem 2:0 über Bayern München den dritten Heimsieg in Folge bei 10:0 Toren erzielt hatte, hatte der kleine Präsident nichts anderes im Sinn, als Entenmann zu feuern. „Herr Entenmann hat nicht zu bestimmen, wer beim Club das Sagen hat", begründete der Möchtegern-Napoleon seinen Schritt. Den hatte Entenmann schon bei der Pressekonferenz nach dem 158. Derby vorausgeahnt: „Manche, die hier sitzen, würden eine Niederlage in Kauf nehmen, bloß damit Handlungsbedarf gegen meine Person besteht." Voack brauchte keine Niederlage, er feuerte nach einem Sieg.

Die Club-Fans liefen daraufhin Sturm, Voack mußte das Club-Domizil durch die Hintertür verlassen. „Entenmann für Nürnberg, Voack für Lauf – arme Laufer", stand auf Transparenten zu lesen. Nach Entenmanns Abgang ging es mit dem Club bergab. Der Club, der zwei Spiele vor Saisonabschluß noch mit vier Punkten Vorsprung vor dem SC Freiburg auf einem Nichtabstiegsplatz lag, stieg als 16. ab. Freiburg rettete sich punktgleich auf dem 15. Rang, ein Punkt mehr hätte also für den Club den Verbleib in der Bundesliga bedeutet. Andreas Weiß ist sich wie fast alle Club-Fans sicher: „Den einen Punkt hätte Entenmann noch locker geholt."

Nicht nur sportlich, sondern auch wirtschaftlich hinterließ Voack einen Scherbenhaufen. Noch zu Beginn seiner Amtszeit hatte er verkündet, er werde den Club knallhart sanieren und mit „sauberer, durchschaubarer Arbeit und eisernem Sparwillen" verlorenes Terrain für den Club wieder zurückgewinnen. „Ich werde den Mitgliedern die Entwicklung der Schulden vortragen und das glasklar." Glasklar war bei Voack jedoch nichts. Voack tönte, er habe die Schulden „innerhalb von einem Jahr um rund sieben Millionen abgebaut". In Wirklichkeit kam der Club von seinen Verbindlichkeiten nicht herunter.

Immerhin war Voack mit etwas Abstand zu den Dingen durchaus zur Selbstkritik fähig. In einem Interview 1995 gestand er Fehler ein: „Die Entlassung von Entenmann freilich erfolgte zum falschen Zeitpunkt."

Und nicht nur Fehler: „Hätte ich 1992 den Wissensstand von heute gehabt, wäre ich wohl damals zur Wahl nicht angetreten." Eine Einsicht, die zu spät kam.

Die waschechte Interimslösung

Nach Voacks Rücktritt rückte automatisch Vizepräsident Georg Haas an die Spitze. Der Ingenieur stellte sich als „waschechter Cluberer" vor, der „jeden Grashalm des Clubstadions" kenne. Haas war schon 1948 als Jugendlicher dem 1. FCN beigetreten. Er spielte in der 1. Clubjugend und über 400mal in der 1. Amateurmannschaft. Er stellte sofort klar, daß er sich nur als Interimslösung betrachten werde: „Ich bin sicher nicht das Idealbild eines Präsidenten." Auf jeden Fall sei er als Mäzen denkbar ungeeignet: „Für mich reicht's, aber ich kann dem Club nicht auf die Schnelle mit 500.000 Mark aushelfen." Sein Schatzmeister Hans Schmidt korrigierte sofort die von Voack genannte Zahl von zwölf Millionen Schulden auf 20 Millionen.

Es stellte sich schnell heraus, daß der 61jährige Ingenieur mit dem Profigeschäft hoffnungslos überfordert war. Haas ließ kaum ein Fettnäpfchen aus. „Wenn man selbst in der Verantwortung steht, glaubt man anderen Führungspersonen leichter", entschuldigte er sich später.

Der Club stieg jedenfalls ab. Mit Köpke, Wück, Kurz, Zarate und Sutter wurden zwar nahezu alle Leistungsträger der Mannschaft verkauft, doch die Schulden blieben konstant auf 23 Millionen. Haas und sein Schatzmeister Hans Schmidt hatten die über sieben Millionen Mark Transfererlöse nicht zur Tilgung verwandt, sondern dem sogenannten Sponsoren-Pool zugeschanzt – die in Wirklichkeit also Kreditgeber waren. Schmidt hatte diese Forderungen trotz anderslautender Aussagen gegenüber dem DFB nicht in der Bilanz aufgeführt und sie auch den Mitgliedern verschwiegen. Trotz Ausverkauf also keine müde Mark zur Entschuldung. „Ich bin kein Pleitegeier, denn ich habe keine Schwanzfedern", entgegnete Schatzmeister Schmidt seinen Kritikern.

Hatte Voack Haas in seine Führungscrew noch mit den Worten berufen: „Der Schorsch ist mein Fußballexperte", diskreditierte sich Haas selbst, als er kurz nach dem Abstieg, dem Ausverkauf der Mannschaft und der dank strenger DFB-Auflagen nur völlig unzureichend mit neuen Spielern versehenen Elf dem sofortigen Wiederaufstieg das Wort redete: „Der 1. FCN ist es der Region und allen Fans in ganz Deutschland schuldig, in anderen Höhen zu spielen."

In „anderen Höhen" schwebte Haas wohl, als er es versäumte, für den Spieler Jörg Dittwar entsprechende Versicherungsprämien für den Fall der Sportinvalidität zu zahlen. Als Dittwar im Frühjahr 1994 Sportinvalide wurde, hätte der Club bei ordnungsgemäßer Anmeldung seines Angestellten rund 700.000 DM auf seinen Konten verbuchen können. Haas versuchte auch, den in Nürnberg äußerst beliebten Spieler Hans Dorfner auszutricksen und schuf so zusätzlichen Unmut beim sowieso schon gereizten DFB. Dorfner hatte 1994 seine Karriere beendet und einen Invaliditätsantrag gestellt. Nach einer entsprechenden Vereinbarung sollte er aus der fällig werdenden Versicherungssumme von zwei Mill. DM 500.000 DM erhalten. Doch Haas erfüllte damit lieber dringende Forderungen des Finanzamtes. Dorfner mußte sich sein Geld beim Arbeitsgericht erstreiten.

Haas war es auch, der es schlicht vergessen hatte, die Nachweise über die Transfers der Spieler Wück und Köpke in die Unterlagen zum Lizensierungsverfahren des DFB miteinzubeziehen. So provozierte er zunächst den Lizenzentzug durch den Liga-Ausschuß. Erst nach Nachreichen der Unterlagen bekam der Club die Lizenz für die Saison 1994/95.

Finanzschwach und personell ausgeblutet startete der Club nach neunjähriger Erstligazugehörigkeit im August 1994 in die zweite Liga. Statt Neuaufbau stand ein Kader mit einem Durchschnittsalter von 27,5 Jahren zur Verfügung. Dabei drückten die beiden isländischen Stürmerzwillinge Gunnlaugsson mit ihren 21 Jahren den Schnitt noch gewaltig.

Trotzdem ließ sich die „Interimslösung" Mitte Mai 1994 nach einer turbulenten Sitzung zum Präsidenten küren. Bei vielen Mitgliedern galt er als das „kleinere Übel". Nicht wenige trugen Buttons mit der Aufschrift: „Mein Name ist Haas, ich weiß von nichts". Ex-Schatzmeister Horst Pitroff warnte eindrücklich, aber vergeblich: „Ich glaube nicht, daß Sie die Verantwortung für den Club in Zukunft tragen können." Die Schuldenlast betrug zu diesem Zeitpunkt 23,44 Mill., der jährliche Zinsaufwand 1,78 Mill. DM.

Der Schatzsucher

Am 25. Oktober 1994 übernahm Michael A. Roth das Kommando beim Club. Der 61jährige Teppichgroßhändler, der 115 ARO-Filialen in ganz Deutschland sein eigen nennt, wurde als letzter Hoffnungsträger gefeiert. Er stand schon einmal, von 1979 bis 1983 an der Spitze des Vereins, war also für die Mitglieder kein unbeschriebenes Blatt. Roth machte keinen

Hehl daraus, in seiner ersten Amtszeit viel falsch gemacht zu haben. „Fehler macht man, um daraus zu lernen", erklärte er öffentlich.

Und Fehler machte Roth damals nicht wenige. Nach dem überraschenden Rücktritt des Foto-Quelle-Chefs Schmechtig vom Präsidentenamt 1978 managte Roth unter dem geschäftsführenden Vorsitzenden Waldemar Zeitelhack die Club-Geschäfte. Im Februar 1979, der Club war mal wieder Schlußlicht der Bundesliga, trat der Gesamtvorstand zurück, und Zeitelhack und Roth gruben das Kriegsbeil aus. Beide versprachen, den Club schuldenfrei zu machen, auf heimische Talente zu setzen und die Bundesliga auf jeden Fall zu erhalten. Auf einer turbulenten Mitgliederversammlung wurde viel dreckige Wäsche gewaschen, und beide Kandidaten geizten nicht mit in Aussicht gestellten Präsenten für den Verein. Roth zückte das Scheckbuch und spendete noch schnell 200.000 DM zur Schuldentilgung bei der Stadt. Zeitelhack verwies seinerseits auf eigene Großzügigkeiten: „Ich habe den Eindruck, daß sich einige Herren hier eine Position kaufen wollen, während ich den 1. FCN seit 20 Jahren im Stillen unterstützt habe."

Zeitelhack zog gegen Roth den Kürzeren. Die *Nürnberger Nachrichten* kommentierten: „Nur unter einem starken Präsidenten kann langsam Ruhe in den Verein einkehren, die sich aber von innen heraus entfalten muß. Wobei keine Rolle spielen darf, daß der Club zwar den größten Schatzmeister der Bundesliga (Keltsch 1,99 m), aber gleichzeitig auch den kleinsten Präsidenten (Roth 1,62 m) besitzt."

Der „kleine" Präsident entpuppte sich schnell als starker Mann. Ganz nach amerikanischem Manager-Vorbild hieß seine Devise „hire and fire" und „Wer zahlt, schafft an". Es rollten Köpfe am Valznerweiher. In seinen fünf Jahren als Präsident „verschliß" Roth allein acht Trainer: „Zapf" Gebhardt, Jeff Vliers, erneut „Zapf" Gebhardt, Horst Heese, Fritz Popp, Heinz Elzner, Udo Klug und Rudi Kröner. Der Belgier Jeff Vliers saß nur ganze drei Punktspiele auf der Bank, dann verließ er mit 70.000 DM Abfindung, verpackt in ein Zigarrenkistchen, das Club-Gelände. Rudi Kröner brachte es immerhin schon auf 41 Tage. Horst Heese wurde von Roth gefeuert, weil ein Boulevardjournalist getitelt hatte: „Heute fliegt Horst Heese." Roth hinterher: „Was sollte ich denn machen, nachdem es schon in der Zeitung stand."

Roths Verhalten ließ nicht auf ein dahinterstehendes Konzept schließen. Der Club stieg zwar 1980 wieder in die Bundesliga auf, dümpelte dort jedoch auf den Rängen 13 und 14 herum, bevor er 1984 abgeschlagen mit vier Punkten Rückstand den Marsch in die zweite Liga antreten mußte. Statt, wie versprochen, Talente zu fördern, wurde im großen Stil eingekauft. Der Finanzier hieß immer Roth. „Ohne Herrn Roth ist der Verein nicht lebensfähig", bilanzierte der Schatzmeister. Im Juni 1983 hatte der Club 3,5 Millionen Schulden, zusätzlich bestanden persönliche Bürgschaften von Roth in Höhe von zwei Mill. DM.

Zu Beginn der Saison 1983/84 sollte der Sprung in den UEFA-Cup gelingen. „Ab August wird losgeballert", kündigte Roth an. Er bemühte sich um die Verpflichtung des Koreaners Bum-kun Cha, tauschte eilig den jungen Dreßel gegen den alternden Abramczik, und für Trainer Udo Klug kam Rudi Kröner. Am Ende stieg der Club ab.

Vorher schon, kurz vor Weihnachten 1983, trat das Club-Präsidium zurück. Roth führte die „Expansionspläne" seiner Firma ARO und die „persönlichen Angriffe und Verunglimpfungen" als Gründe für seinen Abgang an. „Ich bin keine Melkkuh, auch mein Engagement hat Grenzen. Als ich keinerlei Dankbarkeit mehr zu spüren bekam, da mußte für mich einfach Schluß sein", begründete er seinen Schritt. Er machte aber deutlich, wieviel ihm am Club lag: Mit rund 2,5 Mill. DM aus der eigenen Tasche senkte Roth die kurzfristigen Verbindlichkeiten des Vereins auf nach eigenen Angaben nurmehr 380.000 DM und gewährleistete damit die Lizenzerteilung ohne Auflagen.

Das Registergericht bestellte damals Gerd Schmelzer, bislang Vize unter Roth, zum Notvorstand. Dann, elf Jahre später, nach den Rücktritten von Schmelzer und Oberhof, dem Scheitern von Voack und dem Chaos unter Haas, trat Roth im Oktober 1994 erneut als „Retter" und „Hoffnungsträger" auf den Plan. „Ich war nie weit weg vom Verein und möchte dem 1. FCN in dieser schweren Stunde helfen." Das stimmte, schon im Oktober 1991 war Roth als Präsidentschaftskandidat im Gespräch. Er trat jedoch nicht an. Auf die Frage, wer denn die Wahl gewinnen werde, antwortete Roth: „Einen Sieger wird es nicht geben, höchstens einen armen Hund. Oder es findet sich ein Multimillionär, der dem Club das nötige 'Kleingeld' zukommen läßt."

Bekanntlich fand sich damals kein „Multimillionär", sondern Sven Oberhof. Genau drei Jahre später war der Multimillionär Roth dann zur Stelle. Sein erklärtes Ziel war es, den Club „in ruhigeres Fahrwasser" zu bringen. Roth betonte, daß bislang beim Club nur „Dilettanten am Werk" gewesen wären. Jetzt gelte es, „das Schlimmste zu verhüten". „Erfolg ist machbar", lautete das Credo des Teppichgroßhändlers, und die schier aussichtslose Situation beim Club reizte ihn. „Der Club ist etwas Geheimnis-

Michael A. Roth

volles. So wie der Schatz im Silbersee. Mich reizt es, diese Nuß zu knacken. Ich fürchte mich vor nichts." Doch statt eines goldenen Schatzes fand Roth nur jede Menge Leichen im Keller. Mit einer Aufsplittung des Gesamtvereins peilte er eine langfristige Stabilisierung des schlingernden Club-Schiffs an. Er ließ sein Modell von der Mitgliederversammlung absegnen, wonach der 1. FCN fortan nur aus dem Fußball-Ressort bestehen sollte und alle Amateur-Abteilungen in neue Vereine übertragen und diese dann von einem „1. FC Nürnberg-Dachverein" vertreten werden sollten. Der sollte dann auch das Sportgelände verwalten und unterhalten. Roth beabsichtigt damit, den Amateur- vom Profibereich zu trennen und so dafür zu sorgen, daß kompetente Menschen im Profifußball das Sagen haben. „Jeder Schreihals konnte doch bisher in der Mitgliederversammlung die Wahl einer Person zum Präsidenten maßgeblich beeinflussen. Später stellte sich dann heraus, daß der Mandatsträger nicht die geringste Qualifikation für sein schwieriges Amt mitbringt."

Was Roth als einzig zukunftsweisendes Konzept betrachtet, ist indes nicht unumstritten. Der langjährige Club-Präsident Hans Ehrt spricht von einer „Zerstörung des Begriffs 1. FC Nürnberg – Verein für Leibesübungen". Die einzelnen Abteilungen würden, so Ehrt, über kurz oder lang an den finanziellen Lasten des Vereinsgeländes zugrundegehen, und letztendlich werde der Profifußball wieder alles alleine tragen müssen.

Doch zu Roth gab es in der für den Club höchst prekären Situation Ende 1994 keine Alternative. Die Mitglieder stimmten für sein Modell und seine Person – und Roth machte sich tatkräftig an die Arbeit. „Ohne mich wäre der Club schon im Konkurs", behauptete er mit Recht im März 1995. Er schloß langfristige (vier Jahre) und gut dotierte Werbeverträge (2,5 Mill. DM pro Jahr) mit dem Verein ab, kritisierte die „Knebel-

▷ **EINWURF**

Der Club-Senf und kein Ende

Die Kassen klingeln im bezahlten Fußball, die Bundesliga boomt. Meister Dortmund operierte in der Saison 1995/96 mit einem Etat von 36 Millionen DM, Fastabsteiger Köln mit 35 Millionen. TV-Gelder, Transfersummen und Sponsorengelder explodieren zum Millionenspiel.

39 Millionen Deutsche sind laut Umfragen mehr oder weniger am Fußball interessiert. Mehrere Millionen bezeichnen sich als Fans. Ein Markt, der immense Umsätze verspricht. Das Merchandising, also der Verkauf von Produkten mit Vereinssymbolen, floriert. Ob „FC Bayern Milchreis", „Borussen Grieß-Pudding" aus Dortmund oder „Knappen-Joghurt" von Schalke 04, die Fans kaufen nahezu alles. Mit 30 Millionen Umsatz ist Bayern München unangefochtener Marktführer. Und der Club bei seinem riesigen Hinterland? Erst spät ist man auf den Zug aufgesprungen. Noch nicht lange gibt es den Senf, Kugelschreiber, die edle VIP-Uhr, die Hosenträger und den Eiskratzer mit dem Emblem des 1. FCN. Das Merchandising des Club glich jahrelang eher einem Trauerspiel.

Jahrelang hatte die Familie Tuleweit einen Fanshop am Valznerweiher betrieben. 1991 hatten sie vom 1. FCN einen 10-Jahresvertrag für den Fanshop mit der Zusicherung erhalten, alle gängigen Fan Artikel anbieten zu dürfen. Die Tuleweits zahlten, um den FCN zu unterstützen, die Pacht für den Laden für die gesamte Laufzeit im voraus. Das summierte sich auf stolze 300.000 DM.

Doch dann kam Präsident Voack ins Spiel. Er schanzte der jungen Firma Projekt-Werbung einen ähnlichen Vertrag zu. Welch ein Zufall, daß Voacks Sohn Michael in diese Firma involviert war.

Erst unter Roths Regie holte sich der Club die Vermarktungsrechte an seinem Namen wieder zurück. Eine eigens gegründete 1.-FCN-Marketing GmbH vertreibt jetzt die Fanartikel. An Projekt-Werbung mußte Roth die stolze Summe von 750.000 Mark Abfindung zahlen, um sich die Vermarktungsrechte zurückzukaufen. Seit August 1995 gibt es einen Club-Fanshop in der Innenstadt. Jetzt hofft der Verein auf Zuwachsraten. ☐

verträge" des Sponsorenpools und unterstellte ihnen „unmoralisches Handeln". Bei Gläubigern handelte er Nachlässe aus und nahm Alt-Präsidenten wie Voack und Oberhof in die Pflicht. Mit der Stadt rang er um die Stadionmiete und stellte die Vermarktung der Fan-Artikel auf eine halbwegs vernünftige Basis. Schließlich bürgte er für die vom DFB geforderte Liquiditätsreserve von 3,4 Mill. DM.

Zu Roths schwierigster Bewährungsprobe wurde das Gerangel um die Lizenzerteilung für die Saison 1995/96. Im Mai 1995 verbürgte er sich noch einmal mit seinem Namen beim DFB. „Ich will Sauberkeit. Man muß uns noch einmal eine Chance geben, denn der Dachverband bestraft die Falschen." Doch zunächst honorierte der DFB die Bemühungen von Roth nicht und entzog dem Verein wegen „gravierenden Verfehlungen in der Vergangenheit" die Spielberechtigung für die laufende Saison. Gegenwart und Zukunft, so der DFB, sähen zwar „grundsätzlich positiv aus", könnten aber „die Vergangenheit nicht ungeschehen machen". Das Maß war eben angesichts diverser Auflagenverstöße, schwarzer Kasse und fehlerhafter Unterlagen mehr als voll.

Fans, Spieler und Präsidium waren geschockt. Selbst Ministerpräsident Edmund Stoiber legte sich bei DFB-Chef Egidius Braun ins Zeug. „Enttäuschen Sie nicht die Fans und Freunde des Club, zu denen auch ich gehöre", schrieb er.

Am 9. Juni 1995 dann die Entwarnung. In der zweiten Verhandlungsrunde gab der Ligaausschuß des DFB dem Club die Lizenz. Der DFB stellte jetzt die Zukunft des Vereins, die ausschließlich dank des Engagements und Durchgreifens von Roth gesichert schien, in den Vordergrund und verhängte für die Verfehlungen der Vergangenheit die Höchststrafe von 500.000 DM. Dazu kam ein Abzug von sechs Punkten für die kommende Saison sowie die Auflage, nur 780.000 DM für neue Spieler auszugeben. „Lieber zahle ich 500.000 Mark Vertragsstrafe, als daß ich in der Regionalliga vier Millionen Mark verliere", erklärte Schatzmeister Wolfgang Ritter erleichtert.

Die Lizenzerteilung beflügelte die Club-Fußballer nicht. Im Gegenteil. Nach einer beschämenden 0:1-Niederlage zu Hause gegen Hansa Rostock war der Club sportlich abgestiegen. Die *Abendzeitung* titelte in großen schwarzen Lettern: „Schande!" Präsident Roth war außer sich: „Die Leistung der Mannschaft gegen Rostock war eine Frechheit."

Aber der Club hatte noch einmal Glück. Er blieb in der 2. Liga, weil der DFB Dynamo Dresden und den 1. FC Saarbrücken zum Zwangsabstieg verurteilte. Der 1. FCN erhielt eine Bewährungschance, und Roth stellte ein auf drei Jahre angelegtes Gesamtkonzept zum Aufbau einer jungen Mannschaft mit Trainer Hermann Gerland als Symbolfigur für den Neuanfang der Öffentlichkeit vor. Nichts sollte mehr überstürzt werden, eine bodenständige Mannschaft sollte Zeit zum Reifen haben.

Die Bilanz, die Schatzmeister Wolfgang Ritter im Oktober 1995 zog, gab zu Hoffnung Anlaß. „Ein unrühmliches Geschäftsjahr ist vorbei, aber wir haben ein Desaster verhindert", stellte Ritter fest und gab bekannt, daß der Verein im Dezember 1994 knapp vor dem Konkurs gestanden habe. Im ersten Halbjahr 1995 habe man dann sogar einen Gewinn von 1,026 Mill. DM erzielt. Den Sanierungsgewinn bezifferte er auf 4,6 Mill. DM durch Forderungsverzichte der Ex-Präsidenten und Sponsoren sowie 36 Entlassungen. Im Oktober 1995 drückten den Verein nurmehr 11,6 Millionen Schulden. Zusätzlich konnte die einstige Zinsbelastung von zwei Millionen im Jahr auf 200.000 DM gesenkt werden.

Sportlich dagegen verdüsterten sich die Wolken am Valznerweiher. Vor Beginn der Saison 1995/96 hatte Hoffnungsträger Gerland noch vollmundig versprochen: „Wir machen das Frankenstadion zur Festung." Das Gegenteil aber geschah. Während die mit Mühe und Not zusammengewürfelte Club-Mannschaft auswärts noch halbwegs ansprechende Leistungen zeigte, verlor sie zu Hause sogar gegen den damaligen Tabellenletzten Mainz 05 noch mit 1:2, obwohl die Mainzer nach zwei Platzverweisen mit neun Mann spielten. Nach dem Boom in der ersten Liga klingelten längst auch in der 2. Liga die Kassen, da konnte der verschuldete und von DFB-Regeln eingeschränkte Club nicht mehr mithalten. Zumal man die Rechnung ohne die neu eingeführte Punkteregel (drei Punkte für einen Sieg, einen für ein Remis) machte. Wenige Siege, dafür eine Reihe von Unentschieden ließen den Club nicht aus dem unteren Tabellendrittel entkommen.

Vergeblich appellierte Roth an Gerland, den Kader zu verstärken. Vergeblich stellte er dafür Mittel in Aussicht. Als sich der Club dann endgültig in Abstiegsnot befand, war der Aufbauplan Makulatur. Der sportliche Leiter Günter Gerling wurde demontiert, Trainer Gerland mußte gehen, Willi Entenmann kam, doch auch der konnte den Abstieg nicht vermeiden. Für die Planung einer neuen Mannschaft war es zu spät. So setzte man größtenteils auf den alten Kader. Der soll nun mit nur geringfügig geänderten Gehältern den sofortigen Wiederaufstieg schaffen. Mit einem Etat von 8 Mill. DM startete man als Krösus in die Regionalliga-Saison. Das wirtschaftliche Überleben des Vereins ist eben an die Zugehörigkeit zum Profi-Fußball gekoppelt, daran läßt Roth keinen Zweifel.

Noch vor dem sportlich besiegelten Abstieg in die Regionalliga Süd hatte Roth immer wieder für zusätzliche Unruhe im Verein gesorgt. Mal brachte er den Namen Georg Volkert als Manager, dann wieder Dieter Hoeneß ins Spiel. Dann trat er die Affäre um die einseitige Kündigung des Ausrüstervertrags ins Rollen. Der Club wollte von Puma zu adidas wechseln, doch Puma zog erfolgreich vor Gericht. Puma gewann das Hauptsacheverfahren, doch mit dem Abstieg aus der zweiten Liga waren die Ausrüsterverträge sowieso hinfällig.

Noch vor dem Start der Regionalliga-Saison warfen mehrere Präsidiumsmitglieder und Schatzmeister Ritter das Handtuch. Sie kritisierten Roths Führungsstil. Er lasse nur seine eigene Meinung gelten und behandele Präsidiumsmitglieder „nur als Angestellte des 1. FC ARO". Roth sah sich in der Folge heftiger Angriffe durch die örtliche Presse ausgesetzt. Er spiele „Alles oder Nichts", monierten die *Nürnberger Nachrichten*. Roth konterte: „Ich werde alles richten, und in einem Jahr werden alle zufrieden sein. Ich muß die ganz harte Welle reiten. Wer meint, meinen Kurs nicht mittragen zu können, muß halt gehen."

Ob der Club nun in der Regionalliga-Süd in „ruhigeres Fahrwasser" kommen und der Weg, sportlich wie wirtschaftlich, nach oben führen wird? Angesichts der jahrzehntelangen Geschichte von Affären und Skandälchen scheint die Antwort auf der Hand zu liegen. Daß es auch anders geht, hat in den letzten Jahren eindrucksvoll Schalke 04 bewiesen. Der Verein, der dem Club einst die Rolle der Skandalnudel der Liga streitig machte, hat sich dank Manager Rudi Assauer nicht nur wirtschaftlich, sondern auch sportlich nach oben gearbeitet. Assauer wirkte zielstrebig und verbissen, aber zumeist im Stillen. Gerade das konnten viele der letzten Club-Präsidenten nicht, weil sie es nicht wollten. Ihr Ziel war es, sich im Rampenlicht der Öffentlichkeit zu sonnen und an der Glitzerwelt des Fußballs teilzuhaben. Ihnen fehlte meist die Souveränität, sich nicht in den Vordergrund zu stellen und den Verein trotz eigener Finanzspritzen nicht in eine völlige Abhängigkeit zu treiben. Still wirken, Ruhe bewahren, Konzepte geduldig umsetzen, Kompetenz und Sachverstand neben sich zu dulden und entsprechend zu kooperieren, das war bislang nur selten die Stärke der Club-Präsidenten.

▷ INTERVIEW: HANS EHRT

„Drei Kopfbälle zuviel"

Hans Ehrt, Bezirksschornsteinfegermeister, ist seit 1950 Club-Mitglied. Er war von 1971 bis 1977 1. Vorsitzender des 1. FC Nürnberg und von 1973 bis 1995 Mitglied des Liga-Ausschusses des Deutschen Fußball-Bundes. In dieser Funktion war er mit den unrühmlichen Höhepunkten des Club öfter befaßt, als ihm lieb war.

Was empfindet ein langjähriger Vereinspräsident angesichts des Abstiegs des Club in die Regionalliga?
Da blutet einem das Herz, und da wird auch eine Narbe bleiben. Der Club in der dritten Liga, das ist, obwohl es natürlich bereits vollzogen ist, immer noch nicht vorstellbar.

Der Club hat in den letzten Jahren weniger durch sportliche Erfolge als vielmehr durch Rekordschulden auf sich aufmerksam gemacht. Auch zu Ihrer Zeit als Präsident war der Club schon hoch verschuldet.
Ja, als ich Ende Oktober 1971 die Verantwortung übernommen habe, stand der Club mit rund sechs Millionen Mark in der Kreide. Wir nahmen immense Einsparungen vor und vereinbarten einen Rückzahlungsmodus für die 2,5 Millionen Mark, die wir noch bei der Stadt als Darlehen hatten. Demnach wurden pro Mark, die der Club bezahlte, drei Mark Schulden getilgt. Mit dem Verkauf eines sportlich nicht nutzbaren Grundstückes, des Viatisstreifens, wurden die Schulden um weitere 1,5 Millionen Mark gesenkt. Erst nach diesen Maßnahmen konnten wir daran denken, mit jungen, preisgünstigen Spielern und wenigen Einkäufen das Sportliche wieder in den Griff zu bekommen. Der Club spielte in der Spitzengruppe der zweiten Liga mit und schaffte 1978 den Aufstieg. Das war kurz nach meiner Amtszeit.

Warum haben Sie nicht erneut kandidiert?
Den Ausschlag dafür gaben persönliche negative Erlebnisse: Ein mit dem Messer aufgeschlitzter Reifen platzte mir bei 200 Stundenkilometern auf der Autobahn, meine Kinder wurden in der Schule angepöbelt, es folgten Telefonterror und Morddrohungen.

Der Club wurde 1968 Meister und hatte dank hoher Zuschauerzahlen gut verdient. Woher kamen die hohen Schulden schon kurze Zeit später?

Es spricht viel dafür, daß er schon als Meister verschuldet war. Es ist einfach mehr Geld ausgegeben worden, als man hatte. In der Folge gab es damals noch keine Champions League, mit der man sich hätte sanieren können. Das Kapitel Europapokal war gegen Ajax Amsterdam schon in der ersten Runde zu Ende. Fernsehgelder, Werbung oder Merchandising, das gab es alles auch noch nicht.
Nach Ihrer Zeit erklommen dann die Männer mit Geld den Präsidentensessel. War das in der Rückschau ein Fehler?

Hans Ehrt

Bei meinem unmittelbarer Nachfolger Lothar Schmechtig war das noch nicht der Fall. Er kam als Wirtschaftsmanager und beabsichtigte, den Verein als Wirtschaftsunternehmen zu führen. Das war auch richtig so. Leider trat er schon im Dezember 1978 zurück. Nach einem kurzen Intermezzo von Waldemar Zeitelhack wurde dann Michael A. Roth Präsident. Roth tauchte schon zu meiner Zeit beim Club auf. Wir wußten damals gar nicht, wer er war, als er der Presse bekanntgab, er bringe die Millionen und ich sollte den Stuhl räumen. Zunächst stellten wir fest, daß Roth gar nicht Mitglied war, also gar nicht Präsident werden konnte. Nach einem Gespräch mit ihm war uns dann schnell klar, daß er dem Club nur ein Darlehen in Höhe von einer Million geben wollte. Das hätten wir jederzeit auch von der Bank bekommen, also lehnten wir ab. Dafür bezogen wir Prügel von der Presse. Die schrieb, daß es für die Allgemeinheit unverständlich sei, daß wir arme Schlucker auf den Präsidentenstühlen sitzen und dort gibt es einen, der uns helfen will, und den lassen wir nicht hin. Wir haben dann einfach ein paar Monate gewartet, bis wir Roths Aufnahmeantrag zugestimmt haben.

Was treibt erfolgreiche Geschäftsmänner wie Michael A. Roth, Gerhard Voack oder auch Gerd Schmelzer dazu, Club-Präsident zu werden?

Das ist meist in der Person begründet. Viele nennen es Profilneurose. Die Männer kennen sich nicht aus im Verein, sie kennen das Vereinsleben nicht und haben den Ehrgeiz, wer in der Gesellschaft zu sein. Wie wollen sie das erreichen? Mit der Firma allein schaffen sie es nicht, in die Zirkel der angestammten Kreise hineinzukommen. Also gibt es nur zwei Möglichkeiten: Sie gehen in die Politik oder den Weg über den größten Verein am Ort. Da kommen sie und sagen, ich bin der und der und bringe das und das, und schon werden sie bei einer emotionsgeladenen Mitgliederversammlung gewählt. Das gilt für Roth, für Voack aber noch mehr. Dessen Profilneurose war noch viel schlimmer. Auch Schmelzer hatte so eine Ader, gerne zu glänzen.

In den folgenden Jahren sind dann 25 Millionen Mark Schulden aufgelaufen. Wie war das möglich?

Nach 1978 ist Geld ausgegeben worden, das man gar nicht hatte. Man hatte all die Jahre mit Millionenbeträgen Spielerrentner zum Club geholt, Spieler, die nur noch schnell Geld kassieren wollten und nach einem Jahr wieder weg waren.

Es gab aber auch Spieler, die vom Club weggingen und woanders richtiggehend aufblühten.

Die Fußballer, die den Club verlassen haben und hier Stammspieler waren, ich meine da zum Beispiel Eder, Beierlorzer, Reuter, Grahammer, Dorfner, Eckstein oder Schwabl, die haben dem Verein zwar viel Geld gebracht, aber diese Verkäufe waren so unnütz wie ein Kropf. Man hätte sie halten müssen. Die wollten nicht unbedingt weg, das waren Notverkäufe. Damals, unter Gerd Schmelzer, setzte man andere Prioritäten. Mit dem Hotelbau glaubte man in Bezug auf den Unterhalt des Vereinsgeländes aller Sorgen entledigt zu sein. Doch der Erbpachtzins reichte dafür doch hinten und vorne nicht. Ich vermute, das hat man auch genau gewußt.

In die Ära Schmelzer fiel auch die berühmte „schwarze Kasse" von Schatzmeister Böbel sowie eine unglaubliche Spesenritterei und Betrügerei. Warum schöpfte keiner Verdacht und trat auf die Notbremse?

Das ist ja das Phänomen. Hat da jeder jeden gedeckt, oder waren die anderen so blind, daß da einer taktieren konnte, wie er wollte? Klar ist, daß jeder der damaligen Vorstände nicht kleinlich in bezug auf Ausgabenbewilligung gewesen ist. Wenn dann innerhalb des Vorstands nicht kontrolliert wird und ein in der Satzung vorgesehenes Kontrollgremium sich lapidar abspeisen läßt, da darf man sich dann nicht wundern, wenn das schief geht.

Zu der Zeit saßen Sie im Liga-Ausschuß. Wie fühlten Sie sich, als Ihr Verein seit 1991/92 ständig die DFB-Gremien beschäftigte?

Das war nicht nur in den letzten fünf Jahren so. Der Club stand schon einige Male kurz vor dem Lizenzentzug, in Nürnberg hat das nur kein Mensch gewußt. Das war zu Schmelzers Zeit so, bei Oberhof und bei Voack, aber auch in der ersten Ära Roth gab es schon Maßnahmen des DFB. Der Club ist also nicht nur ehemaliger Rekordmeister gewesen oder amtierender Rekordhalter bei den Trainerentlassungen, er ist auch der Verein, der am meisten beim DFB antanzen mußte und irgendwelche Ermahnungen und Bestrafungen kassiert hatte.

Hat man beim Club den DFB einfach nicht ernst genug genommen, oder hat man geglaubt, den könne man auch austricksen?

Gerade 1994 ist es offenkundig geworden, daß man beim Club Auflagen einfach ignoriert hat. Schatzmeister Schmidt hat es zudem fertig gebracht, gegenüber dem DFB mehrfach jeweils andere Zahlen zum gleichen Komplex zu nennen. Da ist man dann stutzig geworden und hat einen Wirtschaftsprüfer nach Nürnberg geschickt. Dadurch kam es schließlich zum großen Eklat, zum Entzug der Lizenz für die laufende Saison aufgrund der Verfehlungen in der Vergangenheit. Bei der zweiten Verhandlung hat der Ligaausschuß dann mehr Gewicht auf die Zukunft gelegt und die Spielberechtigung doch noch erteilt.

Wäre es nicht besser gewesen, dem Club bereits 1995 die Lizenz zu entziehen?

Bei der jetzigen Zusammensetzung des Präsidiums wäre das egal gewesen. Dort hat man doch kein Konzept. Es ist noch nicht lange her, da sprach man von einem auf drei Jahre angelegten Neuaufbau. Kurze Zeit später kaufte man doch wieder Spieler, die sich hernach wieder als Fehlkäufe erwiesen, und man forderte den sofortigen Wiederaufstieg. Ich weiß nicht, warum beim Club immer Leute die Entscheidungen treffen, von denen sie nichts verstehen.

Warum ist es beim Club nie gelungen, richtige Fußballexperten in Entscheidungsprozesse einzubinden?

Wer sind die Fußballexperten? Ehemalige Meisterspieler wie Hölzenbein oder Magath, das waren gute Spieler, aber deshalb sind sie noch lange keine guten Manager, denn wenn man manchmal Fußballer reden hört, dann könnte man, ironisch gesagt, den Eindruck haben, die haben wirklich drei Kopfbälle zuviel gespielt. Man spricht immer vom Fußballmanager und sieht dabei einen ganz glorreich über Deutschlands Himmel ziehen, das ist Uli Hoeneß. Er hat zweifelsohne wirtschaftlich ungeheuer viel für Bayern München erreicht, aber seine Einkaufspolitik steckt doch voller Fehler. Man braucht nicht unbedingt ehemalige Fußballer, sondern Leute wie Michael Meier von Borussia Dortmund oder Willi Lemke von Werder Bremen. Die kommen nicht aus dem Fußball-Lager, wissen aber über mannschaftliche Gefüge Bescheid und haben vor allen Dingen einen Kopf für wirtschaftliche Belange.

Männer wie Roth oder Voack verfügen doch über betriebswirtschaftliche Kompetenz und unternehmerische Qualitäten. Das beweist doch der Erfolg, den sie mit ihren Firmen haben.

Es ist zwar völlig richtig, wenn man von einem Profi-Fußballverein als einem Wirtschaftsunternehmen spricht. Aber er ist grundsätzlich etwas anderes als ein Unternehmen in der freien Wirtschaft. Man kann sagen, der Inhaber einer Großfirma muß doch wirtschaftlich kompetent sein, denn er produziert und verkauft doch alle möglichen Artikel. Wenn dann einmal eine Ware schlechter geht, kann er diesen Einbruch leicht durch einen anderen Artikel ausgleichen. Beim Fußball gibt es aber nur einen Artikel zu verkaufen. Wenn der nicht geht, dann ist es vorbei. Wirtschaftliche Kompetenz allein nützt nur bedingt etwas, man muß sie im Fußballgeschäft umsetzen. Da brauche ich gute Angestellte mit Sachkenntnis, als Alleinherrscher geht das nicht. Beim Club hat man es meisterlich verstanden, diejenigen, die solche Fähigkeiten gehabt hätten, vor den Kopf zu stoßen.

Tatsache ist, daß der Club drittklassig ist. Wie kann der Weg nach oben aussehen?

Ich würde versuchen, in Ruhe aus unserer Umgebung eine Mannschaft aufbauen. Ein preisgünstiger Kader also mit relativ geringen Grundgehältern und hohen Erfolgsprämien. Dann würde ich einen Trainer engagieren, der Fußballer ist, der Fußball lehren kann, der also selbst Fußball gespielt und nicht geklopft hat. Das muß ein Mann sein, dessen Devise nicht nur Disziplin, Kondition und Taktik lautet. Solche Trainer hatten wir dauernd. Es muß jemand sein, der technisch brillieren kann und nicht nur die Grätsche perfekt beherrscht. Dann bekämen wir vielleicht endlich mal wieder Fußballspieler und nicht nur lauter Marschierer. ☐

Der Stil

Die Einwohner der alten Reichsstadt Nürnberg hielten sich schon immer für etwas Besonderes. Bereits um das Jahr 1458 hatte Aeneas Sylvius, der nachmalige Papst Pius II., ein berühmter humanistischer Schriftsteller des 15. Jahrhunderts, nach einem Nürnberg-Besuch geschrieben: „Ipsi Norimbergenses nec Baiovaros nec Francones videri volunt. Sed tertium quoddam separatum genus." (Die Nürnberger selbst wollen weder als Bayern noch als Franken angesehen werden, sondern gewissermaßen als eine dritte Art.) Gut 450 Jahre später spielten einige Söhne Norimbergas besonders gut Fußball. Spielten sie aber auch anders als die Norddeutschen, die Bayern und die Franken?

Es vergeht kaum eine Fachsimpelei unter Fußballexperten und -freunden, ohne daß auch über den „Stil" einer Mannschaft diskutiert wird. Viele schwärmen zum Beispiel vom „brasilianischen Stil" und meinen damit virtuose Ballbehandlung, geschmeidige Bewegungen, Dribblings, Raffinesse und trickreiche Einlagen für die „Galerie". Andere schwärmen eher vom kampfstarken und geradlinigen „englischen Stil", vom bedingungslosen Zug nach vorne und von rassigen Zweikämpfen vor den Toren. In diesem Sinne könnte man nun fragen: Gibt es so etwas wie einen „Nürnberger Stil"? Und dem könnte man noch hinzufügen: Was hat dieser Stil mit den Besonderheiten Nürnbergs zu tun? Gibt es einen Zusammenhang zwischen der Stadt und der Art und Weise, wie beim Club Fußball gespielt wurde, vielleicht auch noch wird? Auch die brasilianische Art des Fußballspielens hängt ja mit der brasilianischen Lebensweise zusammen, so daß man nicht nur von der brasilianischen Art des Fußballspielens, sondern beispielsweise auch von der brasilianischen Art des Jubelns spricht.

Apropos Brasilien! „Die haben uns begeistert wie heutzutage die Brasilianer in ihren besten Spielen", meinte Kurt Ucko, zuverlässige Arbeitsbiene der Oberligamannschaft des Club, in Gedanken an seine erste Begegnung mit den Spielern in Weinrot: 1936, als Zwölfjähriger, hatte er den legendären 1. FC Nürnberg erstmals gesehen, als dieser zu einem Gastspiel in Breslau weilte. Einige Spekulationen über das Charakteristische dieser brasilianischen Nürnberger sollten erlaubt sein. Denn schließlich ist anzunehmen, daß die Legende vom Club viel mit dem Stil zu tun hat, in dem man in Nürnberg den Fußball zelebriert hat.

Der fränkische Flachpaß

Kenner der Fußballhistorie werden auf die Frage nach dem Club-Stil zunächst antworten: Klar, die großen Clubmannschaften der zwanziger Jahre spielten, als Vertreter der Süddeutschen Schule, den „fränkischen Flachpaß", also eine Abwandlung des von Townley ins Frankenland transportierten „schottischen" Stils. Im Gegensatz zu Fürth, wo die Kunst des Kombinierens fachmännisch, ja geradezu mit wissenschaftlichem Ehrgeiz gelehrt wurde, setzte man in Nürnberg eher auf die derben Anweisungen von Trainern wie Bumbes Schmidt, der die hohe Kunst auf ihren pragmatischen Kerngehalt reduzierte. Der Kabinen-O-Ton lautete, nach Klaus Schamberger, etwa so: *„Also Männer, dassder bescheid wissd – haid werd flach gschbilld und houch gwunner!"* Und, zur Untermauerung: *„Sunsd gibd's Drümmer Schelln."* (Heute wird flach gespielt und hoch gewonnen – sonst gibt es gewaltige Ohrfeigen.)

Mit dieser einfachen, aber durchaus wirkungsvollen Losung errang der 1. FCN binnen weniger Jahre fünf Deutsche Meisterschaften. In gewisser Weise entsprach der Flachpaß dem in der Noris weit verbreiteten Sinn für das Nächstliegende, denn in der Regel war der Club schon vom Spielermaterial her gezwungen, „auf dem Boden" zu bleiben. Die Meistermannschaften des 1. FC Nürnberg waren – sieht man einmal von den Hünen Kalb und Stuhlfauth sowie dem langen Lulatsch Riegel ab – geradezu zwerghaft. Im Schnitt maßen sie gerade mal 1,70 m.

In dieses Bild paßt denn auch, daß der 1. FCN generell als ziemlich kopfballschwache Mannschaft galt. Statt auf geradliniges Flügelspiel mit hoher Flanke auf den Mittelstürmer, wie es in Norddeutschland üblich war, setzte man auf das Flachpaßspiel an der Strafraumgrenze, um dann mit einem plötzlichen Paß in die Lücke die schnellen Halbstürmer in Szene zu setzen. Die „Zauberer vom Zabo" waren allesamt vor allem Strategen des Läufer- und Halbstürmerspiels, die mit schnellen, sicheren Paßfolgen und laufstarkem Ausnutzen der gesamten Spielfeldbreite den Gegner einschnürten und allmählich zermürbten. Wobei natürlich das Wort „Strategie" nicht überstrapaziert werden darf. Verzwickte Manöver und in langen Sitzungen ausgetüftelte taktische Raffinessen waren nicht typisch für die immer auf das Konkrete, unmittelbar Zweckmäßige ausgerichtete Nürnberger Fußballkunst. „So wie sein Spiel ist, offen und geradlinig, so ist auch sein Charakter", hieß es einmal über Heinz Strehl. Und dasselbe hätte sich auch über jeden anderen Clubspieler sagen lassen.

Daß der Nürnberger, andererseits und prinzipiell, für das Kombinationsspiel mit seinen technischen Finessen wie geschaffen ist, zeigt eine kurze Analyse seiner typischen Sportsprache. Liest man die Dissertation, die Olga Eckardt im Jahre 1937 zu diesem Thema verfaßt hat, so kann man sich des Eindrucks nicht erwehren, daß mit den Worten, die die Nürnberger für ihren Sport erfunden haben, nur auf eine bestimmte Art und Weise Fußball gespielt werden kann. Die provinzielle Derbheit des Dialekts – Sätze kommen unmelodisch und langsam, ja beinah gelangweilt, Worte sind immer leicht verwaschen (d statt t, g statt k, b statt p) – sollte nicht darüber hinwegtäuschen, daß der Nürnberger, im Grunde seines Wesens, durchaus eine Veranlagung hat für Feinheit und Finesse.

Auffallend ist zunächst, daß im Zabo-Idiom für das im Fußball unerläßliche Spielgerät offensichtlich nur abschätzige Ausdrücke zur Verfügung stehen. Der Ball, das ist in der Regel die *Gurgn* (Gurke). Er wird also von vorneherein als etwas Unförmiges wahrgenommen. Für besonders verbeulte Bälle existiert der Spezialausdruck *Gagala* (vom „gaga" des eierlegenden Huhns), wenn er recht klein ausfällt, nennt man ihn – genauso wie den zu klein geratenen Spieler – *Gribbala* (Krüppelein), der kaum noch spielfähige, schlappe Ball heißt *Blunsn*. Abgesehen von dem aus Stoffresten zusammengesetzten Spielgerät, liebevoll *Flecklesball* genannt, beziehen sich im Nürnbergerischen vom Begriff Ball selbst hergeleitete Ausdrücke interessanterweise nicht auf das Spielgerät selbst, sondern auf das, was man mit ihm tut: Ein *Bälla* ist ein besonders schön zugespielter Ball, möglichst knapp unter der Grasnarbe. Woraus folgt: Für den Nürnberger wird der Ball erst zum Ball, wenn er von kundigen Füßen in Bewegung gesetzt ist. Den ruhenden oder unbeholfen getretenen Ball nimmt er nicht als eine runde Sache wahr.

Das technisch anspruchsvolle Spiel, so ergibt sich aus dieser Dialekt-Analyse, macht offensichtlich den Kern des Nürnberger Stils aus. Tatsächlich lehrt die Geschichte des 1. FC Nürnberg, daß man schon in der Frühzeit verschiedene Formen des kunstvollen Fußballspiels auch sprachlich eingemeindet hat. Mit Hilfe des assimilierten Berliners Servas lernte man den *Bälinä* (Schuß mit dem Außenrist), das *Häppen* (schnell und sicher zuspielen, von Servas' Zuruf „Hopp" hergeleitet) und, abgeschmeckt mit der ungarischen Fußballkunst eines Alfred Schaffer, auch den Rest des fußballerischen Einmaleins: das *Buddän* mit der *Bfanna* (schön schießen mit dem Vollspann), das *Ferschn* (den Absatzkick) und schließlich den *Schlaicherdä* (Effetstoß). Wer's besonders gut konnte, wurde mit dem üblichen Anhängsel „la" geehrt: *„Des war ä Schüßla", „des war ä Absädzla".*

Vor diesem Hintergrund kann es wohl niemanden mehr verwundern, daß das auf „technische Feinheiten" (Heinz Strehl) abgestellte Spiel mit flachen *Bäßla* für Jahrzehnte ein Markenzeichen des Nürnberger Stils blieb. Auch in den dreißiger Jahren wurde der Club mit Schlagzeilen gefeiert wie „Der trickreiche, flüssige Flachpaß des 1. FCN zermürbte die Gegner und begeisterte die Zuschauer" oder „Der Flachpaß der Franken feierte Triumphe". 1949 freute sich der Leipziger Gunter Baumann, daß er in eine Klassemannschaft kam, „die einen hervorragenden Flachpaß spielte", wenig später brillierte diese Mannschaft in Barcelona „mit verwirrenden Flachpaßfolgen", und der Rheinländer Franz Brungs hatte noch in den sechziger Jahren große Mühe, sich daran zu gewöhnen, daß „in Nürnberg alles durchdachter angelegt war und auch die Technik mehr im Vordergrund stand".

Keine Experimente

Im Grunde ist es recht erstaunlich, daß man in Nürnberg so schnell und so gut das Fußballspielen gelernt hat. Schon der Franke im allgemeinen hat, wie weithin bekannt sein dürfte, eine eher abwartende, defensive Natur. Er ist bodenständig, liebt keine Experimente. Wenn er den Sinwellturm, das weithin sichtbare Wahrzeichen der Stadt, aus dem Blick verliert, dann fühlt sich der Nürnberger nicht mehr wohl. Weil sie sich auf keine unwägbaren Abenteuer einlassen wollten, verweigerten die Meisterspieler der zwanziger Jahre die damals schon recht lukrativen Angebote nach auswärts. „Wir blieben", so begründete Carl Riegel einmal, „weil unser Herz am 'Club' hing und weil wir ohne unseren 'Club' einfach nicht leben konnten." Erst in späteren Zeiten gab's dann auch mal Spieler, die unter ihrer provinziellen Mentalität ein wenig litten. Als er eine verlockende Offerte von Real Madrid nicht angenommen hatte, trauerte Nandl Wenauer noch lange Zeit dieser verpaßten Chance hinterher: „Ich hatte einfach nicht den Mut und den nötigen Biß."

Der konservative Hang der Nürnberger zum Bekannten und Althergebrachten wird auch an anderen Beispielen deutlich. So schafften es die Club-Präsidenten, die in Form des Profifußballs mit der Moderne konfrontiert wurden – Ludwig Franz etwa, oder auch noch Walter Luther –,

Denkmäler für waschechte Nürnberger Fußballhelden: Zwischen Stadion und Valznerweiher gibt es die Heiner-Stuhlfauth-Straße (seit 17.4.1967), die Hans-Kalb-Straße (19.11.1974) und den Max-Morlock-Platz (1.5.1995).

in der Regel nicht, sich den Entwicklungen rechtzeitig anzupassen. Als in der Bundesliga Rückennummern eingeführt werden sollten, wehrte man sich beim 1. FCN mit dem Argument, daß man noch nie welche gehabt hätte und also auch fortan ohne solche *Schberenzla* (Sperenzchen) auskommen wolle. Und als der wendige Schmelzer mit dem weltmännischen Arie Haan den Club aus seiner provinziellen Beschaulichkeit herauskatapultieren wollte, war dies der Anfang einer katastrophalen Entwicklung, die den Club bis an den Rande des Ruins trieb.

In seiner Abneigung gegen alles Neue kann der Nürnberger eine erstaunliche Sturheit an den Tag legen. Es sind die Tradition und das Vertrauen in das Althergebrachte, die den 1. FCN zu Ruhm und Ehren gebracht haben. Solange es noch die verwaschenen weinroten Trikots gab, in denen der Schweiß von Meistern steckte, wurden diese von der Mutter Böhm wie ein Schatz gehütet. Bei wichtigen Spielen hat man sie sich dann ehrfurchtsvoll übergestreift, und allein schon die Geschichte, die in diesen Textilien gesteckt hat, genügte, um ihre Träger zum Sieg zu treiben. Daher ist die Hoffnung eigentlich fast absurd, der Club könne mit anderen als den traditionellen Trikots zu neuen Erfolgen stürmen.

Ewig nörglerisch und abwertend zeigt sich der Nürnberger gegenüber allem Unbekannten *(„Was sulln ner des?"* / Was soll denn das?). Die wenig erfreuliche Eigenschaft, nicht ernstzunehmen, was man nicht kennt, wird nur zuweilen erträglich, wenn sie sich mit Humor verknüpft. Immerhin kann, wie Seppl Schmitt meinte, „die große Dosis von Humor" als typisch gelten für die „Nürnberger Schule". Bei einem Gastspiel des AC Florenz in den fünfziger Jahren beobachteten die Clubspieler verdutzt, wie sich die Italiener vor dem Spiel ausgiebig aufwärmten. „*Schaut hie*", rief Helmut Herbolsheimer vor dem Anpfiff, „*die ham scho duscht.*" Traditionell unaufgewärmt gewann der Club mit 6:2.

Manchmal aber, wenn man sich dann doch für etwas Neues entschieden hat, dann nimmt man in der Noris eine Sache auch wirklich ernst. Natürlich auf ganz spezielle Art. Als der englische Sport Fußball sich etabliert hatte und die Norddeutschen auf „Husarenart" stürmten, spielte man in Süddeutschland abwartend. Man machte hinten dicht, setzte auf Sicherheit. In dieser Neigung, jedes Risiko zu vermeiden, hat die große Tradition der Nürnberger Torhüter ihren Ursprung. Hier brauchte man auch keine Rückennummern, sondern lediglich einen grauen Pullover. Über alle Generationen hinweg hatte der Club einen „letzten Mann", der, wenn er es denn nicht wurde, zumindest das Zeug hatte, die Nr. 1 in Deutschland zu werden: Angefangen bei Stuhlfauth, über Köhl, Lindner, Schaffer, Wabra bis hin zu Köpke.

Stuhlfauth setzte von 1915 bis 1933 die Maßstäbe im Tor des Club in punkto Reaktionsfähigkeit, Fangsicherheit, Stellungsspiel und vor allem in seiner besonderen Stärke: dem Herauslaufen mit balltechnisch sicherer Fußabwehr. Selbst wenn der überragende Stuhlfauth einmal ausfiel (was genau 100mal der Fall war), hatte der Club ausgezeichneten Ersatz: Dann spielte nämlich Benno Rosenmüller, und zwar so gut, daß ihn mancher Journalist in die Nationalmanschaft loben wollte. Obwohl der Keeper bei jedem anderen Verein eine glanzvolle Karriere vor Augen gehabt hätte, zog er es vor, dem Club die Treue zu halten: Lieber hier der Zweite als anderswo der Erste, lautete seine Devise.

Nachfolger Stuhlfauths – der übrigens neben dem Fürther Teddy Lohrmann und dem ASN-Hüter Sindel nur einer aus der fränkischen Torhüter-Hochburg war – wurde im Jahre 1930 Georg Köhl. Berühmt waren seine „Flüge" quer durch den Strafraum. Diese brachten ihm den Spitznamen „Hauptmann" ein, nach dem damals bekannten Ozeanflieger Hauptmann Köhl. Kein geringerer als Ricardo Zamora, Spaniens großer Stuhlfauth-Konkurrent, lobte den „Hauptmann" mit den Worten: „Stuhlfauth hat einen würdigen Nachfolger gefunden." Nach dem tragischen Tod Köhls – der fanatische Ballfänger hatte sich 1944 nach einem

Armdurchschuß nicht operieren lassen wollen – streifte sich Georg Lindner das Torwart-Trikot des 1. FCN über. Er war ein guter Leichtathlet und, ähnlich wie Stuhlfauth, auch ein sehr guter Feldspieler. In einer 1953 abgeschlossenen Klassifizierung der besten Fußballer Deutschlands schrieb Joseph Michler: „Seines Herausfliegens wegen (sonst auch 'Reaktionsfähigkeit' genannt), verdient Lindner den ersten Platz unter den Hütern, die seit '45 kamen... Sein 'Herausfliegen' kam natürlich an das Herausbrausen Stuhlfauths nicht heran!"

Auf den 1947 verstorbenen Lindner folgte Edi Schaffer, und auch er erwies sich als Meister seines Faches. Er war einer der Garanten für den Endspielsieg von 1948. Die Partie, an die sich Edi Schaffer selbst am liebsten erinnert, fand freilich erst drei Jahre später statt: Es ist das 2:0 des Club in Barcelona. Schaffer lieferte eine Glanzvorstellung. „Keiner der spanischen Zuschauer", so schwärmt er, „verließ nach dem Schlußpfiff das Stadion. Alle winkten mit Taschentüchern und bereiteten Ovationen." Nach der allmählichen Ablösung Schaffers zeigte dann in der Saison 1961/62 der ruhige und bescheidene Wabra erstmals, daß er seinen großen Vorbildern im Club-Tor entsprechen könnte. Er bestach mit Reaktionsschnelligkeit und Fangsicherheit, und als ehemaliger Linksaußen war er, ganz in der Stuhlfauth-Tradition stehend, auch ein guter Feldspieler.

Als sich der Club am 9. Juni 1969 mit einem 0:3 in Köln für neun Jahre aus der 1. Bundesliga verabschiedete, war klar, daß dieses Debakel nur passieren konnte, weil mit Rynio ausnahmsweise einmal ein Fliegenfänger zwischen den Pfosten stand. In den Jahren der Zweitklassigkeit hatte man mit Manni Müller und Rudi Kargus zwischendurch zwar überdurchschnittliche Leute, aber es dauerte einige Zeit, bis wieder ein Großer kam: Andy Köpke. Ursprünglich als Ersatzmann für Herbert Heider, den Aufstiegshelden von 1984, geholt, erwies sich der gebürtige Kieler als ein Schnäppchen. „Weltklasse" schwärmten die Kommentatoren nach der grandiosen Leistung, die Köpke während der Hinrunde 1987/88 gegen Stuttgart ablieferte. Weltklasseleistungen zeigte er seitdem am laufenden Band, so daß er im Grunde genommen erst viel zu spät zur Nr. 1 unter Deutschlands Torhütern geworden ist. Auf der Linie hat der reaktionsschnelle Köpke kaum einen Konkurrenten zu fürchten, seine ungezählten Paraden, mit denen er „unhaltbare" Schüsse doch noch um den Pfosten lenkte, haben dem 1. FCN so manchen Punkt gebracht. Ohne Köpke, da sind sich die Experten einig, wäre der Club nicht erst 1994 aus der Bundesliga abgestiegen.

Gesunde Härte

Vom Flachpaß über das Sich-Flach-Hinschmeißen gelangt man zum dritten Charakteristikum des Nürnberger Stils: dem Flachlegen. Der Nürnberger spreche in einem Tonfall, so heißt es, der bisweilen ein wenig rauher klinge, als es gemeint ist. Manchmal, und vor dem eigenen Stafraum sogar in der Regel, meint er es aber tatsächlich so, wie's ihm rausflutscht: *„Dridd draff, der zuggd no!"* Zuweilen, wie im Falle Wenauer, probten später berüchtigte Meisterknüppler schon in ihrer Jugendzeit das Einmaleins des rohen Spiels. *„Hau doch nedd so nei!",* wurde der spätere Klassestopper schon beim Straßenfußball ermahnt. Dabei hatte er damals noch nicht mal Schuhe an.

Gesunde Härte – heute auch „internationale" genannt – gehörte zu den traditionellen Stärken des Clubspiels. Die Spieler, die da in der Abwehr werkelten und grätschten, wußten durchaus, wie man einem Gegner den Schneid abkauft. Klagen über das überharte Spiel des Club zählten zum fast alltäglichen Erscheinungsbild auf dem Rasen des Zabo. „Kugler wird im Dazwischenfahren von keinem erreicht", hieß es in den Zwanzigern. „Ich war schon ein harter Knochen", sagte Billmann über den Dreißiger-Jahre-Verteidiger Billmann. Knoll, Hilpert und Sensenmann Kennemann sägten in der Oberligazeit an Gegner-Beinen, Popp war der „Eisenfuß" der 68er Mannschaft, und wenn in den achtziger Jahren Ewald Lienen die Namen „Stocker, Eder, Weyerich" hörte, dann lief's ihm eiskalt den Rücken hinunter.

Es ist daher nicht erstaunlich, daß die Männer in Rot-Schwarz immer wieder mit den Roten Karten Bekanntschaft machten, die der Mann in Schwarz zu verteilen pflegt. Zwei Meisterspieler des Club beendeten ihre Karriere mit Platzverweisen: Heiner Träg flog 1927 beim Endspiel gegen Hertha BSC vom Platz, zehn Jahre später, als der Club gegen Schalke scheiterte, mußte Seppl Schmitt bei seinem letzten Spiel vorzeitig ausscheiden.

Die Tradition des rüden Spiels läßt sich zurückführen bis auf Zeiten, als die Clubcracks erstmals Kontakt hatten mit den *Auchspoddlän* (Dilettanten), die den Ball auf dem Fürther *Scheißanger* (Schießanger) nur als *Bauänschbidzla* (mit der Fußspitze) zu spielen in der Lage waren. *„Lauder Flaschn", „ä Gomigämannschafd"* (Komikermannschaft), *„aaf dem Aggä koosd ja eh blouß rumschusddän"* (auf dem Acker muß man ja schlecht spielen) und ähnlich lauteten ihre Kommentare. Als die *Fädder* (Fürther) unter Anleitung des Briten Townley technisch solche Fortschritte gemacht hatten, daß sie die Nachbarn aus der Noris auf dem *Bierfilzla* *schwanzn* (umdribbeln) konnten, wollte man sich beim Club durch solche filigranen Kabinettstückchen nicht beeindrucken lassen. *"Mied solche Grämbbf kummsd a nedd weider"* (Dieser Blödsinn bringt nichts), sagte man sich, und das Derby wurde hart. Jetzt hieß es: *draufgei, abdeggn* (den Gegner kaltstellen), *zwiggnä* (in die Zange nehmen), *a Bala haua, umhaggn* (umtreten). Und wenn das zum Sieg nicht reichte, machte man die Sache eben zum Selbstzweck: *"Hau nei ins Gschlambb!"*. *"Meddzgä!"* (Metzger!), schimpften die Fädder dann, aber die Clubspieler reagierten darauf meist kühl und gelassen: *"Marggus!"* oder *"Schauschbiller!"* (Spieler, der eine Verletzung markiert).

Die herausgeforderte Offensive

Wie konnte es, so fragt man sich nach alldem, zum berühmten Nürnberger Offensivwirbel kommen? Er wird sich vermutlich so ähnlich entwickelt haben wie in jener Geschichte, die sich irgendwann in den zwanziger Jahren in Schweinfurt begab. Vor einem Spiel gegen den dortigen FC wurde auf Wunsch des Schweinfurter Mäzens Willy Sachs verabredet, daß der Club mit seinem Gegner nicht allzu hart umspringen solle. Die Clubspieler willigten ein, führten zur Halbzeit lediglich mit 3:0. Als die Schweinfurter dann den Anschlußtreffer erzielten und in der Hoffnung auf ein besseres Resultat härtere Bandagen anlegten, wurden sie bösartig und setzten den Schweinfurtern zwölf weitere Tore in den Kasten.

Der Nürnberger, so zeigt sich, ist ein bockiger Mensch. Er will seine Ruhe, ist genügsam. Aber wenn er gereizt wird, dann läßt er sich nichts gefallen: *"Horch amol, a su gehd's fei nedd!"* (Hör mal her, so geht's aber nicht!) Ähnliches wie das, was in Schweinfurt geschah, läßt sich denn auch aus der späteren Clubgeschichte zuhauf berichten. Beispielsweise von einer Fahrt, die der Club im Jahre 1928 nach Oberschlesien unternommen hat. Nach langer Reise, vielen Festlichkeiten und ausgiebigem Trinken hatte man in Beuthen den dortigen FC 09 mit 1:0 recht freundschaftlich behandelt. Dann, nach weiteren Feiern, kam es am nächsten Tag in Breslau erneut zu einem Match. Als die Breslauer die müden Nürnberger sahen, ließen sie durch den Schiedsrichter mitteilen, daß das Spiel bei einem eventuellen Unentschieden verlängert werde. Natürlich gab's dann keine Verlängerung. *"Eddz gwinna mir erschd rechd!"* waren Stuhlfauths Worte vor dem anschließenden 9:1.

So also wurde die Club-Taktik geboren, die da lautet: *Nach vorn feddzn, än Durchreißä machn* (auch: den Gegner *weghuddzn*), und dann – wahlweise – *bfeffern, bfundern, bleschn* (scharf schießen). Wenn ein solcher *Bledzn* (scharfer Schuß), abgefeuert von einer der Club-Kanonen, saß, jubelte das Publikum: *"Eddz hadd's gschebberd"*. Manchmal kam natürlich nur *a Dibbfala* (wahlweise: *Driggerla* = schwacher Schuß) heraus. Wenn der Stürmer ihn nicht irgendwie *nübäwerng* (über die Linie bringen) konnte, dann schimpften die Mitspieler: *"Grousmuddä!"* (Großmutter!). Nicht selten ging ein Schuß neben den *Kasdn* (Tor). Normalerweise, soviel sei eingestanden, brauchte der Club viele *Schangsen* (Chancen), bis es einmal rasselte, so daß der *Ballnrußla* (Balljunge) hinter dem Tor des Gegners immer viel zu tun hatte (Anm.: *Rußla* = fränk. für Rauhaardakkel, der ja ebenfalls gerne dem Ball hinterherzuwetzen pflegt).

Mit der Taktik *Ausbumbna, bisse Spinood scheibm!* (den Gegner schlapp machen, bis er müde wird), setzte es für viele Gegner im *Endspordd* (Endspurt) einen *Ballong* (hohe Niederlage). Mitte der zwanziger Jahre, als sich ein unkundiger Zuschauer darüber aufregte, daß der Club in der ersten Halbzeit ein fürchterlich schlechtes Spiel zeigte, wurde er von einem Experten in die Geheimnisse der Nürnberger Taktik eingeweiht: *"Dös is a su ... zerschd dennas als wenns däden, dös haßdd, sie denna nix und loun die andern blouß a weng herhuddzen, dann af amol, wenn die andern merb sin, nou fangas is Golneihaua oh!"* (sinngemäß: Zuerst lassen sie den Gegner ein bißchen rumspielen, dann aber, wenn die anderen müde sind, drehen sie auf und schießen die Tore). Manchmal allerdings wurde der Gegner nicht *merb* (ausgelaugt, müde), und der Club verlor. Aus Nürnberger Sicht war dann, selbstverständlich, immer der *Bschießrichdä* (Beschiß-Schiedsrichter) schuld.

Nürnberger Kameraden

Für viele Experten war der Club nur dann und nur dadurch erfolgreich, daß alle Spieler dieselbe Sprache sprachen. In den Anfangsjahren des Fußballs war es normal, daß sich die Mannschaften eines Vereines aus Spielern rekrutierten, die gleich nebenan aufgewachsen waren. „Nur die Homogenität unserer Mannschaft verbürgt unsere Erfolge. Es sind alle Nürnberger Kinder...", schrieb Hans Hofmann im Jahre 1926. Auch später kamen die Meisterspieler in der Regel aus Nürnberg oder aus der näheren Umgebung. Die Wurzeln des Erfolges von 1948 lagen, so meinen Georg Wich und Hildebrand Kelber in ihrem Buch über den 1. FCN, keineswegs ausschließlich im spielerischen Können: „Der Kameradschaftsgeist war

Nürnberger Gefühle. In kleiner Runde sitzen beisammen: Die Alt-Cluberer Luitpold Popp, Dr. Hans Hertrich und Dr. Hans Pelzner.

es vor allem, der Berge versetzte. In der Mannschaft standen lauter Nürnberger, die sich von Jugend an kannten..."

Nach dem Spiel saßen die Kameraden natürlich beisammen. Hier zeigt sich, daß der Weg ins Innere des Nürnberger Gefühls nur über den Stammtisch der Einheimischen in der kleinen, engen Wirtschaft führen kann. Erst hier, in der Intimität des Fußball-Gesellschaftsabends, in einer Runde, die sich nach außen abschottet, ist der Nürnberger, vom Alkohol ins Reich der Meisterträume entführt, dann sogar zu kleinen Äußerungen der Begeisterung fähig: *„Wie die gschbilld ham, des baßd scho!"* (Wie die gespielt haben, das ist schon in Ordnung). Wer hier Zugang gefunden hat, der kann auch teilhaben am Stärkegefühl des mittelfränkischen Kleingruppenmenschen: *„Mir sin mir und uns koo kanner!"* (Uns kann keiner was!). Die in sich geschlossene, überschaubare Gruppe kommt dem Wesen des Nürnbergers entgegen, und so dürfte die Behauptung nicht übertrieben sein, daß es sich in einer Fußballmannschaft in idealer Weise erfüllt. Alle guten Clubmannschaften waren Mannschaften im wahrsten Sinne des Wortes.

In Nürnberg, wo man sich von nichts so leicht beeindrucken läßt und für Sensationen beinah gänzlich unempfänglich ist, war nie Platz für Stars und Großsprecher. Mit Leuten wie Schaffer hielt man es nicht lange aus, denn Chef war immer das Miteinander, der Mannschafts„geist", dem man sich ein- und unterzuordnen hatte. Auch herausragende Spieler, allen voran Max Morlock, blieben bescheiden. Nicht zuletzt in diesem auf den Nahhorizont, auf die Enge der unmittelbaren Wahrnehmung beschränkten Gruppendenken liegt es wohl begründet, daß der Club gerade in unsicheren Zeiten glänzen konnte – zweimal wurde er unmittelbar nach dem Krieg Meister! „So kurz nach dem Krieg waren wir alle in derselben Situation, deshalb entstand wohl auch so eine enge Kameradschaft, so ein tolles Gefühl der Zusammengehörigkeit", meinte Julius Uebelein.

Viele Clubspieler hatten ähnlich wie der Johanniser Schorsch Kennemann ihre Karriere als Straßenfußballer in Nürnbergs Stadtvierteln begonnen, und viele waren schon als Kinder miteinander befreundet. Zapf Gebhardt zum Beispiel hatte sich sein Ballgefühl zusammen mit Hans Pöschl auf der Deutschherrenwiese angeeignet, Gerhard Bergner wohnte schon als Kind direkt am Zabo. In der Regel „klaute" sich der Club die Jugendlichen der kleinen Nürnberger Vereine, päppelte sie in der Jugendmannschaft auf und bastelte sich dann ein erfolgreiches Team. Noch 1961 gaben fast ausschließlich Nürnberger Vereine – Eintracht, ASV Süd, TV Glaishammer, 1860 Schweinau und wie sie alle heißen – den Talentschuppen für den Club ab.

Natürlich ist es im Lauf der Zeit schwieriger geworden, die Spieler-Akquisition auf den Raum Nürnberg zu beschränken. Früher schon hatte man sich des öfteren in Fürth bedient (Sutor, Bumbes Schmidt, Kennemann waren einmal Kleeblättler), später griff man auch schon mal auf den weiteren Umkreis zurück und holte einen Luggi Müller vom FC Haßfurt. Seit Bundesligazeiten wurden auch „fremdsprachige" Spieler immer interessanter, der Club aber dadurch in der Regel nicht besser. Qualitätsfußball „made in Nuremberg" verkraftet offensichtlich nur wenige „Ausländer". Sicher, am Meistertitel 1968 hatte Franz Brungs, von Dortmund geholt, maßgeblichen Anteil. Aber Legionäre waren auch '68 noch die Ausnahme. Brungs läßt sich noch den vereinzelt „Zugroasten" zurechnen, die es in der Clubgeschichte schon immer gegeben hat. Ganz am Anfang etwa den Schweizer Gustav Bark, dann den Ungarn Alfred Schaffer, in den Dreißigern den Leipziger Carolin, 1948 den gebürtigen Schlesier Edi Schaffer, einziger Nicht-Nürnberger in der Elf, die im Jahre 1948 die 7. Meisterschaft für den 1. FCN errungen hat.

Die Fremden

In einem Aufsatz „Über die seelische Eigenart des Nürnbergers" schreibt Manfred Lindner: „Ebenso wie er infolge seiner mangelhaften Schwingungsfähigkeit den Kontakt untereinander und Fremden gegenüber nicht zu fördern vermag, hat er auch bis heute die zwischenstaatlichen, -stammlichen oder -städtischen Beziehungen nicht zu bessern vermocht und erschwert in hohem Maße die Assimilierung Zugewanderter." Tatsächlich fühlt sich mancher Auswärtiger, der nach Nürnberg kommt, hier nicht auf Anhieb wohl. Die düstere Altstadt mit ihren engen Gassen hat auf den ersten Blick nichts Einladendes an sich, genausowenig wie die nüchternen Sandsteinfassaden der nach der Jahrhundertwende erbauten Miethäuser. Auch wer hinter die Fassaden guckt, hat es zunächst nicht leicht mit dem Nürnberger. „Obwohl er sich ohne vertraute Umgebung zumindest unbehaglich fühlt", sagt Lindner, „wird er sich selten zu Fremden setzen, solange noch ein freier Tisch zur Verfügung steht." Wer Kontakt mit dem Nürnberger will, der muß auf ihn zugehen. Hat er sich vom derben Dialekt nicht abschrecken lassen, so darf er dann im Grunde nur ein Thema anschlagen, ohne daß es der Nürnberger als ungezogenen Angriff auf seine Privatsphäre abwehren wird: den Fußball. Und der Fußball ist in Nürnberg identisch mit dem Club.

Fußball hat für den maulfaulen, trägen Franken viele Vorteile. Auf dem Platz muß er nicht viele Worte verlieren, einige dahingeschleuderte Sprachfetzen genügen, um die richtige Verständigung herzustellen. Da sich über kaum etwas anderes so leicht reden läßt wie über Fußball, lockert sich bei diesem Thema selbst dem Verstockten die Zunge. Weil die Sprache des Fußballs einfach und, vom Prinzip her, international ist, hat der Fremde, der zwischen Mögeldorf und Doos heimisch werden will, im Grunde nur auf diesem Gebiet eine Chance, integriert zu werden. Die im Fußball geforderte Konzentration auf das Wesentliche läßt den Nürnberger zuweilen auch einen fremden Zungenschlag akzeptieren. So war es der Fall bei dem nur des Schwyzerdütschen mächtigen Gustav Bark, bei den Sachsen Carolin und Baumann oder bei dem Badener Dieter Eckstein. Mit dem denkwürdigen Satz „Hauptsach isch doch, daß i meine Kickschuh dabi hab" hatte sich der ohne Sporttasche zu seinem ersten Auswärtsspiel angetretene Stürmer eingeführt. Weil er sich in der Folgezeit auf das Wesentliche, das Toreschießen nämlich, konzentrierte, gelang es ihm binnen kurzem, zum Publikumsliebling zu avancieren.

Im Prinzip fordert der Nürnberger freilich von jedem Fremden, daß er sich bedingungslos assimiliert. In den vierziger Jahren hatte Trainer Bumbes Schmidt die damals noch wenigen „fremdsprachigen" Spieler angeherrscht: „Ich verstehe kein Wort von eurem Schmarrn. Ihr habt so zu reden wie wir Nürnberger." Nur als Sammy Sane nach Nürnberg kam, mußte man sich – abwaschen ließ sich der dunkelhäutige Spieler schließlich nicht – von vorneherein generös zeigen: *„A weng a Farbdupfer schad nix!"*

Wenn einer in Nürnberg akzeptiert wird, dann also über den Fußball und eine Fußballmannschaft. Gustav Bark wurde als beliebter Exot integriert, weil er als eine Führungspersönlichkeit zum „guten Geist" der Mannschaft avancierte. Der Ungar Alfred Schaffer, der eine besondere Vorliebe für die altnürnberger Gemütlichkeit hatte, wie sie Stuhlfauths Sebaldusklause repräsentierte – Spitzgiebel, Butzenscheiben, Zinnkrüge, Holztäfelungen –, fühlte sich in der Frankenmetropole so wohl, daß er Jahre später als Trainer wiederkehrte. Der Leipziger Carolin perfektionierte den Flachpaß derart, als ob er selbst das fränkische Spiel „knapp unter der Grasnarbe" erfunden hätte. Die Schlesier Kurt Ucko und Edi Schaffer lebten sich so sehr ein, daß ihnen der Club bald wie eine große Familie vorkam. Der Meistertorhüter trauert bis heute dem „Alten Zabo" hinterher: „Da fehlt jetzt einfach ein Stück Club, was haben wir dort für Stunden verlebt, als wir nach jedem Spiel bis Mitternacht zusammensaßen." Und selbst Franz Brungs, der eine lange Anlaufzeit benötigte, um sich an die Mentalität der Franken zu gewöhnen, ist nach seiner Karriere mit einem Toto-Lotto-Geschäft am Kopernikusplatz in der Norismetropole heimisch geworden.

Überhaupt Toto-Lotto! Darüber hat der Feuilletonist und Clubfan Helmut Böttiger einen ganzen Artikel geschrieben: „Die Magie der Toto-Lotto-Annahmestellen. Nürnberg – Psychogramm einer Fußballmetropole." Angefangen beim 1934 gegründeten Geschäft der Brüder Schmitt am Plärrer, die seit 1947 auch Toto-Wettscheine verkauften, erwiesen sich diese Läden schon bald als Treffpunkte, in denen alle ein- und ausgingen, die mit dem Club hofften und bangten. Die Bretterbuden der Brüder Schmitt und von Max Morlock waren in den Nachkriegsjahren nicht nur Mittel zur Existenzsicherung und Vorverkaufsstellen von Eintrittskarten, sondern auch Umschlagplätze aller Neuigkeiten über das Geschehen am Zabo. In den sechziger Jahren, auf dem Höhepunkt der Fußball-Wettbegeisterung, gab es kaum einen Meisterspieler mehr, der nicht auf Toto-Lotto machte. Richard Albrecht, Horst Leupold, Helmut Hilpert, Stefan Reisch, Nandl Wenauer, Karl-Heinz Ferschl, Gustl Flachenecker – alle

Altnürnberger Gemütlichkeit: Heinrich Stuhlfauths Sebaldusklause.

hatten sie ein Geschäft, und jeder Clubfan hatte einen Fußballhelden gleich um die Ecke, den er hinterm Ladentisch bewundern konnte.

Es ist wohl kein Zufall, daß es, als die Vertragsspieler-Zeit sich dem Ende zuneigte und sich abgehalfterte Meisterspieler keine Toto-Lotto-Läden mehr zulegten, auch sportlich mit dem Club bergab ging. Ohne Verwurzelung im kleinfränkischen Mikrokosmos konnten die Fußballer vom 1. FCN nicht mehr das Wir-Gefühl entwickeln, das früher die Erfolge verbürgte. In Oberliga-Zeiten war es noch möglich, daß ein „Zugroaster" zum Pächter der Vereinsgaststätte wurde (der Sachse „Bello" Baumann) oder daß Spieler der 1. Mannschaft – Morlock etwa, oder Berg-

▷ **EINWURF**

„Komme gleich Wieder!"
Zur Geschichte des Nürnberger Totos

In den Zeiten, als eine offizielle Bezahlung von Fußballern nicht statthaft war, mußte sich die Vereinsführung des 1. FCN auf andere Weisen der Entlohnung besinnen. So war sie den Meisterspielern Sutor, Wieder und Popp dabei behilflich, im Tabakwarengeschäft Fuß zu fassen. Ob allerdings Wieder & Popp in ihrem Laden ein entsprechendes Auskommen gefunden haben, mag bezweifelt werden. Vom Zigarrenliebhaber Popp war bekannt, daß er seine Regale am liebsten selbst plünderte, und zudem soll das Geschäft auch nur recht selten geöffnet gewesen sein. An der Tür hing meist ein Schild mit der Aufschrift: „Komme gleich Wieder!"

Als geschäftstüchtiger erwiesen sich dann Seppl und Fritz Schmitt. Der Meisterspieler und sein Bruder, der seine Fußballerkarriere schon als 20jähriger wegen einer Knieverletzung hatte beenden müssen, gründeten 1934 am Nürnberger Plärrer einen Tabakladen, der sich schon bald als städtische Diskussionszentrale der Clubfans etablieren sollte. Das Thema „1. FCN" sorgte für eine treue Kundschaft, die das Geschäft florieren ließ. Bekanntester Stammgast beim Seppl und seinem Bruder war der „Oberfan" Erich Muhl, jener einst glühende HSV-Anhänger, der dem Club im Jahr 1926 nach dessen 9:1-Kantersieg in Hamburg in die Norismetropole gefolgt war, um sich fortan an einer besseren Spielkultur zu laben.

Nach dem Krieg, als der Laden zerstört war, begann man in einer Baracke am Plärrer von neuem. Nun wollten die Brüder, angeregt vom Erfolg des englischen Fußball-Totos, nicht mehr ausschließlich Tabak, sondern auch Wettscheine verkaufen. Noch vor der Währungsreform sicherten sie sich zusammen mit fünf weiteren Bayern die staatliche Genehmigung zur Durchführung von Fußball-Wetten. Die Saison 1947/48, die der 1. FCN als Deutscher Meister abschloß, war auch die erste Toto-Saison. Für eine Reichsmark konnten die Ergebnisse von zehn Spielen, und, falls es zu Spielausfällen kommen sollte, auch zwei Ersatzspiele getippt werden. Obwohl dem Toto wenig Chancen eingeräumt wurden, wurde es zu einem großen Erfolg. Schon die zweite Saison hatte durch unerwartete Resul-

> **Sportleute!** **Mitglieder!**
> Deckt Euren Weihnachtsbedarf an
> **Zigarren, Zigaretten und Tabaken**
> im
> **Zigarrenhaus Wieder & Popp, Nürnberg**
> Ludwigstraße 32 (am Weißen Turm).
> Bestellungen rechtzeitig erbeten.
> ——— Karten-Vorverkauf für alle Spiele. ———
> Neu aufgenommen: **Branntwein und Liköre.**

Anzeige des Geschäftes von Wieder & Popp.

tate erstaunlich hohe Gewinne in „harten" DM gebracht, so daß das Interesse an den Wetten in der nächsten Saison sprunghaft anstieg. Inzwischen betrieb auch Max Morlock in einer Holzbude nahe dem Nürnberger Hauptbahnhof eine Annahmestelle mit Kartenvorverkauf.

Bis zur bundesweiten Einführung des Lotto im Jahr 1955 liefen die Toto-Wettscheine aller deutschen Fußballfans in Bayern und Nürnberg zusammen. Nach Jahren fetter Gewinne mußte die Nürnberger Bezirksstelle jetzt deutliche Einbrüche im Toto-Geschäft verzeichnen, doch man reagierte rechtzeitig und forcierte den Ausbau des Lottogeschäfts. In den siebziger Jahren stieg Peter Schmitt, der das Geschäft von Vater Fritz und Onkel Sepp übernommen hatte, aus dem Tabakhandel aus und voll in die Lotteriebranche ein. Heute leitet er rund 200 Annahme- und Verkaufsstellen für Toto-Lotto, von denen einige immer noch von ehemaligen Meisterspielern des 1. FCN betrieben werden. □

ner – in vom heutigen Club-Archivar Andreas Weiß verfaßten Theaterstücken, die regelmäßig zur Weihnachtsfeier aufgeführt wurden, auf der Bühne standen. Als Gemeinschaft hatte der Club Erfolg, als Profi-Betrieb aber verpaßte er den Anschluß.

Der Typus Mannschaftsspieler

Einer der Mythen über den Club behauptet, daß ihn, ebenso wie eine Torhüter- auch eine Mittelläufertradition stark gemacht habe. Das dürfte nicht ganz richtig sein. In der Glanzzeit des Club sorgte zwar der überragende Hans Kalb als offensiver Mittelläufer für den Aufbau des Spiels von hinten, und in Spielern wie Carolin, Kennemann, Wenauer und Weyerich fand er überdurchschnittliche Spieler als Nachfolger – aber, so gut diese auch gewesen sein mögen, sie haben den Clubstil mit Sicherheit nicht geprägt. Dazu waren sie, aufgrund veränderter Spielauffassungen, viel zu defensiv eingestellt. Carolin glänzte noch in der Offensive, aber Kennemann, Wenauer und Weyerich waren klassische Ausputzer, die bereits abstoppten, wenn die Mittellinie in Sicht kam.

Nach Kalb fehlten die großen spielbestimmenden Figuren im Clubspiel. Man hatte zwar auch in späteren Zeiten noch gute Kurzpaßspezialisten – Dorfner etwa – und exzellente Langpaß-Könner wie Hintermaier, aber klassische Regisseure und Spielgestalter blieben weitgehend unbekannt im Frankenland. Im Mittelfeld der erfolgreichen Clubmannschaften waren die Aufgaben immer auf mehrere Schultern verteilt. Ins Auge stechend ist, wie häufig man Spieler vom Typus des Ballschleppers entdecken kann, mannschaftsdienliche Aufbauspieler mit großem Laufpensum: Bumbes Schmidt, Abel Übelein, Gerhard Bergner, Max Morlock, Joe Zenger, Heiner Müller, Manni Schwabl. Stehgeiger wie Alfred Schaffer und Schorsch Hochgesang waren eher die Ausnahme, statt dessen tummelten sich zwischen den Strafräumen über die Jahrzehnte neben laufstarken und fleißigen Spielern viele ballverliebte, flinke Dribbler wie Riegel, Eiberger, Pfänder, Gebhardt, Reisch und Wild. Das erfolgreiche Club-Aufbauspiel, so läßt sich daher mit gewisser Vorsicht formulieren, bestand in der Regel aus einer Kombination von Laufstärke und Technik, wobei es, wenigstens seit der Abdankung Kalbs, kein eigentliches Zentrum der Ballverteilung gab.

Wer in den Spieler-Annalen des Club sucht, der wird dort auch nur wenige „richtige" Mittelstürmer finden. Auf den Außenpositionen ergibt sich ein normales Bild: Da gab es die Dribbler und Flankenkönige, von

Sutor über Kund und Herbolsheimer bis hin zu Cebinac, Volkert und Zarate, oder Wetzer und Renner wie Strobel, Reinmann, Eckstein, Sane. Aber vorn in der Mitte, da klaffte oft ein böses Loch. Das Sturmspiel des Club war in der Regel auf viele Schultern verteilt, auf die ganze Breite angelegt. Natürlich, Ausnahmen bestätigen die Regel: „Schalke-Schreck" Friedel in den Dreißigern und später Pöschl galten als „Abstauber", und es finden sich auch eher bullige, kopfballstarke Brecher-Typen wie Günter Glomb, Franz Brungs und Hans Walitza. Aber – und es soll hier ja darum gehen, das Gemeinsame, Grundlegende zu finden – das Spiel des Club war in der Regel nicht auf die Mitte ausgelegt. Gute Clubmannschaften waren auf der Mittelstürmer-Position nicht selten schwach besetzt, und wenn dann da doch ein Guter stand – Alfred Schaffer, Seppl Schmitt, Heinz Strehl etwa – dann war das kein Brecher, keine „echte" Sturmspitze, sondern einer vom Typus „Halbstürmer". Diese drei beispielsweise waren spielerische Typen, Ballverteiler, die von hinten kamen und so ihre Tore machten, und auch der schnelle und wendige Hans Pöschl war eher ein Typ wie Morlock, immer auf die Flügel ausbrechend, trickreich den Raum nutzend.

In einem Interview sagte Heinz Strehl einmal: „Wir Franken sind fürs Mannschaftsspiel ganz besonders geeignet." Wenn der fränkische Flachpaß vor allem aus viel Ballabgaben, viel Positionswechseln und viel Laufarbeit besteht, dann ist er tatsächlich nur mit einer geschlossenen, disziplinierten Mannschaftsleistung zu praktizieren. Insofern ist dann der typischste Vertreter des Clubstils der vielseitige, kampfstarke und mannschaftsdienliche Allrounder, in dem taktische Disziplin, technische Qualitäten und läuferisch-konditionelle Möglichkeiten sich zusammenfinden. Und für diesen Typus gibt es in der Club-Geschichte drei herausragende Beispiele, wobei alle drei zugleich auch noch die zentralen Übergangsfiguren sind, die die verschiedenen Club-Generationen miteinander verbinden: Luitpold Popp, Abel Uebelein und Max Morlock. Popp, Endspielteilnehmer 1920 bis 1934, glänzte als torgefährlicher Halbstürmer genauso wie als zuverlässiger Verteidiger; Uebelein galt in den dreißiger Jahren als einer der vielseitigsten, laufstärksten Clubspieler mit druckvollem Paßspiel nach vorne, und er blieb auch noch in Oberligazeiten, als er Verteidiger spielte, vom Offensivgeist beseelt; über Max Morlock schließlich, den Rekordspieler des 1. FCN, der zwischen der Generation der vierziger Jahre und den Meistern der sechziger einen Übergang darstellte, muß hier nicht mehr viel erzählt werden. Es genügt ein Satz von Heiner Müller, seinem Teamgefährten von 1961: „In Max Morlock hatten wir einen Kapitän, vor dem du am liebsten sogar während des Spiels den Hut gezogen hättest."

Spieler wie Popp, Uebelein und Morlock sind nicht schlecht geeignet, als „Markenzeichen" der Fußballware Club zu fungieren. Sie spielten einen technisch versierten, ehrlichen und fleißigen Fußball, der, im Druck nach vorne, zwar schön anzusehen, aber in seiner Rationalität immer aufs Effektive, aufs Mannschaftsdienliche ausgelegt war, schnörkellos und in der Regel ohne „südländische" Verspieltheit. Sie waren wichtige Drehscheiben im Teamwork, und mit ihrem nimmermüden Einsatz und ihrer nie versagenden Willensstärke waren sie Garanten dafür, daß, wenn die Clubmaschine mal nicht so schnell auf Touren kam, auch noch kurz vor Schluß ein Spiel herumgerissen werden konnte. Seit Morlock hat allenfalls ein Dieter Nüssing, trotz trüber Zeiten, mit seinem unverwüstlichen Kampfgeist den Stil der ganzen Mannschaft prägen können.

Nach Nüssing sind die Zeiten trübe geblieben und die Helden rar geworden. Aber soll man deswegen den vergangenen Ruhmestaten hinterhertrauern? Schließlich ist rund ums Frankenstadion ja auch Enthusiasmus nicht üblich, so daß selbst hervorragende Siege immer noch bekrittelt werden (*„Wards erschd amol ab"*). Oft hat der Nürnberger bewiesen, daß ihn selbst herbe Niederlagen kaum aus der Bahn werfen können. Unaufgeregt reagierte beispielsweise Ludwig Wieder, als Stuhlfauth am 10.4.1927 den Ball aus dem Tor holte: *„Na, Heiner, recht hoch gwinna mir heut' nimmer"* – Fürth hatte gerade das 5:0 erzielt. Erst dann, wenn man diesen derben, etwas verschrobenen Witz verstehen lernt, kann man nachvollziehen, was es heißt, ein Nürnberger zu sein – und unter Umständen auch verstehen, warum das Frankenstadion selbst bei grausamsten Darbietungen noch gut gefüllt ist. Der wahre Clubfan läßt sich nämlich durch nichts erschüttern, nicht einmal durch den Abstieg in die Regionalliga. Zwar jammert er, aber inständig hofft und glaubt er: *„Des werd scho widder."*

Anhang

Schöner Wohnen...

...mit Teppichen, Teppichböden, Elastischen Bodenbelägen, Laminat, Echtholzparkett, Kork Natur & Tapeten von ARO.

ARO immer ein Vorteil für Sie:
- Direktimport aus den Teppichursprungsländern
- 5 Jahre Garantie auf alle Bodenbeläge
- Kostensparendes ARO-Raummaß bei vielen ARO-Bodenbelägen

Über 116 Fachmärkte in Deutschland – 1 x auch in Ihrer Nähe

Der Ball ist rund -
Radio Z hat Ecken und Kanten

Trotzdem gibt es Gemeinsamkeiten
"Lieber treten, als getreten werden"
DESHALB
Mitglied werden bei Radio Z
denn absteigen können die anderen!

Radio Z täglich von 16 -24 Uhr auf 95,8 Mhz

Kopernikusplatz 12   90459 Nürnberg   Telefon 0911/450060

Spieler von A bis Z

Fußballer, die den 1. FCN prägten

Albrecht, Richard (geb. 26.5.1936). Beim Club 1957-65 (Oberliga 108 Spiele / 36 Tore, Bundesliga 29/4). Pokalsieger 1962.
Der Linksaußen mit der enormen Spurt-, Schuß- und Kampfkraft kam vom TSV Roth zum Club („mein größter Wunsch"). An guten Tagen brachte er durch elegante Täuschungsmanöver seine Gegenspieler zur Verzweiflung. Nach seiner Club-Zeit spielte er noch vier Jahre für die SpVgg Fürth und eröffnete ein Lotto-Toto-Geschäft.

Bark, Gustav (30.10.1889). Seit 1910 (438 Spiele). Deutscher Meister 1920, 21, 24. Etliche Länderspiele für die Schweiz.
Der Klassespieler von Old Boys Basel kam als 22jähriger nach Nürnberg, um eine Stelle bei einer größeren Maschinenfabrik anzutreten. Er war nicht nur ein glänzender Verteidiger (Spitzname: „Der Unüberwindliche"), sondern auch ein hervorragender Kapitän und Spielertrainer, der die Mannschaft immer im Griff hatte.

Baumann, Frank (29.10.1975). Seit 1994 (2. BL 36/5).
Größter Hoffnungsträger der aktuellen Mannschaft, der große Lichtblick in der verkorksten Saison 1995/96. Der aus dem TSV Grombühl hervorgegangene, technisch herausragende Mittelfeldspieler widerstand dem Lockruf ei-

F. Baumann

niger Bundesliga- und Zweitligaklubs und unterschrieb für ein weiteres Jahr. „In der Saison 97/98 will ich wieder im Profifußball mitmischen", sagt der U-21-Nationalspieler, „mit dem Club."

Baumann, Gunter „Bello" (19.1. 1921). 1949-1956 (OL 154/12). 2 LS.
Baumann kam von den Stuttgarter Kickers. Dort hatte er seit 1947 gespielt. Nach Kriegsende wäre er als Gefangener der Briten beinahe Profi bei Sheffield United geworden – doch der Vereinspräsident wollte keinen deutschen Kriegsgefangenen haben. Auf den USA-Reisen des Club brillierte Baumann durch hervorragende Englisch-Kenntnisse. Bis tief in die Nacht unterhielt er sich mit den Barkeepern. Als Dickschädel war der exzellente

Mittelläufer bei den Trainern nicht immer beliebt. „Geradheit wird am ersten krummgenommen."

Beierlorzer, Bertram (31.5.1957), 1977-81 (2. BL/BL /6).

Der spindeldürre, elegante Techniker aus Neunkirchen am Brand erkämpfte sich aufgrund seiner Vielseitigkeit schnell einen Stammplatz beim Club. Als Libero ging er 1981 zum FC Bayern, „weil ich das Kasperltheater hier in Nürnberg satt habe". Mit den Münchnern wurde er 1985 und 1986 Deutscher Meister, danach ließ er seine Laufbahn beim VfB Stuttgart ausklingen. Nach seinem Umstieg ins Trainerfach fing er als Co-Trainer bei der SpVgg Fürth an. Als es Günter Gerling zum Club zog, war er bis zur Fusion mit dem TSV Vestenbergsgreuth im Jahr 1996 Cheftrainer der Kleeblättler.

Bergner, Gerhard (19.7.1927). 1946-56 (OL 234/4, 416 Spiele). DM 1948.

Der immer anspielbare Bergner war ein Außenläufer mit Spielübersicht, Ausdauer und Zweikampfstärke. Er war nicht auf den Mund gefallen, sondern äußerst schlagfertig und verbreitete zumeist gute Laune. Bei den einst traditionellen Weihnachtsfeiern des Club brillierte Bergner als Schauspieler.

Billmann, Willy „Billi" (15.1.1911). 1930-1949 (OL 73/0, 623 Spiele). DM 1936, Pokal 1935, 1940. 11 LS.

Billmann, der schon in jungen Jahren wenig Haare auf dem Kopf hatte, galt als Schnellredner, begnadeter Kartler und eisenharter Verteidiger. Von sich selbst sagte der Techniker bei Siemens: „Ich bin ein harter Knochen." Trotzdem setzte ihn ein gebrochener Kiefer beim Finale 1948 außer Gefecht.

W. Billmann

Brungs, Franz (4.12.1936). 1965-68 und 1971/72 (BL/RL 125 Spiele, 56 Tore). DM 1968.

Das „Goldköpfchen" wechselte 1965 von Borussia Dortmund nach Nürnberg, wo er die größten Erfolge seiner Karriere feierte. 25 Tore des ungemein kopfballstarken Mittelstürmers machten den Club 1968 zum neunten Mal zum Deutschen Meister. Unter undurchsichtigen Umständen heuerte er nach dem Titelgewinn bei Hertha BSC an. Nach seiner aktiven Karriere wurde er Trainer und betreute erfolgreich diverse Zweitligaklubs (u. a. Kickers Offenbach und die SpVgg Fürth). Hervorragender Alleinunterhalter, vor allem, wenn er seinen Ex-Trainer „Fiffi" Kronsbein imitierte. Heute widmet er sich ganz seinem Lotto-, Toto- und Schreibwarengeschäft in der Nürnberger Südstadt.

Brunner, Thomas (10.8.1962). 1980-96 (BL/2. BL 402/25).

Mit 15 Jahren kam der kernige Naturbursche aus Blaibach im Bayerischen

T. Brunner

Wald nach Nürnberg. 1981 wurde er Welt- und Europameister mit der DFB-Jugend, mit seinem Tor gegen Kassel schoß er den Club 1985 in die Bundesliga. Mit jedem Jahr rückte der gelernte Stürmer auf dem Feld ein Stückchen weiter nach hinten; die drei Abstiege in den neunziger Jahren erlebte er als Manndecker mit. Der Club wäre ohne Urgestein „Tom", das große kämpferische Vorbild, fast undenkbar. Dabei war auch er im Zuge der Spielerrevolte 1984 kurzzeitig schon entlassen...

Carolin, Heinz (2.2.1911). 1934-1941 (280 Spiele). DM 1936, Pokal 1935, 1939.
Carolin kam von Wacker Leipzig zum Club und hatte nur ein großes Vorbild: Hans Kalb. Carolin setzte die Nürnberger Mittelläufer-Tradition fort. Der „Mann mit der Zigarre" war ein perfekter Flachpaß-Spezialist. Seine Pässe kamen „einen Zentimeter unter der Grasnarbe" exakt zum Mitspieler. Vor den Spielen trank er stets einige Tassen „Bliemchenkaffee".

Cebinac, Zvezdan „Tschebi" (8.12.1939). 1967-69 (BL 55/6). DM 1968.
Der geniale Dribbelkünstler gilt als einer der besten Rechtsaußen, die der Club je hatte. Für ihn gab's nur zwei Möglichkeiten: Entweder er ging links an seinem Gegenspieler vorbei, oder rechts. Ein Schlitzohr auch außerhalb des Platzes, schlich sich mehr als einmal aus dem Trainingslager davon, was in der Rückrunde 68/69 zum Bruch mit Max Merkel führte. „Herr Merkel hat mich Trottel, Simulant, Eselstreiber und Schaschlikbrater genannt", erzählte der Jugoslawe und wechselte zu Hannover 96, wo er noch zwei Jahre spielte. Sein Zwillingsbruder Srdjan stand 1965/66 beim 1. FC Köln unter Vertrag.

Derbfuß, Paul (8.10.1937). 1959-64 (OL/BL98/0). DM 1961, Pokal 1962.
Derbfuß und Hilpert waren zu Beginn der sechziger Jahre das Verteidigerpaar des Club. Derbfuß überzeugte durch seine ruhige und bedachtsame Spielweise, nur selten ließ er sich von Hektik anstecken. Manchmal mußte Wenauer ihn ermahnen, doch auch mal ein bißchen härter zur Sache zu gehen. 1964 wechselte er zur SpVgg Fürth.

Dittwar, Jörg (1.8.1963). 1987-94 (BL 150/12).
Der Mann aus dem oberfränkischen Stadtsteinach reifte unter Hermann Gerland zu einem erstklassigen Manndecker und Elfmeterschützen. Zu Beginn der Saison 1990/91 führte er kurzfristig sogar die Torschützenliste der Bundesliga an. Eine schwere Knieverletzung beendete seine Karriere vorzeitig und zerstörte seinen Traum, auf der Speisekarte in der Pizzeria Pie-

monte in Zabo einmal eine „Pizza Dittwar" zu entdecken. Danach Jugendtrainer beim Club.

Dorfner, Hans „Charly" (3.7.1965). 1984-86 u. 1991-94 (BL/2. BL 111/10). Als Stürmer vom FC Bayern gekommen, reifte er unter Heinz Höher zum überragenden Spielmacher, der sich mit Dieter Eckstein „blind" verstand. Der König des schnellen, direkten Kurzpaßspiels. Sein Pech: Die Verletzungsanfälligkeit. Nach der letzten von insgesamt neun Operationen gab der Nationalspieler auf und wurde Sportinvalide. Heute kümmert sich „der blonde Hans" um seine Immobilien in und um seine Heimatstadt Undorf bei Regensburg und führt die „Hans-Dorfner-Fußballschule" durch.

Eckstein, Dieter „Eckes" (12.3. 1964). 1984-89 und 1990-94 (BL/2.BL 226/79). 7 LS. Nürnbergs Publikumsliebling Nummer eins der achtziger Jahre. Ein Vollblutstürmer, der immer volles Risiko ging. Mal landete der Ball in den Wolken, mal im Winkel. Nicht der trainingsfleißigste, was seine Trainer, namentlich Heinz Höher, häufig höher und höher auf die Palme brachte. Der Torjäger aus Kehl fühlte sich in Nürnberg schnell heimisch, obwohl er mit dem fränkischen Dialekt seine Schwierigkeiten hatte: „Hauptsach isch doch, daß i meine Kickschuh dabi hab'." Seine 66 Bundesliga-Tore für den Club werden nur von Heinz Strehl übertroffen.

Eder, Norbert (07.11.1955). 1978-84 (BL/2.BL 300/28). Der Unterfranke vom VfR Bibergau verbrachte seine besten Jahre in Nürnberg, wo er sich als harter, aber stets fairer Manndecker einen Namen machte. Als er nach einer Leistenoperation im Krankenhaus lag, rief ihn völlig überraschend Bayern-Manager Uli Hoeneß an und lockte ihn nach München. „Auf seine alten Tage" berief ihn Franz Beckenbauer kurz vor der WM 1986 in Mexiko noch in die Nationalmannschaft. Der Liebhaber italienischer Küche denkt daran, eine Fußballschule für Jugendliche aufzubauen. Seine Frau Elisabeth führt ein Blumengeschäft, „mein zweites Standbein".

M. Eiberger

Eiberger, Max „Muckl" (25.9.1908). 1933-1940 (339 Spiele). DM 1936, Pokal 1935, 1939. Der dribbelstarke und antrittsschnelle Stürmer war früher Turner und Langstreckenläufer. Das Fußballspielen mußte er vor seinen Eltern verheimlichen. Dann überzeugte er sie von seinen Qualitäten. 1933 kam er von Schwaben Augsburg zum Club. „Sind wir froh, daß er weg ist, er hat ja eh zuviel gedribbelt", verabschiedete ihn der Vereinsvorsitzende. Nicht selten erhielt Eiberger auch von den gegnerischen Fans Szenenapplaus. Im DM-Finale 1936 gegen Fortuna Düsseldorf in Berlin erzielte der Halbrechte drei Minuten vor Schluß den Ausgleich und erzwang so die Verlängerung. Er schoß das Tor mit dem linken Fuß, obwohl er eigentlich Rechtsfüßer war: „Das ging blitzschnell, so daß ich gar nicht gemerkt habe, daß ich mit dem linken eigentlich gar nicht kann." Am meisten stolz ist er auf die zwei Tore, die er 1934 dem spanischen Ausnahmetorhüter Zamora vom FC Madrid in den Kasten geschossen hat.

Ferschl, Karl-Heinz „Charly" (7.7.1944). 1962-68 (OL/BL 120/5). DM 1968, Pokal 1962.

Ungeheuer laufstarker, mannschaftsdienlicher Außenläufer, der sich perfekt in Merkels System der schnellen Pässe einfügte. Oft unterschätzt, erkannten viele seinen Wert für den Club erst nach seinem Wechsel nach Berlin zur Hertha, mit der er zweimal Dritter in der Bundesliga wurde. Betreibt heute einen florierenden Schreibwarenladen mit Toto/Lotto in Schwaig.

Flachenecker, Gustav „Gustl" (28.10.1940). 1959-1966 (OL/BL 121/59). DM 1961, Pokal 1962.

Der schußgewaltige Halbstürmer gehörte zu der Garde der „jungen Wilden", die Anfang der sechziger Jahre für Furore sorgte. Es hieß, er habe „Dynamit in den Beinen". Den sensationellen 3:1-Sieg gegen Benfica Lissabon 1962 im Europapokal schoß der gelernte Kfz-Mechaniker fast allein. Zwei Tore erzielte er selbst, das dritte legte er mustergültig Strehl auf. Später eröffnete er eine Lotto-Toto-Annahmestelle.

G. Friedel

Friedel, Georg (6.9.1913). 1926-1940 (325 Spiele). DM 1936, Pokal 1935, 1939. 1 LS.

Schon mit 13 Jahren kam er zum Club, mit 17 spielte er in der ersten Mannschaft. Der schmal aufgeschossene Mann mit dem Torinstinkt und einer unglaublichen Treffsicherheit schoß über 400 Tore für den Club. Besonders gegen Schalke 04 war er erfolgreich. Die Schalker Ausnahme-Fußballer Szepan und Kuzorra fürchteten den langen Blonden, der vor wichtigen Spielen seine Schienbeine mit zusammengerollten Romanheften polsterte, als „Schalke-Schreck".

Robert „Zapf" Gebhardt (20.9.1920). 1939-1950 (OL 125/22, 271 Spiele). DM 1948.

Der stets leicht übergewichtige Außenläufer bestach durch Technik, Übersicht und Schußstärke. Im Krieg spielte er für den Luftwaffen-Sportverein Hamburg und verlor mit dieser Mannschaft 1944 im Endspiel in Berlin gegen den Dresdener SC mit 0:4. „Zapf" war der Schwarm der Mädchen

und sicherte dank der elterlichen Wirtschaft und seiner guten Beziehungen zum Schlachthof die Versorgung der ersten Mannschaft während der Hungerjahre nach dem Krieg. 1950 wechselte er zum FC St. Pauli und kehrte Jahre später als Trainer wieder zum Club zurück.

Glomb, Günter (17.8.1930). 1951-59 (OL 166/66).
Der wuchtige Mittelstürmer aus Oberschlesien, der auch als Außenstürmer zu überzeugen wußte, machte sein bestes Spiel in der DM-Endrunde 1958 gegen den 1. FC Köln in Berlin. Glomb schoß drei Tore, der Club gewann 4:3. 1959 wechselte Glomb zum SV Wiesbaden.

Grahammer, Roland (3.11.1963). 1983-88 (BL/2. BL 149/19).
Aus dem Talentschuppen des FC Augsburg hervorgegangen, kam der auch technisch starke Abwehrspieler in der Saison 1984/85 groß heraus. Feierte ebensoviele Erfolge auf dem Rasen wie bei den Nürnberger Frauen (eine der hübschesten heiratete er dann auch).

1988 wechselte er im Paket mit Stefan Reuter zu den Bayern. Heute berät er eine Handvoll Bundesliga-Profis, u. a. Thomas Strunz und Dieter Eckstein, und arbeitet als Repräsentant für verschiedene Firmen wie Porsche.

Gußner, Karl (10.6.1908). 1924-194 (411 Spiele). DM 1936, Pokal 1935, 1939.
Gußner kam von FC Stein. Er war ein ausgezeichneter Leichtathlet, sprintete die 100 Meter in 10,8 Sekunden und sprang 6,88 Meter weit. Als Fußballer überzeugte er durch seine Schnelligkeit und seine Schußgewalt. Beim Meisterfinale 1936 spielte er mit gebrochenem Finger weiter und schoß 15 Sekunden vor Abpfiff der Verlängerung den Siegtreffer.

Haseneder, Kurt „Hasi" (22.4.1942). 1960-1963 (OL 43/33). DM 1961, Pokal 1962.
Der kleine Stürmer aus der Clubjugend konnte auf nahezu allen Positionen spielen, sogar im Tor. In der Meisterelf von 1961 war er der Jüngste. In der Saison 1962/63 wurde er zusam-

men mit Brunnenmeier (1860 München) mit 24 Toren Torschützenkönig der Oberliga. Dann, kurz vor dem Start der Bundesliga, wechselte er sensationell zu Schwaben Augsburg in die Regionalliga Süd. Er verschwand einfach vom Trainingslager weg. Die Augsburger verschafften Haseneder eine gesicherte Existenz, außerdem hatte er sich verliebt.

Heck, Werner (21.4.1955). 1980-84 (BL 114/34).
Ein unberechenbarer, torgefährlicher Stürmer. Drei Jahre lang bildete er mit Werner Dreßel den Club-Sturm als „Werner-Brothers". Weil es in der Mannschaft „keine Gemeinsamkeiten außerhalb des Spielfeldes gab", stieg er 1984 mit dem Club ab und ging zurück in seine Mannheimer Heimat. Immerhin 34 Bundesliga-Tore stempeln ihn zum fünftbesten Nürnberger Schützen in der Bundesliga.

Heider, Herbert „Rambo" (21.9. 1959). 1978/79 und 1983-86 (BL/2.BL 51).
Nach vier Spielen in der Saison 1978/79 und einigen Wanderjahren stieß der frühere Jugend-Nationaltorhüter '83 erneut zum Club, als Nummer zwei hinter Kargus. Nach der „Oktoberrevolution" wurde er ins kalte Wasser geworfen und schwamm sich frei. Seine Glanzparaden im Endspiel gegen Hessen Kassel trugen entscheidend zum Aufstieg bei. Im Spiel gegen Waldhof Mannheim am 18. Januar '86 verletzte er sich schwer an der Schulter, so daß er ein Jahr später einen Invaliditätsantrag stellen mußte. Mit seiner Prämie wurde er Teilhaber an einem Gipser- und Stukkateurbetrieb.

H. Herbolsheimer

Herbolsheimer, Helmut „Herbala" (18.5.1925). 1942-1956 (OL 264/89, 552 Spiele). DM 1948.
Herbolsheimer war der Busenfreund von Max Morlock. Beide bildeten schon 1940 in der Club-Jugend den rechten Flügel. Auf der Weihnachtsreise nach Spanien 1952 erhielt er nach dem Sieg über den FC Barcelona ein Sonderlob von der Zeitung „El Mundo Deportivo" (Barcelona): „Herbolsheimer ist ein Ballartist hohen Grades." Zusammen mit Kennemann sorgte der „Oberschwanzer" für gute Laune im Club-Team. 1956 wechselte er zu Viktoria Aschaffenburg, machte in Nürnberg ein Lotto-Toto-Geschäft auf und trat nach Beendigung seiner Fußballer-Laufbahn auf der Bühne in dem humoresken Duo „Die Zwetschgenmännla" auf.

Hilpert, Helmut „Helmes" (20.9. 1937). 1959-1968 (OL/BL 191/5, 353 Spiele). DM 1961, 1968, Pokal 1962.
Der robuste Kämpfer überzeugte jahrelang als konsequenter Verteidiger. In seinem ersten Spiel in der Club-Elf war sein Gegner kein Geringerer als Welt-

meister Helmut Rahn. „Was willst denn Du gegen mich", begrüßte Rahn den jungen Hilpert. Der nahm die Herausforderung an, und Rahn sah für den Rest des Spieles keinen Ball mehr. Als stolzer Tankstellenbesitzer war Hilpert wegen Arbeitsüberlastung bei so manchem Bundesligaspiel nicht dabei.

Hintermaier, Reinhold „Reini" (14.2.1956). 1979-84, 1992/93 und 1994/95 (BL/2.BL 128/16).
Einer der besten Techniker, die in Bundesliga-Zeiten das Club-Trikot trugen. Unvergessen sein 38,5-Meter-Schuß im Pokalfinale von 1982, mit dem der Club gegen Bayern 1:0 in Führung ging. Nach einigen Wanderjahren übernahm er den SV Frankonia Nürnberg, den er als Spielertrainer von der C- in die B-Klasse führte, ehe er an den Valznerweiher zurückkehrte. 1995 sorgte er noch einmal für großes Aufsehen, als er gegen Meppen von Günter Sebert als vierter Ausländer eingewechselt wurde. Auch der Spruch „Ich fühle mich doch längst als Deutscher" half nichts, die Punkte waren weg.

Hochgesang, Georg (3.11.1897). 1923-1928. DM 1924, 25, 27. 6 LS, 4 Tore.
Der 1,65 m kleine Halbstürmer war ein glänzender Techniker, der laut dem Experten Josef Michler als Erfinder einer besonderen Art des Paßspiels zu gelten hat: „Er sprang hierbei steil und beträchtlich in die Höhe und gab – gleicherweise nach links wie rechts – vom Gipfel dieses Sprungs einen Langpaß an den betreffenden Flügel. ... Diese Paßart war Hochgesangs ausschließliches Eigentum." 1933 wurde Hochgesang mit Fortuna Düsseldorf nochmals Deutscher Meister.

H. Kalb

Kalb, Hans (3.8.1899). 1911-1934 (681 Spiele). DM 1920, 21, 24, 25, 27. 15 LS, 2 Tore.
Der stimmgewaltige Hüne, der 1918 sein Debüt in der 1. Mannschaft gab, galt als größter offensiver Mittelläufer seiner Zeit. Gerühmt wurde er nicht nur als Fußballer, sondern auch als „Spezialist der drei B's": Biertrinken, Billard und Beinbrüche (dreimal in der Karriere). Der Zahnarzt und Lebemann frönte auch noch weiteren Hobbies: dem Tennis, Skilaufen, Wandern, und, natürlich, dem Schafkopfen. Der Kalb-Biograph Wilhelm Fanderl schrieb:„Mit Schmunzeln werden sich seine Freunde an die martialische Kraft erinnern, die der von Herzen gutmütige Riese am 'Karteltisch' entfaltete, wenn er beim Schafkopfspiel die Trümpfe auf die Platte knallte."

Kargus, Rudi (15.8.1952). 1980-85 (BL/2. BL 131).
Während seiner neun Jahre beim Hamburger SV erwarb er sich den Ruf eines „Elfmetertöters", den er in Nürnberg untermauerte. Im Auswärtsspiel

beim VfB in der Saison 1982/83 meisterte er gleich zwei Strafstöße der Stuttgarter. „Insgesamt habe ich 20 Elfmeter in der Bundesliga gehalten", erzählt er, einsamer Rekord. Bewahrte den Club 1982/83 als Kapitän fast allein vor dem Abstieg. In der Saison 1984/85 von Schmelzer und Höher als einer der Anführer der „Oktoberrevolution" ausgemacht und entlassen. Ließ seine Bundesliga-Karriere in Karlsruhe und Düsseldorf ausklingen, um dann Jugendtrainer beim HSV zu werden.

mei Guter." Die Stimmungskanone im Team lachte gerne, und mancher Schiedsrichter faßte das als Verhöhnung auf.

A. Knoll

G. Kennemann

Kennemann, Georg „Schorsch" (21.4.1913). 1939-1951 (OL 134/4). DM 1948. Der Polizist war nicht nur auf dem Fußballplatz bekannt wegen seiner verschwaschenen, knielangen Hosen. Die trug er, „weil sie ihn England Mode waren und dort bekanntlich der Fußball erfunden worden war". Er marschierte im Strafraum wie ein Wachtposten hin und her und räumte als Stopper kompromißlos auf. Zu seinen Gegenspielern pflegte er zu sagen: „Mit mir werst heit net fertig,

Knoll, Adolf „Adi" (30.11.1924). 1942-1958 (OL 195/1, 369 Spiele). DM 1948. Der technisch hervorragende Verteidiger mit dem öffnenden Paß nach vorne war ein gefürchteter Elfmeterschütze. Nach einem Intermezzo bei der SpVgg Fürth und Schwarz-Weiß Essen kam er 1956 wieder nach Nürnberg zurück. Als Stopper war er maßgeblich am Aufbau der jungen Meistermannschaft von 1961 beteiligt. Er räumte dann seinen Platz für „Nandl" Wenauer.

Köhl, Georg „Hauptmann" (20. 11. 1910). 1929-1941 (490 Spiele). DM 1936, Pokal 1935, 1939. 1 LS. Köhl löste 1930 die Torwart-Legende Heiner Stuhlfauth ab und bestach durch große Fangsicherheit. Nur selten wehrte er einen Ball mit der Faust ab, bei Freistößen ließ er nie eine Mauer zu. Mit seinem Outfit, modische Anzüge gepaart mit Naturwellen häufig Ersatzmann. Dennoch brachte es der Chauffeur zum Nationalspieler – die elf Stammspieler waren es zu diesem Zeitpunkt bereits.

G. Köhl

im Haar, flogen ihm die Herzen der Frauen nur so zu. Am 15.1.44 starb Köhl an einer Infektion. Die Fortsetzung seiner Torwart-Karriere im Sinn hatte er sich nach einem Armdurchschuß einer Amputation widersetzt.

Köpke, Andreas „Andi" (12.3.1962). 1986-94 (BL 264/2). 14 LS.
Er kam von Hertha BSC Berlin als völlig unbekannter Schlußmann, er ging als Deutschlands Nummer eins (auch wenn es Berti Vogts erst später merkte). Setzte die Tradition herausragender Club-Torhüter eindrucksvoll fort. Wie seine früheren Mannschaftskollegen Andersen und Grahammer schnappte auch er den Männern dieser Stadt eine der attraktivsten Nürnbergerinnen weg. Ein kleiner Trost: Birgit und Andi werden wiederkommen. Sein nagelneues Eigenheim in Fischbach hat der „Held von Wembley" (bei der EM '96) behalten.

Köpplinger, Emil (19.12.1897). Seit 1909 (393 Spiele). DM 1927. 1 LS.
Der geradlinige, schnelle und einsatzfreudige Außenläufer war beim Club

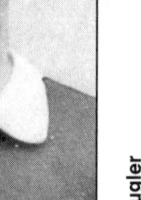

A. Kugler

Kugler, Anton. Seit 1914 (668 Spiele). DM 1920, 21, 24, 25. 7 LS. Trainer 1932/33 und 1954/55.
Schneller, schlagsicherer Verteidiger, bildete mit Bark zusammen die Standardverteidigung des Club bis Mitte der zwanziger Jahre.

Leupold, Horst „Leo" (30.1.1942). 1962-72 (OL/BL/RL 223/3). DM 1968, Pokal 1962.
Der Manfred Kaltz der sechziger Jahre. In vielen gemeinsamen Gesprächen mit Cebinac kreierte er den Prototyp des Offensivverteidigers auf der rechten Seite. „Leo" schlug schon Bananenflanken, als dieses Wort noch nicht existierte. In der Meistersaison 1967/68 lief er zur Höchstform auf. Ein Cluberer durch und durch. Das Bild des hemmungslos weinenden Verteidigers nach dem Abstieg 1969 ging durchs ganze Land. Schon 1963 eröffnete er eine Toto-/Lottoannahmestelle.

Lieberwirth, Dieter „Yogi" (13.1. 1954). 1975-89 (BL/2.BL 270/39). Woher sein Spitzname stammt, weiß er selbst nicht genau. Mit Yoga jedenfalls hat er nichts am Hut. „Irgendwann im Trainingslager hab' ich mir mal einen Yoghurt bestellt, und irgendeiner rief: 'Ah, der Yogi.'" Einer der ganz Stillen im Lande. Als er in der Saison 1985/86 ins ZDF-Sportstudio eingeladen wurde, fragte er: „Muß das sein?" Als geborener Fürther trainiert er nun mit großem Erfolg einen Verein seiner Heimatstadt: die SG Quelle, in der Saison '96/97 genau wie der Club erstmals drittklassig – nur mit anderen Vorzeichen.

Lindner, Georg „Schorsch" (6.5. 1921). 1945-1947 (OL 61/0).
Der erfolgreiche Leichtathlet und exzellente Feldspieler zeichnete sich als Torwart durch ein glänzendes Stellungsspiel, Fangsicherheit und blitzschnelles Reagieren aus. Max Morlock bezeichnete ihn als „den Mann mit den magnetischen Händen". Lindner, der mit Vorliebe amerikanische Schlager hörte und im Mannschaftskreis auch entsprechende Soloeinlagen zum besten gab, wurde jedoch nur 26 Jahre alt. Am 28. Juli 1947 starb er an TBC.

Morlock, Max (11.5.1925). 1941-1964 (OL/BL 472/294, 900 Spiele). DM 1948, 1961. 26 LS/21 Tore.
Morlock ist einsamer Rekordspieler des Club. Morlock spielte halbrechts, überragte all seine Gegenspieler beim Kopfball und entpuppte sich auch im Alter noch als Energiebündel. Mitte der fünfziger Jahre war Morlock bereits so populär, daß das Staatliche Komitee für Körperkultur und Sport

M. Morlock

beim DDR-Ministerrat Überlegungen anstellte, wie man solch namhafte westdeutsche Sportler wie Morlock zum „Übertritt" in die DDR bewegen könnte, um den DDR-Sport auf Weltniveau zu hieven. 1960 war Morlock dann lange verletzt. Keiner fand den Grund heraus, bis man bei ihm schließlich einen Senkfuß feststellte. Mit entsprechenden Einlagen in den Schuhen war er wieder ganz der alte. 1961 wurde er zum „Fußballer des Jahres" gewählt. Als erster Fußballer erhielt er die Bayerische Verdienstmedaille. Seinen Lebensunterhalt verdiente er mit einem Lotto-Toto-Geschäft.

Müller, Heiner „Heini" (18.2.1934). 1956-1967 (OL/BL 159/48). DM 1961. Der Halblinke mit Spielmacherqualitäten war durch seine elegante Ballbehandlung bekannt. Er liebte es, etwas zurückgezogen für Druck zu sorgen. Gute Ideen, schnelle Reaktion und überlegtes, präzises Abspiel zeichneten ihn aus. „I spiel' halt lieber a bißle, als daß i die Außenlinie entlangrenn'", lautete seine Devise. Als Zweitältester in der jungen 61er Meistermannschaft machte er im Finale gegen Dortmund das Spiel seines Lebens und schoß das 2:0. Schon damals hatte der Automechaniker eine ausgeprägte Leidenschaft für schnelle Autos.

Müller, Ludwig „Luggi" (25.8.1941). 1964-69 (BL 136/10). DM 1968.
Der eisenharte Verteidiger aus Haßfurt hatte großen Anteil am Meistertitel 1968. Meist setzte ihn Max Merkel auf den gegnerischen Torjäger an, um den sich der „Luggi" dann liebevoll kümmerte. Nach dem Club-Abstieg blieb er noch sechs Jahre in der Bundesliga (Mönchengladbach und Hertha BSC), ehe er vom Männersport Fußball zu den Damenmoden wechselte. Schon während seiner aktiven Zeit hatte er mit seiner Frau Margot ein Damen-Konfektionsgeschäft in seiner Heimatstadt eröffnet. Eine zweite Karriere als Trainer beendete er schon nach sehr, sehr kurzer Zeit: „Ich möchte mich nicht mehr ärgern."

Müller, Manfred „Manni" (28.7.1947). 1976-79 und 1986/87 (BL/2. BL 87/0).
Der Torhüter ging als „Held von Essen" in die Club-Geschichte ein. Der gehaltene Hrubesch-Elfmeter im Aufstiegsspiel 1978 bei Rot-Weiß war der Höhepunkt seiner ersten, zweieinhalbjährigen Karriere am Valznerweiher. Später, beim FC Bayern, folgten etliche mehr. Nach einem kurzen Gastspiel als Manager beim Club gründete er seine eigene Video- und Fernsehproduktionsfirma, die heute exklusiv für „ran" in SAT. 1 die Außenübertragungen produziert. „MM-Video" besitzt den modernsten Übertragungswagen Europas.

D. Nüssing

Nüssing, Dieter (15.8.49). 1968-77 (BL/RL/2.BL 299/95, 544 Spiele).
Antreiber im Mittelfeld und Club-Kapitän. Wegen seines nie versagenden Einsatzwillens bei den Fans sehr beliebt.

Oechler, Marc (11.2.1968). Seit 1988 (BL/2. BL 202/13).
Der Sohn eines Feinkosthändlers aus Zabo wurde in der Club-Jugend groß. Während seiner ersten Amtszeit in Nürnberg entdeckte Hermann Gerland den schnellen und technisch starken Mittelfeldspieler, der zu großen Hoffnungen Anlaß gab. Nach schwankenden Leistungen in den folgenden Jahren blieb der große Durchbruch bislang aus. Andreas Schölls Wechsel zur SpVgg Fürth machte ihn 1991 zum einzig waschechten Nürnberger beim Club.

Oehm, Richard „Tipfi" (26.6.1909). 1929-1939 (417 Spiele). DM 1936, Pokal 1935. 3 LS.
Der elegante Techniker kam schon als Zwölfjähriger vom VfR Mögeldorf in

die Schülermannschaft des Club. Er war oft mit überraschenden Fernschüssen erfolgreich. Oehm war der einzige Akademiker in der Mannschaft. Böse Zungen behaupten, daß er deswegen nur ungern zum Kopfball hochsteigen wollte. Für sein Studium zum Gartenbauarchitekten zog er nach München um, schlug jedoch alle Angebote von Münchner Vereinen aus und reiste lieber zu jedem Spiel mit dem Zug an. Als Reichstrainer Prof. Otto Nerz Oehm bei einem Lehrgang riet, er müßte nur noch sein Kopfballspiel verbessern, erwiderte Oehm: „Das wird mir schwerfallen. Bei uns in Nürnberg spielen wir nur flach." Oehm, der mit Vorliebe Karl Valentin imitierte, war später im Club-Vorstand als Spieler-Obmann tätig.

Petrovic, Slobodan (2.10.1948). 1972-79 (RL/2. BL/BL 185/23).
Der von Partizan Belgrad zum Club gekommene Spielmacher zeigte sich in den Jahren der Zweitklassigkeit als schußstarker und technisch versierter Spielmacher. War einige Zeit Kapitän und wurde in seinen Nürnberger Jahren zum echten Cluberer: „Wenn man so lange bei einem Verein spielt, dann sieht man darin mehr als nur einen Arbeitgeber."

Pfänder, Alfred „Pipo" (1920). 1938-1941 (222 Spiele). Pokal 1939.
Am Karfreitag 1938, in einem Freundschaftsspiel gegen Hertha BSC, gelang dem 18jährigen der Durchbruch, als er für den verletzten Mittelläufer Carolin einspringen mußte. „Mit Pfänder ist dem Club ein neuer Kalb entstanden", hieß es in der Presse. „Für mich war Pfänder der überragende Mann auf dem Platz", bekundet der ehemalige Reichstrainer Nerz nach dem Pokalfinale 1940 gegen Waldhof Mannheim. Ein Feldpostbrief aus Stalingrad ist 1944 das letzte Lebenszeichen von Pfänder.

Philipp, Ludwig (1888). Kam 1904 zum Club. 2 LS.
Der Allrounder Philipp war der erste Clubspieler von internationaler Klasse. Meisterschaftsehren verpaßte er, weil er aus Zorn über zu dürftige Spesen

zum Lokalrivalen Nürnberger FV gewechselt war. Seine persönliche „Rache" am Club: 1920 schlug er mit seinem neuen Verein den amtierenden Deutschen Meister mit 1:0.

H. Pöschl

Pöschl, Hans (17.7.1921). 1938-1950 (OL 140/91, 205 Spiele). DM 1948.
Pöschl wurde 1938 von Club-Jugendleiter Lutzner beim FSV 83 Gostenhof entdeckt und gegen ein paar nagelneue Fußballstiefel an den Zabo gelockt. Dort mußte der Schalke-04-Fan Pöschl seine blauweißen Ringelstutzen ablegen, mit denen er bei den Gostenhofern immer auflief. In der Oberliga spielte er auf Traineranweisung erfolgreich Mittelstürmer. „Ich habe viele schöne Tore geschossen und geköpft", sagt der „blonde Hans" von sich. Eine Karriere in der Nationalmannschaft blieb dem „Windhund" jedoch wegen seines Wechsels in die Schweiz verwehrt. Nach einem kurzen Intermezzo beim Club kickte Pöschl noch bis 1957 für Werder Bremen. Seitdem frönt er seinen Hobbies Tennis, Ägyptologie und Bergsteigen.

Popp, Fritz (20.11.1940). 1962-72 (OL/BL/RL 235/3).
Den „Eisenfuß" der 68er Meistermannschaft fürchteten nicht nur die Gegner, sondern auch die Club-Spieler. Der Fritz langte schon im Training tüchtig hin. Der Schalker Nationalspieler Reinhard Libuda, so erzählt man sich, habe sich vor jedem Spiel gegen den Club und den blonden Fritz vor Angst übergeben. Popp: „Dabei war ich so zahm…" Nach Ende seiner Karriere Amateurtrainer beim Club, sprang mehrmals auch als Cheftrainer ein. Nur die fehlende Fußball-Lehrer-Lizenz verhinderte ein längeres Engagement. Michael A. Roth kürte ihn nun zu seinem „freiberuflichen Berater".

L. Popp

Popp, Luitpold (7.3.1893). Seit 1917 (870 Spiele). DM 1920, 21, 25, 27. 5 LS.
Der spätere Klasseverteidiger begann als enorm treffsicherer Halbstürmer – was in Nürnberg niemand wunderte, denn schließlich war er ja Briefträger. Gerühmt wurde er auch als ein Mann, der noch kurz vor dem Spiel mühelos eine Kalbshaxe verdrücken konnte.

Sein Versuch, sich mit einer Hühnerfarm eine Existenz aufzubauen, scheiterte an seinem sagenhaften Appetit auf gegrilltes Federvieh. Erstaunlicherweise wurde ihm seine Leidenschaft fußballerisch nicht zum Verhängnis: Er sei ein Spieler gewesen, so ist zu lesen, „der nur mit vollem Magen seine Hochform" erreicht habe. Tatsächlich stand ein schlanker und ranker Popp noch als 36jähriger in einem Endspiel seinen Mann – 1934, gegen Schalke.

A. Reinhardt

Reinhardt, Alois (18.11.1961). 1979-84 (BL/2. BL 102/7).
Der Sanitär-Installateur aus Höchstadt an der Aisch stellte eine echte Ausnahmeerscheinung im modernen Fußball dar: Ein Vorstopper, der seine Gegenspieler fast ohne Fouls ausschaltete, kopfballstark und mit gutem Auge. Nach seiner Zeit beim Club wechselte der große Schweiger (Lieblingsspruch: „Wasst ja selber, wie's is") nach Leverkusen und später zum FC Bayern. Seine erste Trainerstation beim Bayernligisten Jahn Forchheim endete vorzeitig, so daß er nun wieder viel Zeit für seine Kinder und sein großes Hobby, den Modellbau, hat.

Reisch, Stefan „Steff" (29.11.1941). 1960-1967 (OL/BL 167/17). DM 1961, Pokal 1962. 9 LS.
Reisch wurde 1960 von Widmayer in die erste Mannschaft geholt. Schnell wurde der Lockenkopf zum Publikumsliebling. Wegen seiner Haartolle wurde er der „James Dean " des 1. FCN genannt und umschwärmt. Manchmal eiferte er zu stark seinem Idol nach: Kaltschnäuzigkeit geriet bisweilen zu nachlässiger Arroganz. Für seine artistische Ballbehandlung und einfallsreichen Täuschungsmanöver erhielt er oft Beifall auf offener Szene. Ein ehemaliger Teamgefährte charakterisierte ihn mit den Worten: „Der Steff würde am liebsten die Ecke treten, nach innen laufen und noch ein Tor machen." 1967 wurde er von Max Merkel ausgemustert, spielte in der Schweiz und in Belgien und eröffnete in Nürnberg ein Toto-Lotto-Geschäft.

Reuter, Stefan (16.10.1966). 1984-88 (BL/2. BL 125/13).
Das vielseitige Talent aus Dinkelsbühl konnte sich lange Zeit nicht entscheiden: Fußball oder Leichtathletik? Die 100 Meter sprintete er in blanken elf Sekunden. Mit 13 Jahren traf er die richtige Wahl und rannte nur noch dem runden Leder hinterher. Symbolfigur des Nürnberger Aufstiegs 1985: Jung, dynamisch, unverdorben. Nach langem Hickhack wechselte er 1988 unter skandalösen Begleiterscheinungen zum FC Bayern München, wo er eine ganz große Karriere startete: Weltmeister 1990, Europameister 1996. Dem Club fühlt er sich nach wie

vor verbunden; liebäugelt damit, später einmal als Manager einzusteigen.

C. Riegel

Riegel, Carl (6.9.1896 – 26.11.1970). 1917-26 (370 Spiele). DM 1920, 21, 24, 25. 7 LS.
Außerhalb des Spielfeldes genoß der großgewachsene, hagere Läufer den Ruf eines hervorragenden Gesellschafters. Er sorgte regelmäßig für gute Stimmung, so z.B. vor dem Endspiel 1920 gegen die SpVgg Fürth: Als sich die Spieler in einer Bretterbude umkleideten, fand Riegel heraus, daß sich in der Mauer unter der Decke ein Ofenloch befand, durch das man die Fürther beobachten konnte, ohne selbst gesehen zu werden. „Die gewinnen net!" soll er triumphierend seinen Kameraden zugerufen haben: „Schaut's amol, wie die zittern!"

Rosenmüller, Benno (21.10.1899). 100 Spiele für den Club.
Der Torwart hatte als Stuhlfauth-Ersatz kein leichtes Leben. Der Elfmeter-Spezialist – er hielt nicht weniger als 12 Strafstöße in Folge – wäre bei anderen Vereinen ohne weiteres die Nr. 1 geworden, zog es aber vor, beim Club nur gelegentlich sein Können zu zeigen.

Schade, Horst (10.7.1922). 1953-1956 (OL 79/52). 1 LS.
Schade war ein begnadeter Mittelstürmer. Zunächst schoß er Tore wie am Fließband für die SpVgg Fürth. In der Saison 1949/50 wurde er mit 21 Toren Torschützenkönig, 1950/51 mit 27 Toren knapp hinter Morlock (28) zweiter und 1952/53 erneut Torschützenkönig der Oberliga. Dann wechselte er zum Club und wurde 1953/54 mit 22 Treffern erneut zweitbester Schütze der Oberliga.

A. Schaffer

Schaffer, Alfred „Spezi" (24.8.1893-18.8.1945). 1919/20. Trainer 1933-35.
Der große Mittelstürmer-Star der zwanziger Jahre war der erste europäische Vollprofi. Seine „Fußball-Extraklasse in Potenz" bot er nur dem Verein, der entsprechend dafür zahlte. Daß der „Fußballkönig" auch außerhalb des Platzes Potenz besaß, macht folgender Satz in einem Wiener Fuß-

ball-Lexikon deutlich: Er sei der „wohl attraktivste europäische Spieler seiner Zeit" gewesen. Der Frauenschwarm wollte nicht nur balltechnisch, sondern auch mit sauberem Trikot glänzen. Als der Ball einmal bei einem Spiel in einer riesigen Pfütze liegengeblieben war, wartete er, bis ihn der Gegner an Land bugsiert hatte, um ihm daraufhin das Leder lässig vom Fuß zu spitzeln.

schließlich war er der Garant der Club-Siege über Bilbao und Barcelona. Schaffer war der geborene Torwart: „Ich hätte nie einen anderen Posten spielen mögen."

H. Schmidt

E. Schaffer

Schaffer, Eduard „Edi" (13.12.1921). 1947-1958 (OL 228/0, 413 Spiele). DM 1948.
Schaffer hütete nach dem Tod von Lindner das Club-Tor. Der Karlsbader, der einzig Zugereiste in der 48er Meisterelf, hatte während des Kriegs zusammen mit Uebelein I und II in der Soldatenelf Burgstern Noris gespielt. Schon bei seinem Debüt, dem 2:1 gegen Schalke 04, überzeugte er mit prächtigen Reflexen und Paraden. Eines seiner besten Spiele lieferte er im 48er Finale gegen den 1. FC Kaiserslautern. Auf der Spanientournee Ende 1952 wurde er wie ein König gefeiert,

Schmidt, Hans „Bumbes" (23.12.1893 - 31.1.1971). 1922-28. DM 1924, 25, 27. 14 LS.
Der geborene Fürther, der es mit der SpVgg bereits 1914 zu Meisterehren gebracht hatte, erzielte später auch als Trainer erstaunliche Erfolge (u.a. FC Schalke 04, 1. FCN, VfR Mannheim, SpVgg Fürth, Borussia Dortmund). Sein Spitzname lautet nicht, wie fälschlicherweise oft angenommen, Bumbas, sondern Bumbes mit „e". Und das kam so: Als er noch in der Schülermannschaft der SpVgg spielte, rempelte den kleinen Lauser ein kräftiger Gegner derart, daß er in weitem Bogen davonkullerte. Da rief einer der Zuschauer, der den Kleinen wegen seiner Fußballkünste bereits bewunderte: „Schaut's nur den kleinen Bumbes oh!". Und Bumbes – das ist auf gut fränkisch nichts anderes als jenes kleine Lüft-

chen, das ab und an dem Darm entfleucht.

Schmitt, Josef „Seppl" (21.3.1908). 1924-39 (605 Spiele). DM 1927, 36. 2 LS.
Der überlegte Angriffsstratege und langjährige Kapitän leitete später die große Ära der Toto-Lotto-Geschäfte ein. In seinem Geschäft am Plärrer, lange Zeit Treffpunkt für den harten Kern der Clubfans, schwärmte er von den alten Zeiten – unter anderem davon, daß die alten Clubspieler wesentlich mehr Alkohol vertragen hätten als die heutigen. Auch die Mahnung vergaß er nicht: „Die Spieler von heute sollten dies nicht als Ermunterung ihrer Wünsche auffassen. Sie vertragen es zumeist nicht."

Schöll, Reinhold (23.10.1955). 1974-1980 (BL/2. BL 140/3).
Der Mann mit Oberschenkeln wie Karl-Heinz Rummenigge. Ein kraftvoller, dynamischer und taktisch disziplinierter Mittelfeldspieler, der Sonderaufgaben zuverlässig erledigte.

Schwabl, Manfred „Manni" (18.4. 1966). 1986-89 u. 1992-94 (BL 133/9).
Der kleine, quirlige Mittelfeldspieler schaffte dank einer Verquickung aus Kampfkraft und Technik den Sprung in die Nationalmannschaft. Einziges Manko: Mangelnde Torgefährlichkeit. Dies gilt auch für Schüsse vom Elfmeterpunkt aus: Sein Name wird wohl immer für den vergebenen Strafstoß in München stehen, der den Club 1994 in die Zweitklassigkeit stürzte. Stolzer Besitzer eines Tenniszentrums in seiner Heimatstadt Holzkirchen.

Stocker, Peter (30.6.1953). 1975-83 (BL/2.BL 248/8).
Der kantige Verteidiger war acht Jahre lang unumstrittener Stammspieler und erlebte die Aufstiege von 1978 und 1980 mit. 1992 für kurze Zeit Lizenzspieler-Obmann des Club. „In einem intakten Verein wäre es trotz der zeitlichen Belastung weitergegangen", meint er, „aber der Club war damals nicht intakt." Übernahm schon in den achtziger Jahren das elterliche Möbelunternehmen in Burghausen.

H. Strehl

Strehl, Heinz (20.7.1938). 1958-1969 (OL/BL/RL 300/159, 534 Spiele). DM 1961, 1968, Pokal 1962. 4 LS.
Der gelernte Metzger gab am 12.5.58 beim Endrundenspiel gegen den 1. FC Köln in Berlin sein Debüt. In der Saison 1959/60 wurde der unermüdlich rochierende, schwer vom Ball zu trennende Mittelstürmer mit Spielmacherqualitäten mit 30 Toren Torschützenkönig der Oberliga Süd. Der langjährige Club-Kapitän galt als der große Schweiger. „Heinz Strehl läuft lieber zehn Runden um die Aschenbahn, als

daß er den Mund aufmacht", hieß es im *Kicker*. Strehl dazu: „Mir wird nachgesagt, ich sei zu bescheiden, verkaufe mich unter Preis. Doch was soll's. Ich kann nicht aus meiner Haut heraus." Da er oft das 1:0 schoß, sangen die Fans: „Wer schießt die Nummer eins – natürlich unser Heinz!"

H. Stuhlfauth

Stuhlfauth, Heiner (11.1.1896). 1916-33 (606 Spiele). DM 1920, 21, 24, 25, 27. 21 LS.
Ursprünglich hatte der spätere Meistertorwart Radfahrer werden wollen. Weil ihm das von seinen Eltern verboten worden war – als Rennfahrer bekäme man die Schwindsucht –, wurde er Fußballer. Beim FC Franken begann er als Halblinker, erst nach dem Abgang des Stammkeepers wurde er ins Tor gestellt. „Du bist der Längste und mußt ins Tor!" hatte der Vorstand befohlen. Nach einem Intermezzo beim FC Pfeil wurde dann dieser zufällig zwischen die Pfosten geratene Mann im Trikot des Club zur Legende. Noch 1956 wurde Stuhlfauth in einer vom *Kicker* durchgeführten Abstimmung zum populärsten deutschen Fußballer gewählt – vor Fritz Szepan und Paul Janes.

Sutor, Hans (28.6.1895). 1920-1926. DM 1921, 24, 25. 12 LS.
„Der beste Linksaußen, den der Club jemals besaß" (Vereinszeitung) hatte 1920 noch auf Seiten der Kleeblättler gestürmt. Erregte Aufsehen, als er eine Nürnbergerin ehelichte.

Täuber, Jürgen (12.4.1955). 1976-84 (BL/2. BL 202/5).
Der älteste der drei Täuber-Brüder aus Erlangen machte sich einen Namen als „giftiger Terrier", der den gegnerischen Spielmacher übers gesamte Spielfeld hetzte. „Mit Ewald Lienen hatte ich die meisten Schwierigkeiten", sagt er. Nach dem Abstieg 1984 spielte er noch einige Jahre in Starnberg, bevor er in die Immobilienbranche überwechselte.

Täuber, Klaus „Boxer" (17.1.1958). 1976-81 (BL/2. BL 79/24).
Daß er am gleichen Tag Geburtstag feiert wie der legendäre Muhammed Ali, ist sicher nur ein Zufall. „Aber mein Spitzname", meint Klaus Täuber, „sagt schon einiges über meine Charaktereigenschaften aus." Der bullige Stürmer, beim Club lange verkannt, wußte sich zu wehren gegen die rüden Fouls der Abwehrspieler, die ihn prompt zum „größten Klopper der Bundesliga" wählten. Ein Trainingsunfall in Leverkusen im November 1988 zwang den „Boxer" in die Knie: Er zerfetzte sich die Bandscheibe zwischen dem fünften und sechsten Halswirbel und mußte die Fußballschuhe in die Ecke stellen. Heute, als Trainer der Amateurmannschaft des FC Schalke 04, fightet er wieder: „Ein Täuber gibt immer alles."

SPIELERPORTRÄTS 359

H. Träg

Träg, Heiner (3.1.1891). 1911-1927 (455 Spiele). DM 1920, 21, 24, 25, 27. 6 LS.
Der schußgewaltige Halbstürmer legte sich – ähnlich wie später Schorsch Kennemann – gerne mit dem Publikum an. Seine Karriere endete 1927 mit einem Platzverweis. Nach seinem Treffer zum 2:0 im Endspiel gegen Hertha BSC soll er die Zuschauer angeraunzt haben: „Jetzt könnt ihr weiterschimpfen. Gwunna ham mir!" Der ausschlaggebende Grund für den Platzverweis, so gab Stuhlfauth in einem späteren Interview zu, sei freilich das Götz-Zitat gewesen.

Trunk, Dieter (22.3.1959). 1981-84 (BL 49/14).
Als er zum ersten Mal am Valznerweiher auftauchte mit seinen „Bergstiefeln", extrem hohen Fußballschuhen, lachten viele über ihn. Binnen kurzer Zeit aber stieg der pfeilschnelle Stürmer aus dem oberfränkischen Reichmannsdorf zum Publikumsliebling auf. Sein unermüdlicher Einsatz, die Sprints über den halben Platz und seine spektakulären Tore begeisterten die Zuschauer nicht nur in Nürnberg. Nach Knieproblemen ließ er sich zum Masseur umschulen, jetzt verdient er sein Geld als Sport-Animateur im Robinson-Club im sonnigen Apulien. „Reich bin ich durch den Fußball nicht geworden", sagt er, „aber ich habe gelernt, das Leben zu genießen."

Ucko, Kurt (29.2.1924). 1949-1961 (OL 280/20, 509 Spiele).
Der vielseitige, zuverlässige Spieler kam aus Schweinfurt. Das erste Mal sah er den Club 1936 in Breslau: „Die haben uns begeistert wie heutzutage die Brasilianer in ihren besten Spielen." 1949 wollte er von Schweinfurt weg, traute sich aber nicht zum Club. Deswegen wollte er zunächst zur SpVgg Fürth, wurde aber vom Club überredet, zum Zabo zu kommen. „Das war mir dann doch lieber, weil ich es nicht so weit nach Hause hatte." Ucko wohnte in Feucht.

Uebelein I, Hans „Abel" (2.3.1914). 1934-1951 (OL 122/2, 487 Spiele) DM 1936, 1948, Pokal 1935, 1939.
Der zweikampfstarke Verteidiger war ein Vorbild an Ausdauer. Im 36er Finale kämpfte der Buchdrucker nach dem Ausfall von Carolin für zwei. Manchmal schlug er über die Stränge, meist wenn es galt, einen seiner beiden Brüder nach einem Foulspiel zu rächen. Ein paar Mal wurde er zu Lehrgängen der Nationalelf eingeladen, zum Einsatz kam er aber nie. „Nerz war sauer gewesen, daß ich auch bei dem Lehrgang mein gewohntes Bier getrunken habe", vermutete Uebelein I. Im 48er Finale schoß er ein unglückliches Eigentor zum 1:2. Ein Schäfer

hatte vorausgesagt, daß ein Tor „von Übel sein" werde.

J. Uebelein

Uebelein II, Julius „Uttla" (17.2. 1916). 1935-1949 (OL 89/31, 284 Spiele). Pokal 1939.
Arbeits- und Kriegsdienst behinderten die Karriere des schnellen, schußstarken und zielsicheren Halblinken. Im Krieg spielte er bei Burgstern Noris. Aufgrund einer TBC-Erkrankung mußte der Spielmacher im Endspiel 1948 pausieren. „Ich bin keinem Zweikampf ausgewichen, habe aber in meiner ganzen Laufbahn keinen Platzverweis und keine einzige Verwarnung erhalten", rühmt sich Uebelein II noch heute.

Volkert, Georg „Schorsch" (28.11. 1945). 1965-69 und 1980/81 (BL 136/37).
Der Mann, der seinen Gegnern Knoten in die Beine dribbelte, konnte Links- und Rechtsaußen spielen. Unter Merkel lernte er dann auch das Toreschießen: Nur Strehl, Eckstein und Brungs erzielten mehr Bundesliga-Treffer für den Club als er (37). Später schlug er die Manager-Karriere ein, arbeitete beim FC St. Pauli und beim Hamburger SV. Seit 1996 Manager beim Club.

Wabra, Roland „Rolli" (25.11.1933). 1956-1969 (OL/BL 303/0, 523 Spiele). DM 1961, 1968, Pokal 1962.
Der gelernte Schneider löste in der Saison 1957/58 Schaffer im Tor ab. Als Torwart kam ihm seine Erfahrung als Linksaußen in seinen Jugendjahren zugute. Das perfekte Stellungsspiel paarte sich bei ihm mit Reaktionsschnelligkeit und Fangsicherheit. Der leidenschaftlicher Autofahrer hatte ein aufbrausendes Temperament. In seiner Laufbahn erreichte er die für einen Torwart respektable Anzahl von drei Platzverweisen.

H. Walitza

Walitza, Hans (26.11.1945). 1974-1979 (BL/2. BL 127/71).
Der kopfballstarke Mittelstürmer wurde 1974 von Hans Tilkowski für die Schnaps-Ablöse von DM 666.666 zum Valznerweiher geholt. Traf in drei

aufeinanderfolgenden Spielzeiten (74/75-76/77) je 21mal ins Schwarze. Als er gegen Ende seiner Karriere immer mehr mit Verletzungen zu kämpfen hatte, trug er es mit Humor: „Man ist halt nicht mehr 21 und wird ständig älter."

F. Wenauer

Wenauer, Ferdinand „Nandl" (26.4.1939). 1958-1969 (OL/BL 309/0, 706 Spiele). DM 1961, 1968, Pokal 1962. 4 LS.
Der Weltklasse-Stopper kam aus der Club-Jugend. Er war lange Jahre souveräner Angelpunkt in der Club-Abwehr und bekannt durch sein gezieltes faires Hineingleiten, ohne den Gegner vor dem Ball zu berühren. Ein Angebot von Real Madrid lehnte er Anfang der sechziger Jahre ab. „Ich hatte einfach nicht den nötigen Mut und den nötigen Biß." Dafür schuf er sich ein Lotto-Toto-Geschäft.

Weyerich, Horst (13.8.1957). 75-85 (BL/2.BL 230/48).
Der 6fache Schüler- und 11fache Jugend-Nationalspieler wurde 1974 mit

H. Weyerich

dem Club Deutscher Jugendmeister. Weyerich, ein kompromißloser Kämpfer und nervenstarker Elfmeterschütze, galt vorübergehend als hoffnungsvollstes Libero-Talent der Bundesliga, beendete dann aber seine Karriere als klassischer Ausputzer. Bemerkenswert: Der begeisterte Schachspieler und Leser von Böll und Wallraff war ein engagierter Zivildienstleistender. „Wir haben auch zuerst gedacht, da kommt so ein eingebildeter Fußballstar", erzählte eine Mitarbeiterin der Lebenshilfe über den 20jährigen, „jetzt möchten wir, und vor allem die Kinder, den Horst nie mehr missen."

Wieder, Ludwig (22.3.1900). 1919-34 (437 Spiele). DM 1924, 25, 27. 6 LS, 2 Tore.
Der Stürmer brachte es wegen seiner etwas linkischen Art nie zum Publikumsliebling. Später versuchte sich der gelernte Elektromechaniker als Trainer in der DDR (Turbine Erfurt, Rotation Babelsberg).

Wild, Tasso (1.12.1940). 1959-1967 (OL/BL 153/55). DM 1961, Pokal 1962. Der schlaksige Halblinke war ein eleganter Techniker. Mit seinen schnellen Starts in den freien Raum war er in der Lage, die ganze gegnerische Abwehr auszuhebeln. Sein Tor in der Verlängerung des Finales 1962 bedeutete den Pokalsieg. 1967 wurde er von Max Merkel ausgemustert. Derzeit sitzt Wild wieder im Club-Vorstand.

Winter, Georg (17.5.1895). Seit 1910. DM 1927.
Über den Vorläufer Hans Kalbs auf der Mittelläuferposition hieß es einmal: „Bei all seiner Standfestigkeit besaß Winter leider den Fehler der Einbeinigkeit, wodurch Kalb um so mehr den Vorzug erhielt."

Winterstein, Konrad „Conny" (17.7.1927). 1945-1955 (OL 243/96, 409 Spiele). DM 1948.
Trotz seiner Torgefährlichkeit wurde ihm immer wieder mangelnde Beidfüßigkeit vorgeworfen. Sein „linker Schlappen" war berühmt und gefürchtet, doch mit dem rechten Fuß konnte er nicht allzu viel. Im DM-Finale gegen den 1. FC Kaiserslautern 1948 steuerte er den Treffer zum 1:0 bei. Der Polizeibeamte fühlte sich in der „großen Familie" des Club wohl und lehnte sämtliche Angebote von Bayern München ab. Als 1955 sein Vertrag nicht mehr verlängert wurde, wechselte er zu Jahn Regensburg.

Zarate, Sergio Fabian (14.1.1969). 90-92 und 93/94 (BL 69/22).
„El raton" nannten sie ihn, „die Maus". Mit atemberaubenden Antritten, tollen Tricks und spektakulären Toren stürmte der langmähnige Argentinier

S. Zarate

in die Herzen der Clubfans – vor allem der weiblichen. Sein Gastspiel in Deutschland endete ebenfalls spektakulär: Wegen angeblicher Schwarzgeld-Zahlungen beim Club wurde er zu einer Geldstrafe von 100.000 Mark verknackt und flüchtete nach Mexiko zum Erstligisten Necaxa. Mit deutschen Journalisten spricht die „Zaubermaus" inzwischen nicht mehr, „weil die doch nur Mist schreiben".

Zenger, Josef „Joe" (17.11.1935). 1956-1962 (OL 114/22). DM 1961.
Der Außenläufer war mit seinen Weitschüssen gefürchtet. Der gelernte Maurer trainierte verbissen und war im Finale 1961 einer der Besten. Seine Devise hieß: „Ich war nie der Schnellste, aber sehr ausdauernd." 1964 löste er seinen Vertrag, weil Trainer Csaknady ihm den Spaß am Fußball verdorben hatte. „Ich habe nie geglaubt, daß das jemand schafft. Doch Csaknady schaffte es, daß ich den Ball haßte. Unter ihm hatte ich ständig Untergewicht und konnte nicht mehr schlafen."

Statistisches zum 1. Fußballclub Nürnberg

Daten zum Verein

Gegründet: 4. Mai 1900

Mitglieder: 5.500

Vereinsfarben: Rot-Weiß

Spielkleidung: Rot-Schwarz

Titel:
Deutscher Meister 1920, 1921, 1924, 1925, 1927, 1936, 1948, 1961, 1968
Deutscher Pokalsieger 1935, 1939, 1962

Anschrift:
1. FC Nürnberg
Valznerweiher Straße 200
90480 Nürnberg
Tel. 0911/94079-0

Der Club im Endspiel

Deutsche Meisterschaftsfinale

13. Juni 1920 in Frankfurt
gegen SpVgg Fürth (2:0)
Stuhlfauth – Bark, Dr. Steinlein – Kugler, Kalb, Riegel – Strobel, Popp, Böß, Szabo, Träg.
Tore: Popp, Szabo
SR: Dr. Peco Bauwens
Zuschauer: 35.000

12. Juni 1921 in Düsseldorf
gegen Vorwärts Berlin (5:0)
Stuhlfauth – Bark, Kugler – Grünerwald, Kalb, Riegel – Strobel, Popp, Böß, Träg, Sutor
Tore: Popp (3), Träg (2)
SR: Dr. Peco Bauwens
Zuschauer: 22.000

18. Juni 1922 in Berlin
gegen Hamburger SV (2:2 n.V.)
Stuhlfauth – Bark, Grünerwald – Köpplinger, Kugler, Riegel – Strobel, Popp, Böß, Träg, Sutor
Tore: Träg, Popp (Rave, Flohr)
SR: Dr. Peco Bauwens
Zuschauer: 25.000

6. August 1922 in Leipzig
gegen Hamburger SV (1:1 n.V.)
Stuhlfauth – Bark, Kugler – Köpplinger, Riegel, Reitzenstein – Strobel, Popp, Böß, Träg, Sutor
Tor: Träg (Schneider)
SR: Dr. Peco Bauwens
Zuschauer: 60.000

9. Juni 1924 in Berlin
gegen Hamburger SV (2:0)
Stuhlfauth – Bark, Kugler – Schmidt, Kalb, Riegel – Strobel, Hochgesang, Wieder, Träg, Sutor
Tore: Träg, Sutor
SR: Seiler
Zuschauer: 30.000

7. Juni 1925 in Frankfurt
gegen FSV Frankfurt (1:0)
Stuhlfauth – Popp, Kugler – Schmidt, Kalb, Riegel – Strobel, Wieder, Hochgesang, Träg, Sutor
Tor: Wieder
SR: Guyenz
Zuschauer: 50.000

12. Juni 1927 in Berlin
gegen Hertha BSC (2:0)
Stuhlfauth – Popp, Winter – Köpplinger, Kalb, Schmidt – Reinmann, Hochgesang, Schmitt, Wieder, Träg
Tore: Wieder, Träg
SR: Guyenz
Zuschauer: 50.000

24. Juni 1934 in Berlin
gegen Schalke 04 (1:2)
Köhl – Popp, Munkert – Kreißel, Billmann, Oehm – Gußner, Eiberger, Friedel, Schmitt, Kund
Tore: Friedel (Szepan, Kuzorra)
SR: Birlem
Zuschauer: 45.000

21. Juni 1936 in Berlin
gegen Fortuna Düsseldorf (2:1 n.V.)
Köhl – Billmann, Munkert – Uebelein
I, Carolin, Oehm – Gußner, Eiberger,
Friedel, Schmitt, Schwab
Tore: Eiberger, Gußner (Nachtigall)
SR: Birlem
Zuschauer: 45.000

20. Juni 1937 in Berlin
gegen Schalke 04 (0:2)
Köhl – Billmann, Munkert – Uebelein
I, Carolin, Oehm – Gußner, Eiberger,
Friedel, Schmitt, Uebelein II
Tore: (Pörtgen, Kalwitzki)
SR: Birlem
Zuschauer: 100.000

8. August 1948 in Köln
gegen 1. FC Kaiserslautern (2:1)
Schaffer – Uebelein I, Knoll – Bergner,
Kennemann, Gebhardt – Herbolsheimer, Morlock, Pöschl, Winterstein,
Hagen
Tore: Winterstein, Pöschl (Eigentor Uebelein I)
SR: Burmeister
Zuschauer: 75.000

24. Juni 1961 in Hannover
gegen Borussia Dortmund (3:0)
Wabra – Derbfuß, Hilpert – Zenger,
Wenauer, Reisch – Flachenecker, Morlock, Strehl, Müller, Haseneder
Tore: Haseneder, Müller, Strehl
SR: Schulenburg
Zuschauer: 82.000

12. Mai 1962 in Berlin
gegen 1. FC Köln (0:4)
Wabra – Derbfuß, Hilpert – Zenger,
Wenauer, Reisch – Flachenecker, Morlock, Strehl, Müller, Haseneder
Tore: (Habig (2), Schäfer, Pott)
SR: Dusch
Zuschauer: 82.000

1968 Meisterschaft in der Bundesliga
34 Spiele; 19 Siege, 9 Unent., 6 Niederlagen (47:21 Punkte)
Wabra, Toth - Leupold, Popp, Hilpert - Müller L., Wenauer, Ferschl - Cebinac, Strehl, Brungs, Müller H., Volkert, Starek, Schöll

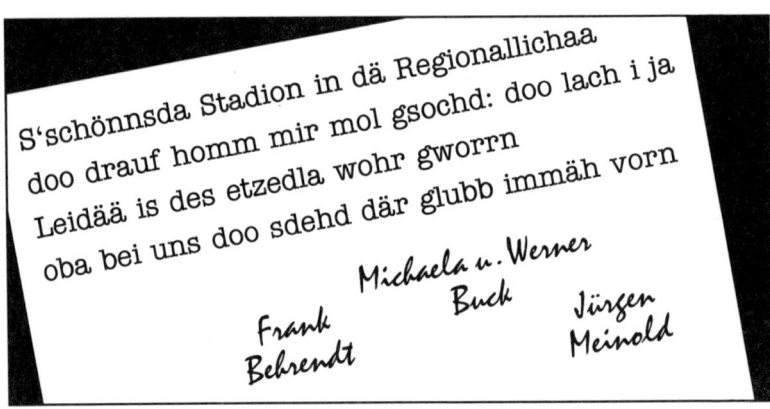

S'schönnsda Stadion in dä Regionallichaa doo drauf homm mir mol gsochd: doo lach i ja Leidää is des etzedla wohr gworrn oba bei uns doo sdehd där glubb immäh vorn

Frank Behrendt   Michaela u. Werner Buck   Jürgen Meinold

DFB-Pokalfinale (bis 1944 Tschammer-Pokal)

8. Dezember 1935 in Düsseldorf
gegen Schalke 04 (2:0)
Köhl – Billmann, Munkert – Uebelein I, Carolin, Oehm – Gußner, Eiberger, Friedel, Schmitt, Spieß
Tore: Eiberger, Friedel
SR: Birlem
Zuschauer: 55.000

28. April 1940 in Berlin
gegen Waldhof Mannheim (2:0)
Köhl – Billmann, Uebelein I – Luber, Sold, Carolin – Gußner, Eiberger, Uebelein II, Pfänder, Kund
Tore: Eiberger (2)
SR: Schütz
Zuschauer: 60.000

1. Dezember 1940 in Berlin
gegen Dresdner SC (1:2 n.V.)
Köhl – Billmann, Uebelein I – Luber, Kennemann, Carolin – Gußner, Eiberger, Friedel, Pfänder, Kund
Tore: Gußner (Schaffer, Machatke)
SR: Pennig
Zuschauer: 60.000

29. August 1962 in Hannover
gegen Fortuna Düsseldorf (2:1 n.V.)
Wabra – Derbfuß, Hilpert – Flachenecker, Wenauer, Reisch – Dachlauer, Haseneder, Strehl, Wild, Albrecht
Tore: Haseneder, Wild (Wolfframm)
SR: Seekampf
Zuschauer: 41.000

1. Mai 1982 in Frankfurt
gegen Bayern München (2:4)
Kargus – Brunner (Brendel), Weyerich, Reinhardt, Stocker – Eder, Hintermaier, Schlegel (Lieberwirth), Heidenreich – Heck, Dreßel
Tore: Hintermaier, Dreßel (Rummenigge, Kraus, Breitner, Hoeneß)
SR: Hennig
Zuschauer: 61.200

Der Club in Europa

Europapokal der Landesmeister

1961/1961   H / A
1. FCN – Drumcondra Dublin   4:0, 5:1
1. FCN – Fenerbahce Istanbul   1:0, 2:1
1. FCN – Benfica Lissabon   3:1, 0:6

1968/1969
1. FCN – Ajax Amsterdam   1:1, 0:4

Europapokal der Pokalsieger

1962/1963
1. FCN – AS St. Etienne   3:0, 0:0
1. FCN – BK Odense   6:0, 1:0
1. FCN – Atletico Madrid   2:1, 0:2

UEFA-Cup

1988/1989
1. FCN – AS Rom   1:3 (n.V.), 2:1

Plazierungen des 1. FCN

1905 - 1944

1904 erfolgte der Eintritt des 1. FCN in den Süddeutschen Fußballverband (SFV). Der Bayerische Meister (Ostkreismeister des SFV) wurde in einem Spiel zwischen den Meistern der Gauligen Nord und Süd ermittelt. Später wurde eine ein- bzw. zweigleisige Bayernliga eingeführt. Der Süddeutsche und der Deutsche Meister wurden im Pokalsystem herausgespielt.

1905   1. Gauliga Nordbayern
1906   1. Gauliga Nordbayern
1907   Bayer. bzw. Ostkreismeister
1908   Bayer. bzw. Ostkreismeister
1909   Bayer. bzw. Ostkreismeister
1910   1. Gauliga Nordbayern
1911   2. Kreisliga Bayern (Einführung der Bayernliga)
1912   3. Kreisliga Bayern
1913   2. Kreisliga Bayern
1914   2. Kreisliga Bayern
1915   –
1916   „Eiserner Fußball" (Süddeutsche Kriegsmeisterschaft)
1917   –
1918   Süddeutscher Meister
1919   Süddeutscher Meister
1920   Deutscher Meister
1921   Deutscher Meister
1922   Endspiel Deutsche Meisterschaft
1923   2. Kreisliga Nordbayern (Zweigleisige Bayernliga)
1924   Deutscher Meister
1925   Deutscher Meister
1926   2. Kreisliga Bayern (Eingleisige Bayernliga)
1927   Deutscher Meister
1928   Bayerischer Meister
1929   Deutscher Vizemeister
1930   2. Nordbayerische Meisterschaft (50:14 Tore, 20:8 Punkte) (Halbfinale DM)
1931   Nordbayerischer Meister (56:17, 30:6)
1932   Nordbayerischer Meister (68:19, 35:1) – (Halbfinale DM)
1933   2. Bayerische Gaumeisterschaft (18:12 Punkte)
1934   Bayerischer Gaumeister (34:12 Punkte) – (Finale DM)
1935   2. Bayerische Gaumeisterschaft (43:26 Tore, 25:15 Punkte) (Pokalsieger)
1936   Deutscher Meister (Bayerischer Gaumeister 38:10, 32:4)
1937   Bayerischer Gaumeister (47.16, 27:9) – (Finale DM)
1938   Bayerischer Gaumeister (35:16, 27:9)
1939   6. Bayerische Gaumeisterschaft (28:33, 20:16)
1940   Bayerischer Gaumeister (Pokalsieger)
1941   2. Bayerische Gaumeisterschaft (Pokalfinale)
1942/1943   Bayerischer Gaumeister (125:17, 40:0)
1944   Nordbayerischer Gaumeister (85:23, 28:8)

Ober- und Bundesliga

Saison	Liga	Platz	Tore	Punkte
1945/1946	Oberliga Süd	2.	86:44	44:15
1946/1947	Oberliga Süd	1.	108:31	62:14
1947/1948	Oberliga Süd	1.	88:37	60:16
1948/1949	Oberliga Süd	11.	49:55	27:33
1949/1950	Oberliga Süd	8.	52:40	31:29
1950/1951	Oberliga Süd	1.	93:46	47:21
1951/1952	Oberliga Süd	2.	72:33	43:17
1952/1953	Oberliga Süd	8.	67:61	29:31
1953/1954	Oberliga Süd	4.	71:44	38:22
1954/1955	Oberliga Süd	9.	64:51	29:31
1955/1956	Oberliga Süd	7.	42:41	31:29
1956/1957	Oberliga Süd	1.	76:33	47:13
1957/1958	Oberliga Süd	2.	74:45	41:19
1958/1959	Oberliga Süd	3.	80:38	43:17
1959/1960	Oberliga Süd	6.	73:54	34:26
1960/1961	Oberliga Süd	1.	96:30	48:12
1961/1962	Oberliga Süd	1.	70:30	43:17
1962/1963	Oberliga Süd	2.	87:41	41:19
1963/1964	Bundesliga	9.	45:56	29:31
1964/1965	Bundesliga	6.	44:38	32:28
1965/1966	Bundesliga	6.	54:43	39:29
1966/1967	Bundesliga	10.	43:50	34:34
1967/1968	Bundesliga	1.	71:37	47:21
1968/1969	Bundesliga	17.	45:55	29:39
1969/1970	Regionalliga	3.	64:29	57:19
1970/1971	Regionalliga	1.	81:39	55:15
1971/1972	Regionalliga	9.	49:62	34:38
1972/1973	Regionalliga	5.	61:52	41:27
1973/1974	Regionalliga	2.	63:42	44:24
1974/1975	2. Liga	6.	70:52	42:34
1975/1976	2. Liga	2.	78:42	54:22
1976/1977	2. Liga	5.	77:51	49:27
1977/1978	2. Liga	2.	75:46	53:23
1978/1979	Bundesliga	17.	36:67	24:44
1979/1980	2. Liga	1.	88:38	61:19

1980/1981	Bundesliga	14.	47:57	28:40
1981/1982	Bundesliga	13.	53:72	28:40
1982/1983	Bundesliga	14.	44:70	28:40
1983/1984	Bundesliga	18.	38:85	14:54
1984/1985	2. Liga	1.	71:45	50:26
1985/1986	Bundesliga	12.	51:54	29:39
1986/1987	Bundesliga	9.	62:62	35:33
1987/1988	Bundesliga	5.	44:40	37:31
1988/1989	Bundesliga	14.	36:54	26:42
1989/1990	Bundesliga	8.	42:46	33:35
1990/1991	Bundesliga	15.	40:54	29:39
1991/1992	Bundesliga	7.	54:51	43:33
1992/1993	Bundesliga	13.	30:47	28:40
1993/1994	Bundesliga	16.	41:55	28:40
1994/1995	2. Liga	15.	38:46	30:38
1995/1996	2. Liga	17.	33:40	33*

*(nach Abzug von 6 Punkten)

Der Club in den Aufstiegsrunden zur Bundesliga

1971

1. FCN
- Fortuna Düsseldorf 0:2/1:2
- Borussia Neunkirchen 2:0/0:1
- Wacker 04 Berlin 3:0/2:3

Aufsteiger: Düsseldorf

1974

1. FCN
- Eintracht Braunschweig 1:0/0:2
- Wacker 04 Berlin 9:1/0:5
- 1. FC Saarbrücken 3:1/2:2
- Wattenscheid 09 1:0/1:2

Tabelle:
1. Eintracht Braunschweig 13: 6 11:5
2. 1. FC Nürnberg 18:12 11:5

1976

1. FCN – Bor. Dortmund 0:1/2:3

1978

1. FCN – Rot-Weiß Essen 1:0/2:2

Vorsitzende, Präsidenten, Trainer und Nationalspieler

Die ersten Vorsitzenden und Präsidenten des 1. FCN

1900–1904	Christoph Heinz
1904–1910	Ferdinand Küspert
1910–1912	Christoph Heinz
1912–1914	Leopold Neuburger
1915–1917	Ferdinand Küspert
1917–1919	Konrad Gerstacker
1919–1921	Leopold Neuburger
1921–1923	Ludwig Bäumler
1923	Eduard Kartini
1923–1925	Max Oberst
1926–1929	Hans Schregle
1929–1935	Ludwig Franz
1935–1945	Karl Müller
1945–1946	Hans Hofmann
1946–1947	Hans Schregle
1947–1948	Hans Hofmann
1949–1963	Ludwig Franz
1963–1964	Karl Müller
1964–1971	Walter Luther
1971–1977	Hans Ehrt
1977–1978	Lothar Schmechtig
1978–1979	Waldemar Zeitelhack
1979–1982	Michael A. Roth
1983–1991	Gerd Schmelzer
1991–1992	Sven Oberhof
1992–1994	Gerhard Voack
1994	Georg Haas
1994– heute	Michael A. Roth

Die Trainer des 1. FCN

1910	Walker
1913	Fred Spicksley
1921	Dori Kürschner (Endrunde)
1922	Dori Kürschner (Endrunde)
1926-27	Fred Spicksley
1927-28	Dr. K. Michalke
1928-30	Hans Tauchert
1930-32	Jenö Conrad
1932-33	Toni Kugler
1933-35	Alfred Schaffer
1935-36	Dr. K. Michalke
1936-39	Gyuri Orth
1939-41	Alv Riemke
1942-45	Bumbes Schmidt
1945-46	Alv Riemke
1946-47	Dr. K. Michalke
1947-49	Seppl Schmitt
1949-50	Lori Polster
1950-52	Bumbes Schmidt
1952-54	Alv Riemke
1954-55	Toni Kugler
1955-60	„Bimbo" Binder
1960-63	Herbert Widmayer
1963-64	Jenö Csaknady
1964-65	Gunter Baumann
1965-66	Jenö Csaknady
1966	Jenö Vincze
1966-69	Max Merkel
1969	Robert Körner
1969-70	Kuno Klötzer
1970-71	Barthel Thomas
1971	Boba Mihailovic
1971	Fritz Langner

Jahre	Trainer
1971-73	„Tschik" Cajkovski
1973-76	Hans Tilkowski
1976-78	Horst Buhtz
1978	Werner Kern
1978-79	„Zapf" Gebhardt
1979	Jeff Vliers
1979-80	„Zapf" Gebhardt
1980-81	Horst Heese
1981	Fritz Popp
1981	Fred Hoffmann
1981	Heinz Elzner
1981-83	Udo Klug
1983	Rudi Kröner
1983	Fritz Popp
1984-88	Heinz Höher
1988-90	Hermann Gerland
1990	Dieter Lieberwirth
1990-91	Arie Haan
1991-93	Willi Entenmann
1993-94	Dieter Renner
1994-95	Rainer Zobel
1995	Günter Sebert
1995-96	Hermann Gerland
1996	Willi Entenmann

Nationalspieler des 1. FCN

Name	Spiele	Tore
Morlock, Max	26	21
Stuhlfauth, Heinr. (T)	21	
Kalb, Hans	15	2
Köpke, Andreas (T)	14	
Schmidt, Hans (Bumbes)	14	
Sutor, Hans	12	2
Billmann, Willi	11	
Reuter, Stefan	9	1
Reisch, Stefan	9	
Munkert, Andreas	8	
Eckstein, Dieter	7	
Kugler, Anton	7	
Riegel, Carl	7	
Hochgesang Georg	6	4
Träg, Heinrich	6	1
Volkert, Georg	6	2
Wieder, Ludwig	6	2
Müller, Ludwig	5	
Popp, Luitpold	5	1
Geiger, Hans	4	
Reinmann, Baptist	4	
Schwabl, Manfred	4	
Strehl, Heinz	4	4
Strobel, Wolfgang	4	
Wenauer, Ferdinand	4	
Sold, Wilhelm	3	
Oehm, Richard	3	
Baumann, Gunter	2	
Hornauer, Josef	2	1
Kund, Willi	2	1
Philipp, Ludwig	2	
Schmitt, Josef (Sepp)	2	1
Friedel Georg	1	
Köhl, Georg	1	
Köpplinger, Emil	1	
Schade, Horst	1	1
Weiß, Leonhard	1	

(Sofern Spieler für einen anderen Verein ebenfalls in der Nationalmannschaft eingesetzt waren, sind deren Einsätze und Tore nicht in der Aufstellung enthalten.)
Stand 1.9.1996

Spieler, Einsätze, Tore 1945-1996

Name	Geburtsdatum	Spieljahre	Liga	Spiele	Tore
Abramczik, Rüdiger	18.02.56	83-84	1. BL	24	3
Abutovic, Aleksandar	09.08.65	88-89	1. BL	1	0
Achhammer, Alfred	10.10.28	47-49	OL	5	0
Adelmann, Reinhold	30.03.46	65-67	1. BL	17	0
Ahlbach, Günther	27.11.23	46-47	OL	6	1
Albrecht, Richard	26.05.36	57-63	OL	108	36
		63-65	1. BL	29	4
Allemann, Anton	06.01.36	64-66	1. BL	50	8
Ammer, Herbert	13.11.38	59-60	OL	6	1
Andersen, Jörn	03.02.63	85-88	1. BL	78	28
Anspann, Walter	31.08.56	75-77	2. BL	0	0
Bäurle, Markus	15.10.69	91-93	1. BL	20	0
Baumann, Frank	29.10.75	94-96	2. BL	36	5
Baumann, Gunter	19.01.21	49-56	OL	154	12
Bast, Rudolf	11.02.37	65-66	1. BL	9	1
Bayerschmidt, Uli	03.03.67	88-91	1. BL	41	0
Beer, Erich	09.12.46	68-69	1. BL	25	2
Beierlorzer, Bertram	31.05.57	77/78	2. BL	36	0
		79/80	2. BL	27	4
		78-81	1. BL	56	2
Bergner, Gerhard	19.07.27	46-56	OL	234	4
Berkemeier, Winfried	22.01.53	78-79	1. BL	32	4
Billmann, Jürgen	21.12.42	63-66	1. BL	13	1
		69-71	RL	6.	0
Billmann, Willi	15.01.11	45-49	OL	73	0
Bittlmayer, Albert	08.11.52	71-73	RL	87	14
		74/75	2. BL	6	1
Bittorf, Ulrich	02.09.59	84/85	2. BL	30	6
		85-86	1. BL	13	3
Blabl, Norbert	03.11.65	83-84	1. BL	1	0
Böhme, Jörg	22.01.74	94/95	2. BL	16	1
Bone, Klaus-Dieter	09.08.54	73/74	RL	1	0
Botteron, René	17.10.54	82-83	1. BL	32	1
Brand, Markus	19.09.74	92-93	1. BL	9	0
		94/95	2. BL	8	0
Bräutigam, Perry (TW)	28.03.63	94/95	2. BL	34	0
Braun	03.06.66	94/95	2. BL	16	0
Brendel, Reinhard	21.12.56	80-83	1. BL	20	0
Brenzke, Otto	19.12.20	50-52	OL	48	17
Brungs, Franz	04.12.36	65-68	1. BL	97	50
		71/72	RL	28	6
Brunner, Hans-Jürgen	02.02.65	84/85	2. BL	14	2
		85-90	1. BL	88	3
Brunner, Sepp	25.01.49	72-74	RL	47	5
Brunner, Thomas	10.08.62	80-93	1. BL	328	18
		84/85	2. BL	26	7
		94-96	2. BL	48	0
Bucher, Jürgen (TW)	22.03.57	75/76	2. BL	1	0
Bundschuh, Karl	14.12.27	53-57	OL	20	3
Burgsmüller, Manfred	22.12.49	83-84	1. BL	34	12
Bustos, Sergio	20.12.72	92-94	1. BL	8	0
		94/95	2. BL	19	3
Cebinac, Zvezdan	08.12.39	67-69	1. BL	55	6
Contala, Alexander	02.11.72	94-96	2. BL	11	0

Covic, Ante	31.08.75	95/96	2. BL	24	1
Criens, Hans-Jörg	18.12.60	93/94	1. BL	13	2
		94/95	2. BL	11	1
Curko, Goran (TW)	21.08.68	95/96	2. BL	34	0
Czernotzky, Peter	18.02.47	68-69	1. BL	8	0
Dachlauer, Kurt	29.08.40	62-63	OL	28	4
		63-65	1. BL	16	3
Dämpfling, Günter	11.11.56	75-78	2. BL	18	0
		78/79	1. BL	11	0
		79/80	2. BL	4	0
Derbfuß, Paul	08.10.37	59-63	OL	83	0
		63/64	1. BL	15	0
Diegelmann, Theo	23.11.39	71/72	RL	13	0
Dirrigl, Egon	24.04.36	58-60	OL	41	18
Dittwar, Jörg	01.08.83	87-93	1. BL	150	12
Dorfner, Hans	03.07.65	84/85	2. BL	34	5
		84-86, 91-94	1. BL	77	5
Dorok, Werner	19.08.57	77/78	2. BL	11	0
Dreßel, Werner		81-84	1. BL	67	18
Drews, Günter	09.07.67	89-92	1. BL	23	1
Drexler. Manfred	26.06.51	70-73	RL	72	28
Dusend, Ralf	28.09.59	87-90	1.BL	70	2
Ebenhöh, Manfred	10.05.48	66/67	1. BL	1	1
Eckstein, Dieter	12.03.64	84/85	2. BL	37	13
		85-89, 90-94	1. BL	189	66
Eder, Norbert	07.11.55	74-78	2. BL	107	22
		78-84	1. BL	154	5
		79/80	2. BL	39	1
Ebertz, Harald (TW)	18.05.67	94-96	2. BL	1	0
Eger, Ralph	13.11.51	74/75	2. BL	3	0
Eggert, Michael	29.09.52	80-82	1. BL	20	1
Eichendörfer, Oswald		49/50	OL	3	0
Eichin		09.10.66	94/95	2. BL	10	1
Engler, Peter	03.09.36	62/63	OL	11	1
Eymold, Günter	17.04.59	79/80	2. BL	3	0
Faul, Hugo	07.09.51	74/75	2. BL	2	0
Feilhuber, Walter	05.04.36	57-60	OL	41	7
Felleiter, Reinhold	08.10.26	49/50	OL	1	0
Ferschl, Karl-Heinz	07.07.44	62/63	OL	5	0
		63-68	1. BL	115	5
Fischer, Rudi	29.11.55	70/51	OL	21	0
Flachenecker, Gustav	28.10.40	59-63	OL	94	47
		63-66	1. BL	27	12
Fladerer, Walter	21.02.40	63-64	1. BL	1	0
Fößel, Günter	15.05.28	52-60	OL	44	0
Frank, Wolfgang	21.02.51	80-82	1. BL	20	4
Franz, Peter	28.08.52	71/72	RL	9	1
Friedel, Georg	06.09.13	45/46	OL	1	0
Friedmann, Kay	15.05.63	91-94	1. BL	72	3
		94/95	2. BL	14	2
Fuhl, Wenanty	02.12.60	84/85	2. BL	8	0
Gebhardt, Robert	20.09.22	45-50	OL	125	22
Gehring, Georg	17.11.29	48-51	OL	31	7
Geinzer, Kurt	03.07.48	71-74	RL	79	6
		74-77	2. BL	77	9
Gerling, Günter	07.08.49	69/70	RL		

Spieler, Einsätze, Tore 1945 - 1996

Name	Geb.	Saison	Liga	Einsätze	Tore
Gettinger, Reinhold	04.10.35	61-63	OL	33	7
			1. BL	11	0
Geyer, Peter	11.12.52	71-74	RL	55	7
Geyer, Reiner	20.04.64	83-88	1. BL	55	8
		84/85	2. BL	27	7
Giske, Anders	22.11.59	83-84, 85-89	1. BL	118	4
Glaser, Ferdinand	25.07.54	81/82	1. BL	4	0
Glomb, Günther	17.08.30	51-59	OL	166	66
Golke, André	15.08.64	91/92	1. BL	38	7
		93/94	1. BL	33	4
		94/95	2. BL	29	7
Grahammer, Roland	03.11.63	83-88	1. BL	119	17
		84/85	2. BL	30	2
Greif, Manfred	14.10.39	64-67	1. BL	61	10
Greiner, Frank	03.07.66	87/88	1. BL	5	0
Grimm, Siegfried	01.12.47	69-71	RL	15	1
Grüner, Roland (TW)	11.01.63	84/85	2. BL	1	0
		85/86	1. BL	14	0
Güttler, Günter	31.05.61	84/85	2. BL	35	7
		85-87	1. BL	53	3
Gulden, Björn	04.06.65	84/85	2. BL	4	1
Gunnlaugsson, Arnar	06.03.73	94/95	2. BL	28	8
Gunnlaugsson, Bjarki	06.03.73	94/95	2. BL	27	5
Habiger, Werner	03.11.57	83/84	1. BL	18	0
Hagen, Georg	12.11.19	47-49	OL	19	2
Halat, Kemal	05.07.71	95/96	2. BL	3	0
Hampl, Helmut	24.09.50	72/73	RL	21	2
Hannakampf, Rudolf	22.10.48	73/74	RL	29	1
		74-77	2. BL	74	1
Hansen, Johnny	14.11.43	68/69	1. BL	21	0
		69/70	RL	34	5
Hartmann, Bernhard (TW)	25.05.47	79/80	2. BL	38	0
		80-82	1. BL	16	0
Haseneder, Kurt	22.04.42	60-63	OL	43	33
Hausmann, Christian	21.11.63	88-91	1. BL	50	5
Heck, Werner	21.04.55	80-84	1. BL	114	34
Heidenreich, Hans-Jürgen	11.08.67	86-92	1. BL	55	2
Heidenreich, Herbert	15.11.54	78-84	1. BL	137	13
		79/80	2. BL	34	13
Heider, Herbert (TW)	21.09.59	78/79	2. BL	4	0
		83-86	1. BL	22	0
		84/85	2. BL	25	0
Heitzer, Franz	19.01.62	79/80	2. BL	3	1
Herbolsheimer, Helmut	18.05.25	45-56	OL	264	89
Hesselbach, Paul (TW)	06.07.51	71-73	RL	49	0
Hiestermann, Hans-Otto	07.01.49	74/75	2. BL	37	4
Hilpert, Helmut	20.09.37	59-63	OL	108	3
		63-68	1. BL	83	2
Hintermaier, Reinhold	14.02.56	79/80	2. BL	38	8
			80-84,	1. BL	76	8
		92/93	2. BL	14	0
		94/95			
Hoeneß, Uli	05.01.52	78/79	1. BL	11	0
Holoch, Wolfgang	22.12.47	74/75	2. BL	6	0
Horlamus,			OL	1	0
Horsmann, Udo	30.03.52	84/85	2. BL	13	0
Hummel, Gerhard (TW)	22.08.53	75-78	2. BL	13	0
		78/79	1. BL	15	0
Jambo, Stefan	02.08.58	86/87	1. BL	4	1
Jenkner	05.02.75	95/96	2. BL	7	0
Jordan, Hans-Otto	13.09.54	79/80	2. BL	3	1
Kästner, Hermann	07.06.14	47/48	OL	9	2
Kajtaz, Sead	14.02.63	90/91	1. BL	8	1
Kallenborn, Adolf	09.03.29	50-54	OL	70	12
Kapp, Fritz	02.06.24	51-56	OL	48	2
Kargus, Rudi (TW)	15.08.52	80-84	1. BL	119	0
		84/85	2. BL	12	0
Kasalo, Vlado	11.11.62	89-91	1. BL	22	1
Kennemann, Georg	21.04.13	45-51	OL	134	4
Klaus, Fred	27.02.67	84/85	2. BL	20	1
		85/86	1. BL	6	1
Klein, Thomas	23.04.65	89-91	1. BL	12	0
Knäbel, Peter	02.10.66	95/96	2. BL	28	2
Knell,		50/51	OL	2	0
Knoll, Adolf	30.11.24	45-58	OL	195	1
Köpke, Andreas (TW)	12.03.62	86-94	1. BL	264	2
Kohler, Willi	12.03.34	54/55	OL	1	0
Korek, Christian	16.06.65	88/89	1. BL	1	0
Kosian, Norbert	28.09.56	75/76	2. BL	0	0
Kovac, Robert	06.04.74	95/96	2. BL	33	1
Kowarz, Kurt	12.04.58	88-93, 93/94	1. BL	11	0
Kraft, Konrad	23.02.30	52-58	OL	56	0
Kramny, Jürgen	18.10.71	92-94	1. BL	40	4
		94/95	2. BL	25	2
Kraus, Reiner	21.08.56	74-77	2. BL	1	0
Kreißel, Heinz	28.12.34	56-63	OL	78	11
		63/64	1. BL	1	0
Krella, Detlev	04.03.64	84/85	2. BL	0	0
Kristl, Thomas	18.04.63	88-90	1. BL	41	7
		93/94	1. BL	2	0
Kröner, Rudi	06.01.42	70-73	RL	81	11
Krstic, Branislaw	21.12.50	75-77	2. BL	26	4
Kubik, Lubos	20.01.64	93/94	1. BL	21	4
		94/95	2. BL	19	1
Küppers, Hans	24.12.38	68/69	1. BL	33	10
Kuffour, Sammy	03.09.76	95/96	2. BL	12	1
Kuhn, Stefan	29.12.64	88-90	1. BL	49	2
Kummant, Peter von	22.05.43	63/64	1. BL	4	0
Kund, Willi	11.03.08	45/46	OL	3	2
Kurth, Markus	30.07.73	95/96	2. BL	33	5
Kurz, Marco	16.05.69	90-94	OL	108	0
Lachmann, Walter	27.08.51	75-77	2. BL	16	0
Lehmann, Ulrich	04.10.49	72	RL		
Lehr, Hans-Jürgen	25.09.47	69/70	RL	25	6
Lehrieder, Heinz	13.06.28	47/48	OL	13	5
Leupold, Horst	30.01.42	62/63	OL	23	0
		63-69	1. BL	167	2
		69-72	RL	33	1
Licht, Sascha	27.09.74	92/93	1. BL	1	0
		93/94			

Spieler, Einsätze, Tore 1945 - 1996

Name	Geb.	Saison	Liga	Einsätze	Tore
Lieberwirth, Dieter	13.01.54	75-78	2. BL	77	12
		78-89	1. BL	139	18
		79/80	2. BL	23	6
		84/85	2. BL	31	3
Lippmann, Frank	23.04.61	86/87	1. BL	6	0
Lindner, Georg	06.05.21	45-47	OL	61	0
Löhr, Willi	06.08.47	69-71	RL	36	1
Loos, Fritz	19.10.36	58-60	OL	5	0
Lottermann, Stefan	05.03.59	83/84	1. BL	21	2
		84/85	2. BL	13	5
Lubanski, Heinz	08.08.48	69/70	RL	17	2
Lützler, Markus	26.02.74	95/96	2. BL	2	0
Majkowski, Jan	20.10.52	71-74	RL	32	2
		74-77	2. BL	104	6
		79/80	2. BL	5	0
		80/81	1. BL	1	0
Maus, Tobias	05.08.76	94/95	2. BL	1	0
Meininger, Karl-Heinz	01.02.53	74-76	2. BL	49	21
Meis, Dieter	28.04.48	69/70	RL	8	0
Metschies, Ulf	22.09.63	88-91	1. BL	78	5
Metzler, Helmut	05.03.45	69/70	RL	33	7
Michl, Günter	30.05.50	70-74	RL	79	20
Miladinovic, Jovan	30.01.39	66/67	1. BL	5	0
Mirsberger, Alfred	13.08.27	47-55	OL	169	10
Möbius, Armin	10.02.20	50/51	OL	2	0
Möckel, Christian	06.04.74	95/96	2. BL	16	0
Möller, Frank	11.07.67	94/95	2. BL	8	1
Moore, Joe-Max	23.02.71	95/96	2. BL	27	8
Morlock, Max	11.05.25	45-63	OL	451	286
		63/64	1. BL	21	8
Mrosko, Charly	11.10.46	71/72	RL	32	4
Müller, Heinrich	18.02.34	56-63	OL	115	39
		63-67	1. BL	43	7
Müller, Heinz	24.04.43	66-69	1. BL	72	6
		69-72	RL	81	9
Müller, Klaus (TW)	23.12.56	74-77	2. BL	3	0
Müller, Ludwig	25.08.41	64-69	1. BL	136	10
Müller, Manfred (TW)	28.07.47	76-78	2. BL	65	0
		78/79, 86/87	1. BL	22	0
Müller, Max	21.10.49	73/74	RL	26	2
Müller, Walter	30.06.45	72-74	RL	12	0
Mußgiller, Otmar	28.05.51	71-73	RL	19	0
Nahlik, Klaus	01.05.47	73/74	RL	25	9
Neef, Gerhard (TW)	30.12.46	73/74	RL	32	0
		74/75	2. BL	11	0
Neubert, Georg		47/48	OL	1	0
Neun, Jörg	07.05.66	85/86	1. BL	6	1
Niemann, Adolf	05.10.27	48/49	OL	15	0
Nikol, Ronny	11.07.74	95/96	2. BL	11	1
Nitsche, Frank	18.03.64	84/85	2. BL	25	3
		85-87	1. BL	18	2
Nüssing, Klaus-Dieter	15.08.49	68/69	1. BL	23	5
		69-74	RL	167	52
		74-77	2. BL	109	38
Nützel, Norbert	22.12.52	71/72	RL		
Oberacher, Franz	24.03.54	79/80	2. BL	31	12
		80/81	1. BL	25	9
Oechler, Marc	11.02.68	88-94	1. BL	145	13
		94-96	2. BL	57	0
Olivares, Percy	05.06.68	92/93	1. BL	19	4
Otten, Dirk	22.01.68	88/89	1. BL	3	0
Parastadidis		95/96	2. BL	4	0
Paulick, Friedemann	04.07.42	60/61	OL	2	0
Pausch, Hans	09.09.57	77/78	2. BL	35	4
		78/79	1. BL	4	0
		79/80	2. BL	1	0
Pechtold, Uli	24.07.52	74-77	2. BL	110	10
Petrovic, Miodrag	16.11.46	72/73	RL	33	17
Petrovic, Slobodan	02.10.48	72-74	RL	63	6
		74-78	2. BL	119	17
		78/79	1. BL	3	0
			2. BL		
Philipkowski, Joachim	26.02.61	85-92	1. BL	154	13
Plößl, Eduard	21.04.51	72	RL		
Pöschl, Hans	17.07.21	45-50	OL	140	91
Popp, Fritz	20.11.40	62/63	OL	1	0
		63-69	1. BL	136	0
		69-72	RL	98	3
Popp, Heinz	14.09.52	71/72	RL	1	0
Pradt, Walter (TW)	12.04.49	69/70	RL	1	0
Prandel		51/52	OL	1	0
Preißler, Edwin	26.11.42	66/67	1. BL	1	0
Probst, Dieter	04.02.69	95/96	2. BL	11	0
Prudlo, Gerhard		62/63	OL	1	0
Prummer, Werner		47-49	OL	9	0
Przondziono, Martin	11.06.69	94-96	2. BL	19	2
Reinhardt, Alois	18.11.61	79/80	2. BL	1	0
		80-84	1. BL	101	7
Reisch, Stefan	29.11.41	60-63	OL	81	8
		63-67	1. BL	86	9
Reiser, Albert	11.01.28	46-51	OL	63	11
Renner, Herbert	28.09.46	69-71	RL	45	12
Reuter, Stefan	16.10.66	84/85	2. BL	25	3
		85-88	1. BL	100	10
Riemann, Wolfgang	.49	70/71	RL	13	1
Rigotti, Hans	15.05.47	68/69	RL	4	0
Rösler, Uwe	15.11.68	92/93	1. BL	28	0
Roos, Herbert	07.06.26	47-49	OL	6	0
Rosemann, Gerd	30.01.65	84/85	2. BL	1	0
Roßberger, Thomas	02.10.63	83/84	1. BL	2	0
Rost, Leo	23.11.34	61/62	OL	8	2
Rother, Christian	02.11.45	69/70	RL	16	1
Rub		49/50	OL	1	0
Rubenbauer, Günther	07.12.40	59/60	OL	4	0
Rübensaal, Lothar	09.04.36	57-62	OL	13	0
Rüsing, Manfred	03.06.46	73/74	RL	34	0
		74-77	2. BL	79	1
Ruff, Adolf	24.10.40	59/60	OL	2	0
Rußmann, Peter	38	57/58	OL	4	1
Rynio, Jürgen	01.04.48	68/69	1. BL	25	0
Sané, Souleyman	26.02.61	88-90	1. BL	57	12
Schabacker, Dietmar	26.01.49	72-74	RL	56	2
		74/75	2. BL	36	5

Spieler, Einsätze, Tore 1945 - 1996

Name	Geb.	Saison	Liga	Sp.	Tore
Schade, Horst	10.07.22	53-56	OL	79	52
Schäfer, Hans	25.04.21	45-46	OL	1	0
Schäffner, Ewald	17.11.48	69-71	RL	30	1
Schaffer, Eduard	13.12.21	47-58	OL	228	0
Scharold, Alfons	02.08.49	72	RL		
Schiffer, Konrad	23.08.29	53-57	OL	36	4
Schlegel, Norbert	09.03.61	79/80	2. BL	24	4
		81-83	1. BL	28	0
Schmid, Max	11.09.35	56-59	OL	60	37
Schmider, Bernd	03.05.55	78/79	1. BL	27	2
Schmidt, Georg		55-57	OL	5	0
Schmidt, Helmut	24.02.54	76	2. BL		
Schmidt, Karl	17.02.35	63/64	1. BL	8	0
Schneider, Heinz	02.01.60	85/86	1. BL	2	0
Schneider, Martin	24.11.68	87-90	1. BL	90	2
Schneider, Theo	23.08.60	82/83	1. BL	27	1
Schöll, Andreas	12.11.69	90/91	1. BL	1	0
Schöll, Hubert	20.10.46	66-68	1. BL	4	0
Schöll, Reinhold	23.10.55	74-78	2. BL	36	3
		78-84	1. BL	90	0
		79/80	2. BL	14	0
Schober, Gustav	06.12.27	47-60	OL	152	6
Schülke, Winfried	02.07.42	71/72	RL	15	0
Schuster, Harald	24.02.48	71-73	RL	29	1
Schuster, Ludwig	30.03.51	70-71	RL	5	0
Schwabl, Manfred	18.04.66	86-89, 92-94	1. BL	133	9
Schwarzwälder, Franz (TW)	11.12.49	74-76	2. BL	63	0
Schweers, Herbert (TW)	26.12.47	72-74	RL	13	0
Schweinberger, Waldem.	28.03.30	53-61	OL	153	40
Seitz, Thomas	14.07.69	92/93	1. BL	2	0
Seubert, Werner	23.01.50	69-71	RL	28	12
Simko,		45/46	OL	1	0
Sippel, Willi	20.03.29	50-53	OL	78	0
Skiba, Heinrich		49/50	OL	2	0
Sommer, Peter	06.12.57	76-78	2. BL	18	2
		78/79	1. BL	2	0
Spangler, Walter (TW)	14.10.52	72-73	RL	4	0
Spieß, Willi		45-47	OL	17	5
Stammberger, Hans	20.11.35	60/61	OL	3	0
Starek, August	16.02.45	67/68	1. BL	24	5
		71/72	RL	31	10
Stauffer		49-52	OL	8	4
Stegmayer, Roland	22.12.50	70/71	RL	32	15
Steinkirchner, Alfred	23.10.56	77/78	2. BL	2	0
		78/79	1. BL	5	1
		79/80	2. BL	14	0
Stenzel, Rudolf	21.06.60	84/85	2. BL	26	3
		85-89	1. BL	73	13
Steuerwald, Helmut	26.02.56	74/75	2. BL	2	0
Stocker, Peter	30.06.53	75-78	2. BL	90	3
		78-83	1. BL	118	2
		79/80	2. BL	40	3
Störzenhofecker, Armin	29.04.65	95/96	2. BL	30	1
Straube, Oliver	13.12.71	93/94	1. BL	9	0
		94-96	2. BL	48	6
Strehl, Heinz	20.07.38	58-63	OL	117	81
		63-69	1. BL	174	76
		69/70	RL	9	2
Strich, Horst-Dieter	08.04.41	66/67	1. BL	9	0
Strick, Gerhard	10.01.37	61-63	OL	12	0
		63-65	1. BL	6	0
Stumptner, Rainer	07.02.64	86/87	1. BL	1	0
Sturz, Rudi	18.1.52	71-74	RL	86	15
		74-77	2. BL	103	17
Susser, Siegfried	12.07.53	77/78	2. BL	22	6
		78/79	1. BL	10	0
		79/80	2. BL	22	8
Sutter, Alain	22.01.68	93/94	1. BL	29	5
Szymanek, Detlev	16.04.54	78-81	1. BL	26	5
		79/80	2. BL	16	7
Täuber, Jürgen	12.04.55	76-78	2. BL	43	1
		78-84	1. BL	123	3
		79/80	2. BL	36	1
Täuber, Klaus	17.01.58	76-78	2. BL	33	11
		78-81	1. BL	18	4
		79/80	2. BL	28	9
Tauchmann, Jörg	04.04.67	84/85	2. BL	2	0
Theis, Amand	19.11.49	68/69	1. BL	7	0
		69-72	RL	101	6
Toth, Gyula	20.04.41	65-68	1. BL	12	0
Tröger, Walter		54/55	OL	1	0
Trunk, Dieter	22.03.59	81-84	1. BL	49	14
Türr, Frank	16.09.70	88-91	1. BL	54	9
Ucko, Kurt	29.02.24	49-61	OL	280	20
Übelein I, Hans "Abel"	02.03.14	45-51	OL	122	2
Übelein II, Julius	17.02.16	45-49	OL	89	31
Übelein III, Baptist	24.10.19	45-48	OL	28	0
Usbeck, Wulf-Ingo	04.11.43	66/67	1. BL	9	0
Vetter, Werner	30.11.30	50-59	OL	69	0
Volkert, Georg	28.11.45	65-69, 80-81	1. BL	136	37
Vollath, Richard	02.03.59	81/82	1. BL	1	0
Von de Fenn, Günter	10.03.48	74-76	2. BL	27	1
Wabra, Klaus	22.04.65	83/84	1. BL	1	0
Wabra, Roland	25.11.33	57-63	OL	157	0
		63-69	1. BL	146	0
Wagner, Martin	24.02.68	88-92	1. BL	100	14
Wagner, Norbert	12.04.61	84/85	2. BL	25	0
		85-88	1. BL	67	0
Wagner, Siegfried	20.03.36	54-56	OL	29	14
Walitza, Hans	26.11.45	74-78	2. BL	118	71
		78/79	1. BL	9	0
Walz, Manfred	01.09.62	84/85	2. BL	1	0
Weber, Willi	12.09.23	45-50	OL	8	1
Weidemann, Uwe	14.06.63	90-92	1. BL	23	2
Weissenberger, Thomas	28.05.71	92/93	1. BL	13	0
Welz, Gerhard (TW)	01.02.45	69-71	RL	74	0
Wenauer, Ferdinand	26.04.39	58-63	OL	141	0
		63-69	1. BL	168	0
		69-72	RL	94	7

Spieler, Einsätze, Tore 1945 - 1996

Name	Geb.	Saison	Liga	Einsätze	Tore
Weyerich, Horst	13.08.57	75-78	2. BL	49	16
		78-84	1. BL	132	21
		79/80	2. BL	38	9
		84/85	2. BL	11	2
Wiesinger, Michael	27.12.72	93/94	1. BL	31	2
		94-96	2. BL	66	4
Wilbois, Achim	15.06.63	86/87	1. BL	9	2
Wild, Tasso	01.12.40	59-63	OL	74	37
		63-67	1. BL	79	18
Winterstein, Konrad	17.07.27	45-55	OL	243	96
Wirsching, Reiner	18.01.63	88-91	1. BL	72	14
Wolf, Uwe	10.08.67	89-94	1. BL	81	5
Wück, Christian	09.06.73	90-94	1. BL	94	13
Wüthrich, Rolf	04.09.38	64/65	1. BL	14	3
Zaczyk, Klaus	25.05.45	68/69	1. BL	34	3
Zarate, Sergio	14.01.69	90-92	1. BL	42	9
		93/94	1. BL	27	13
Zeitler, Walter	18.09.33	52-60	OL	147	1
Zenger, Josef	17.11.35	56-62	OL	114	22
		63/64	1. BL	1	0
Zietsch, Rainer	21.11.64	91-94	1. BL	85	4
		94-96	2. BL	55	3
Zimmert, Franz	18.08.49	68/69	1. BL	1	0
Zivaljevic, Miodrag	09.09.51	76-78	2. BL	47	10
		78/79	1. BL	19	4

„Echte Cluberer" mieten PKW & LKW zum Club-Tarif bei:

EUROPA SERVICE AUTOVERMIETUNG

Neu ... NUR BEI UNS – Dampfwachs
Eine der **modernsten Autowaschstraßen** in Nürnberg Gibitzenhof.
Platenstr. 25 – Telefon 09 11 / 41 52 63

auch für tiefergelegte Autos mit Superbreitreifen u. Alufelgen!
Das Super-Komplettprogramm mit profimäßiger Vorwäsche

- Dampfwachs-Heißpolitur
- Schaumwäsche
- inkl. Felgenreinigung
- Unterbodenwäsche

Öffnungszeiten:
Mo. - Fr. 8.00 - 18.30
Sa. 8.00 - 17.30 Uhr

Literatur

Baroth, Hans-Dieter: Anpfiff in Ruinen, Essen 1993

Böttiger, Helmut: Kein Mann – Kein Schuß – Kein Tor, München 1993

Bscherer, A.: Nürnberg im Spiegel des Sports, Nbg. 1971

Buhl, Wolfgang: Der „Club". In: Hermann Glaser (Hrsg.), Industriekultur in Nbg., München 1980, 224ff.

Centrum Industriekultur: Unterm Hakenkreuz – Alltag in Nürnberg 1933-1945, München 1993

Eckardt, Olga: Die Sportsprache von Nürnberg-Fürth, Erlangen 1937

Fanderl, Wilhelm: Sein Fußballspiel war vollendete Fußballkunst (Hans Kalb). In: Vereinszeitung des 1. FCN, Juni 1959

Festschrift „25 Jahre 1. FC Nürnberg", Nbg. 1925

Festschrift „40 Jahre 1. FC Nürnberg", Nbg. 1940

Festschrift „75 Jahre 1. FC Nürnberg", Nbg. 1975

Haala, Wolfgang: Der Club – 1. FC Nürnberg, 1978

Hahl, Wolfgang: Nandl Wenauer – alle meine Trainer, 1972

Hofmann, Hans: Die Geschichte des 1. FCN und Abteilungen, Nbg. 1950

Lindner, Manfred: Über die seelische Eigenart des Nürnbergers. In: 900 Jahre Nbg. - Jubiläumshandbuch der Ausstellung vom Juli 1950

Lottermann, Stefan: Erst gefeiert, dann gefeuert. In: Caracho (Magazin f. Bewegungskultur), 1. Jhrg., Heft 1, 1986

Maderthaner, Wolfgang: Mehr als ein Spiel. Fußball und populäre Kulturen im Wien der Moderne, Wien 1996

Merz, Bert/Dotzert, Ludwig: Meister auf dem grünen Rasen, Ffm/Wien 1962

Meyer, Wolfgang: Das Vereinswesen der Stadt Nürnberg im 19. Jhrdt., Nbg. 1970

Michler, Josef: Deutschlands Beste, Straubing 1930

Morlock, Max: Maxl Morlock erzählt, München 1955

Raap, Rainer: Die Fanfreundschaft zwischen den Schalkern und den Nürnbergern

Riegler, Theo: Als Stuhlfauth noch im Tor stand…, München 1953

Schäfer, Franz/Haala, Wolfgang: Der Club, Taunusstein 1990

Schankala von Zerzabeleshuf: Nürnbergs Sport in Bild und Wort, 1922

Schmitt, Seppl: Seppls Schmitts Nürnberger Fußball-Toto-Trichter, 1. Jhrg. Nr. 1-17, Nbg. 1950

Skrentny, Werner: Als Morlock noch den Mondschein traf, Essen 1993

Weickmann, Rudolf J.: Der Zapf – Robert Gebhardt und der 1. FCN

Wich, Georg/Kelber, Hildebrand: Der Meisterclub – Geschichte des 1. FCN, München 1968

Windisch, Harry: Die Fanclubs des 1. FCN

Video: 1. FC Nürnberg (J. Dahlmann)

HATTRICK
FUSSBALLMAGAZIN

8mal im Jahr überall am Kiosk.

Zu den Autoren

Christoph Bausenwein
Geboren 1959 in Nürnberg, arbeitet als freier Autor. Von ihm erschien 1995 „Geheimnis Fußball" im Verlag Die Werkstatt.

Harald Kaiser
Geboren 1957 in Nürnberg, arbeitet als Redakteur bei der Fußball-Zeitschrift „Kicker-Sportmagazin".

Bernd Siegler
Geboren 1957 in Nürnberg, arbeitet als Korrespondent der „tageszeitung" in Nürnberg. Co-Autor mehrerer Bücher zum Rechtsradikalismus, u.a. „Der Pakt" (1992) und „Deutsche Demokraten" (1994).

Fotonachweis

Wir danken folgenden Fotografen / Archiven dafür, daß sie uns freundlicherweise Fotos zur Verfügung gestellt haben:

K. Schmidtpeter (31)
H. Liedel (28)
Archiv 1. FCN (41)
Stadtarchiv (2)
W. Bartsch (2)
G. Wittmann (1)
R. Eckert (1)
Umschlagfoto vorne: Herbert Liedel
Umschlagfoto hinten: Kurt Schmidtpeter

Die CD

1. FCN

1. FC NÜRNBERG

...WIR GEHN NACH VORN!

der Hammer!

BEI **Müller** for music